ESTUDOS DE DIREITO CIVIL, DIREITO COMERCIAL E DIREITO COMERCIAL INTERNACIONAL

LUÍS DE LIMA PINHEIRO
Doutor em Direito
Professor da Faculdade de Direito de Lisboa

ESTUDOS DE DIREITO CIVIL, DIREITO COMERCIAL E DIREITO COMERCIAL INTERNACIONAL

ESTUDOS DE DIREITO CIVIL, DIREITO COMERCIAL E DIREITO COMERCIAL INTERNACIONAL

AUTOR
LUÍS DE LIMA PINHEIRO

EDITOR
EDIÇÕES ALMEDINA, SA
Rua da Estrela, n.º 6
3000-161 Coimbra
Tel: 239 851 904
Fax: 239 851 901
www.almedina.net
editora@almedina.net

PRÉ-IMPRESSÃO • IMPRESSÃO • ACABAMENTO
G.C. GRÁFICA DE COIMBRA, LDA.
Palheira – Assafarge
3001-453 Coimbra
producao@graficadecoimbra.pt

Abril, 2006

DEPÓSITO LEGAL
239088/06

Os dados e as opiniões inseridos na presente publicação são da exclusiva responsabilidade do(s) seu(s) autor(es).

Toda a reprodução desta obra, por fotocópia ou outro qualquer processo, sem prévia autorização escrita do Editor, é ilícita e passível de procedimento judicial contra o infractor.

OBRAS DO AUTOR

A Cláusula de Reserva de Propriedade, Coimbra, Almedina, 1988.
A Venda com Reserva da Propriedade em Direito Internacional Privado, Lisboa et. al., McGraw-Hill, 1991.
"Venda marítima internacional – alguns aspectos fundamentais da sua regulação jurídica", *Revista AMB* (Associação dos Magistrados Brasileiros) 1 (1997) 44-67 e *Boletim da Faculdade de Direito de Bissau* 5 (1998) 173-225.
Contrato de Empreendimento Comum (Joint Venture) em Direito Internacional Privado, Lisboa, Cosmos e Almedina, 1998.
Lista da Principal Legislação de Direito Internacional Privado, Lisboa, AAFDL, 1998.
"O Direito aplicável às sociedades. Contributo para o Direito Internacional Privado das sociedades", *ROA* 58 (1998) 673-777 (=*in Estudos Jurídicos e Económicos em Homenagem ao Professor João Lumbrales*, 475-555, Lisboa, 2000).
Direito Internacional Privado. Parte Especial (Direito de Conflitos), Coimbra, 1999.
"O problema do Direito aplicável aos contratos internacionais celebrados pela Administração Pública", *Direito e Justiça* 13 (1999) 29-64.
Lista da Principal Legislação de Direito Internacional Privado, Lisboa, AAFDL, 1999.
"Apontamento sobre as normas de aplicação necessária perante o Direito Internacional Privado português e o art. 21.º do Código Civil de Macau", *ROA* 60 (2000) 23-48.
"Contributo para a Reforma do Direito Comercial Marítimo", *ROA* 60 (2000) 1057-1210.
Direito Internacional Privado. Volume I – Introdução e Direito de Conflitos – Parte Geral, Coimbra, 2001.
"Direito aplicável aos contratos com consumidores", *ROA* 61 (2001) 155-170 (=*in Estudos do Instituto de Direito do Consumo*, vol. I, 93-106, Coimbra, 2002).
Um Direito Internacional Privado para o Século XXI. Relatório sobre o Programa, os Conteúdos e os Métodos de Ensino do Direito Internacional Privado, Suplemento *RFDUL* (2001).
"The 'Denationalization' of Transnational Relationships – Regulation of Transnational Relationships by Public International Law, European Community Law and Transnational Law", *in Aufbruch nach Europa. 75 Jahre Max-Planck-Institut für Privatrecht*, 429-446, Tubinga, 2001 (com alterações não autorizadas pelo autor).
Lista da Principal Legislação de Direito Internacional Privado, Lisboa, AAFDL, 2001.
"Regime interno de reconhecimento de decisões judiciais estrangeiras", *ROA* 61 (2001) 561-628.
"A lei aplicável aos direitos de propriedade intelectual", *RFDUL* 42 – n.º 1 (2001) 63-75.
"Direito aplicável à responsabilidade extracontratual na Internet", *RFDUL* 42 – n.º 2 (2001) 825-834.

"Parecer", in *O Caso Meco (Pareceres Jurídicos e Peças Processuais)*, vol. II, 271-289, Ministério do Ambiente e do Ordenamento do Território, Amadora, 2002.

Direito Internacional Privado. Volume III – Competência Internacional e Reconhecimento de Decisões Estrangeiras, Coimbra, 2002.

"A triangularidade do Direito Internacional Privado – Ensaio sobre a articulação entre o Direito de Conflitos, o Direito da Competência Internacional e o Direito de Reconhecimento", in *Estudos em Homenagem à Professora Doutora Isabel de Magalhães Collaço*, vol. I, 311-378, Coimbra, 2002.

"Arrendamentos de duração limitada", in *Estudos em Homenagem ao Professor Doutor Inocêncio Galvão Telles*, vol. III – *Direito do Arrendamento Urbano*, 391-405, Coimbra, 2002.

Lista da Principal Legislação de Direito Internacional Privado, Lisboa, AAFDL, 2002.

Direito Internacional Privado. Volume II – Direito de Conflitos – Parte Especial, 2.ª ed., Coimbra, 2002.

"O Direito Comercial Marítimo de Macau Revisitado", *ROA* 62 (2002) 425-438.

"Competência internacional em matéria de contratos com consumidores", *RFDUL* 43 – n.º 1 (2002) 41-54.

"Breves considerações sobre a responsabilidade dos consorciados perante terceiros", in *Estudos em Homenagem ao Prof. Doutor Raúl Ventura*, vol. II, 165-179, Coimbra, 2003.

"Competência internacional em matéria de litígios relativos à *Internet*", in *Estudos em Homenagem ao Prof. Doutor Inocêncio Galvão Telles*, vol. V, 695-712, Coimbra, 2003 (=*Direito da Sociedade da Informação*, vol. IV, 171-189, Coimbra, 2003).

"Federalismo e Direito Internacional Privado – algumas reflexões sobre a comunitarização do Direito Internacional Privado", *Cadernos de Direito Privado* 2 (Junho 2003) 3-19.

Lista da Principal Legislação de Direito Internacional Privado, Lisboa, AAFDL, 2003.

"Direito aplicável ao mérito da causa na arbitragem transnacional", *ROA* 63 (2003) 157-210 (= in *Estudos de Direito Comercial Internacional*, vol. I, 11-61).

(Org.) *Estudos de Direito Comercial Internacional*, vol. I, Coimbra, 2004.

"Cláusulas típicas dos contratos do comércio internacional", in *Estudos de Direito Comercial Internacional*, vol. I, 239-269, Coimbra, 2004 (=*RFDUL* 44 [2003] 83-108).

"Convenção de arbitragem (aspectos internos e transnacionais)", *ROA* 64 (2004) 125-200.

"O reconhecimento das decisões arbitrais 'estrangeiras' segundo a Convenção de Nova Iorque de 1958", in *Cuestiones Actuales del Derecho Mercantil Internacional*, 671-697, Editorial Colex, Madrid, 2005.

(Org.) *Seminário Internacional sobre a Comunitarização do Direito Internacional Privado. Direito de Conflitos, Competência Internacional e Reconhecimento de Decisões Estrangeiras*, Almedina, Coimbra, 2005.

"O Direito de Conflitos e as liberdades comunitárias de estabelecimento e de prestação de serviços", in *Seminário Internacional sobre a Comunitarização do Direito Internacional Privado*, 79-109, Coimbra, 2005 (= in *Estudos em Memória do Professor Doutor António Marques dos Santos*, vol. I, 273-303, Almedina, Coimbra, 2005).

Arbitragem Transnacional. A Determinação do Estatuto da Arbitragem, Almedina, Coimbra, 2005.

Direito Comercial Internacional – O Direito Privado da Globalização Económica. Relatório sobre o Programa, os Conteúdos e os Métodos de Ensino do Direito Comercial Internacional, policopiado, Lisboa, 2005.

Direito Comercial Internacional. Contratos Comerciais Internacionais. Convenção de Viena sobre a Venda Internacional de Mercadorias. Arbitragem Transnacional, Almedina, Coimbra, 2005.

Lista da Principal Legislação de Direito Internacional Privado, AAFDL, 2005.

"Incoterms – introdução e traços fundamentais", *ROA* 65 (2005) 387-406.

A CLÁUSULA DE RESERVA DE PROPRIEDADE *

PREFÁCIO

Baseia-se o presente trabalho num relatório apresentado no Seminário de Direito Civil do Curso de Mestrado da Faculdade de Direito de Lisboa.

Trata-se de um estudo sumário onde, contando com a complexidade da matéria e a escassa elaboração doutrinal existente entre nós, mais se não faz que um passar de olhos sobre o significado e o regime jurídico do pacto de reserva de propriedade, bem como, a essa luz, sobre as principais teses avançadas a respeito da sua natureza jurídica.

Só a aludida escassez da bibliografia portuguesa – contrastante com a importância prática do tema –, nos impeliu a levar ao prelo um trabalho com estas características. Fazemo-lo cientes de que só investigações com outro fôlego poderão oferecer uma resposta cientificamente satisfatória às questões teórico-construtivas formuladas, e, assim, proporcionar um base mais segura para ulteriores desenvolvimentos no plano das soluções.

Lisboa, 14 de Outubro de 1987.

---

* Obra publicada pela Almedina, em 1988.

INTRODUÇÃO

I. A difusão da compra e venda com reserva de propriedade tem exigido da jurisprudência e da doutrina o desenvolvimento de um regime jurídico que a lei apenas esboça em traços gerais. Para a metodologia jurídica, é este um caso paradigmático de *desenvolvimento do Direito para além da lei*[1]. A busca de soluções, realizada sob a pressão dos problemas quotidianos, bem como a tarefa de situar as respostas encontradas nas coordenadas do sistema jurídico, vêm despertando um crescente interesse pelo tema nos círculos doutrinais de outros países europeus[2]; trata-se de procurar um *fundamento para a validade (-vinculatividade) das soluções encontradas* e, em simultâneo, do enriquecimento do próprio sistema, seja pela revelação e concretização dos princípios gerais que o informam, seja pelo reexame, e renovação, dos conceitos que são o seu *instrumentarium*.

Pense-se, designadamente, no significado e alcance da intervenção da *autonomia privada* na determinação do *momento de transferência da propriedade*, e, na correlativa necessidade de proteger a *confiança de terceiros* e de atender ao princípio da *igualdade dos credores*. Refiram-se questões tais como a da *natureza da posse* do comprador, a da *transmissibilidade* do seu «*direito de expectativa*», a da validade de «*extensões*» *convencionais* dos efeitos da reserva de propriedade, enfim, a questão fundamental da *utilização da propriedade como garantia*.

O pacto de reserva de propriedade, em virtude da diversidade de regime a que é submetido pelos diferentes direitos materiais nacionais,

---

[1] *Cfr.* Karl LARENZ *Methodenlehre der Rechtswissenschaft*, 5.ª ed., Berlim, 1983, 398-401.

[2] *Vide* bibliografia citada por Franco TULUI – «Osservazioni sulla natura guiridica della vendita con riserva della proprietà», *Rivista del Diritto Commerciale* (1980) 355 e segs.; também em França, onde a consagração da oponibilidade da cláusula aos credores em caso de insolvência do comprador suscitou viva controvérsia – *vide* Henri, Leon e Jean MAZEAUD – *Leçons de droit civil*, 3.º tomo, 2.º vol., 1.ª parte – *Vente et échange,* 6.ª ed., Paris, 1984, 205, e autores aí citados notas 7 a 11; mas sobretudo, na R.F.A., onde a reserva de propriedade é a «garantia típica» do vendedor: *vide* a copiosa bibliografia citada por Heinrich HONSELL – in *J. von Staudingers Kommentar zum Bürgerlichen Gesetzbuch mit Einführungsgesetz und Nebengesetzen, 433-580 a,* 12.ª ed., Berlim, 1978, 455.º, 214-217.

suscitou igualmente, em sede de Direito Internacional Privado, toda uma problemática em torno da *qualificação – real e/ou obrigacional* –, e do «reconhecimento» da reserva de propriedade, convencionada sob a égide de uma determinada ordem jurídica nacional, em caso de mudança (internacional) de situação da coisa, *maxime* em negócios de exportação e importação, de mercadorias[3]. Enquanto nos negócios do tráfico internacional de mercadorias, de maior dimensão e entre países mais distantes (*v. g.* a «compra e venda marítima»), as garantias bancárias e o crédito documentário desempenham um papel primordial, a reserva de propriedade tem desempenhado um papel de *acrescida importância* no *comércio entre países da Europa continental, v. g.* entre a França, a Alemanha e a Itália. Esta diversidade motivou numerosos estudos comparativos[4], e deu lugar a múltiplos esforços para o «reconhecimento» das «garantias mobiliárias sem posse» em geral, e da reserva de propriedade em particular, designadamente por via de uma *unificação* do direito aplicável em situações internacionais ou de uma *harmonização* das diferentes ordens jurídicas nacionais.

No quadro da Comissão das Nações Unidas para o Direito do Comércio Internacional realizaram-se estudos sobre os *security interests*, com vista a averiguar da possibilidade de uma unificação do direito aplicável. O assunto foi apreciado nas 8.ª, 10.ª, 12.ª e 13.ª sessões da

---

[3] Para citar apenas algumas das contribuições mais recentes: Hans STOLL - *Internationales Sachenrecht*, 1985, in *J. von Staudingers Kommentar zum Bürgerlichen Gesetzbuch mit Einführungsgesetz und Nebengesetzen. Einführungsgesetz zum Bürgerlichen Gesetzbuch*, 12.ª ed.; Yvon LOUSSOUARN – «Les conflits de lois en matière de réserve de propriété», *Études offertes à Roger Houin*, Paris, 1985; Georges KHAIRALLAH – *Les sûretés mobiliéres en droit international privé*, Paris, 1985; J. P. VERHEUL – «Reservation of Title (Conditional Sale) in Private International Law», *Hague-Zagreb Essays 5 on the Law of International Trade*, Dordrecht, 1985, 54-72; Theodor SCHILLING – «Same European Decisions on Non-Possessory Security Rights in Private International Law», *International and Comparative Law Quarterly*, 34 (1985) 87-114.

[4] De entre todos salientaremos os estudos promovidos pela UNIDROIT e pela CNUDCI, e a panorâmica sobre os direitos europeus oferecida por Bruno WIESBAUER – «Die Anerkennung des Eigentumsvorbehalts in Westeuropa», *Zeitschrift für Wirtschaftsrecht*, 10 (1981) 1063-1071, e Ulrich HÜBNER – «Europäische Entwicklungstendenzen im Recht der Lieferantenkreditsicherung», *Gedächtnisschrift für Constantinesco,* Colónia, 1983, 245-257, e, para os aspectos atinentes à falência e insolvência, David L. ALLAN e Ulrich DROBNIG – «Secured Credit in Commercial Insolvencies. A Comparative Analysis», *Rabels Zeitschrift*, 4 (1980) 615-648.

Comissão, na última das quais se decidiu pôr termo aos trabalhos desenvolvidos, em virtude de afigurar de todo irrealizável uma unificação à escala mundial.

Mais prometedores se revelam os esforços desenvolvidos à escala europeia:
- o projecto de convenção (CEE) relativo à falência, às concordatas e aos procedimentos análogos, concluído em 1980 por um grupo de trabalho constituído junto da Comissão[5], contém, na primeira variante do seu art. 41.°, uma norma substantiva (art. 3.° da Lei *uniforme* anexa) que afirma, sob certas condições, a oponibilidade da cláusula de reserva de propriedade à massa falida (ANEXO I)[6];
- o anteprojecto do Conselho de Europa para uma convenção sobre o reconhecimento da reserva de propriedade, adoptado pelo Comité de peritos sobre os direitos dos credores em Dezembro de 1982, visa *unificar* o direito material aplicável à reserva de propriedade simples em situações que apresentam determinados contactos com diferentes ordens jurídicas nacionais (ANEXO II)[7];
- enfim, um projecto, de directiva (CEE) do Conselho sobre os efeitos jurídicos dos pactos de reserva de propriedade simples, a ser proposto pela Comissão, submetido a um grupo de peritos em Setembro de 1980 (ANEXO III), tem em vista a harmonização do direito material interno dos Estados-membros[8].

II. As presentes linhas cingem-se à indagação do *regime* da compra e venda com reserva de propriedade e à problemática da *construção* jurídica desta modalidade contratual e das posições jurídicas em que as partes ficam investidas, *em face do direito português*[9].

---

[5] *Bulletin des Communautés européennes. Suplément* 2/82.

[6] Sobre este projecto *vide* Jürgen Thieme – «Der Entwurf eines Konkursübereinkommens de EG – Staaten von 1980. Überblick und allgemeine Kritik», Rabels Z, 45 (1981) 454-499, e Louis Ganshof – «Le project de convention CEE relative a la faillite», *Cahiers de droit européen*, 2-3 (1983) 163-173.

[7] *Vide* Verheul, *op. cit.* (nota 3), 67-68; Wiesbauer, *op. cit.* (nota 4), 1070-1071, Stoll, *op. cit.* (nota 3), 129-130, 225.

[8] *Vide* Verheul, *op. cit.* (nota 3), 67.

[9] Pensa-se em relações jurídicas meramente internas, abstraindo, assim, da problemática específica que o pacto com reserva de propriedade suscita nas relações internacionais.

Tendo como pano de fundo necessidades do tráfico jurídico em larga medida comuns, anda a venda com reserva de propriedade frequentemente associada à venda a prestações. Na venda a prestações, a obrigação de pagar o preço, no seu todo, ou em parte, é exigível em parcelas escalonadas no tempo. Nada obriga a que na venda com reserva de propriedade seja diferido o pagamento do preço, visto que o efeito translativo pode ser subordinado a outro evento (art. 409.º/1 do Código Civil); ou pode tratar-se de uma venda com espera de preço em que o pagamento diferido não seja fraccionado. Claro é que, inversamente, uma venda a prestações pode não ser acompanhada de reserva de propriedade (*cfr.* art. 934.º) [10].

As nossas reflexões não se estendem, de modo genérico, à venda a prestações, mas tão-somente à incidência do regime especial a que esta modalidade contratual se encontra submetida sobre o regime da venda com reserva de propriedade, com especial referência aos requisitos de forma e ao direito de resolução, do vendedor.

III. Começaremos por esboçar uma noção de venda com reserva de propriedade, como ponto de partida que o desenvolvimento ulterior se encarregará de corrigir e precisar (§ 1). Em última instância, o, conceito de venda com reserva de propriedade não pode abstrair da sua natureza jurídica, e esta, há-de ser averiguada em face da disciplina jurídica a que essa modalidade contratual se encontra submetida. Por conseguinte, o estudo do regime legal antecede a apreciação da natureza jurídica, com que finalizaremos (§ 9).

A regulação jurídica de uma relação social típica só pode ser devidamente compreendida quando as normas que a veiculam forem consideradas à luz da função sócio-económica dessa relação, do complexo de fins que a essas normas subjaz e de critérios teleológico-objectivos de interpretação e desenvolvimento do Direito. Assim, depois de referenciada a base legal dessa regulação (§ 2), tentaremos apreender a função social típica e o escopo da regulamentação legal (§ 3). Concluiremos o esclarecimento destes aspectos prévios com a

---

[10] Inocêncio GALVÃO TELLES – *Contratos Civis (Projecto completo de um título do futuro Código Civil Português e respectiva Exposição de Motivos)*, Separata da Revista da Faculdade de Direito da Universidade de Lisboa, 1954, 32.

delimitação da realidade jurídica em exame em face de algumas figuras mais próximas (§ 4).

Principiaremos o estudo do regime jurídico a que se encontra submetida a venda com reserva de propriedade pela consideração dos pressupostos de existência e requisitos de validade que aqui assumam feição específica (§ 5). Seguir-se-á o exame dos seus efeitos característicos (§ 6), bem como dos limites à sua eficácia (§ 7). Enfim, antes de concluirmos com a discussão da natureza jurídica, referir-nos-emos, sucintamente, à admissibilidade de certas «extensões» da cláusula de reserva de propriedade (§ 8).

§ 1. NOÇÃO

Na celebração de um contrato de compra e venda é lícita a convenção pela qual as partes subordinem o efeito translativo da propriedade (art. 879.º/a)) à verificação de um evento futuro (art. 409.º/1)[11]. Produzem-se, em princípio, os restantes efeitos do contrato de compra e venda: a obrigação de entregar a coisa e a obrigação de pagar o preço (art. 879.º/b), c)). Mas a estipulação de uma reserva de propriedade anda normalmente associada a uma venda a prestações ou com espera de preço.

Pode igualmente suceder que a obrigação de entregar a coisa seja submetida a termo ou condição. Deve, no entanto, notar-se que a regulamentação legal da venda com reserva de propriedade, bem como os princípios a este respeito desenvolvidos pela jurisprudência, têm subjacentes uma relação social típica e respondem a específicas necessidades do tráfico jurídico que com essa relação se prendem[12]. Se os traços muito gerais definidos pelo legislador no art. 409.º permitem abranger os casos de entrega imediata e diferida da coisa

---

[11] Quanto à possibilidade de uma transmissão, sujeita a reserva, de outros direitos reais, cfr. as opiniões contrárias de MENEZES CORDEIRO – *Direitos Reais,* 2 vols., s. l., 1979, 750-751 e RUBINO – *La compravendita,* 2.ª ed., Milão, 1971, 430-431.

[12] *Vide* GHESTIN – «Riflessioni di un civilista francese sulla clausola di riserva della proprietà», *Rivista di Diritto Civile,* (1981), 440-478, 440 e 465 e segs.; LARENZ, *op. cit.,* 398 e segs. e – *Lehrbuch des Schuldrechts,* vol. II – tomo I – *besonderer Teil,* 13.ª ed., Munique, 1986.

vendida, do próprio regime legal decorrem importantes diferenças; antes de mais, porque da não-entrega da coisa depende a subsistência do direito de resolução que assiste, ao vendedor com fundamento na inexecução da obrigação de pagar o preço (art. 886.º, *cfr.* também art. 934.º/1.ª parte). Quando a venda não é acompanhada de tradição da coisa, a estipulação da reserva de propriedade parece ter como único efeito útil o evitar a inoponibilidade da resolução a terceiros que, entretanto, tenham constituído direitos sobre a coisa (art. 435.º/1), o que, aliás, será uma hipótese fundamentalmente teórica.

Só um estudo mais aturado, tendo em atenção a diferente configuração dos interesses das partes e de outras considerações político--juridicamente relevantes, permitiria aferir em que medida essa diferença não pode ou deve traduzir-se numa especialização de soluções.

A generalidade dos casos decididos, pelos tribunais, e de que se ocupa a doutrina, respeitam à *relação contratual socialmente típica*, em que a *cláusula de reserva de propriedade se integra num contrato de venda* a *prestações ou com espera de preço,* acompanhado da entrega imediata *da coisa ao comprador, para que dela retire o uso e o disfruto.* Este padrão contratual, que pelo desenvolvimento doutrinal e judicial de um regime especial se vem convertendo num *tipo jurídico-estrutural,* constituirá o centro da nossa reflexão.

§ 2. BASE LEGAL

A regra de que a transferência da propriedade se opera por mero efeito da celebração do contrato de compra e venda encontra-se estabelecida no n.º 1 do art. 408.º [13]. A possibilidade de diferir convencionalmente o efeito translativo, por via de um pacto de reserva de propriedade, é admitida, como excepção àquela regra (art. 408.º/1 *in fine*), nos termos do n.º 1 do art. 409.º. E é admitida de modo tão

---

[13] *Vide* GALVÃO TELLES, *op. cit.* (nota 10), 8 e segs. e – «Venda obrigatória e venda real», *Revista da Faculdade de Direito da Universidade de Lisboa,* (1948), 76-87; ALMEIDA COSTA – *Direito das Obrigações,* 4.ª ed., 1984, 187 e segs. Sobre a diferença de sistemas de translação da propriedade *vide* ainda LARENZ, *Lehrbuch...,* 10 e segs. e Pierre CAVIN – *La vente. L'échange. La donation,* in *Traité de droit privé suisse,* vol.VII, tomo I, l, Fribourg, 1978, 26-28 e *infra* nota 105.

amplo, que se pode dizer que a regra, é afinal, a da *colocação convencional do momento*, da transferência da propriedade[14].

No que respeita à eficácia da reserva de propriedade, determina o n.º 2 do art. 409.º que, tratando-se de coisa imóvel, ou de coisa móvel sujeita a registo, só a cláusula constante de registo é oponível a terceiros.

No domínio da venda a prestações, o direito de resolução por falta de pagamento do preço – que assiste ao alienante na venda com reserva de propriedade –, é limitado pelo disposto no art. 934.º, não podendo ser exercido quando a inexecução se refira a uma só prestação que não exceda a oitava parte do preço.

Em matéria de prescrição, prevê o n.º 3 do art. 304.º que, não obstante a prescrição do crédito do preço, o vendedor com reserva de propriedade pode exigir a restituição da coisa quando o preço não for pago.

No regime de bens da comunhão de adquiridos consideram-se como bens adquiridos por virtude de direito próprio anterior ao casamento – nos termos da al. *c)* do n.º 2 do art. 1722.º –, os bens comprados antes do casamento com reserva de propriedade.

Por último, nos arts. 15.º e segs. do DL 54/75 de 12 de Fevereiro *(registo automóvel)* é instituída uma providência cautelar de apreensão de veículos automóveis em caso de inexecução das obrigações «que originaram a reserva de propriedade», bem como as que forem garantidas por hipoteca.

§ 3. FUNÇÃO

I. A função económica da reserva de propriedade é a de garantir o crédito do vendedor pelo preço da compra[15].

---

[14] Neste sentido, RAÚL VENTURA – «O contrato de compra e venda no Código Civil», *Revista da Ordem dos Advogados*, (1983), 261-318 e 587-643, 617; o mesmo princípio vigora no direito inglês (*Sale of Goods Acts de 1893 e 1979, art. 17).*

[15] Em sentido convergente VAZ SERRA, «Efeitos dos contratos (princípios gerais)», *BMJ* 74.º – 333-369 e PIRES DE LIMA-ANTUNES VARELA, *Código Civil Anotado*, vol. II, 2.ª ed., 1981, nota 5 ao art. 934.º; Ac. STJ de 28.11.75, *BMJ* 251.º – 172-177. A função de

A reserva de propriedade substitui o direito de penhor sem posse do vendedor, inadmissível em face do nosso Código Civil (arts. 669.º e 677.º)[16]. Com a reserva de propriedade visa o vendedor *precaver-se* de uma eventual inexecução do contrato ou insolvência da parte da comprador, caso em que o vendedor deseja obter a restituição da coisa, fazendo valer os seus direitos quer em face do comprador, quer de terceiros, credores do comprador, ou que por ele tenham sido investidos em direitos sobre a coisa. Consegue-o convencionando que a titularidade do direito de propriedade permaneça na sua esfera jurídica até ao integral pagamento do preço.

O aparecimento na prática negocial desta cláusula deve-se, por um lado, ao desejo dos vendedores de bens «a crédito» de obterem uma garantia sobre a coisa vendida oponível *erga omnes*, e, designadamente, oponível a todos os credores, quer comuns, quer privilegiados, e, por outro, à necessidade de proporcionar o gozo da coisa ao adquirente, antes de realizado o preço. Esta mesma necessidade foi o motor do desenvolvimento de outros tipos de «garantias mobiliárias sem posse», adequados a outros negócios de crédito, *v. g.*, no direito germânico, a alienação da propriedade em garantia e, entre nós, certos casos de admissibilidade do penhor sem entrega[17].

II. No plano político-jurídico invoca-se em desfavor do pacto de reserva de propriedade o enfraquecimento da função de publicidade

---

garantia já fora assinalada, entre nós, por CUNHA GONÇALVES – *Tratado de Direito* Civil, VIII, 1934, 348, e Humberto PELÁGIO – *Da venda a prestações. Ensaio sobre a venda de coisas móveis para uso ou consumo*, 1941, 19 e segs. *Cfr.* Hans MERZ – *Obligationenrecht, Schweizerisches Privatrecht*, vol. VI, tomo I, Basileia, 1984, 151; LARENZ *op. cit.*, 106; C. BIANCA – *La Vendita e la Permuta* in *Trattato di Diritto Civile Italiano, Filippo Vassari* (org.), vol. VII, tomo I, Turim, 1972, 251-252.

[16] No mesmo sentido, reportando-se ao código alemão, LARENZ, *ibidem*. Em rigor, o código português exige que o autor do penhor esteja privado da possibilidade de dispor materialmente da coisa – *vide* José de OLIVEIRA ASCENSÃO, – *Direito Civil. Revis.*, 4.ª ed., 1983, 483-484; e, Adriano VAZ SERRA – «Penhor. I Penhor de coisas», *BMJ* 58.º – 17-293, 38 e 102-104. *Cfr.* infra nota 20.

[17] *Infra* nota 20. Sobre a necessidade e tipologia das «garantias mobiliárias sem posse» *vide* Ulrich DROBNIG – «Typen besitzloser Sicherungsrechte an Moblilien», *Zeitschrift für Rechtsvergleichung*, 13 (1972) 130-140. Para um enquadramento geral deste desenvolvimento *vide* WIEACKER, *Privatrechtsgeschichte der Neuzeit,* 2.ª ed., 1967, 522.

da posse: pode frustrar-se a confiança de que os credores ou subadquirentes tenham depositado na existência, no património do comprador, de determinados bens [18].

Tratar-se-ia afinal de uma garantia oculta, e de uma fraude à proibição do penhor sem posse [19].

Argumenta-se ainda não ser equitativo conceder ao vendedor a faculdade de reclamar à massa a restituição da coisa em caso de falência ou insolvência do comprador, o que representaria um «privilégio» «superpreferencial».

O desenvolvimento legislativo e jurisprudencial, quer em Portugal, quer no estrangeiro, mostra que, sobre o peso destas objecções, mais ou menos fundadas, prevaleceu o da necessidade de garantias reais convencionais mobiliárias «sem posse», que proporcionam a utilização económica da coisa pelo devedor.

Esta necessidade foi justamente assinalada, entre nós, em relação à admissibilidade do penhor *sem entrega* [20]: quando a garantia

---

[18] LARENZ, *op. cit.,* 108.

[19] A discussão reacendeu-se recentemente em França, a propósito da consagração, pela lei de 12 de Maio de 1980, da oponibilidade da reserva de propriedade em caso de falência do comprador – *vide*, além de MAZEAUD, *cit.* (nota 2), MARTIN-SERF – «L'intertprétation extensive des sûretés réelles en droit commercial», *Revue trimestrielle de droit commercial et de droit économique*, (1980), 677-714, 679, nota 5.

[20] Vide GALVÃO TELLES – «O penhor sem entrega no Direito Luso-Brasileiro», *Scientia Iuridica*, 16-17 (1955) 199-216; BARBOSA DE MAGALHÃES – «Validade do penhor quando se convencione ficar o dono dos bens empenhados seu depositário», *Revista dos Tribunais*, 1684, (1955), 98-105.

Para o primeiro autor o penhor sem entrega tem carácter excepcional: só é admissível nos casos em que a lei expressamente o autorize, sendo, porém, «de desejar que a instituição do penhor sem entrega se tornasse extensiva, com as necessárias cautelas, às diferentes modalidades de crédito agrícola, comercial ou industrial» (*op. cit.,* 216). O caso mais importante é o penhor constituído a favor de estabelecimentos bancários, nos termos do DL 29/833 de 17 de Agosto de 1939 e do DL 32/032 de 22 de Maio de 1942, sendo corrente que as instituições bancárias façam inserir nos seus contratos cláusulas instituindo um penhor sobre o *estabelecimento* ou sobre *todo o património* do devedor.

BARBOSA DE MAGALHÃES defende a admissibilidade geral do penhor sem entrega (material), substituída por uma «entrega jurídica», e quer do penhor mercantil, quer do penhor civil (*cfr. supra* nota 16). Esta doutrina foi acolhida, pelo menos quanto ao penhor mercantil, pelo STJ, no seu acórdão de 25 de Janeiro de 1955 (*BMJ* 47.° – 480). A doutrina do «desapossamento» tem, porém, subjacente a ideia de que o proprietário, constituindo-se em fiel depositário dos próprios bens, pode ser incriminado por abuso de confiança (BARBOSA DE MAGALHÃES, *op. cit.,* 101) ou furto (art. 1.°/par. 1.° do DL 29/833) se alienar, modificar,

incide sobre meios de produção, a entrega da coisa significará, geralmente, a sua «esterilização»; e, a utilização e até a disposição da coisa poderá, sobretudo quando se trate de bens destinados ao comércio, ou à indústria, contribuir para que o devedor realize valores de que carece para a satisfação da dívida.

Discutia-se, na vigência do código antigo, a licitude da cláusula de reserva de propriedade [21]. O legislador de 1966, com base no Anteprojecto da autoria de INOCÊNCIO GALVÃO TELLES, admite-a expressamente. Segundo a Exposição de Motivos que acompanha esse Anteprojecto, não existindo «nenhum obstáculo insuperável de técnica jurídica», ou «interesses legítimos que possam perigar», o Direito deve curvar-se às «exigências sociais e económicas» a que responde a venda com reserva de propriedade [22].

Nesta mesma exposição se salienta que com a admissibilidade desta modalidade negocial é facilitado o crédito e estimulada a circulação dos bens. Tal corresponde, em princípio, a um interesse geral de política económica, e representa, para o vendedor, um aumento de

---

destruir ou desencaminhar o objecto. A intervenção do Direito Penal como *garantia* do crédito e tutela dos interesses de terceiros é expressamente afirmada por esta doutrina, pela jurisprudência *(vide* Ac. do STJ de 13 de Julho de 1955, no *BMJ* 50.° – 251) e pelo próprio legislador (n.° 3 do relatório do DL 29/833).

O entendimento segundo o qual o penhor sem entrega só é admissível nos casos em que a lei expressamente o autorize parece hoje bem firmado na jurisprudência e na doutrina – *vide* os arestos do STJ de 3 de Janeiro de 1969 *(BMJ* 183.° – 220), que o afirma quer à face do código de 1867, quer perante o código vigente, e da Relação de Coimbra de 13 de Maio de 1986 (CJ III [1986] 45); VAZ SERRA, *op. cit.* (nota 16), 46 e segs.; ALMEIDA COSTA – *Noções de Direito Civil*, 2.ª ed., 1985, 238-239. Na verdade, este carácter excepcional resulta da própria ressalva formulada no art. 668.° do Código Civil. Como justamente observa VAZ SERRA, *op. cit.*, (nota 16), 52-53, nota 71, a chamada entrega simbólica admitida para certos casos de penhor mercantil no § único do art. 398.° do Código Comercial não constitui excepção às regras gerais sobre o desapossamento do devedor: nos casos previstos nos n.ºs 2 e 3 são entregues títulos representativos de mercadorias, e, na hipótese configurada no n.° 1, os direitos do credor e de terceiros consideram-se acautelados pelo facto de a coisa se encontrar numa estação pública.

Parece-nos indubitável que esta *garantia penal,* que contraria o princípio da subsidiariedade da tutela jurídico-penal, é incompatível com o Direito Penal vigente, e que o par. 1.° do art. 1.° do DL 29/833 se encontra revogado pelo n.° 1 do art. 6.° do DL 400/82 de 23 de Setembro. (*Cfr. infra* § 9-c), V e nota 211).

[21] *Vide* autores citados por PELÁGIO, *op. cit.* (nota 15), *passim*, e decisões judiciais aí transcritas.

[22] *Contratos civis, cit.* (nota 10), 31.

vendas, e, para o consumidor final, uma maior acessibilidade de certos bens de consumo[23].

Com a consagração legislativa do pacto de reserva de propriedade não se erradicam as dúvidas de política jurídica nem se dispensa uma permanente reflexão crítica, com rendimento no desenvolvimento do regime de reserva de propriedade e da dogmática jurídica.

Não parece, pois, despiciendo, tecer umas breves considerações sobre alguns dos argumentos anteriormente referidos.

A ideia de «solvabilidade aparente» deve ser relativizada: só em casos isolados a detenção dos bens adquiridos sob reserva de propriedade constituirá um motivo relevante na concessão de crédito ou na celebração de outro negócio de que nasce o direito reclamado pelo credor; e, por outra parte, o direito positivo vincula a massa à restituição de todos os bens de terceiro que o falido detenha (art. 1237.º CPC), sem atender à confiança que o credor tenha eventualmente depositado, no «património, aparente» do devedor[24]. Mas esta preocupação sempre aconselharia à adopção de um sistema de registo, ou à observância de determinadas formalidades, que permitissem aos potenciais credores efectuar certificações.

A dimensão dos conflitos de interesses entre o vendedor com reserva de propriedade, de uma parte, e os credores comuns e privilegiados, da outra, é, porém, mais vasta[25].

Nas situações de falência ou insolvência do comprador a oponibilidade da reserva à massa significa frequentemente o sacrifício dos restantes créditos e, designadamente, de créditos privilegiados tais como os créditos de Estado relativos a impostos (art. 736.º) e os créditos emergentes do contrato de trabalho (art. 737.º/1//d)). É verdade que o crédito do vendedor é a contrapartida do valor patrimonial da coisa e que esta ligação constitui uma razão de preferência: não pareceria justo que a coisa vendida com reserva de pro-

---

[23] Se a reserva de propriedade cumpre uma função de garantia, mesmo quando não há tradição da coisa, é bom de ver que o seu efeito na circulação dos bens, e as necessidades de aquisição a que neste caso responda, serão completamente diferentes.

[24] *Cfr.* Pierre Coppens – «Le problème des clauses de réserve de propriété dans l'avant-projet de convention européenne sur la faillite», in *Idées nouvelles dans le droit de la faillite,* Bruxelas, 1968, 241-246.

[25] *Vide* o quadro apresentado, à face da vida jurídico-económica da R.F.A., por Rolf Serick – *Eigentumsvorbehalt und Sicherungsübertragung,* vol. I, Heidelberg, 1963, 9-21.

priedade fosse incorporada no património do devedor em termos tais que todos os credores beneficiassem no mesmo pé desse aumento de valor patrimonial [26].

Esta razão pode ser suficiente para outorgar um privilégio, mas não parece bastante para justificar uma posição equivalente a uma preferência absoluta (cfr. infra § 9-c), V).

Argumentou-se que as desvantagens para os outros credores são neutralizadas pela diminuição das falências que a venda com reserva de propriedade, ao facilitar o crédito, proporcionaria [27]. As consequências económicas gerais da reserva de propriedade e as implicações das suas extensões convencionais (infra § 8) para o desenvolvimento de crédito, designadamente para a obtenção de crédito bancário, são pontos altamente problemáticos que exigem uma reflexão mais demorada, que extravasa o âmbito do nosso estudo [28].

Enfim, é singularmente exígua a tutela que a nossa ordem jurídica concede à aquisição de boa fé a *non domino*. Também a este respeito se faz sentir a falta de um sistema de publicidade que abranja as vendas com reserva de propriedade de bens móveis não sujeitos a registo. Nestas transacções, o direito vigente apenas evita certos resutados intoleráveis da oponibilidade da reserva e propriedade a terceiros-subadquirentes quando a coisa tenha sido adquirida a comerciante (art. 1301.°) [29], ou através do instituto da usucapião, (art. 1299.°).

---

[26] Uma das *policies* que inspiram as *priority rules* do art. 9.° do *Uniform Commercial Code* é justamente a de favorecer os credores dotados de garantia especial que tornaram possível a aquisição do bem, vide Morris SHANKER – «The General Secured Transactions Law under Article 9 of the American Uniform Commercial Code and the British Crowther Report (Part 5)», in *Security over Corporeal Movables*, J. G. Sauveplane (org.), Leiden, 1974, 59 e 62-63.

[27] Pensa-se aqui em fornecimento «a crédito» a empresas – vide Jean BASTIN – «Les conséquences économiques de la réserve de propriété. L'institution de la réserve de propriété n'est pas une révolution mais l'aboutissement d'une évolution», in *Idées nouvelles, op. cit.* (nota 24), 333 e segs.

[28] Vide a discussão geral contida na *op. cit.* na nota anterior, 399 e segs.; SERICK, *op. cit.* (nota 25), 17-21; GHESTIN, *op. cit.* (nota 12), 441.

[29] Com respeito ao preceito contido no art. 1301.° vide MENEZES CORDEIRO – *Da boa fé no Direito Civil*, vol. I, Coimbra, 1984, 448 e segs., nota 143. O recente Ac. da Relação de Coimbra de 28.4.87 (*CJ* II [1987] 97) veio reiterar uma jurisprudência restritiva sustentando, designadamente, que o preceito se não aplica a móveis sujeitos a registo.

Estas considerações de política jurídica serão retomadas ao longo deste trabalho, designadamente a final (§ 9-c)), depois de uma apreciação global do regime da reserva de propriedade.

III. O regime especial da venda a prestações tem em vista[30], por um lado, a protecção do comprador, como parte contratual que, em virtude da sua fraqueza económica, situação de necessidade e dificuldade em avaliar os riscos envolvidos não pode zelar adequadamente pelos seus interesses[31]; mas contempla simultaneamente preocupações de política macroeconómica, e, designadamente, o coordenar a promoção do emprego com a contenção da inflação e o equilíbrio da balança comercial. Este regime é extensível a outras modalidades contratuais em que se vise um resultado equivalente (art. 936.º/1 e art.15.º do DL 457/79 de 21 de Novembro).

Também o generalizado emprego, nestas transacções, de cláusulas contratuais gerais, em que a liberdade negocial de uma das partes está, na realidade, excluída, exigiu a intervenção do legislador para salvaguardar os interesses da parte negocialmente mais fraca, estabelecendo os limites e instrumentos de correcção de tais cláusulas[32].

IV. A importância prática da compra e venda com reserva de propriedade é evidente quando pensamos em certas categorias de bens, *maxime* veículos automóveis e «electrodomésticos»; fora disso, e até quanto a certas transacções relativas a essas categorias de bens – v. g. compra de electrodomésticos para revenda –, carece-se de elementos que permitam aferir do seu significado prático[33].

---

[30] Este regime está contido nos arts. 934.º a 936.º do CC, no DL 457/79 de 21 de Novembro – com a redacção dada pelo DL 67/81de 6 de Abril, e na Port. 466-A/87 de 3 de Junho.

[31] *Vide* Vasco LOBO XAVIER – «Venda a prestações: algumas notas sobre os artigos 934.º e 935.º do Código Civil», *Revista de Direito e de Estudos Sociais*, (1974), 199-266, 230-233; LARENZ, *op. cit.* (nota 12), 127; GALVÃO TELLES, *op. cit.* (nota 10), 32-33; BIANCA, *op. cit.* (nota 15), 520-521.

[32] *Vide* Preâmbulo do DL 446/85 de 25 de Outubro; ALMEIDA COSTA, *op. cit.* (nota 13), 176 e segs.; LARENZ, *op. cit.*, 135 e segs.; MOTA PINTO – «Contratos de adesão. Uma manifestação jurídica da moderna vida económica», *Revista de Direito e de Estudos Sociais*, Ano XX, Abril-Dezembro, 119-148.

[33] Em Portugal, durante a primeira metade do séc. XX, a venda a prestações, com recurso à reserva de propriedade ou à locação-venda, terá encontrado a sua principal aplicação

Reportando-nos às mencionadas categorias de bens, podemos constatar que esta modalidade contratual se adaptou à intervenção de uma entidade financiadora, geralmente um banco, mediante a conjugação da cláusula de reserva de propriedade com a utilização de títulos de crédito, em regra a entrega *pro solvendo* de letras pelo comprador (art. 840.°/1), seguida de desconto bancário; em relação ao comprador-sacado o banco surge como descontador-endossado, continuando o vendedor-descontário a garantir o pagamento da letra sempre que o sacado falte ao pagamento. Só nesta medida, portanto, se pode falar de «relação tripartida»; é o vendedor quem assume a posição de financiador «directo» e o risco do crédito concedido ao comprador.

O «triângulo» comprador-vendedor-financiador traduz-se normalmente, em matéria de transacções imobiliárias, numa venda incondicional, combinada com a constituição de hipoteca a favor do banco financiador[34]. A alienação da propriedade em garantia – cuja admissibilidade perante o nosso direito positivo pode suscitar dúvida[35] –, constituiria uma resposta diferente para as transacções «triangulares»; ela poderia combinar-se com a venda com reserva de propriedade na medida em que ao comprador seria legítimo obter financiamentos alienando, em garantia, o seu «direito de expectativa» (*cfr. infra* § 6-*a)*, III).

§ 4. DELIMITAÇÃO EM FACE DE ALGUMAS FIGURAS PRÓXIMAS

Já nos referimos à relação que existe entre a venda com reserva de propriedade e a venda a prestações (Introdução II). Assinalaremos agora, sucintamente, as diferenças mais importantes entre aquele instituto e algumas figuras que com ele apresentam determinadas semelhanças.

---

quanto a máquinas de costura, balanças, caixas registadoras e equipamentos eléctricos, isto a ajuizar pela jurisprudência e literatura jurídica da época – *vide* decisões e formulários transcritos por PELÁGIO, *op. cit.* (nota 15); CUNHA GONÇALVES, *op. cit.* (nota 15), 349.

[34] Inversamente, a hipoteca mobiliária, admissível para os móveis equiparados a imóveis (art. 688.°/1/*f*)), não parece assumir importância prática quanto a veículos automóveis (*cfr.* art. 4.°/1 do DL 54/75 de 12 de Fevereiro).

[35] *Cfr. infra* notas 158 e 176.

Também no contrato-promessa de compra e venda as partes podem convencionar que a transmissão da propriedade só terá lugar quando o preço for integralmente pago; porém, para que essa transmissão se opere, é necessária a celebração de um contrato de compra e venda, e, com ela, uma declaração de vontade de vendedor ou sentença judicial que a supra, ao passo que na venda com reserva de propriedade não é necessário um novo acordo de vontades: a transmissão da propriedade processa-se com a verificação do evento a que ficou condicionada[36].

Diferentemente do direito de penhor ou da hipoteca, ao vendedor não é concedida uma faculdade de realização pecuniária, do crédito sobre coisa alheia[37]; ele fica colocado numa posição mais vantajosa, uma vez que conserva a titularidade do direito de propriedade sobre a coisa (*cfr. v. g.*, arts. 746.° e 751.°). Acresce que o penhor civil pressupõe o desapossamento do devedor (arts. 669.°/1 e 677.°)[38], e que o registo da hipoteca tem natureza constitutiva (art. 4.°/2 do Cód. de Reg. Predial). Considerando a equivalência funcional entre o pacto de reserva de propriedade e um penhor convencional «sem posse» não deixam, porém, de nos suscitar alguma perplexidade certas disparidades de regime entre estas figuras (*cfr. infra* § 9-*c)*, V).

A locação-venda – *tal como é configurada no n.° 2 do art. 936.°* –, parece desempenhar a mesma função social típica que a reserva de propriedade, e dever o seu aparecimento no direito português às dúvidas que suscitava, na vigência do código antigo, a licitude desta cláusula[39]. Em face da equivalência funcional, e de inegáveis semelhanças estruturais, parece-nos que muito dificilmente se poderá atribuir natureza jurídica diferente a estas modalidades de

---

[36] ANTUNES VARELA *Das Obrigações em geral*, I vol., 4.ª ed., 1982, 261, nota 1; *cfr.* Acórdão da Relação de Lisboa de 19 de Janeiro de 1955 (*Jurisprudência das Relações*, 1 [1955] 27) que qualificou uma venda a prestações com reserva de propriedade como contrato-promessa de compra e venda com cedência do uso da coisa «a título de comodato».

[37] *Cfr.*, porém, Arwed BLOMEYER – «Die Rechtsstellung des Vorbehaltskäufers», *AcP* 162 (1963) 193, 198-200 (recondução do penhor a um negócio de disposição condicional) e *infra* nota 121.

[38] *Vide supra* nota 16.

[39] Sublinhe-se que o legislador reconhece esta equivalência funcional *vide* art. 936.°/1/2 e o art. 15.° do DL 457/79 de 21 de Novembro.

venda[40]. O regime da locação permitiria enquadrar sistematicamente o direito de gozo e fundamentar o acesso aos meios de defesa da posse que, em ambos os casos, são reconhecidos ao adquirente (*cfr.* art. 1037/2). A transposição deste regime revela-se, de resto, contraproducente, visto que as necessidades do tráfico jurídico impõem a possibilidade de transmissão do direito do adquirente (*infra* § 6-*a*)), bem como, em certos casos, a união, confusão ou transformação da coisa (*infra* § 7 e § 8, *cfr.* arts. 1027.° e 1043.° e segs.). Ao determinar a restituição das importâncias recebidas em caso de resolução do contrato (art. 936.°/2), o legislador marcou, relativamente à própria locação-venda, as necessárias distâncias (*cfr.* art. 434.°/2)[41].

§ 5. EXISTÊNCIA E VALIDADE DA CLÁUSULA DE RESERVA DE PROPRIEDADE

A) *Acordo de vontades e reserva de propriedade.* O pacto de reserva de propriedade integra o acordo de vontades em que se consubstancia o contrato de compra e venda: a reserva de propriedade tem de ser objecto de uma cláusula do contrato.

Por conseguinte, não basta, para condicionar o efeito translativo do contrato, uma declaração unilateral do vendedor, como poderia sugerir a letra n.° 1 do art. 409.°. Se subsistissem razões para dúvida,

---

[40] CUNHA GONÇALVES, *op. cit.* (nota 15), XIV, 746, afirma mesmo que a combinação de locação e promessa de venda «*constitui*» a reserva de propriedade; *cfr., porém,* GALVÃO TELLES – *Manual dos Contratos em Geral*, 3.ª ed., 1965, 397-399. No direito inglês entendeu-se que nas *conditional sales* e nos *hire-purchase agreements* o comprador se encontra numa situação de forte analogia, o que o leva à submissão das duas figuras aos mesmos preceitos legislativos, – *vide* L. S. SEALY in *Benjamin's Sale of Goods*, 2.ª ed., Londres, 1981, 38. Deve notar-se que o *hire-purchase agreement* é basicamente uma locação com opção de compra, ainda que esta seja hoje em dia, em regra, uma mera ficção jurídica (*cfr.* nota seguinte); Rui PINTO DUARTE afirma que no *hire-purchase* é frequente a intervenção de uma empresa financeira em termos que a aproximam, na sua estrutura, do «Leasing financeiro» *A locação financeira (Estudo jurídico do leasing financeiro)*, Lisboa, 1983, 24.

[41] Diferentemente da locação-venda, na locação com opção de compra existe uma combinação da locação com uma proposta de venda que o locatário pode aceitar no fim do contrato. Diferente é ainda a locação financeira que, tal como está configurada pelo legislador português, parece comportar uma promessa unilateral de venda (*cfr.* al. *c*) do art. 19.° do DL 171/79 de 6 de Junho e PINTO DUARTE, *op. cit.*, 77).

bastaria atentar em que, não sendo a reserva de propriedade convencionada contemporaneamente com a compra e venda[42], a propriedade se transfere por mero efeito do contrato.

Em princípio, podem as partes modificar o conteúdo do contrato por meio de estipulação posterior; porém, se a propriedade já foi transferida, não faz sentido convencionar que ela deve conservar-se na titularidade do vendedor[43]. Pode é perguntar-se se tal estipulação não envolverá uma retransmissão da propriedade para o vendedor.

Segundo RAUL VENTURA, ainda que se pudesse supor uma intenção de retransmissão no acordo modificativo do contrato, essa retransmissão não poderia ter fundamento no mesmo contrato[44]. Se bem entendemos o seu pensamento, quer o retorno da propriedade à titularidade do vendedor, quer a nova transferência para o comprador, agora sujeita a reserva de propriedade, teriam de ser objecto de acordos de vontade distintos.

Não se vê, porém, que outra finalidade típica pode presidir a uma estipulação posterior de reserva de propriedade, que não a de estabelecer, doravante, uma situação jurídica igual àquela que existiria se a reserva de propriedade tivesse sido convencionada contemporaneamente com a celebração do contrato. A construção jurídica a adoptar há-de ser aquela que *melhor materialize a finalidade visada pelas partes*. Ela parece corresponder – como sugere LARENZ[45], a uma *retransmissão da propriedade* para o vendedor *com reserva da expectativa real* de aquisição da propriedade (*vide infra* § 6-a)). Perante o direito português inclinamo-nos no sentido de entender a estipulação posterior como um novo contrato de compra e venda com reserva do «direito de expectativa,», mas que só pode e deve entender-se na sua estreita relação com o contrato original[46].

---

[42] Mas pode a cláusula de reserva de propriedade ser formalizada em documento separado – neste sentido TAVARELA LOBO – «Breves notas e algumas sugestões sobre a Revisão do Código do Registo Predial e seu Reajustamento ao novo Código Civil», *Revista de Direito e de Estudos Sociais*, (1966), 267 e segs. e RAUL VENTURA, *op. cit.* (nota 14), 605.

[43] Ela já faria sentido nos casos e que a transferência de propriedade não se opera no momento do contrato (art. 408.º/2).

[44] *Op. cit.*, 606.

[45] *Op. cit.* (nota 12), 110.

[46] *Cfr.*, perante o direito alemão, a diferente construção de LARENZ, *ibidem; cfr.* ainda BIANCA, *op., cit.* (nota 15), 532-534.

Em princípio, nada obsta a que a convenção de reserva de propriedade seja tácita. Necessário é que se possa deduzir com segurança, do comportamento dos declarantes, a probabilidade de uma vontade real nesse sentido (art. 217.º/1.º). Seria, designadamente, um entendimento ilegítimo aquele que pretendesse presumir que a venda a prestações, ou com espera de preço, é uma venda com reserva de propriedade[47].

O STJ decidiu no seu acórdão de 1 de Março de 1979[48] um caso, relativo a compra e venda a prestações de um avião, formalizada em documento escrito, do qual constava uma cláusula, estabelecendo que os riscos de utilização da coisa seriam segurados a favor do vendedor até ao pagamento integral do preço, e uma outra cláusula segundo a qual a transmissão só seria registada após esse pagamento. O Tribunal decidiu que a reserva de propriedade não se poderia inferir destas cláusulas. Se é certo que o registo não tem aqui natureza constitutiva, interrogamo-nos se um declaratário normal não atribuiria à segunda cláusula o sentido de um pacto de reserva de propriedade.

B) *Requisitos de forma.* A cláusula de reserva de propriedade está sujeita à forma legal do contrato e, em princípio, é dispensada de exigência de forma quando o mesmo suceda com o contrato (*cfr.* arts. 219.º a 223.º e 875.º)[49].

Os contratos de venda a prestações de coisas móveis corpóreas não consumíveis, de valor superior a 40 000$00, celebrados por comerciantes no exercício do seu comércio, estão sujeitos a forma escrita, nos termos do n.º 1 do art. 2.º do DL 457/79 de 21 de Novembro e do art. 6.º da Portaria 466-A/87 de 3 de Junho. A al. *i)* do n.º 1 do art. 2.º do DL 457/79 confirma a regra de que a cláusula de reserva de propriedade está submetida à forma legal do contrato[50].

---

[47] *Cfr.*, na doutrina germânica, as diferentes opiniões de Honsell, *op. cit.* (nota 2), 221-222; Larenz, *op. cit*, 108-109 e Ennecerus-Lehmann – *Derecho de Obligaciones,* 2 vols., trad. da 15.ª revisão por Heinrich Lehmann, (1958), 3.ª ed., Barcelona, 176. *Cfr.* ainda A. G. Guest, in *Benjamin's Sale of Goods, cit.* (nota 40), 158 e 161-162.

[48] *RLJ* 112.º – 235, com nota favorável de Vaz Serra.

[49] Para a crítica desta solução *vide infra* nota 130. Quanto à formalidade de registo como requisito de eficácia absoluta *vide infra* § 6-c). O registo da cláusula de reserva de propriedade é obrigatório na compra e venda de veículos automóveis – DL 54/75 de 12 de Fevereiro, modificado pelo DL 242/82 de 22 de Junho.

[50] Sobre a *ratio* destes requisitos *vide* Lobo Xavier, *op. cit.* (nota 31), 236, nota 87 e Larenz, *op. cit.*, 127 e segs., em especial 129.

Deve ainda notar-se que a regulamentação das cláusulas contratuais gerais (DL 446/85 de 25 de Outubro) considera excluídas dos contratos singulares as cláusulas que pela sua apresentação gráfica passem despercebidas a um contratante normal *(cfr. infra d))*, bem como as que sejam inseridas em formulários depois da assinatura de algum dos contraentes (art. 8.°/c), d))[51].

C) *Requisitos do conteúdo*. Tratando-se de uma modalidade e contratual *nominada,* os problemas que a este respeito se suscitam têm fundamentalmente a ver com a *licitude* de certas cláusulas de reserva de propriedade (art. 280.°) em que a estipulação negocial modifica o tipo legalmente previsto. Remetemos a este respeito para a sucinta apreciação a que procedemos no § 8.

D) *A cláusula de reserva de propriedade como cláusula contratual geral*. Já anteriormente nos referimos às razões que subjazem à intervenção legislativa neste domínio *(supra* § 3-III)[52], bem como à importância que a aparência externa pode assumir *(supra b))*.

A cláusula de reserva de propriedade encontra-se frequentemente inserida em formulários utilizados pelo vendedor, *v. g.* na venda de automóveis a prestações. Tratando-se da reserva de propriedade «simples», i. e., sem modificação do tipo legal, dado o seu uso corrente em determinadas transacções, parece suficiente que o formulário seja facultado com o tempo suficiente para que o comprador tome conhecimento do seu conteúdo[53].

Tão-pouco a reserva de propriedade «simples» é proibida pela regulamentação das cláusulas gerais. Ela passa no teste geral da boa fé objectiva (art. 16.° do DL 446/85 de 25 de Outubro), à luz dos princípios da confiança e da materialidade das relações jurídicas (art. 17.°), visto que desempenha uma função sócio-económica juridicamente aprovada.

---

[51] O art. 4.°/2 do projecto da convenção do Conselho da Europa prevê que o comprador deve confirmar por escrito a aceitação da reserva de propriedade quando a cláusula constar das condições gerais do vendedor, e estas não estiverem escritas, nem anexas ao contrato.

[52] Com referência específica à reserva de propriedade vide LARENZ, *op. cit.*, 135 e segs. e HONSELL, *op. cit.* (nota 2), 222 e segs.

[53] Com mais desenvolvimento vide LARENZ, *op. cit.*, 140-141 e, em geral, sobre este ponto, Hans LAMBSDORFF e Ulrich HÜBNER – *Eigentumsvorbehalt und AGB – Gesetz*, Colónia, 1982.

O mesmo não se poderá dizer de certas modificações do tipo legal, v: g. as cláusulas de «conta corrente» e de «grupo de sociedades», pelas razões que assinalaremos oportunamente (*vide infra* § 8)[54].

§ 6. EFEITOS

A) *Posições jurídicas do comprador*

I. Consideraremos em primeiro lugar as posições jurídicas activas do comprador, sendo óbvio que, no que respeita à relação *inter partes,* a elas correspondem posições jurídicas passivas do vendedor, e vice-versa.

A nossa indagação incide, recorda-se, sobre aquelas vendas com reserva de propriedade em que o comprador adquire, com a celebração do contrato, o direito à entrega da coisa antes de ser exigível a obrigação de pagar o preço ou parcela do preço (cfr. art. 879.º/b), c)).

É pacífico que o comprador pode desfrutar livremente das utilidades da coisa[55]. A entrega da coisa ao adquirente para seu uso e fruição é rica de implicações jurídicas. O adquirente pode não só defender o seu direito ao gozo da coisa contra o vendedor – só devendo largar mão da coisa em caso de resolução do contrato (*infra b)*-II) –, como também opô-lo a terceiros (*infra c)*); ao comprador devem ser facultados os meios possessórios gerais quer contra terceiros, quer contra o próprio vendedor[56].

---

[54] *Cfr.* ainda arts. 19.º/c) e 22.º/i) do mesmo diploma.

[55] O Ac. de 24.1.85 do STJ (*RLJ* 3740.º-335) refere-se a «transferência do uso e fruição da coisa para o comprador» (337).

[56] Neste sentido RAUL VENTURA, *op. cit.* (nota 14), 610. Admitindo ao comprador as acções de propriedade, *maxime* a reivindicação, Ludwig RAISER – *Dingliche Anwartschaften,* Tubinga, 1961, 42 e 76: «Sein interesse an diesem Schutz ist im Hinblick auf sein Recht zum Besitz ebenso stark und legitim wie das des Eigentümers»; Giovani CATTANEO – «Riserva della proprietà e aspettativa reale», *Rivista Trimestrale di Diritto e Procedura Civile,* (1965), 945-1004, 985 e segs.; BIANCA, *op. cit.,* 527, contra, LARENZ, *op. cit.,* 113.

Segundo a melhor doutrina é a tradição da coisa – e não a transferência do título –, que determina a passagem do risco[57].

Se o comprador continua adstrito ao pagamento do preço em caso de perecimento da coisa por facto de terceiro ou caso fortuito ou de força maior, justo parecerá reconhecer-lhe o direito de accionar e obter reparação sempre que ocorra dano ou destruição da coisa imputável a terceiro. Julgamos saber que, na *praxis* judicial, não têm sido colocadas objecções à legitimidade do adquirente sob reserva de propriedade. Esta pressupõe, porém, a *titularidade de um direito próprio sobre a coisa* (arts. 26.º do Código de Processo Civil e 483.º do Código Civil), o qual, segundo parece, pode consistir numa expectativa jurídica real[58].

Tratando-se de reparação em espécie é indubitável que a coisa deve ser entregue ao comprador, ficando na situação jurídica da coisa destruída[59]. Já o ressarcimento através de indemnização pecuniária divide as opiniões[60]. Dentro da mesma ordem de ideias, poderá partir-se do princípio de que a indemnização deve ser percebida pelo comprador. É certo que o vendedor vê enfraquecida a sua garantia, mas não é menos certo que a solução adoptada para a passagem do risco já onera substancialmente a posição do comprador. O interesse do alienante em proteger o melhor possível o seu crédito deve ser atendido na medida em que não sacrifique excessivamente os interesses da contraparte[61]. Compreende-se, assim, que

---

[57] GALVÃO TELLES, *Direito das Obrigações*, 4.ª ed., 1982, 372 e segs., *maxime* 377; no mesmo sentido RAUL VENTURA, *op. cit,* 610. É a solução consagrada no art. 1523.º do código italiano.

[58] Assim o entende a jurisprudência germânica, se bem que subsistam dúvidas na doutrina – vide Karl SCHÄFER, anotações 85 e segs. ao § 823, in *J. von Staudingers Kommentar, cit.*, 1986. Favorável, em face do direito italiano, CATTANEO, *op. cit.*, 998 e segs. Para o enquadramento geral deste problema de legitimidade *vide* ANSELMO DE CASTRO – *Direito Processual Civil Declaratório*, vol. II, 1982, 173 e segs., *maxime* 181, e ANTUNES VARELA, *op. cit.* (nota 36), 547 e segs.

[59] Vide CATTANEO, *op. cit*, 1003.

[60] RAISER, *op. cit.*, 79 e segs.; CATTANEO, *op. cit.*, 998 e segs.

[61] Discordamos pois de CATTANEO (*op. cit*, 1002), quando invoca a analogia com as garantias reais para a aplicação do regime correspondente ao estabelecido nos arts. 701.º/1 e 780.º/1: assim como se constatam as vantagens da posição do vendedor em relação às do credor pignoratício ou hipotecário (*supra* § 4), devem também respeitar-se as limitações correlativas. Em primeira linha a reserva de propriedade garante o crédito do vendedor na

o vendedor possa reclamar a parte da indemnização que seja suficiente para o pagamento do preço, ou fracção do preço, ainda em dívida [62].

II. A natureza jurídica da posse do comprador é questão controvertida. A jurisprudência tem decidido reiteradamente que o adquirente é um mero detentor que possui em nome alheio [63].

— No aresto proferido pela Relação do Porto em 19 de Maio de 1981, afirma-se que o exercício do gozo não constitui posse do direito de propriedade, «pois não é exercido pelo adquirente na intenção de actuar por si, na qualidade de proprietário, mas como beneficiário da cláusula do negócio jurídico que lhe confere essa faculdade» [64]. Tratava-se, porém, da oponibilidade da cláusula de reserva de propriedade a um credor do comprador, que não parece depender da questão da posse;
— Mais cautelosamente, o acórdão do STJ de 24 de Junho de 1982 sustenta que, *na falta de elementos acerca da vontade real,* não se pode concluir, em face do 409.º, que o comprador adquira a posse, para admitir os embargos de terceiro deduzido pelo vendedor contra execução movida pelos credores do comprador. Idêntica decisão foi proferida recentemente, a respeito de embargos deduzidos em

---

medida em que lhe assegura um direito de resolução plenamente eficaz; só quando o vendedor opte pelo cumprimento, ficando precludida a possibilidade de exigir a restituição da coisa (*infra* § 6-*b*), IV), é que surge uma situação análoga à daqueles credores (*vide infra* nota 121).

[62] Basicamente de acordo com a jurisprudência do *Bundesgerichtshof* citada por RAISER, *op. cit.*, 79-80, notas 193 e 194; BIANCA, *op. cit*, 526-527. Poderá, porventura, entender-se que, se o vendedor não o reclamar, o seu direito se «transfere» para a soma indemnizada, em analogia com a sub-rogação real (sobre o conceito de sub-rogação real *cfr.* OLIVEIRA ASCENSÃO, *op. cit.* [nota 16], 562-564) prevista para o penhor (*ex vi* 678.º), a hipoteca (692.º/1) e o usufruto (1480.º/1481.º); o vendedor passa a deter um direito de preferência sobre o valor correspondente à diferença entre a soma indemnizada e as prestações já recebidas, mas não pode reclamar a sua restituição em caso de insolvência (1237.º/3 do CPC).

[63] Chegou-se ao ponto de entender que o responsável pelos acidentes causados pelos veículos automóveis seria o vendedor — Ac. do STJ de 27.5.69 (*RLJ* 3429.º — 380) com anotação de VAZ SERRA.

[64] *CJ* (1981-III) 127.

execução fiscal, pelo Supremo Tribunal Administrativo[65]. Não deveria antes, o vendedor lançar mão da acção de propriedade?[66]

A Relação do Porto, no seu aresto de 25 de Outubro de 1984[67], nega o direito do comprador às benfeitorias introduzidas na coisa ou ao seu valor. Parece-nos laborar esta decisão num duplo erro: em primeiro lugar, o que estava em causa era a relação entre dois subadquirentes, e não a relação entre o vendedor que reservou a propriedade e o comprador; depois, ainda que se tratasse desta relação, o reembolso impunha-se por aplicação directa ou análoga do disposto no art. 274.º[68];

– Nota dissonante: a sentença de 28 de Fevereiro de 1974 do Tribunal de 1.ª Instância das Contribuições e Impostos da Guarda, decidiu que, para efeitos de execução por imposto, a reserva de propriedade não «retira» a posse ao comprador, visando apenas impedir a alienação, pelo adquirente, antes de ser satisfeito o preço[69].

Em todos estes restos a solução que se afigura *correcta coincide* com aquela que caberia se o comprador fosse considerado possuidor em nome próprio. O ponto é largamente controvertido na doutrina estrangeira[70]. Entre nós, podem mencionar-se as opiniões contrárias formuladas recentemente por RAÚL VENTURA e ALMEIDA COSTA. Enquanto para o primeiro o comprador adquire a posse com a entrega, tratando-se de uma posse em nome próprio[71], o segundo, fiel a uma concepção subjectivista da posse, entende que nos encontramos perante

---

[65] Ac. de 19.2.86, *Acórdãos Doutrinais* 300.º – 1521. O ac. do STJ citado anteriormente está publicado no *BMJ* 318.º – 394.

[66] Cfr. ALBERTO DOS REIS, *Processos Especiais*, 401 e segs., nota 5; *cfr.* ainda *infra* nota 77.

[67] CJ (1984-IV) 236.

[68] Seriam mesmo benfeitorias, ou antes reparações que apenas poderiam relevar, indirectamente, no cálculo de indemnização devida ao *alienante,* na medida em que evitassem uma maior depreciação do veículo?

[69] *Revista dos Tribunais*, 1888 (1974) 93. *Vide* ainda declaração de voto do conselheiro LIMA CLUNY no Ac. do STJ de 24:6.82, (*BMJ* 318.º – 394).

[70] *Vide* BIANCA, *op. cit*, 527; CATTANEO, *op. cit.*, 962 e segs.; LARENZ, *op. cit.*, 119--120, e autores aí citados; RAISER, *op. cit.*, 42, 62 e 75; PIERRE ORTSCIIEIDT – «Possession et clause de réserve de propriété en droits français et alemand», *Revue internationale de droit comparé*, 4 (1983) 767-786. *Vide* ainda as referências doutrinais apresentadas por VAZ SERRA na anotação ao Ac. do STJ de 27.5.69, *RLJ* 3429.º – 382, nota 2 e 388, nota 1.

[71] *Op. cit.*, 610.

um *direito de natureza obrigacional* a que corresponde um dever jurídico *especial* de abstenção do vendedor[72]. Para quem defenda uma concepção objectivista da posse, sempre que uma coisa é materialmente afecta aos fins de uma pessoa existe posse, a menos que a lei a exclua[73]. A existência da posse será inquestionável quando ao detentor forem facultados os meios possessórios: «a toda a acção corresponde um direito, e o direito correspondente a estas acções só pode ser a posse»[74].

Na elaborada construção jurídica proposta por LARENZ, é atribuído ao adquirente um mero direito relativo (obrigacional) à posse (ao gozo da coisa), que nasce do contrato, e depende da subsistência deste[75]. Assim se explicaria, que o vendedor possa exigir a restituição da coisa apesar da prescrição do crédito do preço *(vide* art. 304.º/3). Porém, esta solução também se deixa justificar quando se funde o direito de posse na tradição efectuada em cumprimento do contrato ou no «direito de expectativa»[76]: prescrito o crédito do preço, o vendedor continua proprietário; a falta de realização do preço pode constituir uma *condição resolutiva do direito de posse* e/ou extinguir a *expectativa jurídica* que *existe na perspectiva dessa realização* (*infra* III).

A concepção segundo a qual é o comprador um possuidor em nome alheio, titular de um direito de domínio «relativo», dificilmente explica a oponibilidade do seu direito a credores e terceiros adquirentes do vendedor, ou o acesso aos *meios de defesa da posse* e embargos de terceiro[77]. E só uma artificiosa construção jurídica pode

---

[72] Anotação ao Ac. do STJ de 24.1.85, *RLJ* 3741.º-383.
[73] MENEZES CORDEIRO, *op. cit.*, (nota 11), 550 e segs.; OLIVEIRA ASCENSÃO, *op. cit.*, 91 e segs.
[74] OLIVEIRA ASCENSÃO, *op. cit.*, 74; *cfr.* PIRES DE LIMA-ANTUNES VARELA, nota 6 ao art. 1251.º.
[75] *Op. cit.,* 110 e segs.
[76] *Vide* HONSELL, *op. cit.* (nota 2), 227, *cfr.* 232-233; *cfr.* VAZ SERRA, *BMJ* 105.º-168-169.
[77] Em sentido convergente CATTANEO, *op. cit.*, 958 e segs. e RAISER, *op. cit.,* 61 e segs. Observa-se que também LARENZ, 119, admite embargos de terceiros ao comprador com base no direito de expectativa. ALBERTO DOS REIS – *Processos especiais*, I, 1955, 420, admitia que nestes casos os embargos pudessem ser opostos pelo vendedor, ou pelo comprador, mas em nome do vendedor.

explicar que, em caso de transmissão do direito do comprador a terceiro, acompanhado da tradição da coisa, o vendedor não possa obter a restituição desta, através de reivindicação contra o terceiro[78]. Se o comprador pode *transmitir* a um terceiro não só o direito de expectativa, mas também o *direito ao gozo da coisa*, é porque este direito de gozo não tem apenas uma dimensão relativa-obrigacional. De resto, verifica-se que é a *tradição da coisa*, e não a celebração do contrato, o facto determinante para a passagem do risco[79]; como é em virtude de *deter materialmente a coisa*, e de a usar e fruir, que ao comprador é atribuído o direito à reparação por danos ou destruição da coisa por terceiros, o direito ao reembolso de certas benfeitorias e a responsabilidade pelos riscos de utilização da coisa (*v. g.*, art. 503.°).

Afigura-se-nos que a concepção subjectivista da posse tão-pouco é de todo inconciliável com o reconhecimento da posse em nome próprio do adquirente sob reserva de propriedade[80]: se se admitir que o comprador é titular de um direito real «*sui generis*», ele exerce a posse, com o respectivo *animus, nos termos deste direito.*

III. É, pelo menos, de reconhecer ao comprador uma expectativa jurídica real[81]. O comprador tem uma expectativa jurídica, uma vez que, com a celebração do contrato, começou já a produzir-se o facto complexo, de formação sucessiva, a que o Direito faz corresponder, quando concluído, o efeito aquisitivo do direito de propriedade; e porque, durante o período de pendência, o comprador goza já de certa protecção jurídica[82]; na formulação de RAISER existe aqui uma «esperança de aquisição protegida»[83].

---

[78] *Cfr.* a ideia de «cessão do direito relativo de posse» em LARENZ, *op. cit*, 117 *in fine* e 118.

[79] GALVÃO TELLES, *op. cit.* (nota 57), 376-380; PIRES DE LIMA-ANTUNES VARELA, nota 6 ao art. 796.°.

[80] PIRES DE LIMA-ANTUNES VARELA, nota 6 ao art. 1215.°, defendem que o Código Civil consagra uma concepção subjectivista da posse.

[81] No sentido de que o adquirente tem, pelo menos, um direito de expectativa, se pronuncia VAZ SERRA, anotação ao Ac. do STJ de 27.5.69, *op. cit.; cfr.* ainda RAÚL VENTURA, *op. cit.,* 610. Para um estudo sistemático das expectativas jurídicas reais *vide* a monografia de RAISER que vimos citando.

[82] *Vide* GALVÃO TELLES – «Expectativa Jurídica (algumas notas)», *O Direito*, 1 (1958) 2-6.

[83] *Op. cit.,* 7.

«Hipótese característica de *expectativa* – assinala GALVÃO TELLES [84] – é a dos contratos ou outros negócios jurídicos celebrados sob *condição suspensiva*». Noutro lugar, escreve o mestre que «o facto de a condição suspender por completo a aquisição do direito não obsta a que o beneficiário possa, ainda assim, dispor dele como *eventual direito futuro*» [85], havendo ainda a considerar os efeitos prodrómicos que transformam o interesse numa expectativa jurídica, *v. g.* os actos conservatórios previstos no art. 273.º.

As disposições legais aplicáveis aos negócios de disposição sob condição oferecerão, na verdade, pontos de apoio fundamentais na construção do regime da reserva de propriedade. Parece-nos curial partir da ideia de transmissibilidade do direito real condicionado [86], ínsita no n.º 1 do art. 274.º, em lugar de, *a priori*, encarar um negócio de disposição de coisa adquirida sob reserva de propriedade na perspectiva da venda de bens alheios ou da venda de bens futuros.

Afirmada a transmissibilidade do «direito de expectativa», verifica-se que com este pode o comprador transferir igualmente a sua posse para o subadquirente; só a titularidade do direito fica condicionada a um evento futuro. Sendo largamente admitida a oponibilidade do direito de posse do adquirente da expectativa ao vendedor-proprietário (supra II), a situação apresenta contornos muito específicos, que configuram um tipo autónomo de «direito de expectativa», em diversos aspectos submetido a um «direito especial» [87].

É obra da doutrina germânica, a que aderiu a jurisprudência dos tribunais, a classificação desta posição jurídica na categoria de «direito subjectivo», do mesmo género que o direito pleno correspondente, e transmissível em conformidade com os preceitos aplicáveis a este direito pleno [88].

Em face do direito português, não parece adequado recorrer ao regime da venda de coisa alheia como futura (arts. 893.º, 880.º e

---

[84] *Op. cit.*, 4.
[85] *Op. cit.* (nota 40), 230.
[86] Luís CARVALHO FERNANDES – *Teoria Geral do Direito Civil*, 1983, II, 438-439; MERZ, *op. cit.* (nota 15), 152.
[87] *Vide* RAISER, *op. cit.* (nota 56), 19.
[88] LARENZ, *op. cit.* (nota 1), 398-401; *vide* ainda RAISER, *op. cit.*, 23-25. Sobre a problemática suscitada pelo *numerus clausus* dos direitos reais; *vide* CATTANEO, *op. cit.* (nota 46), 964, e segs. e 975 e segs.

408.°/2)[89], ainda que limitado à questão da titularidade do direito de propriedade. Esta modalidade contratual pressupõe que ambas as partes tenham conhecimento da situação jurídica da coisa e queiram transmitir um direito futuro sobre ela; sempre que o subadquirente desconhecesse essa situação jurídica, ou que o contrato por ele celebrado não dispusesse do direito como futuro, tratar-se-ia de *venda de coisa alheia* e, como tal, ferida de *nulidade*. Na transmissibilidade das posições jurídicas do comprador com reserva de propriedade concorre o *interesse em facilitar a circulação dos bens*. Aplicar-lhe o regime da venda de coisa alheia/futura *dificulta esta circulação*, na qual o comprador de coisa sujeita a reserva de propriedade pode igualmente ter um interesse legítimo, e *compromete a segurança do tráfico*, sacrificando em toda a linha os interesses do subadquirente[90], sem que o justifique um interesse do proprietário-vendedor em obter a declaração de nulidade do negócio de disposição (ou oneração) efectuado pelo comprador, visto que, por um lado, os seus direitos contratuais e a oponibilidade da reserva permanecem intocados, e, por outro, ele não pode atacar o direito de posse do subadquirente[91].

A expectativa do comprador é uma expectativa real, visto que existe na perspectiva da aquisição de um direito real. E, não sem hesitações, qualificá-la-íamos de *direito real de aquisição,* uma vez que o vendedor não pode evitar a verificação dos pressupostos aquisitivos[92].

A transmissão do «direito de expectativa» e da posse não depende de consentimento do vendedor, porque não se trata de uma

---

[89] *Vide* PIRES DE LIMA-ANTUNES VARELA anotações aos arts. 880.°e 893.°.

[90] Se bem que, em relação ao segundo, este sacrifício pudesse ser minimizado pelo disposto nos arts. 467.° do Código Comercial e 1301.° do Código Civil, quando aplicáveis (*cfr. supra* nota 29).

[91] A protecção de subadquirente que não conheça, nem deva contar, com a existência de uma reserva de propriedade, poderá fundar-se, talvez, no regime da venda de bens onerados (art. 905.°e segs.), bem como do disposto no art. 1301.°, quando aplicável, se, com base em inexecução do alienante, o proprietário resolver o contrato e reclamar a restituição da coisa. Sobre este ponto *cfr.* LARENZ, *op. cit.* (nota 12), 116 e BIANCA, *op. cit.* (nota 15), 528-530.

[92] *Vide* OLIVEIRA ASCENSÃO, *op. cit.* (nota 16), 496-498; ALMEIDA COSTA considera existir um direito real de aquisição, criado pela vontade das partes, na venda a retro ou a remir, quando oponível a terceiros (*Direito das Obrigações, cit.,* 86).

cessão da posição contratual[93], mas da transmissão de um direito real, segundo as regras aplicáveis ao direito de propriedade. Por conseguinte, o *comprador continua adstrito ao pagamento do preço.*

Da cláusula do contrato de compra e venda com reserva de propriedade em que o adquirente se vincule a não alienar a coisa durante o período de pendência decorre um dever de natureza obrigacional susceptível de gerar obrigação de indemnizar, mas que não afecta a validade da disposição[94]. Devem ainda ter-se em conta as decorrências do princípio da boa fé (*cfr.* 272.º e 762.º/2) e, nas relações mercantis, eventuais usos do comércio, os quais podem assumir relevância, *v. g.* quanto à existência de um dever de informação[95].

Com a verificação da condição, em regra o pagamento integral do preço, na venda a prestações com o pagamento da última prestação, o «direito de expectativa» ascende, *ipso jure,* a direito (de propriedade) pleno. Se o comprador transmitira o seu direito, o direito de propriedade é *directamente adquirido* pelo titular do «direito de expectativa»[96].

As partes, ao convencionarem a reserva de *propriedade, condicionam resolutivamente o «direito de expectativa»* e a posse à resolução do contrato pelo vendedor[97]. Exercendo o vendedor o seu direito de resolução, o comprador, ou terceiro a quem tenha transmitido o seu direito, se a cláusula lhe for oponível, encontra-se *obrigado a restituir* a coisa[98]. Deve porém observar-se que, para o evitar, pode em princípio o adquirente do «direito de expectativa» substituir-se ao comprador no cumprimento da obrigação (arts. 767.º/1 e 592.º/1).

---

[93] Pode discutir-se, em face do direito português, se será admissível uma transferência do «direito de expectativa» a título da garantia, designadamente a instituição de crédito, conservando o comprador a detenção da coisa cfr. LARENZ, *op. cit.*, 115; GHESTIN, *op. cit.* (nota 12), 465 e segs. e CATTANEO, *op. cit.* (nota 46), 988.

[94] Vide LARENZ, *op. cit.*, 116 e CATTANEO, *op. cit.*, 988-989.

[95] Para a relevância penal da revenda *vide infra* § 9-c), V.

[96] A eficácia absoluta desta aquisição poderá, no entanto, ficar dependente do cumprimento das formalidades do registo, quando for caso disso.

[97] Em caso de falência ou insolvência do vendedor ou do comprador *vide* art. 1197.º do Código de Processo Civil e *infra c),* II.

[98] *Cfr.* supra notas 90 e 91.

B) *Posições jurídicas do vendedor*

I. O vendedor executa o contrato com a entrega da coisa ao comprador[99], visto que a aquisição da propriedade se produzirá com a verificação da condição, independentemente de qualquer conduta da sua parte.

A ideia de que o vendedor fica adstrito, durante o período de pendência, a uma prestação contínua de facto positivo que consista no proporcionar do gozo da coisa ao comprador[100], não tem substância, visto que o vendedor mais não precisa fazer que entregar a coisa ao comprador.

Mas não terá o vendedor a obrigação negativa de não perturbar o uso e a fruição da coisa?[101]. A situação parece corresponder antes – como revela, em particular, a possibilidade de terceiro opor este direito de gozo ao vendedor-proprietário (*supra a)*, III) –, à titularidade de um direito de posse pelo comprador e, como tal, a obrigação de a respeitar é uma manifestação do *dever geral de respeitar a posse alheia*, ou, se não se quiser admitir a posse nos termos do direito de propriedade, uma consequência da oponibilidade *erga omnes* do «direito de expectativa» do comprador.

RAÚL VENTURA entende que na reserva de propriedade está implícita uma convenção de indisponibilidade pela qual o vendedor se obriga a não vender, ou, por outro modo, alienar a coisa[102]. Tal entendimento parece ter como consequência que a disposição da coisa pelo vendedor durante o período de pendência será válida, sempre que a reserva de propriedade for inoponível a terceiros (*cfr.* art. 409.º/2), mesmo realizando-se o pagamento integral do preço.

Oposta é a solução geralmente aceite[103], e com razão, visto que são aplicáveis, directamente ou com forte analogia, as disposições relativas à condição suspensiva: a verificação da condição determina, nos termos do n.º 1 do art. 274.º, a ineficácia dos actos de disposição realizados pelo vendedor no período de pendência[104]. Na verdade, o

---

[99] LARENZ, *op. cit.*, 111.
[100] *Ibidem.*
[101] ALMEIDA COSTA, anotação, ao Ac. do STJ de 24.1.85, *cit.* (nota 72).
[102] *Op. cit.* (nota 14), 611.
[103] *Vide infra, c)*, III.
[104] No mesmo sentido, perante o direito alemão, LARENZ, *op. cit.*, 115, e, perante o direito suíço, MERZ, *op. cit.* (nota 15), 159.

vendedor que vende com reserva de propriedade já dispôs do seu direito com a celebração do contrato, apenas o efeito desse acto de disposição fica subordinado à verificação da condição. O direito de propriedade de que ele é *titular* está resolutivamente condicionado à verificação do evento de que depende a produção do efeito translativo da venda sob reserva de propriepriedade[105] (*cfr.* art. 1307.º/3).

II. Já assinalámos que a reserva de propriedade assume um significado diferente consoante a celebração do contrato é acompanhada, ou não, da entrega da coisa (*supra* § 1). Havendo tradição da coisa, o vendedor – em virtude do disposto no art. 886.º –, *só pode resolver o contrato* se tiver acordado com o comprador a *reserva de propriedade,* ou um *direito de resolução convencional*[106].

Em caso de inexecução da ou das obrigações do comprador, poderá o vendedor exigir a restituição da coisa, independentemente de resolução do contrato? A privação do gozo da coisa, constituindo um poderoso meio de pressão sobre o adquirente, representaria uma óptima garantia do cumprimento do contrato[107].

A doutrina e a jurisprudência portuguesa, à semelhança das suas congéneres alemãs, suíças e italianas[108], têm entendido que o vendedor

---

[105] É a doutrina exposta por LARENZ, *op. cit*, 113-115. Deve ter-se presente a diferente conformação da transferência negocial do direito de propriedade no direito germânico, dominada pelo princípio da abstracção que separa a obrigação de transferir gerada pelo contrato de compra e venda e o efeito translativo operado por um «contrato real», acompanhado de tradição da coisa móvel, ou, sendo imóvel, de inscrição no registo. As diferenças funcionais e estruturais parecem, no tocante ao pacto de reserva de propriedade, menos significativas do que se poderia esperar (*cfr. supra* nota 33). A par de outras convergências já assinaladas, sublinharemos que, segundo LARENZ (*op. cit.,* 114), o vendedor com reserva de propriedade, ao entregar a coisa, *já cumpriu* o contrato, e *já dispôs* do direito de propriedade e que, por outro lado, a posição jurídica assim adquirida pelo comprador («direito de expectativa real»), *depende da vigência* do contrato de compra e venda.

[106] LOBO XAVIER, *op. cit.* (nota 31), 239 e *infra* nota 116.

[107] O art. 5.º/1 do projecto de convenção do Conselho de Europa (*vide* Introdução e Anexo II) permite ao vendedor obter a restituição «if the buyer fails to provide full consideration for the goods» – *cfr. anexo 1-a), c)* e *infra* nota 111. O projecto de Directiva (Anexo III) faz depender o reapossamento da coisa da restituição das quantias pagas (art. 3.º/1). *op. cit.* (nota 13), 57; BIANCA, *op. cit.* (nota 15), 546-547.

[108] *Vide* LARENZ, *op. cit.,* 112, (o qual considera o ponto duvidoso quando não se trate de venda a prestações); CAVIN, *op. cit.,* 57; BIANCA, *op. cit.,* 546-547.

só pode exigir a restituição da coisa quando exerça o direito de resolução[109]. Pareceria, na verdade, um sacrifício excessivo dos interesses do comprador e, bem vistas as coisas, um desvio da finalidade típica visada pelo contrato, admitir que o comprador pudesse ser privado do gozo da coisa e, ao mesmo tempo, continuasse obrigado ao pagamento integral do preço. É mesmo de supor que, em muitos casos, a privação do gozo da coisa dificultaria a obtenção e libertação dos meios necessários para o pagamento do preço, e, poderia desnecessariamente contribuir para a insolvência ou falência adquirente, *v. g.* quando estejam em causa bens de equipamento afectos à produção industrial.

Resolvido o contrato, tem o vendedor direito à restituição da coisa, podendo socorrer-se da acção de propriedade para o efectivar (art. 1311.°) contra o comprador, ou, dentro de limites, contra terceiros (*infra, c)*).

III. O direito de rescisão por inexecução definitiva do comprador assiste ao vendedor por aplicação analógica do n.° 2 do art. 801.°. Ocorrendo mora do comprador, o credor pode fixar um prazo razoável para a execução da prestação e, se esta não for efectuada dentro deste prazo, a mora converte-se em inexecução definitiva.

No domínio da venda a prestações, com fundamento na especial necessidade de protecção do comprador, o art. 934.° (primeira parte) vem introduzir uma limitação à faculdade de resolução do vendedor, excluindo-a quando esteja em mora uma só prestação que não exceda a oitava parte do preço[110]. Não funcionando a limitação do art. 934.°,

---

[109] Vide RAÚL VENTURA, *op. cit.* (nota 14), 613 e, implicitamente, ANTUNES VARELA, *op. cit.* (nota 36), 262 e ALMEIDA COSTA, *op. cit.* (nota 72), 198; na jurisprudência *vide*, entre outros, o Ac. do STJ de 28.11.75, *BMJ* 251.° – 172, no qual, porém, parece invocar-se, desnecessariamente, uma ideia de resolução tácita em caso de pedido de restituição da coisa da massa falida (*vide infra c), II), e o Ac. da Relação do Porto de 13.3.84, *CJ* (1984-II) 210, que apreciou uma situação de reapossamento por acção directa do vendedor.

[110] A doutrina dominante entende que tratando-se de mais de uma prestação, cuja soma não exceda aquela proporção, a limitação não funciona: PIRES DE LIMA-ANTUNES VARELA, nota 1 e 6 ao art. 934.°; LOBO XAVIER, *op. cit.,* 206, nota 17; GAMA ROSE, *Compra e venda a prestações – com e sem reserva de propriedade (breves reflexões),* Ponta Delgada, 1962, 112; também perante o art. 1525.° do código italiano, RUBINO, *op. cit.* (nota 11), 442. O Ac. do STJ, de 28.6.84 (*BMJ* 338.°-414) afirma-o, mas em *obiter dictum,* visto que a

o direito de resolução continua a reger-se pelo disposto nos arts. 801.º e 808.º/2: o art. 934.º introduz uma limitação com vista a proteger o comprador, não um fundamento legal de resolução, como sucede em face do art. 455.º do código alemão[111]. É hoje generalizadamente aceite na doutrina e jurisprudência portuguesas, como nas italianas, suíças e alemãs, que o exercício do direito de resolução importa a restituição das obrigações pagas, conforme resulta do art. 434.º/1, devendo ainda atender-se ao disposto nos arts. 289.º e 290.º *ex vi* art. 433.º (*cfr. infra* V sobre o direito a indemnização do vendedor)[112].

O escopo das normas contidas no art. 934.º não permite quaisquer dúvidas quanto à sua imperatividade (*supra* § 3 – III)[113].

Dois problemas, porém, se suscitam quanto ao âmbito de aplicação do art. 934.º (1.ª parte): deverá excluir-se da sua disciplina a

___

soma excedia a proporção. Discordante, BAPTISTA LOPES, *Do contrato de venda no direito civil, comercial e fiscal*, Coimbra, 1971, 215-216. É certo que – como observa LOBO XAVIER, *ibidem* e nota 18, a cumulação de prestações em dívida *pode*, de *per si*, assumir importância à luz do interesse do credor; mas, também *pode* ter escassa importância (art. 802.º/2), justificando-se, à luz das finalidades que subjazem ao art. 934.º, a limitação ao direito de resolução aí prevista.

[111] Vide LOBO XAVIER, *op. cit.*, 203 e segs.; no mesmo sentido PIRES DE LIMA-ANTUNES VARELA, nota 6 ao art. 934.º, e a jurisprudência do Supremo, *v. g.*, Ac. do STJ de 28.6.84 (*BMJ* 338.º – 414) o qual correctamente demonstra o infundado da tese discordante do Ac. da Rel. do Porto de 21.4.81 (*CJ* [1981-II], 119), que pretendeu ver no DL 54/75 a consagração de um regime especial na venda de veículos. Também assim se entende nos direitos italiano (RUBINO, *op. cit.*, 443) e suíço (CAVIN, *op. cit.*, 57). Contra, RAÚL VENTURA, *op. cit.*, 611-612. Questão diferente é a de saber se, no domínio da venda a prestações, é admissível a cláusula que confira ao vendedor a faculdade de rescindir o contrato em caso de simples mora: respondeu afirmativamente a Relação de Lisboa, nos seus arestos de 14.5.85 e 14.7.87, *CJ* (1985-III) 145 e (1987-IV) 131, respectivamente, mas a posição contrária parece assumida pelo STJ no seu Ac. de 2.10.86 (*BMJ* 360.º – 566).

[112] Nem outro entendido é possível em face do disposto no n.º 2 do art. 935.º; vide LOBO XAVIER, *op. cit*, 263; *cfr.* CAVIN, *op. cit*, 57; é entendimento pacífico na jurisprudência vide *v. g.*, Ac. do STJ de 24.1.85 (*RLJ* 3740.º – 335), com anotação favorável de ALMEIDA COSTA, no qual se rejeitou a confusão com os contratos de execução continuada (*cfr.* art. 434.º/2).

Defendendo um regime diferenciado para a resolução consoante seja fundada na lei ou em convenção, *cfr.* VAZ SERRA, anotação ao Ac. do STJ de 28.11.75, *RLJ* 3584.º-365-368.

[113] Vide LOBO XAVIER, *op. cit.*, 225 e segs.; no mesmo sentido PIRES DE LIMA-ANTUNES VARELA, nota 9 ao art. 934.º e a jurisprudência – *vide*, designadamente, o Ac. do STJ de 2.10.86, *BMJ* 360.º-566.

venda a prestações sem reserva de propriedade? Deverá estender-se essa disciplina a todas as alienações com reserva de propriedade que não forem vendas a prestações?

O art. 64.º do anteprojecto de GALVÃO TELLES claramente estabelecia que as limitações à faculdade de resolução se aplicavam à venda a prestações com ou sem reserva de propriedade. Porém, o art. 934.º veio mencionar apenas as vendas com reserva de propriedade. Como observa LOBO XAVIER não se vê razão para que a venda sem reserva de propriedade fosse excluída daquele regime, explicando-se a restrição introduzida pela convicção de que o vendedor sem reserva de propriedade não pode resolver o contrato na situação prevista no art. 886.º[114]. A verificação da natureza supletiva da norma contida no art. 886.º leva LOBO XAVIER a concluir que, através *da estipulação do direito de resolução*, o vendedor sem reserva de propriedade se subtrai à disciplina do art. 934.º, apesar de ser outro o «pensamento do legislador»[115].

A estipulação de um direito de resolução não pode ter o mesmo alcance que o pacto de reserva de propriedade: a resolução, ainda que expressamente convencionada, não prejudica os direitos adquiridos por terceiro (art. 435.º/1 *versus* 409.º/2); assim; *v. g.*, se o comprador alienou a coisa a terceiro, apenas assiste ao vendedor acção de indemnização[116].

O escopo de protecção do comprador, que preside ao disposto no art. 934.º, reclama a sua aplicação quer se trate de um mero direito de resolução, quer também de uma reserva de propriedade. A nosso ver, a conclusão retirada por LOBO XAVIER contraria as premissas. À luz do nexo teleológico entre os preceitos em presença, impõe-se uma de duas conclusões: ou, no *domínio da venda a prestações*, o preceito contido no art. 886.º reveste carácter imperativo – respeitando-se o «pensamento legislativo» bem expresso no sentido literal do

---

[114] *Op. cit.*, 238; *Vide* também PIRES DE LIMA-ANTUNES VARELA, nota 1 ao art. 934.º; *cfr.* BIANCA, *op. cit.* (nota 15), 521.

[115] *Op. cit.*, 239-240.

[116] *Cfr.*, perante o direito suíço, as considerações de CAVIN, *op. cit.*, 29 e 56; *cfr. supra* nota 111 e *infra* notas 176 e 201. Deve distinguir-se entre a estipulação de uma condição resolutiva e a reserva de resolução prevista no art. 886.º. Sobre a diferença entre condição resolutiva e resolução legal *vide* GALVÃO TELLES, *op. cit.* (nota 57), 364.

art. 934.º –, ou o disposto no 934.º se deve aplicar ao mero direito convencional de resolução, por maioria de razão.

A extensão do regime do art. 934.º (1.ª parte) a todas as vendas com reserva de propriedade – propugnada por RAÚL VENTURA[117] –, só pode aceitar-se quando, à luz da função sócio-económica desempenhada pelo contrato, o escopo de protecção visado por aquela norma o justifique (cfr. art. 15.º do DL 457/79 de 21 de Novembro). Tal não sucede, manifestamente, quando a venda com reserva de propriedade não é acompanhada de tradição da coisa durante o período de pendência.

IV. Perante a inexecução definitiva do contrato pelo adquirente sob reserva de propriedade, pode o alienante escolher uma de duas vias para defender os seus interesses: a *execução* ou a *rescisão* do contrato[118]. No primeiro caso ele lança mão da acção de cumprimento exigindo o pagamento de todas as prestações em dívida. No segundo, ele comunica ao comprador a decisão de rescindir o contrato, havendo lugar à restituição da coisa, bem como das prestações pagas.

Como base nestes princípios, o Acórdão da Relação do Porto de 4 de Fevereiro de 1971[119] sustenta que a exigência da totalidade das prestações em dívida envolve *renúncia* automática à reserva de propriedade. Deveria antes dizer-se que proposta a acção de cumprimento fica precludida a possibilidade de obter a restituição da coisa vendida, visto que esta restituição pressupõe a resolução do contrato. Pela propositura da acção de cumprimento procura o vendedor obter por via judicial o pagamento do preço que desencadeará a transmissão da propriedade[120]; isto não encerra qualquer vontade de renúncia à reserva. Uma vez realizado o pagamento através de execução verifica-se a condição e a propriedade transfere-se. Manifesta-se aqui a *função de garantia* da reserva de propriedade, não tanto para acautelar a conservação da coisa como «elemento do património executável

---

[117] *Op. cit.*, 608.
[118] *Vide* GALVÃO TELLES, *op. cit.*, 365 e segs.; ANTUNES VARELA, *op. cit.*, 102 e segs. *Cfr.*, para o direito inglês GUEST, *op. cit.* (nota 47), (p.) 159-160.
[119] *Revista dos Tribunais*, 1862, (ano 89.º), 279.
[120] *Cfr.* LOBO XAVIER, *op. cit.* (nota 31), 259 e segs. e CAVIN, *op. cit.* (nota 13), 57.

do devedor»[121], mas antes, na nossa óptica, para permitir que o vendedor realize o seu crédito através da execução da coisa, onde quer que esta se encontre, e com prevalência em relação aos direitos sobre ela invocados por terceiros; esta solução depara com a dificuldade resultante de faltarem normas processuais directamente aplicáveis (cfr. arts. 864.° e segs. do CPC).

V. O vendedor que opta pela resolução do contrato tem, a par do direito à restituição da coisa, direito a ser indemnizado pelos prejuízos sofridos. É uma indemnização por *danos negativos* que tem por fim colocar o vendedor na situação patrimonial que teria se o contrato não houvesse sido celebrado (art. 227.° *ex vi* art. 433.°)[122]. A indemnização abrangerá, no fundamental, o prejuízo resultante da redução do valor da coisa, mas também as despesas contraídas em razão da venda, *v. g.* de transporte e embalagem[123].

Contrariamente ao que estabelece o art. 1526.° do código italiano[124], não parece que, em face do direito português, o comprador tenha de compensar o vendedor pela *utilização da coisa*, salvo, claro está, na medida em que essa utilização se reflicta na sua *desvalorização*.

As cláusulas – frequentemente inseridas nos formulários dos vendedores –, em que se estipule que o vendedor fará suas as prestações pagas em caso de resolução, poderão valer como *cláusulas penais*[125].

---

[121] LOBO XAVIER, *op. cit.*, 216; no mesmo sentido PIRES DE LIMA-ANTUNES VARELA, nota 7 ao art. 934 e RAUL VENTURA, *op. cit.*, 612; *cfr.* RUBINO, *op. cit.* (nota 11), 443-444 e nota 144 e BIANCA, *op. cit.* (nota 15), 545-546. Esta possibilidade de penhorar coisa «própria» deixa-se explicar facilmente quando se admite que o vendedor apenas detém uma propriedade – garantia (*infra* § 9 – c)), podendo, como o credor pignoratício ou hipotecário, executar a coisa onerada.

[122] *Vide* GALVÃO TELLES, *op. cit.* (nota 57), 368. Em geral sobre o direito de indemnização do vendedor com reserva de propriedade *vide* LOBO XAVIER, *op. cit.*, 259 e segs. Na jurisprudência pode ver-se, *v. g.*, o Ac. da Relação do Porto de 16.6.87, *CJ* (1987-III) 200.

[123] O supracitado Ac. da Rel. do Porto de 25.10.84 (*CJ* [1984-IV] 236), considerou procedente um pedido de indemnização por desvalorização da coisa e *privação do uso*, devendo ter-se presente que se tratava de uma relação entre dois subadquirentes.

[124] Entendimento propugnado, na doutrina germânica, por LARENZ, *op. cit.*, 130-131 e ENNECERUS-LEHMANN, *op. cit.* (nota 47), 181.

[125] *Vide* LOBO XAVIER, *op. cit.*, 259 e segs.

Tratando-se de venda a prestações, a cláusula penal será reduzida, quando exceder os limites fixados no art. 935.º [126].

A cláusula penal é ininvocável uma vez declarada a insolvência do comprador (*vide infra c*), II).

VI. No domínio da venda de veículos automóveis, tem o vendedor com reserva de propriedade a faculdade de requerer a apreensão do veículo e dos seus documentos (art. 15.º do DL 54/75 de 12 de Fevereiro), desde que prove o registo da reserva de propriedade e a inexecução do contrato pelo adquirente (art. 16.º/1). É uma providência cautelar que permite ao vendedor evitar a deterioração ou desvalorização do veículo, e que fica dependente da proposição, no prazo de 15 dias, da *acção de resolução* (arts. 18.º/1 e 19.º/1/a) [127].

C) *Oponibilidade a terceiros*

I. Este problema é geralmente encarado pelo ângulo dos terceiros a quem o comprador aliene a coisa, ou a favor dos quais constitua direitos reais menores, ou que de outro modo reclamem a afectação da coisa à realização dos seus créditos sobre o comprador, *maxime* em caso de insolvência deste.

A estes terceiros se refere o n.º 2 do art. 409.º.

RAÚL VENTURA parece equiparar estes terceiros àqueles a favor dos quais, durante o período de pendência, haja o vendedor constituído direitos sobre a coisa, ou aos seus credores. A oponibilidade a terceiros seria determinada em ambos os casos pela oponibilidade da cláusula, aparentemente, com base no disposto no n.º 2 do art. 409.º [128]. Já assinalámos que tal entendimento conduz a resultados inaceitáveis (*supra b*)-I); as breves considerações que se seguem demonstram, a nosso ver, a necessidade de um tratamento, diferenciado.

---

[126] *Vide* PIRES DE LIMA-ANTUNES VARELA, notas 1 e 3 ao art. 935.º; *cfr.* ainda arts. 811.º (com a redacção dada pelos DLs 200-C/80 de 24.6 e 262/83 de 16.6), e 812.º (com a redacção dada pelo DL 262/83).

[127] *Vide* L. P. MOITINHO DE ALMEIDA, *O processo cautelar de apreensão de veículos automóveis*, 2.ª ed., Coimbra, 1983.

[128] *Op. cit.* (nota 14), 608-611.

II. Em regra, os direitos constituídos por terceiros não são prejudicados pela resolução do contrato (art. 435.º/1). Tratando-se, porém, de bens sujeitos a registo, parece constituir um efeito normal do registo do pacto de reserva de propriedade a oponibilidade *erga omnes* do direito do vendedor, prevista no n.º 2 do art. 409.º [129].

A falta de registo da cláusula só obsta à eficácia absoluta da reserva se a aquisição a favor do comprador foi registada, mas o mesmo não sucedeu com esta cláusula. Ainda assim, caso o subadquirente tenha conhecimento da reserva de propriedade, interrogamo-nos se, bem vistas as coisas, o direito do vendedor não lhe será oponível, uma vez que ou se tratou de uma transmissão do «direito de expectativa» (*vide supra a*)-III), ou de uma venda de coisa alheia (arts. 892.º, 893.º e 880.º).

É entendimento pacífico, à luz do código vigente (art. 409.º/2 *a contrario*), a oponibilidade *erga omnes* do pacto relativo a móveis não sujeitos a registo, dispensando a observância de qualquer formalidade [130]. Consagra-se neste caso um desvio à regra estabelecida no

---

[129] *Vide* arts. 4.º/1 e 5.º/1 do Código de Registo Predial (DL 224/84 de 6 de Julho); *cfr.* PIRES DE LIMA-ANTUNES VARELA, nota 1 ao art. 435.º.

[130] Neste sentido PIRES DE LIMA-ANTUNES VARELA, nota 3 ao art. 409.º; RAÚL VENTURA, *op. cit.*, 608; ALMEIDA COSTA, *op. cit.* (nota 13), 197-198. Não vingou a posição de VAZ SERRA a favor da consagração do princípio da posse vale título – *vide* «Efeitos dos contratos...», *cit.* (nota 15), 358-361. O art. 63.º do anteprojecto previa – em paralelo com o art. 1524.º/1 do código italiano –, que a reserva de propriedade só seria oponível a terceiros de boa fé quando constasse de documento com data certa, anterior à transmissão ou oneração em favor desses terceiros; o legislador omitiu esta regulamentação, o que é de lamentar, visto que a solução acolhida no anteprojecto sempre minoraria o sacrifício dos interesses de terceiros, dificultando as fraudes relativas à anterioridade do acto. Regras semelhantes às do anteprojecto constam hoje: do art. 4.º do projecto de Convenção do Conselho da Europa sobre a reserva de propriedade; do art. 2.º do projecto de proposta de Directiva do Conselho das Comunidades Europeias e do art. 3.º da lei uniforme anexa ao projecto de Convenção CEE sobre falência, na primeira variante do art. 41.º.

Um rápido passar de olhos por outros direitos europeus confirma a *tendência* para a oponibilidade *erga omnes* mitigada, porém, pela protecção proporcionada a terceiros de boa fé pelo princípio da posse vale título. Em França a Lei de 12 de Maio de 1980 veio consagrar a oponibilidade à «massa falida» da cláusula que seja reduzida a escrito até ao momento da entrega. – *Cfr.* MAZEAUD, *op. cit.* (nota 2), 203 e segs. e GHESTIN, *op. cit.* (nota 12), 440 e segs. e 473 e segs. Esta alteração não afecta porém a regra estabelecida no art. 2279.º/1 do *Code Civil*, que interdita ao vendedor originário reivindicar a coisa contra um possuidor de boa fé (decisão da *Cour de Cassation* de 1.10.85, *European Transport Law*, 1 [1986] 98). Para a oponibilidade, em Itália e na Suíça, da reserva de propriedade a terceiro

n.º 1 do art. 435.º, dando plena prevalência à posição jurídica do vendedor em relação a terceiros, e mesmo a subadquirentes de boa fé.

O registo previsto no n.º 2 do art. 409.º é apenas um requisito de oponibilidade a terceiros. A falta de registo não pode ser invocada *inter partes*[131], nem priva o vendedor do seu direito de resolução[132].

Nessa base, o vendedor também pode fazer valer a reserva de propriedade perante os credores do comprador em caso de *penhora* ou declaração de *falência* ou *insolvência*.

Havendo penhora da coisa por credores do adquirente, pode o alienante lançar mão da acção de propriedade[133].

Declarada a falência ou insolvência do comprador, vencem-se automaticamente todas as suas dívidas (art. 1196.º/1 do CPC), e, como tal, o preço da coisa na sua globalidade, ou a parte ainda não satisfeita, quando já parcialmente pago[134].

O administrador, ouvido o síndico, *tem a faculdade legal* de executar ou não executar o contrato, consoante a conveniência da massa (art. 1197.º/1 do CPC com a redacção dada pelo DL 177/86 de 2 de Julho)[135]. Perante a decisão de não cumprir o contrato fica o

---

adquirente de boa fé, vide o n.º 2 do art. 1524.º do código civil italiano e o n.º 1 do art. 715.º do código civil suíço: sujeição a registo, com efeitos limitados a determinada jurisdição. Em Itália o 1524.º/1 do código civil estabelece como o requisito de oponibilidade aos credores do adquirente a observância de *forma escrita* do pacto de reserva de propriedade – não tem necessariamente que conter as restantes cláusulas do contrato de compra e venda –, com *data certa*; i. e. deve tratar-se de um documento notarial ou de acto registado, sendo admitidos como prova outros factos ou circunstâncias tais como a morte ou impossibilidade física do declarante (art. 2704.º do *Codice civile*). Tenha-se presente que o requisito é satisfeito através da publicidade da especial *transcrição* do pacto no caso em que o registo é exigido para oponibilidade a terceiro subadquirente (BIANCA, *op. cit.* [nota 15]; 535-536). Quanto à oponibilidade a terceiros subadquirentes é preciso distinguir consoante se trate ou não de máquinas com preço superior a determinado valor: no primeiro caso a cláusula só é oponível a subadquirentes de boa fé quando transcrita no registo; a oponibilidade a subadquirentes de má fé, independentemente de registo, é polémica. No segundo caso, a oponibilidade é limitada pelas regras gerais da aquisição de boa fé a *non domino* (BIANCA, *op. cit.*, 540-544).

[131] BIANCA, *op. cit.*, 538.
[132] CAVIN, *op. cit.*, 57.
[133] *Cfr.* ALBERTO DOS REIS – *Processos especiais*, 401 e segs., nota 5 (*cfr. supra* nota 77).
[134] Tratando-se de não-comerciante a insolvência de facto já determina a perda do benefício do prazo (art.780.º/1) – *vide* GALVÃO TELLES, *op. cit.* (nota 10), 192-195 e 199-200.
[135] *Vide* Pedro de SOUSA MACEDO – *Manual de Direito das Falências*, vol. II. Coimbra, 1968, 155 e segs.

vendedor investido em dois direitos: o de *reclamar uma indemnização pelos danos emergentes* (1197.º/1 *in fine*) – crédito que fica sujeito a concurso –[136], e o de *reclamar a restituição da coisa*, nos termos do art. 1237.º do CPC.

Este direito à restituição da coisa não paga só assiste ao vendedor que beneficie de reserva de propriedade. O DL 177/86, de 2 de Julho, veio estabelecer um requisito de oponibilidade à massa: a cláusula de reserva de propriedade tem de ser «acordada por escrito até ao momento de entrega da coisa» (art. 1190.º/4 do CPC)[137].

Estas reclamações devem ser feitas dentro do prazo fixado para a reclamação de créditos (art. 1218.º/1 do CPC)[138].

Por força do disposto no n.º 3 do art. 1196.º do CPC, o vendedor não pode prevalecer-se, em relação à massa falida, de cláusula penal e, designadamente, da cláusula segundo a qual não há lugar à restituição das quantias pagas em caso de resolução (Acórdão do STJ de 5 de Novembro de 1981)[139].

Quando o administrador decida executar o contrato, a própria massa «toma o lugar do contraente, ficando o cumprimento da sua prestação fora do concurso. A obrigação é a da própria massa» (*cfr.* 1197.º/3)[140].

No caso apreciado pelo STJ no seu aresto de 28 de Novembro de 1975[141], a Relação declara provado que a massa falida não pretendeu cumprir o contrato, mas o administrador, segundo alegação do vendedor-recorrente, não notificara a decisão de não executar o contrato; o vendedor reclamara a restituição dos bens formulando, como pedido subsidiário, a reclamação do preço em dívida; o recurso visava a revogação do despacho saneador que ordenando a restituição pedida, a sujeitava a restituição, das prestações pagas.

O STJ reafirmou nesta decisão os princípios anteriormente expostos, (*supra b)*), segundo os quais o vendedor pode optar pelo

---

[136] *Op. cit.,* 164-167, diferenciando, porém, o caso em que o incumprimento seja anterior à declaração de falência.
[137] *Cfr. supra* nota 130.
[138] Existindo, posteriormente, a possibilidade oferecida pelo art. 1241.º do CPC.
[139] *BMJ* 311.º – 345; SOUSA MACEDO, *op. cit.,* 167 e 169
[140] *Op. cit.,* 155.
[141] *BMJ* 251.º-172 e *RLJ* 3584.º-260, com anotação favorável de VAZ SERRA.

cumprimento ou pela resolução do contrato, havendo lugar, no segundo caso, a restituição de tudo quanto tenha sido prestado. Porém, a doutrina que acabámos de expor, e que nos parece corresponder ao direito vigente (art. 1197.º/1 do CPC), não admite tal opção ao vendedor em caso de insolvência do *comprador,* sujeitando-o, pelo contrário, à opção do administrador.

À decisão do STJ, bem como à sua fundamentação, poderá não ser estranha a relutância em aceitar a doutrina segundo a qual, na falta de notificação tempestiva, a própria massa se obriga a cumprir o contrato[142]. A lógica a que obedece o raciocínio do Supremo poderá ter sido a seguinte: o vendedor – ainda que sujeito à decisão do administrador –, tem a faculdade de escolher entre a reclamação do crédito do preço ou a restituição da coisa e indemnização pelos danos negativos; formulada a restituição como pedido principal, e aceite pelo administrador a «resolução» do contrato, ficou excluído o pedido subsidiário (cumprimento).

III. É reconhecida a oponibilidade dos direitos do comprador a terceiros credores do vendedor, ou a favor dos quais este tenha alienado ou onerado a coisa depois da celebração da venda com reserva de propriedade. PIRES DE LIMA-ANTUNES VARELA invocam a função de garantia da reserva de propriedade, e assinalam que não faria sentido que os credores pudessem penhorar o direito das prestações já pagas, e, ainda, a própria coisa[143].

Esta oponibilidade não se baseia no disposto no n.º 2 do art. 409.º; o seu fundamento há-de buscar-se no regime da condição suspensiva (art. 274.º/1), e na titularidade do «direito de expectativa» pelo comprador: o direito de propriedade de que o vendedor pode dispor encontra-se resolutivamente condicionado[144]; com a tradição da coisa este é duplamente limitado: pelo «direito de expectativa» e pelo direito de posse do comprador; e, nestas circunstâncias, não parece assumir qualquer significado *prático* o direito, de disposição que se reconheça ao vendedor nos termos do n.º 1 do art. 274.º.

---

[142] Vide SOUSA MACEDO, *op. cit.,* 156-157.
[143] Nota 5 ao art. 934.º. Vide ainda RUBINO, *op. cit.* (nota 11), 437 e nota 16; LARENZ, *op. cit.,* 115 e 119.
[144] *Cfr.* art. 1307.º/3.

Não ver nesta modalidade de compra e venda mais do que uma alienação sob condição suspensiva, teria, em princípio, como consequência, que perante a falência do vendedor o adquirente ficasse à mercê do administrador da falência: se ele exercesse a opção prevista no n.º 1 do art. 1197.º do C. Proc. Civil, no sentido do não – cumprimento, o comprador ficaria obrigado à restituição da coisa devendo contentar-se com a reclamação dos danos referidos, como credor *comum* da massa; assim o entende alguma doutrina germânica [145]; a doutrina actual inclina-se, contrariamente, para excluir tal opção, com apelo a diferentes fundamentos [146].

O n.º 1 do art. 1197.º refere-se apenas aos contratos ainda não cumpridos pelo falido, Ora, como vimos, o vendedor executa o contrato com a entrega da coisa (*supra b*)-I). Não pode, portanto, o administrador optar pela inexecução de um contrato já cumprido. Nem outro entendimento é compatível com a função de garantia da reserva de propriedade: a titularidade do direito de propriedade mantém-se na esfera jurídica do vendedor com o único fito de garantir o vendedor perante a inexecução do contrato ou a insolvência do comprador [147].

Os efeitos do preenchimento da condição retrotraem-se à data da celebração do contrato (art. 276.º). Ressalvados os efeitos substantivos do registo [148], e diferentemente do disposto no n.º 2 do art. 409.º, a reserva de propriedade é sempre oponível aos terceiros em causa.

Com respeito a imóveis ou móveis sujeitos a registo, os direitos do comprador ser-lhes-ão oponíveis em qualquer das seguintes situações:
– a aquisição da coisa a favor do comprador foi registada, mas não a reserva de propriedade (ao contrário do regime consagrado no art. 409.º/2);
– tanto a aquisição como a reserva foram registadas;

---

[145] *Vide* SERICK, *op. cit.* (nota 25), 354-362, ainda que submetendo o exercício daquela opção ao princípio da boa fé.

[146] *Cfr.* LARENZ, *op. cit.*, 114 – «porque o vendedor já executou o contrato».

[147] No mesmo sentido dispõe o art. 3.º da lei uniforme anexa ao projecto de convenção das Comunidades Europeias sobre falência, na primeira variante do n.º 2 do art. 41.º (Anexo I), bem como o art. 10.º do projecto de Directiva (Anexo III).

[148] *Vide* MENEZES CORDEIRO, – *Direitos Reais – Sumários*, Lisboa, 1984-1985, 132 e segs.

– a aquisição da coisa a favor do comprador não foi registada, mas a posse do comprador é anterior à data do registo a favor de terceiro (art. 1268.°/1)[149].

Os direitos do comprador já não serão oponíveis a terceiro de boa fé que registe a sua aquisição antes da tradição e do registo da primeira transmissão[150]. Relativamente a coisas móveis que não estão sujeitas a registo, as posições jurídicas do comprador-possuidor serão sempre oponíveis a terceiros que adquiram direitos sobre a coisa durante o período de pendência[151].

§ 7. **INEFICÁCIA ABSOLUTA**

Ocupámo-nos na última alínea do número anterior da eficácia da reserva de propriedade perante terceiros. Referimo-nos agora a casos em que a propriedade se transfere, ou se verifica a sua aquisição originária, durante o período de pendência. Assim sucede, designadamente, em dois casos:
– acessão industrial nos termos dos arts. 1333.° e segs. e 1339.° e segs. MOTA PINTO e RUBINO aludem aqui a invalidade da reserva de propriedade, mas parece tratar-se antes de ineficácia superveniente[152]. Quando o fim económico da coisa não for exactamente este, parece que só poderá verificar-se a boa fé na acessão causada por um subadquirente (*cfr.* art. 272.°). A aquisição d a propriedade não parece obstar a o dever de restituir o valor da coisa (arts. 1333.°/1 *in fine*, 1336.°/2 *in fine*, 1339.°), na eventualidade de resolução por inexecução do contrato[153];

---

[149] *Vide* OLIVEIRA ASCENSÃO, *op. cit.*, 342-343; MENEZES CORDEIRO, *op. cit.*, 146-149.
[150] *Cfr.* art. 17.°/2 do Cód. de Reg. Predial.
[151] *Vide* ainda MENEZES CORDEIRO, *Direitos Reais*, 1979, I, 390 e segs. e 436.
[152] *Direitos Reais,* Coimbra, 1971, 87 e *op. cit.* (nota 11), 440-441, respectivamente. Referimo-nos aos casos em que o direito de propriedade sobre a coisa se perde, o que não sucede, *v. g.*, quando a separação é possível, ou a coisa for de valor superior àquela com que é unida e confundida (art. 1333.°) ou ao valor da especificação (no caso previsto no art. 1336.°/1 *in fine*).
[153] Tão-pouco é admissível, nestes casos, a incriminação por abuso de confiança – *vide infra* nota 211.

– venda judicial da coisa na sequência de procedimentos de execução promovidos por credores do comprador, em virtude de falta de oposição do vendedor, ou, em caso de insolvência, da não-reclamação da restituição da coisa (*supra* § 6 – *b*)-II).

§ 8. MODIFICAÇÃO DO TIPO LEGAL

A compra e venda com reserva de propriedade começou por ser uma figura *socialmente* típica, criada e difundida na prática negocial, mas é hoje, igualmente, uma figura *legalmente* típica, que o legislador configura e regula em traços muito gerais (*cfr. supra* § 1 e § 2)[154].

Em princípio, têm as partes plena liberdade de modelar as suas relações contratuais, dentro dos limites da lei (art. 405.º).

O relevo da autonomia privada é realçado, em matéria de transferência de propriedade, pelo preceito contido no n.º 1 do art. 409.º.

Existem, por outro lado, fronteiras para além das quais um contrato não pode reconduzir-se a uma das modalidades expressamente previstas na lei, devendo qualificar-se como contrato inominado[155].

Tratando-se de um contrato real *quoad effectum* há especificamente que ter em conta os limites que decorrem do princípio da tipicidade dos direitos reais. Da compra e venda com reserva de propriedade nasce, desde logo, um «direito de expectativa» de natureza real que limita o direito de propriedade do vendedor (*vide infra* § 9).

A modelação do conteúdo da compra e venda com reserva de propriedade operada pela vontade das partes deve observar os requisitos gerais legalmente estabelecidos (arts. 280.º, 398.º/2), respeitar o princípio geral da boa fé (designadamente arts. 227.º/1 e 762.º/2), e, relativamente às posições jurídico-reais em que investe as partes, obedecer ao princípio da tipicidade. Este não exclui necessariamente a relevância da autonomia privada, desde que não seja alterada a compleição e o sentido de tipo jurídico-real.

A este respeito parece útil convocar certas «extensões» convencionais da cláusula de reserva de propriedade que a prática negocial, designadamente na Alemanha, se encarregou de difundir sob a pressão

---

[154] *Cfr.* arts. 1523.º-1526.º do código italiano e CATTANEO, *op. cit.* (nota 46), 974 e segs.
[155] *Cfr.* GALVÃO TELLES, *op. cit.* (nota 40), 209 e segs., 382 e 383.

de exigências do tráfico que, em larga medida, nos são comuns. Distinguiremos um «prolongamento vertical» e um «alargamento horizontal»[156].

De um *prolongamento vertical* se pode falar quando a venda com reserva de propriedade é acompanhada das seguintes estipulações:
- cláusula de cessão (em garantia) dos créditos (futuros) que advenham da revenda das mercadorias compradas;
- «cláusula de especificação», pela qual a reserva de propriedade se transfere para a coisa transformada (*cfr.* § 7), a qual, geralmente, se junta à cláusula anterior;
- vinculação do comprador a que a revenda da coisa seja condicionada ao pagamento integral do preço ao vendedor («transmissão» da reserva de propriedade), ou a que a revenda também tenha lugar sob reserva de propriedade.

O *alargamento horizontal* da reserva de propriedade consiste na extensão dos créditos garantidos, para além do preço da venda. É o que sucede com:
- cláusula «de conta corrente», pela qual a propriedade só se transfere para o comprador quando todos os créditos do vendedor (incluindo os futuros), emergentes das relações comerciais entre as partes, forem satisfeitos[157];
- a cláusula «do grupo de sociedades», segundo a qual a propriedade só se transmite com a satisfação de todos os créditos sobre o comprador de que o vendedor, bem como todas as empresas do mesmo grupo, sejam titulares.

Faltando entre nós jurisprudência e doutrina sobre o assunto, diremos que em nossa opinião os pactos de reserva de propriedade tendentes ao seu prolongamento vertical serão, em princípio, válidos, se bem que seja necessário conciliar a cessão de créditos futuros com o requisito da determinabilidade (art. 280.º/1 *in fine*), bem como a «cláusula de especificação» com a natureza imperativa dos arts. 1336.º e segs. Quando, porém, o crédito obtido com a revenda da coisa transformada for muito superior ao preço em dívida, a licitude

---

[156] Vide LARENZ, *op. cit.* (nota 12), 123 e segs. e HONSELL, *op. cit.* (nota 2), 242 e segs.
[157] *Cfr.* a cláusula de reserva de propriedade em causa no Ac. do STJ de 28.11.75 (*BMJ* 251.º – 172).

da cláusula de cessão de créditos parece questionável; para evitar a sua nulidade a jurisprudência alemã interpreta a cláusula no sentido de abranger apenas uma parte dos créditos em causa[158].

---

[158] LARENZ, op. cit., 124. Quanto à determinabilidade dos créditos futuros cfr. Carlos MOTA PINTO – Cessão da Posição Contratual, 1982 (reimpressão), 226-227 e nota 1, 227--229 (com expressa referência à reserva de propriedade prolongada), e ANTUNES VARELA, op. cit. (nota 36), 274. Em face do código vigente parece de entender que a cessão de créditos em garantia é, em princípio, lícita - neste sentido ANTUNES VARELA, op. cit., 253 e segs.; MOTA PINTO, op. cit. nota 1, 227-229; cfr., as posições contrárias anteriormente sustentadas por GALVÃO TELLES, op. cit. (nota 40), 179-180, BELEZA DOS SANTOS e CUNHA GONÇALVES (apud VAZ SERRA cit. infra, 349 e segs.); cfr. ainda VAZ SERRA – «Cessão de créditos ou de outros direitos», BFDC 30 (1954), 191-399, 337 e segs.; CASTRO MENDES – Direito Civil. Teoria Geral, vol. III, 1979, 363, nota 2 in fine, 364 e segs. e a bibliografia citada infra notas 207 e 208.

Embora a cessão de créditos em garantia desempenhe função análoga ao penhor de créditos (VAZ SERRA, op. cit., 337), parece que também aqui o legislador veio proporcionar ao credor duas vias: o recurso à garantia real «tradicional» ou a utilização da «propriedade» (de créditos) em garantia (cfr. infra § 9 – b); II e c)). O regime de ambas as figuras é parcialmente comum ou coincidente (cfr. arts. 583.°, 586°, 681.°/2/3, 682.° e 684.°).

Numerosas dúvidas suscita, porém, o tratamento da cessão de créditos futuros em garantia: o crédito cedido, no momento do seu nascimento, constitui-se directamente na pessoa do cessionário, ou passa pela mediação do cessante? Neste último sentido se pronuncia MOTA PINTO, op. cit., 227 e segs., enquanto para ANTUNES VARELA, op. cit., 275-276, é uma questão de interpretação da vontade dos contraentes, podendo, no entanto, estabelecer-se um critério geral de diferenciação. O cessionário poderá apropriar-se do crédito cedido, mesmo que o seu valor exceda o do crédito garantido? VAZ SERRA, op. cit., 338; 383-384 e ANTUNES VARELA, op. cit., 278, nota 1, entendem que deve ser respeitada a proibição do pacto comissório (arts. 675.° e 694.°). O direito à restituição do crédito cedido será oponível a credores ou subadquirentes do cessionário? SOUSA MACEDO, op. cit. (nota 135), 342-344, conclui pela negativa, em caso de insolvência ou falência do cessionário – cfr. VAZ SERRA, op. cit., 367 e segs. A resposta a estas questões poderá depender da conformação negocial da cessão: alienação do crédito sujeita a condição resolutiva ou alienação incondicional a que se junta um «pacto fiduciário», nos termos do qual o cessionário se obriga a retroceder a coisa. Mesmo na primeira hipótese parece difícil fundamentar legalmente um princípio geral de oponibilidade – cfr. arts. 435.°/1 e 932.°; mas também custa a aceitar a posição contrária que se não harmoniza com as limitações decorrentes da função de garantia subjacente a esta cessão (cfr. supra § 6 – c), III e infra § 9 – b) e c)). Porém, no que respeita à falência ou insolvência do cessionário, parece defensável, nessa hipótese, a ideia de que o administrador não pode optar pela resolução do contrato (art. 1197.°/1 CPC), uma vez que não se trata de um contrato não-cumprido. Para os problemas suscitados pela combinação de diferentes formas de prolongamento vide Rolf SERICK – «Rechtsmechanismen beim erweiterten Eigentumsvorbehalt in unterschiedlichem Verbund mit Verlängerungsformen», Festschrift für Konrad Zweigert, Tubinga, 1980, 703-720; assinale-se que para este autor a actuação da «cláusula de especificação» converte a reserva de propriedade «prolongada» numa alienação da propriedade (da coisa nova) em garantia, garantia esta também «prolongada» (op. cit., 714-715).

Tratando-se de cláusulas contratuais gerais estas «extensões» deverão ser submetidas a um controlo reforçado, sendo de imputar ao vendedor um dever de informação (art. 6.º do DL 446/85 de 25 de Outubro) e, em certos casos, de as considerar excluídas dos contratos singulares como «cláusulas-surpresa» (art. 8.º/c)) .

A jurisprudência e a doutrina germânicas inclinam-se no sentido da validade da «reserva de conta corrente» e da «reserva do grupo de sociedades»; LARENZ contesta a sua admissibilidade[159], aludindo a uma «degeneração» do instituto da reserva de propriedade. Em face do nosso direito cumpre assinalar que o n.º 1 do art. 409.º permite subordinar a transferência da propriedade «à verificação de qualquer outro evento». Mas ainda que se admita a sua validade, estas cláusulas, quando constituam cláusulas contratuais gerais, serão frequentemente excluídas dos contratos singulares como «cláusulas-surpresa» (art. 8.º/c)), e poderão chumbar no teste da boa fé (art. 16.º), visto que limitam excessivamente o direito do comprador à aquisição da propriedade (vide art. 17.º/b))[160].

§ 9. NATUREZA JURÍDICA DA COMPRA E VENDA COM RESERVA DE PROPRIEDADE

A) *Venda (parcialmente) sujeita a condição suspensiva*. O n.º 1 do art. 409.º claramente configura esta modalidade contratual como uma venda em que o efeito translativo fica sujeito a uma condição suspensiva; mas se o *pagamento* do preço é necessariamente um evento futuro e incerto, a transferência da propriedade também poderá ser subordinada a um evento futuro e certo, i. e., a um termo inicial (art. 409.º/1 *in fine*)[161].

Por outro lado, já assinalámos que o art. 409.º/1 parece admitir a reserva de propriedade independentemente de tradição da coisa. Ainda que a entrega da coisa esteja igualmente dependente do pagamento integral do preço, parece que se trata de uma venda parcialmente

---

[159] *Op. cit.*, 126-127.
[160] *Vide* ainda art. 22.º/i), e a acção inibitória prevista nos arts. 24.º e segs. do DL 446/85 de 25.10.
[161] *Cfr.* RAUL VENTURA, *op. cit.* (nota 14), 615-616.

sujeita a condição suspensiva [162]. Esta construção jurídica é aceite pela doutrina e jurisprudência dominantes [163]. A doutrina, estrangeira encontra-se dividida a este respeito [164].

Na jurisprudência e doutrina italianas objectou-se ao próprio emprego do conceito de «condição», argumentando que o pagamento do preço representa uma das obrigações principais da venda [165]. A esta objecção ripostou GALVÃO TELLES que «o elemento essencial é a *estipulação* da dívida de preço» ao passo que o *pagamento* dessa dívida é um elemento acidental (*vide infra* § 9-c), I) [166].

CATTANEO – em larga medida na esteira do estudo de RAISER sobre as expectativas reais –, assinala a evolução doutrinal e jurisprudencial no sentido de reconhecer ao comprador uma posição jurídica cada vez mais próxima de um direito real. A alienação sob reserva de propriedade transmite todas as vantagens e riscos que são normalmente atribuídos ao proprietário da coisa, assegurando ao vendedor uma espécie de *garantia real*; por conseguinte, segundo a finalidade típica prosseguida com o contrato, o adquirente é já substancialmente «dono» da coisa, e sê-lo-á se o contrato for cumprido [167]. Só ocorrendo um *desenvolvimento patológico* – a não-execução do contrato –, é

---

[162] Cfr. GHESTIN, *op. cit.*, 450 e segs. e RAUL VENTURA, *op. cit.*, 614.

[163] GALVÃO TELLES, *op. cit.* (nota 57), 57; PIRES DE LIMA-ANTUNES VARELA, nota 1 ao art. 409.°; ALMEIDA COSTA, *op. cit.* (nota 13), 197.

[164] As doutrinas dominantes germânica e helvética perfilham a tese da condição suspensiva – *vide* LARENZ, *op. cit.*, 115 e autores aí citados, nota 9. A doutrina italiana encontra-se dividida entre a «teoria da condição», a tese da venda obrigatória e as propostas mais recentes, de entre as quais sobressai a da atribuição ao vendedor de um direito real de garantia – *vide* panorâmica oferecida por Franco TULUI, «Osservazioni sulla natura giuridica della vendita con riserva della proprietà», *Rivista del Diritto Commerciale*, (1980), 355-406, 357 e segs.; ORTSCHEIDT, *op. cit.* (nota 70), 770, afirma que o «carácter suspensivo» da cláusula se encontra hoje firmemente estabelecido na ordem jurídica francesa (*vide* autores aí citados, nota 6), entendendo, porém, que a tomada da posição da Lei de Maio de 1980 a favor do efeito suspensivo não obsta a que as partes confiram à cláusula um carácter resolutório (775); também Yves CHAPUT – «Les clauses de resérve de propriété», in *Juris – Classeur Periódique*, (1981), 3017, acentua a importância dada pela *Cour de Cassation* à indagação da vontade das partes (n.° 16).

[165] Decisão da *Cassazione* e doutrina citadas por BIANCA, *op. cit.* (nota 15), 523-524; RUBINO, *op. cit.* (nota 11), 430.

[166] *Contratos civis...*, *cit.*, 32; *vide* ainda RESCIGNO – «Condizione (diritto vigente)», in *Enciclopedia del diritto*, vol. VIII, 784 e segs.

[167] *Op. cit.* (nota 46), 975 e segs.; cfr. BIANCA, *op. cit.*, 524-525.

que assiste ao vendedor a faculdade de resolver o contrato e reaver a coisa. O comprador típico não pensa, nem actua, em função da *inexecução* do contrato, e, portanto, *pensa e actua* como *verdadeiro proprietário*, e todos os actos praticados como tal serão inatacáveis sempre que a relação contratual tenha um desenvolvimento normal[168].

Indubitável, é, que na venda com reserva de propriedade acompanhada de entrega imediata da coisa *não existe apenas* uma venda com o efeito translativo sujeito a condição suspensiva, mas também a *constituição de* um direito de gozo. Poder-se-á pensar que, a par de uma expectativa jurídica, o comprador em mais não é investido do que num direito pessoal de gozo[169].

Na impossibilidade, porém, de indentificar diferenças qualitativas entre a oponibilidade do direito de gozo do comprador e a oponibilidade de direitos reais de gozo, *maxime* do direito de propriedade, não se vê razão para o classificar como um direito pessoal de gozo[170]. Na verdade, recorda-se que a coisa é afectada *directamente* ao gozo do comprador, sem depender de outra conduta do vendedor, que não a execução da obrigação de entrega (*supra* § 6-*b*)) que o direito de gozo do comprador é *transmissível* a terceiros (*supra* § 6-*a*)), e é *oponível* a terceiros que adquiram a coisa durante o período de pendência, e mesmo a terceiros de boa fé (*supra* § 6-*c*)). Acresce que, como assinalámos anteriormente, só o reconhecimento de uma posse em nome próprio pode aqui justificar o acesso do comprador às acções possessórias (*supra* § 6-*a*)).

O «direito de expectativa» do comprador – já o sublinhámos anteriormente –, encontra-se assim submetido a um regime especial, que está *para além* das disposições legalmente aplicáveis aos negócios sob condição suspensiva e, em aspectos específicos, delas diverge: *v. g.* em matéria de passagem do risco (*cfr.* art. 796.°/3 e *supra* 6-*a*), I) e em caso de insolvência do vendedor (*cfr.* art. 1197.°/1 do Cód. Proc. Civil e *supra* 6-*c*), III).

---

[168] Vide supra 6-*a*), III).
[169] Cfr. art. 407.°; ANTUNES VARELA, *op. cit.* (nota 36), I, 168 e segs.; PIRES DE LIMA--ANTUNES VARELA, nota 6 ao art. 1251.°; GIORGIANNI – *Contributo alla teoria dei diritti di godimento su cosa altrui*, Milão, 1940, 107 e segs. e 109 e segs.; «Diritti Reali...» – «Diritti Reali (Diritto Civile)», *Novíssimo Digesto Italiano*; GALGANO, *op. cit.*, 177-179 e 310.
[170] Vide MENEZES CORDEIRO, *op. cit.* (nota 148), 158 e segs.; *Direito das Obrigações*, 271 e segs.; OLIVEIRA ASCENSÃO, *op. cit.* (nota 16), 511.

A configuração original que as posições jurídicas das partes assumem, em consequência da natureza da relação e dos desenvolvimentos jurisprudenciais e doutrinais que a reflectem, levou à formação de correntes doutrinais que rejeitam a tese da condição suspensiva ou, pelo menos, a complementam com outras qualificações.

B) *Apreciação de outras teses*

I. CUNHA GONÇALVES, na vigência do Código de Seabra, considerava existir um equívoco na denominação «reserva de propriedade»; nos casos em que a coisa é entregue ao adquirente antes do pagamento integral do preço, tratar-se-ia, afinal, de uma condição resolutiva[171]. A favor da mesma qualificação se pronunciou recentemente o conselheiro LIMA CLUNY, nos votos de vencido lavrados nos arestos do STJ de 20 de Junho de 1982 e de 24 de Janeiro de 1985, aliás restritos à compra e venda de veículos automóveis[172]. Se não podemos seguir os argumentos retirados dos preceitos do DL 54/75 de 12 de Fevereiro[173], tão-pouco podemos negar que esta tese parece explicar plenamente aquilo em que a doutrina dominante falha: que todos os poderes e riscos inerentes ao direito de propriedade sejam, na realidade, exercidos pelo comprador, e que ao vendedor apenas assista uma faculdade importante: a de resolver o contrato e reaver a coisa em caso de inexecução definitiva.

MERZ – assinalando que um sector representativo da doutrina suíça abona esta tese –, afirma que ela se adapta melhor à função económica da cláusula e à situação de interesses[174]. Na verdade,

---

[171] *Op. cit.* (nota 15), 349; *idem – Dos contratos em especial,* 1953, 260. O autor parece admitir que à cláusula de reserva de propriedade seja efectivamente atribuído pelas partes um efeito suspensivo – *cfr. op. cit.* (nota 15), 349-350 e XIV, 746; *cfr.* ainda *supra* nota 40.

[172] *BMJ* 318.°-394 e *RLJ* 3740.°-335; *vide* ainda voto de vencido no Ac. do STJ de 27.5.86, *RLJ* 3424.° – 380. O sentido literal das disposições legais não tem impedido a doutrina estrangeira de sustentar o efeito translativo imediato da venda sujeita a reserva de propriedade – *vide,* designadamente, em face do direito italiano, as considerações de TULUI, *op. cit.,* 384 e segs. Cfr. RAUL VENTURA, *op. cit.,* 615; *vide,* para a doutrina germânica, LARENZ, *op. cit.* (nota 12), 113, nota 27.

[173] Pelas razões expostas por ALMEIDA COSTA na anotação ao acórdão referido em segundo lugar.

[174] *Op. cit.* (nota 15), 151-152 e autores aí citados.

corresponde à finalidade típica visada pelas partes a transferência para o comprador de todas as prerrogativas da propriedade, ficando, porém, o vendedor, com a possibilidade de reassumir a sua posição de proprietário, caso ocorra incumprimento da contraparte.

As soluções acolhidas em matéria de passagem do risco e de oponibilidade do «direito de expectativa» do comprador aos credores do vendedor, ajustam-se cabalmente ao regime da condição resolutiva (v. g. art. 796.º/3/1.ª parte). Também o disposto na al. c) do n.º 2 do art. 1722.º revela que o comprador sob reserva de propriedade é titular de um «direito próprio»[175] sobre a coisa adquirida.

A construção de pacto de reserva de propriedade como condição resolutiva não se afigura, porém, compatível com o seu regime legal. A reserva de propriedade, ressalvadas as regras do registo, é oponível *erga omnes* (*supra* § 6-c)), ao passo que o desencadear da condição resolutiva, ressalvado igualmente o efeito normal do registo (v. g. arts. 435.º/2 e 932.º), não afecta os direitos adquiridos por terceiros (art. 435.º/1 e 932.º *a contrario*)[176].

---

[175] Mas este «direito próprio» também pode ser o «direito de expectativa» quando entendido como verdadeiro direito subjectivo (*supra* § 6 – a), III).

[176] Claro é que a venda com reserva de propriedade, ainda que entendida como venda sujeita a condição resolutiva, não se confundiria com a venda a retro (arts. 927.º e segs). Parece admissível uma venda a retro com escopo de garantia – *cfr*. GALVÃO TELLES, *op. cit.* (nota 10), 28-30; em Itália a questão continua a ser controvertida – *cfr*. PESCATORE-RUPERTO – *Codice Civile Annotado*, 7.ª ed., 1978, anotações aos arts. 1500.º e segs.; RUBINO, *op. cit.* (nota 11), 1025 e segs. e BIANCA, *op. cit. infra* nota 207. Porém, contrariamente ao que poderia fazer crer a noção legal muito genérica oferecida no art. 927.º, a venda a retro reporta-se a uma relação completamente diferente, em que o vendedor obtem o resgate da coisa pela restituição do preço (*cfr*. arts. 928.º e 931.º), o que pressupõe que o «dador de crédito» seja o comprador, pelo que, obviamente, o crédito não se refere à dívida do preço, mas a uma relação creditícia diferente. Do ponto de vista dogmático, observe-se também que esta modalidade contratual é caracterizada por GALVÃO TELLES como uma venda sujeita a *revogação* (*op. cit.*, 27).

Poderá procurar-se justificação para a diferença de grau da oponibilidade reconhecida às cláusulas de reserva de propriedade e «a retro» num plano puramente construtivo: admitindo que na alienação sob reserva de propriedade, contrariamente ao que sucede na venda a retro, o efeito translativo da propriedade fica em suspenso, parecerá lógico aceitar que terceiros possam *adquirir direitos*, oponíveis ao vendedor, através de actos de disposição ou oneração praticados pelo comprador sujeito a cláusula «a retro», ou executar a coisa para satisfazer créditos sobre este, uma vez que o *comprador é proprietário*, e que regra inversa

Para além desta diferença fundamental outras incompatibilidades se poderiam assinalar: pense-se no disposto, no n.º 3 do art. 304.º – prescrito o preço, como justificar o direito à restituição da coisa? –, ou no direito do vendedor a pagar-se da indemnização em caso de danificação ou destruição da coisa por facto imputável a terceiro.

II. Atribuindo, outrossim, a titularidade do direito de propriedade ao comprador, sustentam alguns autores que ao vendedor mais não assiste que um direito real de garantia. Neste sentido escreve WIEACKER:

«O facto de que também a reserva de propriedade, legalmente admitida, é, de acordo com a sua função, uma garantia real de créditos e, assim, uma hipoteca mobiliária pelo preço em dívida [*Restkaufgeld*], não foi reconhecido até hoje pela *praxis* e pela doutrina dominantes, ofuscadas pelo princípio do penhor mobiliário e por múltiplos interesses económicos estabelecidos»[177]. Também para BIANCA o vendedor é titular de um «direito real típico de garantia» o qual pode designar-se, de acordo com a linguagem corrente, como «*domínio reservado*»[178].

---

se aplique, ressalvados os efeitos do registo, em relação ao comprador sob reserva de propriedade, *que não é proprietário*. Porém, custa a admitir que a oponibilidade a terceiros seja exclusivamente determinada pela colocação convencional da titularidade do direito de propriedade, sem que seja atribuída a mínima relevância à função de publicidade da posse. Daí interrogarmo-nos sobre as notas típicas da venda a retro a que se reporta o regime do código: será este regime o aplicável a uma venda a retro com escopo de garantia e sem desapossamento do vendedor? Cfr. VAZ SERRA, *op. cit.* (nota 158), 384-385, nota 2, e *supra* nota 158. Ou deverá antes entender-se que esse regime pressupõe um verdadeiro interesse na aquisição (definitiva) da propriedade e, concomitantemente, a entrega imediata da coisa para uso e disfruto do comprador?

[177] *Op. cit.* (nota 17), 522; a tradução adoptada afasta-se conscientemente da tradução portuguesa (602-603), que, neste particular, não nos parece feliz. A tese já fora avançada pelo autor em 1938 (*vide op. cit.*, 522, nota 39). Na formulação convergente de BLOMEYER (*op.* cit. [nota 37], 199-202) o vendedor fica investido na titularidade de um «direito de penhor com pacto comissório» [*Verfallpfandrecht*] (sem posse). Vide, entre nós, voto de vencido de LIMA CLUNY, no Ac. do STJ de 24.6.82 (*BMJ* 318.º-394).

[178] *Op. cit.*, 530-532. Recentemente, TULUI, *op. cit.* (nota 2), 398 e segs., veio sustentar que na titularidade do vendedor permanece apenas um direito de crédito, tutelado através de uma particular oponibilidade do direito de resolução; para a crítica desta construção *vide infra* nota 203.

Contra esta tese invoca RAISER, no plano da política jurídica, a vontade do vendedor: ele não quer obter apenas uma qualquer garantia real do seu crédito, mas antes conservar a tutela de proprietário até ao pagamento integral[179]; perante o direito constituído, a proposta contrariaria a letra e o sentido da lei (arts. 158.°, I e 455.° do BGB), e a regulamentação do penhor mobiliário, que exige o desapossamento de devedor e proíbe o pacto comissório[180].

Em sentido convergente afirma CATTANEO que a tese não parece compatível com o ordenamento italiano, e assinala que o proprietário é tutelado com base nas normas aplicáveis ao direito de propriedade[181]. O intérprete não pode qualificar diversamente o direito de quem vendeu uma coisa com reserva de propriedade, visto que à configuração dogmática da relação corresponde uma determinada disciplina normativa; «se o vendedor tivesse apenas um direito de garantia, aplicar-se-iam outras normas...»[182].

A apreciação destes argumentos exige uma clarificação prévia do objecto da discussão.

Não está agora em causa, em primeira linha, a coordenação de uma relação material concreta com a *facti-species* de uma norma jurídica (qualificação em sentido estrito), mas a *inserção* no sistema jurídico, de uma modalidade contratual socialmente típica que a lei apenas regula em traços muito gerais (*construção*). A construção da posição jurídica do vendedor como «direito real de garantia» é mais uma *consequência* da indagação das normas aplicáveis, do que um seu *pressuposto*, se bem que não seja indiferente para o ulterior esclarecimento do seu regime. É decisivo verificar que as *prerrogativas da propriedade* de que goza o vendedor estão completamente subordinadas *a uma função de garantia*.

Acertadamente afirma BIANCA que enquanto «na sua fórmula corrente» o pacto suspende a transferência da propriedade, «Nei suoi termini sostanziali il patto di riservato dominio è una clausola di garanzia che conferisce al venditore il potere di rivendicare

---

[179] *Op. cit.* (nota 56), 52.
[180] *Op. cit.*, 52-53; *cfr. infra* nota 208 relativamente ao pacto comissório.
[181] *Op. cit.*, 991-992.
[182] *Op. cit.*, 992.

il bene in caso di risoluzione del contratto per inadempimento del compratore»[183].

Temos, pois, por seguro, que, segundo uma classificação tipológica e *funcional*, o pacto de reserva de propriedade institui uma *garantia especial* a favor do vendedor-credor[184]. Em Direito Comparado e Direito Internacional Privado é corrente a abordagem da reserva de propriedade como garantia, a par das garantias tradicionais, da locação-venda e da alienação da propriedade em garantia.

Existe um equívoco na controvérsia suscitada pela atribuição ao vendedor de um «mero» direito real de garantia; não se trata de um novo direito real de garantia contraposto ao direito de propriedade.

O critério clássico de classificação dos direitos reais consoante proporcionam o gozo da coisa ou fornecem uma garantia carece de uniformidade. Assinala OLIVEIRA ASCENSÃO que na qualificação como direito de gozo se acentua a característica, estrutural, ao passo que é a característica *funcional* que preside à classificação como, direito de garantia[185]. Não pode, assim, excluir-se a possibilidade do direito de propriedade – compreendendo um determinado conjunto de poderes sobre a coisa –, ser utilizado como direito de garantia i. e., com a função de garantir um crédito. Quando a titularidade do direito de propriedade é atribuída a um sujeito, não para que ele disfrute da coisa, mas sim como garantia de um seu crédito, então configura-se uma *utilização da propriedade como garantia*.

Quais as decorrências que desta assumpção se devem retirar para o conceito do direito real de garantia, e se, e em que termos, as diferentes modalidades de garantia-propriedade devem ser entendidas como novos tipos de direitos reais de garantia, é ponto que carece de estudo mais aturado.

Na reserva de propriedade o que se nos afigura essencial não é a limitação do direito de gozo do comprador por um direito real de

---

[183] *Op. cit.*, 522. *Cfr.* as observações metodológicas de BLOMEYER, *op. cit.* (nota 37), 193, nota 24 e 201.

[184] DROBNIG, *op. cit.* (nota 12), 131-133; BLOMEYER, *op. cit.*, 200; BIANCA, *op. cit.*, 522-525 e segs. É significativo que na prática da Conservatória do Registo de Automóveis a propriedade seja registada «a favor» do comprador, inscrevendo-se a reserva de propriedade como um «encargo».

[185] *Op. cit.* (nota 16), 170-171.

garantia estruturalmente diferente do direito de propriedade[186]. *A utilização da propriedade em garantia, na venda com reserva de propriedade,* – como em maior ou menor grau noutras modalidades de garantia[187] –, caracteriza-se antes, *no plano estrutural, pelo emprego de uma condição ou de um complexo de condições.*

A qualificação da reserva de propriedade ou, em rigor, da «propriedade reservada», como uma garantia especial, não dispensa pois uma tomada de posição quanto à natureza da ou das condições envolvidas, em estreita interrelação com a caracterização da posição jurídica do comprador.

III. Alguns autores contentam-se com a verificação de que se trata de uma cláusula específica, devendo a indagação do regime aplicável partir do seu conteúdo e sentido próprios, «sem passar pelo filtro da condição suspensiva e nalguns pontos até em contradição com o regime que desta resultaria»[188].

Como ponto de partida e directriz metodológica esta orientação parece bem fundada. Ela não revela, porém, o conteúdo e sentido próprios da cláusula.

Deve notar-se, por outro lado, que a disciplina jurídica desta modalidade negocial carece de pontos de apoio no direito positivo e os encontra, em medida significativa, no regime da condição (*v. g.* arts. 274.° e 276.°).

Por último, deve evitar-se que o apelo à ideia de «cláusula atípica» se traduza numa renúncia à sua indispensável inserção sistemática[189].

IV. RAISER, na sequência do reconhecimento ao comprador de um «direito real de expectativa» e da posse em nome próprio, entende que tanto o alienante como o adquirente detêm «um pedaço da pro-

---

[186] *Cfr.* BIANCA, *op. cit.*, 531.
[187] Pense-se na venda a retro com escapo de garantia *vide supra* nota 176; *cfr.*, porém, *supra* nota 37.
[188] *Vide* RAUL VENTURA, *op. cit.*, 616; poderá aproximar-se desta tese a posição de GAMA ROSE (cláusula acessória «atípica»), *op. cit.*, 61 e segs.; ela foi retomada pelo Ac. da Rel. do Porto de 4.2.71, *Revista dos Tribunais*, 1862, (89.°), 279.
[189] *Cfr. infra c),* II e III.

priedade»[190]. Esta partilha da propriedade não se deveria entender estaticamente, sendo-lhe inerente o factor temporal: tratar-se-ia de uma transferência gradual do direito do vendedor para o comprador[191].

A par das críticas dirigidas a esta tese por CATTANEO[192], parece-nos que as virtualidades explicativas da concepção de RAISER são reduzidas, sobretudo quando se atenta em que não tem significado prático atribuir prerrogativas da propriedade ao vendedor durante o «período de pendência» e antes de resolvido o contrato[193].

As noções de garantia e condição parecem mais aptas a captar a realidade de um direito que, com a celebração do contrato e a tradição da coisa, fica latente na espera jurídica do vendedor, ou passa mesmo, «globalmente», para a titularidade do comprador.

V. Para RAÚL VENTURA a «terminologia legal» não deixa «de corresponder à natureza do fenómeno», caracterizada, em última instância, pela *colocação voluntária* do momento da transferência da propriedade[194]. Esta concepção é suficientemente lata para abranger «todas as hipóteses de reserva de propriedade no nosso direito» (*vide supra* § 1)[195], com o preço de *reduzir a construção* a uma nota estrutural que pouco ou nada dá conta da «natureza» da modalidade negocial generalizada no tráfico jurídico, que não permite clarificar o seu *posicionamento no sistema,* nem favorece o ulterior *desenvolvimento* da sua *regulação jurídica.*

C) *Posição adoptada*

I. Se quisermos uma construção jurídica que se ajuste às diferentes realidades abarcáveis pela letra do n.º 1 do art. 409.º, designadamente a venda com reserva de propriedade subordinada a um evento

---

[190] *Op. cit.*, 168.
[191] *Op. cit.*, 65-68.
[192] *Op. cit.*, 992-994.
[193] *V. g.*, RAISER sustenta que durante este período o vendedor poderia reivindicar a coisa de terceiro, mas a acção deveria ter por fim restituir a coisa ao comprador (*op. cit.*, 76). Ao vendedor podem, no entanto, ser reconhecidas faculdades específicas que decorram da função de garantia da reserva de propriedade.
[194] *Op. cit.*, 616-617.
[195] *Ibidem.*

distinto do pagamento do preço, ou em que a tradição da coisa só tem lugar com o seu pagamento integral, devemo-nos contentar com a afirmação de uma única característica comum: a sujeição do efeito translativo a condição suspensiva ou termo inicial.

Não parece que a *facti-species* do art. 409.° possa abranger relações materiais em que falta essa característica comum; adiante se procurará fundamentar esta asserção que co-envolve a negação da tese da condição resolutiva.

Um conceito tão abrangente não pode, todavia, exprimir o *conteúdo* e o *sentido específicos* da compra e venda com reserva de propriedade enquanto modalidade contratual socialmente típica, na qual a tradição da coisa precede a exigibilidade do preço integral. Nesta relação típica a *propriedade é utilizada como garantia;* em simetria com a alienação da propriedade em garantia, temos aqui uma reserva *da propriedade em garantia* (*vide supra b), II)* [196].

II. A ideia da *reserva da propriedade em garantia* é fundamental para a explicação do regime desta modalidade contratual, para a «classificação» da cláusula e para a caracterização das posições do alienante e adquirente durante o «período de pendência»; enfim, para o futuro desenvolvimento da sua regulação jurídica e mesmo, no plano da política legislativa, para o aperfeiçoamento do sistema de garantias especiais.

Esta utilização da propriedade com função de garantia é realizada através da estipulação de uma condição ou de um complexo de condições, concebida tradicionalmente como uma subordinação do efeito translativo ao pagamento integral do preço.

A condição é um *instrumento de autonomia* que permite às partes *ter em conta as possibilidades de realização incerta em desenvolvimentos futuros.* Mediante a cláusula de reserva de propriedade *precavê-se o vendedor da inexecução da contraparte:* evento futuro e incerto é aqui a própria execução do contrato pelo comprador. Um dos efeitos essenciais do contrato – a transferência da propriedade –, fica assim subordinado ao cumprimento da obrigação principal de

---

[196] Sobre o recurso à propriedade como garantia de créditos *vide* as observações de MOTA PINTO, *op. cit.* (nota 152), 65 e segs.

uma das partes. Esta configuração *sui generis* não nos parece impor uma «desqualificação» da condição, ela exprime antes a *instrumentalização* da condição ao serviço de um fim de garantia (*vide supra* § 9-*a*)).

A construção como *venda com efeito translativo da propriedade condicionado a título de garantia* tem virtualidades na revelação do direito aplicável, sugerindo uma dupla atracção pelo regime da condição em tudo o que corresponda à sua função de garantia[197], e, pelo regime dos direitos reais de garantia na medida do compatível com a utilização de um direito de propriedade condicionado[198].

III. O estudo do regime da reserva de propriedade permitiu-nos verificar o modo como actua em garantia do vendedor: no fundamental a reserva de propriedade *segura o direito de resolução* em virtude do disposto no art. 886.º e *acautela a eficácia da resolução perante terceiros* credores do comprador e subadquirentes, comprometida pelo princípio geral contido no n.º 1 do art. 435.º; o pacto *garante igualmente a restituição a coisa* quando a *inexecução* é decidida pelo administrador em caso de falência ou insolvência do comprador[199]. Complementarmente, pode o vendedor obstar à execução da coisa por terceiro.

Em segundo plano, a reserva de propriedade desempenhará ainda um papel *limitado* de meio de pressão psicológico sobre o comprador-devedor e, até, o de facultar a realização pecuniária do preço através da execução da coisa, com prevalência absoluta (*vide supra* § 6-*b*), IV).

Durante o «período de pendência» não assistem ao vendedor quaisquer faculdades de gozo da coisa. Ele só pode obter a restituição da coisa depois de resolvido o contrato; em relação a terceiros ele apenas exerce prerrogativas tendentes a evitar a extinção da sua garantia, *maxime* opondo-se à execução da coisa por terceiros.

A reserva de propriedade representa então para o vendedor a possibilidade de reassumir essas prerrogativas de propriedade em

---

[197] *Vide* manifestações *supra* § 6, *maxime a)*-III, *b)*-I e *c)*-III.
[198] *Vide* manifestações *supra* § 6, *maxime a)*-I, e nota 61, *a)*-III, nota 91, *b)*-IV e nota 121, e *c)*-III.
[199] Convergente HONSELL, *op. cit.* (nota 2), 220.

caso de inexecução definitiva ou, eventualmente, do incumprimento, de outras obrigações contraídas pelo comprador. Por conseguinte, a reserva de propriedade é antes de mais, uma *cláusula resolutiva do contrato*, que reserva o direito de resolução em face do disposto no art. 886.°[200]. Segundo a finalidade típica visada pelas partes a propriedade transfere-se para o comprador com a celebração do contrato, ficando, porém, sujeita à resolução do contrato[201]. A lei permite que esse fim seja atingido através da estipulação de uma «simples» reserva de resolução ou de uma condição resolutiva. Só que estas vias não permitem alcançar a almejada oponibilidade da resolução a terceiros (*supra b*), I). A eficácia absoluta da resolução só é alcançável mediante o recurso a um «expediente» (BIANCA)[202]: convencionar a permanência da *titularidade* do direito de propriedade na esfera jurídica do vendedor.

O que a reserva de propriedade especificamente proporciona ao vendedor é a plena eficácia da resolução perante terceiros[203].

Este «expediente» ou «ficção» foi recebido pelo legislador, – *pressionado pela necessidade de «garantias mobiliárias sem posse»* –, visto que a oponibilidade a terceiros da reserva de propriedade sobre bens móveis não sujeitos a registo (art. 409.°/2 *a contrario*) só parece encontrar justificação na ideia de que o vendedor retém o direito de propriedade durante o «período de pendência». Por conseguinte, surge-nos como inevitável em face do direito vigente a aceitação da tese de que a transferência da propriedade, estritamente

---

[200] Em sentido convergente *vide* Ac. da Rel. do Porto de 13.3.84, *CJ* (1984 – II) 210; cfr., CAVIN, *op. cit.* (nota 13), 56-57.

[201] *Cfr.* supra b), I, devendo sublinhar-se que a destruição do efeito translativo do contrato pelo actuar do mecanismo legal da resolução se não confunde com a condição resolutiva da transferência da propriedade – *vide supra* nota 116.

[202] *Op. cit.*, 525.

[203] Neste sentido TULUI, *op. cit.*, 401-403; a concepção deste autor, segundo a qual o vendedor é apenas titular de um direito de crédito, não pode, porém, aceitar-se em face do direito português, visto que essa oponibilidade específica só encontra fundamento na ideia de que o vendedor permanece proprietário. É certo que essa oponibilidade é, comparativamente, mais restrita e sujeita a formalidades no direito italiano, mas afigura-se-nos que, independentemente destas diferenças, a concepção de TULUI subvaloriza o aspecto funcional cuja importância foi anteriormente sublinhada (*supra b*), II).

entendida como transferência da *titularidade* do direito de propriedade, fica subordinada a uma condição suspensiva [204].

«O abuso da propriedade como um pioneiro de modernas formas de garantia» eis – segundo DROBNIG [205] – o tema possível de um interessante livro. Este uso e abuso assume múltiplas formas, entre as quais se pode salientar os negócios fiduciários e condicionais, bem como certos tipos de locação-venda e *leasing* [206].

Levantam-se aqui múltiplas e complexas questões atinentes à teoria geral do negócio jurídico e, designadamente, aos conceitos de negócio fiduciário, negócio indirecto e fraude à lei [207]. Não podendo proceder aqui a uma detida indagação destas questões, diremos apenas que, em nossa opinião, o direito de propriedade é aqui utilizado para um fim estranho à sua função típica, e que a condição suspensiva é aqui um meio para atingir um resultado prático correspondente ao de uma garantia real dotada de prevalência absoluta.

Não fosse o pacto de reserva de propriedade legalmente admitido com uma específica oponibilidade a terceiros, e poderia, a nosso ver, atacar-se a sua validade com fundamento em *fraude à lei*: violação indirecta do disposto nos arts. 435.°/1 (salvaguarda dos direitos adquiridos por terceiro), 669.° e 677.° («proibição» do penhor sem entrega) [208].

IV. Em *resumo*, o pacto de reserva de propriedade, enquanto cláusula socialmente típica com a configuração normativa que lhe cabe no ordenamento português, é uma *convenção de garantia aces-*

---

[204] Não vale pois em face do direito português a afirmação, feita por MERZ, *op. cit.* (nota 15), 152, de que a classificação da condição como suspensiva ou resolutiva é irrelevante quanto aos resultados; *cfr.* CAVIN, *op. cit.*, 29, nota 16, 56-57.

[205] «Typen besitzloser Sicherungsrechte...», *cit.*, 132 [*Der Missbrauch des Eigentums als eines Wegbereiters für moderne Sicherungsformen*].

[206] *Cfr., supra* notas 40, 41,158 e 176.

[207] *Vide*, em geral, GALVÃO TELLES, *op. cit.* (nota 40), 173-182, 265-267 e 387 e segs.,; MANUEL DE ANDRADE, *Teoria Geral da Relação Jurídica*, vol. II Coimbra, 1974 (reimpressão), 157-181; CASTRO MENDES, *op. cit.* (nota 158), 368-370 e 768 e segs.; ORLANDO DE CARVALHO – «Negócio Jurídico Indirecto (Teoria Geral)», *Boletim da Faculdade de Direito de Coimbra*, Supl. X (1952), I-147; ALMEIDA COSTA – «Alienação fiduciária em garantia e aquisição de casa própria – Notas de direito comparado», *Direito e Justiça*, 1 (1980) 41-57; BIANCA – «Il divieto del pacto commissorio: un passo indietro della cassazione», *Rivista di Diritto Civile*, 5 (1987) II, 117, *maxime* 123.

sória do contrato de compra e venda, convenção esta que *reserva a faculdade de resolver o contrato*, mas que se *socorre* instrumentalmente de uma *condição suspensiva do efeito translativo*, para alcançar o seu *efeito característico: a oponibilidade erga omnes* da resolução.

O pacto de reserva da propriedade exerce ainda, *complementarmente*, a sua função de garantia em situações de falência ou insolvência do comprador, ou de penhora da coisa por credor do comprador[209].

A *condição suspensiva* subordina *a transferência do direito de propriedade*, não obsta porém à *transmissão da posse*, que se opera com a *tradição da coisa*. Enquanto o *adquirente detém o conjunto de poderes de gozo e disposição que correspondem ao conteúdo do direito de propriedade, a propriedade reservada* do alienante consiste apenas na *titularidade «abstracta»* do direito de propriedade.

O «direito de expectativa» do comprador revela-se, assim, não só um direito real de aquisição da propriedade, mas também um direito de gozo *nos termos* do direito de propriedade[210]. O *minus* deste direito subjectivo de natureza real em relação ao direito pleno de propriedade consubstancia-se apenas na temporária sujeição dos poderes de gozo e disposição à plena eficácia da resolução do contrato por inexecução definitiva do comprador. A resolução destrói retroactivamente todos os efeitos do contrato, extinguindo o direito do comprador e tornando ineficazes, neste caso, os actos de disposição a favor de terceiros fundados nesse direito. Não ocorrendo tal desenvolvimento *patológico* da relação contratual, com o pagamento integral do preço, ou, eventualmente, o cumprimento de outras obrigações, resolve-se *ipso iure* a *propriedade-garantia* que onerava o

---

[208] *Cfr.* MANUEL DE ANDRADE, *op. cit.*, 178-179 e nota 6; Luís CARVALHO FERNANDES, *Teoria Geral do Direito Civil*, vol. II, Lisboa, 1983, 389 e nota 465; STOLL, *op. cit.*, 131, 258. Já não seria de invocar o art. 694.º (proibição do pacto comissório), visto que a restituição da coisa se encontra dependente da repetição das prestações pagas, pelo que a situação não parece colocar-se dentro do âmbito de protecção do referido preceito, mas sim, sendo o caso, no das normas relativas à cláusula penal (arts. 811.º, 812.º e 935.º). *Vide* ainda VAZ SERRA, *op. cit.* (nota 16), 217 e segs., sobre a proibição do pacto comissório, *maxime* 219-229; BLOMEYER, *op. cit.* (nota 37), 199.

[209] *Vide* outras manifestações da função de garantia, *supra* III.

[210] *Cfr.*, quanto à cumulação de uma pluralidade de direitos reais sobre a mesma coisa, OLIVEIRA ASCENSÃO, *op. cit.*, 257 e segs.

direito do adquirente, o qual assim se converte num direito *pleno* ou *livre de encargos*.

V. Uma construção jurídica mais simples, que corresponda, directamente, à finalidade visada pelas partes, evitando as *ficções jurídicas* e os equívocos e desenvolvimentos conceptualistas a que podem dar ocasião, não parece possível em face da génese da cláusula e da sua conformação legal.

Caso exemplar destes equívocos é o da incriminação do comprador que revenda a coisa, e não cumpra o contrato, por abuso de confiança; por esta via a reserva de propriedade transforma-se de facto numa «super-garantia», a que não falta a tutela penal! WIEACKER afirma mesmo que subjacente à recusa em reconhecer que o «direito de expectativa» do comprador é, afinal, uma propriedade onerada, está precisamente o «interesse abertamente ilegítimo de colocar o comprador a prestações sob a ameaça de cominação penal (mais eficaz e mais barata)...»[211]. À luz da função de garantia da reserva de propriedade parece-nos claro que não está em causa uma violação do bem jurídico propriedade, mas a tutela de um direito de crédito, que só em casos muito especiais de alienação de coisa adquirida sob reserva de propriedade pode assumir relevância penal (*v. g.* 325.°/1/*c*) do Código Penal). Ilícita, ademais, não é a revenda da coisa (*cfr. supra* § 6-*a*), III), mas a inexecução do contrato (que dá lugar à *obrigação de restituir*), como o revela o facto de tal jurisprudência só admitir a responsabilidade criminal em caso de inexecução.

---

[211] *Op. cit.* (nota 177), 523. Entre nós tal jurisprudência consolidou-se na vigência do C. Penal antigo, mas pretende-se perpetuá-la em face do código vigente – *cfr.* MAIA GONÇALVES, *C. Penal Anotado*, 2.ª ad., 1984, nota 6 do art. 300.°. Porém, em anotação ao Ac. da Relação de Coimbra de 21 de Novembro de 1950 (*RDES*, [1954], 62 e segs.), escreveu EDUARDO CORREIA que o abuso de confiança só podia ter lugar quando a obrigação de restituir resultasse directamente do contrato, e já não se decorresse do seu inadimplemento, sob pena do direito penal tutelar o inadimplemento das obrigações civis; no mesmo sentido se pronunciou, com expressa referência à venda com reserva de propriedade, J. SOUSA BRITO – *Direito Penal* II, 83. Contra a incriminação por abuso de confiança *vide* decisão judicial francesa citada por HÉRMARD, *Revue trimestrielle de droit économique*, (1980), 363-364. *Cfr.*, ainda, as considerações de BLOMEYER, *op. cit.* (nota 37), 202. O reforço das garantias especiais através da tutela penal constituiu, de resto, um fenómeno mais amplo – *vide supra* nota 20, bem como os autores e a jurisprudência aí referidos.

Ilustração de desenvolvimentos conceptualistas, encontramo-la na controvérsia doutrinal suscitada em França pela reforma de 1980[212], quando ao argumento de que a oponibilidade da reserva de propriedade confere ao vendedor um «privilégio» «oculto», se contrapôs não estar em causa uma garantia, mas a manutenção de um direito de propriedade, que «prima necessária e automaticamente sobre todas as garantias»[213].

A construção da reserva de propriedade como um tipo de garantia-propriedade permite, e reclama, o confronto entre os diferentes tipos de garantia especial, sobretudo com aqueles que são funcionalmente equivalentes, mas também com os que apresentam afinidades estruturais. Este confronto releva-se apto à *desocultação* de incoerências no seio do sistema e ao seu aperfeiçoamento.

A esta luz pode suscitar alguma perplexidade a diferença entre as condições necessárias para estabelecer, *v. g.*, o penhor e a hipoteca, e/ou efeitos que lhes pertencem, por um lado, e o regime do pacto de reserva de propriedade, por outro, bem como entre a sua oponibilidade e a que é reconhecida à cláusula resolutiva na venda a retro[214].

Perante o actual dédalo de garantias especiais, quer legais, quer convencionais, merecem decerto reflexão as propostas de uma racionalização global. Modelo de uma racionalização global é o oferecido pelo sistema de regulamentação contido no art. 9.º do *Uniform Commercial Code*, que obteve aceitação generalizada nos Estados Unidos da América.

A concepção vertida no U.C.C. – em sentido oposto ao das *extrapolações* da regra da autonomia privada na determinação do momento da transferência da propriedade –, equipara o *conditional seller* a um «mutuante» (*lender of money*), com uma garantia especial (*security interest*) sobre os bens vendidos, estabelece um sistema «unificado» de regulamentação que *compreende*, de modo intrinsecamente *coerente, todas* as garantias especiais sobre coisas móveis, qualquer que seja a sua *designação ou configuração*[215].

---

[212] *Vide supra* nota 130.
[213] *Vide* síntese em Martin-Serf, *op. cit.* (nota 18), 679, nota 5; *cfr.* Chaput, *op. cit.* (nota 164), nrs. 18 e 19.
[214] *Cfr. supra* nota 176.
[215] Existe abundante bibliografia; pode encontrar-se uma informação sintética em Shanker, *op. cit.* (nota 26). Quanto à possibilidade de introduzir um sistema semelhante em

Temas centrais de uma reflexão prática se revelam, em nossa opinião, o da sujeição a requisitos de publicidade da oponibilidade da reserva de propriedade a terceiros, e o da posição que deve caber ao vendedor na economia da falência ou insolvência do comprador.

Quanto às exigências de publicidade, *quaestio famosa et aeterna* do direito das garantias mobiliárias (HÜBNER)[216], as tendências actuais de desenvolvimento no plano europeu não vão no sentido de uma generalização, mas antes do seu abandono ou abrandamento[217].

No mesmo contexto, surgem alguns sinais de evolução no domínio da falência e insolvência, designadamente a substituição do direito a reclamar a restituição ou separação da coisa da massa por um «mero» direito de preferência. Esta poderá eventualmente desembocar numa conversão da *propriedade reservada* em *direito de penhor sem posse*[218].

---

ordens jurídicas do sistema romano-germânico, *vide* Ulrich DROBNIG – «Is Article 9 of the Uniform Commercial Code Exportable? A German View», in *Aspects of Comparative Commercial Law. Sales, Consumer Credit, and Secured Transactions*, ed. por Jacob Ziegel e William Foster, Montreal, 1969.

[216] «Europäische Entwicklungstendenzen...», *cit.* (nota 4), 245.

[217] *Op. cit.*, 247 e segs., 275; *vide* ainda art. 3.º/1 da Lei Uniforme anexa ao projecto de convenção (CEE) relativo à falência..., na primeira variante do art. 41.º/2; art. 8.º do anteprojecto de convenção do Conselho de Europa; art. 9.º da proposta de uma directiva (CEE) sobre os efeitos dos pactos de reserva de propriedade simples.

[218] Anuncia-se para breve uma reforma do direito falimentar alemão com incidência nesta matéria. Sobre a reforma do direito das garantias mobiliárias sem posse na RFA *vide* SERICK, «Eigentumsvorbehalt...», *cit.*, 6-8, WIESBAUER, *op. cit.*, 1067 e Joachim KILGER – *Konkursordnung*, 15.ª ed., 1987, 4-7. A reforma em vista segue o modelo do *Bankruptcy Reform Act* (1978), dos E.U.A.; a reclamação «de separação» *(Aussonderungsanspruch)* que assiste aos credores dotados de garantias sem posse, incluindo o vendedor com reserva de propriedade, será substituída por um mero direito de preferência. Encontra-se referência às primeiras propostas de evolução *legislativa* nesta direcção em GEORGIADES, *op. cit.* (nota 177), 151; este autor (*op. cit.*, 148 e segs.), bem como DROBNIG, *op. cit.* (nota 17), 133, manifestaram-se favoráveis a tal evolução.

ANEXO I
ART. 41.º DO PROJECTO DE CONVENÇÃO (CEE) RELATIVO À FALÊNCIA, ÀS CONCORDATAS E AOS PROCEDIMENTOS ANÁLOGOS, DE 1980

ARTICLE 41

CONTRATS DE VENTE AVEC RÉSERVE DE PROPRIÉTÉ

Paragraphe 1

Première variante

1. La validité des ventes avec réserve de propriété est régie par la loi designée selon les régles de droit international privé de l'État ou la faillite a été prononcée.

Deuxième variante

1. La validité des ventes avec réserve de propriété est régie par la loi applicable au contrat.

Troisième variante

Pas de disposition, par conséquent, application de l'article 18 de la présente convention.

Paragraphe 2

Première variante

2. L'opposabilité à la masse des clauses de réserve de propriété, en cas de faillite de l'acheteur ou du vendeur, est régie par les dispositions de l'article 3 de l'annexe I.

Article 3 – Annexe I

1. La loi de l'État d'ouverture de la faillite doit au moins admettre l'opposabilité aux créanciers de l'acheteur des clauses de réserve de propriété portant sur la chose vendue et garantissant le paiement du prix pourvu que ces clauses soient stipulées avant la livraison et par convention écrite, [télégramme], télex

ou par une convention verbale confirmée par écrit par l'acheteur. Cet écrit n'est soumis à aucune condition de forme. Le syndic peut faire par tous moyens la preuve du caractère frauduleux ou inexact de l'écrit ou de sa date.

2. La faillite du vendeur survenant après la livraison n'est pas une cause de résolution du contrat et ne met pas obstacle à ce que l'acheteur acquière la propriété de la chose vendue.

Deuxième variante

2. La loi applicable à l'opposabilité dans la faillite de l'acheteur des clauses de réserve de propriété est la loi de l'État contractant sur le territoire duquel se trouve le bien, objet de la réserve de propriété, au moment de l'ouverture de la faillite.

Troisième variante

Pas de disposition; par conséquent, application de l'article 18 de la présente convention.

Paragraphe 3

Première variante

3. La faillite du vendeur survenant après la livraison n'est pas une cause de résolution du contrat et ne met pas obstacle à ce que l'acheteur acquière la propriété de la chose vendue.

Deuxième variante

Pas de disposition; par conséquent application de l'article 18 de la présente convention.

ANEXO II

ANTEPROJECTO DO CONSELHO DE EUROPA PARA UMA CONVENÇÃO SOBRE O RECONHECIMENTO DA RESERVA DE PROPRIEDADE

PREAMBLE

The member States of the Council of Europe, signatories to this Convention,

Considering that the aim of the Council of Europe is to achieve a greater unity between its members;

Considering that the constant increase in business transactions across the frontiers of the member States calls for harmonisation of the relevant provisions concerning the effects of simple reservation of title abroad;

Considering that simple reservation of title is commonly used in contrats of sale and that this makes it desirable to define clearly the legal protection to which the creditors are entiled,

Have agreed as follows:

ARTICLE 1

1. This Convention shall apply to contracts for the sale of corporeal movables (hereinafter referred to as goods) creating simple reservation of title, if, at the time when the reservation of title is created or its implementation is requested, the goods are located in a State where neither of the Parties or only one fo them has his place of business or, if he has none, his habitual residence.

2. If the seller or the buyer has several places of business, paragraph 1 refers to the one through which the contract was concluded.

3. This Convention shall not prejudice any provisions of national law concerning consumer protection.

4. This Convention shall not apply to contracts relating to:
- (a) ships;
- (b) ships under construction;
- (c) boats and off-shore equipment indicated by States at the moment of signature or ratification of the Convention or at any moment thereafter;
- (d) hovercraft;
- (e) aircraft.

ARTICLE 2

1. For the purposes of this Convention, the expression «contract creating simple reservation of title» (hereinafter referred to as reservation of title) means a contract for the sale of goods whereby the property in the goods will not pass to the buyer until he has provided full consideration for these goods.

2. If the contract provides for separate deliveries, the Parties may agree that the property in the goods which form part of each delivery shall not pass unless the conditions set out in the above paragraph have been fulfilled with regard to that delivery.

3. There shall be considered as a «reservation of title» a clause, which the law of the State in whose territory the clause has been created recognises as being equivalent to the clause mentioned in paragraph 1, whereby the seller retains the right to repossess the goods if the buyer does not provide full consideration for them.

ARTICLE 3

Each Contracting State shall give the effects provided for in this Convention to a reservation of title if the reservation of title complies with the provisions of this Convention.

ARTICLE 4

1. A reservation of title shall be concluded in writing not later than the time of the delivery of the goods to the buyer or, if it has been concluded orally, shall be confirmed in writing by the buyer not later than that time.

2. If the reservation of title is included in the seller's general conditions of business which are neither written into the contract nor annexed thereto, the buyer shall confirm in writing the acceptance of the reservation of title.

3. For the purposes of this Convention «writing» includes letter, telegram and telex.

ARTICLE 5

1. A reservation of title shall entitle the seller to repossess the goods from the buyer:
 (a) if the buyer fails to provide full consideration for the goods;
 (b) if the goods can be identified as those covered by the contract mentioned in paragraph 1 of Article 2; and
 (c) if the goods are capable of being repossessed in specie according to the law of the State in which they are located.

2. If the law of the State in which the goods are located requires that, before the reservation of title can be invoked, the contract must be terminated, the request for repossession shall be demed to import such termination.

3. The right of the seller to repossess the goods shall subsist even if attachment proceedings have been commenced in respect of the goods or if the buyer is the subject of bankruptcy proceedings, or winding up, arrangement or composition, or similar proceedings.

ARTICLE 6

Subject to Article 5, no other contractual or extra-contratual claims between the Parties are regulated by this Convention.

ARTICLE 7

If the goods are in the possession of a third party without the seller's authorisation, the seller shall be entitled to repossess them if he proves that the third party knew or ought to have known that he acquired the goods from a person who did not have the right to transfer them.

ARTICLE 8

A reservation of title shall be effective even if has not been registered or given any other form of publicity.

ARTICLE 9

This Convention shall not prevent States from giving effect to a reservation of title whose implementation requires less strict conditions than those provided for in this Convention or which is not a simple reservation of title. In this case the Convention shall not apply.

ARTICLE 10

Any State may, at the time of signature or when depositing its instrument of ratification, acceptance, approval or accession, declare that it avails itself of one or more or the reservations provided for in the Annex to this Convention. No other reservation may be made.

ANNEX

Any State may declare that it will not give effect to a reservation of title cause:

1. if, in addition to those mentioned in paragraph 1 of Article 5, one or more of the following requirements are not fulfilled:
   - (a) notice must be given to the buyer requiring him to provide consideration for the goods;
   - (b) the delay in providing consideration for the goods must exceed the period fixed by its internal law;
   - (c) the part of the consideration which the buyer has failed to provide or which has still to be provided must be of a certain percentage of the total amount fixed by its internal law.

2. if, as an exception to Article 8, a reservation of title concerning a motorvehicle registered in its territory has not been registered.

ANEXO III

PROJECTO DE DIRECTIVA (CEE) DO CONSELHO SOBRE OS EFEITOS JURÍDICOS DA RESERVA DE PROPRIEDADE SIMPLES

ARTICLE 1

1. The Member States shall give effect in accordance with the provisions of this Directive to agreements concluded between the buyer and the seller of goods whereby the right of property in the goods sold will not pass from the seller to the buyer until the buyer has paid the purchase price of the goods in full.

2. Such agreements are hereinafter refered to as agreements creating simple reservation of title.

ARTICLE 2

Agreements creating simple reservation of title shall have the effects provided for in this Directive if they are concluded in writing, or if they are concluded orally but are confirmed in writing by the buyer, before the goods are delivered to him or to the person or body appointed for purposes of carriage of the goods or of arranging carriage thereof.

ARTICLE 3

1. Any agreement which reserves title shall in all the Member States entitle the seller, in the event of non-performance of the conditions relating to payment which determine the time when the right of property will pass to the buyer, to retake possession of the goods provided he restores to the buyer the amounts which the buyer has already paid but under deduction of sums which the buyer is bound to pay him under Article 6.

2. Any agreement which reserves title and which makes the passing of the right of property conditional upon the performance of conditions other than that specified in Article 1(1), or which confers on the seller more extensive rights than those provided for in the foregoing paragraph, of this Article (as would be the case, for example, under an «extended» or «floating» reservation of title – ein erweiterter Eigentumsvorbehalt – or under a «prolonged» reservation of title – ein verlängerter Eigentumsvorbehalt) shall enable the seller to exercise the right to retake possession of the goods under the conditions set out in the foregoing paragraph. The relevant national law shall be applied for the purposes of determining whether such agreements operate to produce more extensive consequences.

ARTICLE 4

The right of the seller to retake possession of the goods under the conditions set out in Article 3(1) shall subsist notwithstanding that proceedings in bankruptcy or for winding-up, arrangement or composition, or other like proceedings have been instituted in relation to the buyer before the right of property in the goods sold has passed to him.

ARTICLE 5

1. Where the buyer sells the goods to a third party or transfers them to a third party under a contract other than a contract of sale, the seller who has reserved title to the goods shall be entitled to claim from the third party unless that party acted in good faith when he entered into his contract with the buyer from whom title was reserved. In this context the third party will have acted in good faith if he did not know and could not have known, by exercising the standard of diligence which is appropriate to trade or business, that the buyer was not the owner of the goods.

2. Where the buyer disposes of the goods to a third party in the course of the buyer's trade or business of dealing in goods of that kind, it shall be presumed, unless the contrary be shown, that the third party acted in good faith.

ARTICLE 6

The buyer shall be answerable [or: shall be liable to make good the loss or damage] where, because of fault on his part, the goods deteriorate or perish or cannot for any other reason be delivered up by him.

ARTICLE 7

Were under a contract for the supply of goods to a buyer otherwise than for the purposes of his trade, business or profession, the buyer has paid one third or more of the price of the goods anal declines to deliver them up voluntarily, the seller shall be entitled to retake possession of them only if he obtains an order of the court to that effect.

ARTICLE 8

1. Buyer and seller may agree that the buyer shall be entitled to sell the goods to a third party and that if he does the buyer's claim on the third party shall from the time when they conclude their contract be transferred to the seller. The validity and efficacy of such agreements between buyer and seller shall not be dependent upon the giving of notice of the transfer to the third party.

2. The law governing the contract between the buyer and the third party shall apply for the purpose of determining under what conditions the third party is to be treated as having discharged his obligation to pay.

ARTICLE 9

1. Agreements creating simple reservation of title as described in Article l(1) which confer on the seller no more extensive rights than those described in Article 3(1) shall be valid and enforceable without registration in a public register or other form of disclosure to the public generally.

2. Paragraph 1 shall apply notwithstanding that simple reservation of title is supported by a transfer of the buyer's claim on the third party in the manner provided for in Article 8.

ARTICLE 10

The opening of proceedings in bankruptcy or for winding-up, arrangement or composition, or of other like proceedings in relation to the seller shall not have effect to terminate the contract of sale between buyer and seller and shall not operate to prevent the buyer from acquiring ownership of the goods sold.

VENDA MARÍTIMA INTERNACIONAL – ALGUNS ASPECTOS FUNDAMENTAIS DA SUA REGULAÇÃO JURÍDICA *

INTRODUÇÃO

Entende-se por *venda marítima* uma operação global em que a troca de uma mercadoria por um quantitativo pecuniário surge economicamente ligada a um transporte da mercadoria por via marítima.

Na maioria dos casos isto significa que, segundo o contrato de venda, cabe a uma das partes celebrar o contrato de transporte marítimo da mercadoria vendida. Mas também pode acontecer que o contrato de venda seja concluído depois do contrato de transporte, mormente quando o contrato de venda tenha por objecto mercadoria que se encontre em curso de transporte marítimo (venda de coisa em viagem).

São diversos os critérios que podem ser utilizados para determinar o carácter *internacional* de uma venda marítima. A expressão "venda marítima internacional" evoca em primeira linha uma transacção que envolve um transporte marítimo entre portos situados em países diferentes. Mas os problemas de regulação que me proponho abordar colocam-se igualmente noutras vendas marítimas que põem em jogo interesses do comércio internacional, designadamente porque implicam uma transferência de valores através das fronteiras[1].

---

* *Revista AMB* (Associação dos Magistrados Brasileiros) 1 (1997) 44-67 e *Boletim da Faculdade de Direito de Bissau* 5 (1998) 173-225.

[1] Sobre o carácter internacional do contrato, ver Isabel de Magalhães Collaço – *Da Compra e Venda em Direito Internacional Privado, Aspectos Fundamentais*, Lisboa, 1954, 85 e segs.; Id. – "L'arbitrage international dans la récente loi portugaise sur l'arbitrage volontaire", in *Droit international et droit communautaire. Actes du colloque. Paris 5 et 6 avril 1990* (Fundação Calouste Gulbenkian, Centro Cultural Português), 55-66, Paris, 1991, 59.

Não procederei aqui ao estudo sistemático da venda marítima internacional, mas apenas ao exame de certos *efeitos obrigacionais* do contrato (III) e da *transferência da propriedade* (IV).

Quanto aos efeitos obrigacionais do contrato a atenção centrar-se-á nas questões relativas à contratação do transporte e do seguro da mercadoria, à entrega da mercadoria, à passagem do risco e ao momento do pagamento do preço. Na selecção destas questões pesou o seu alcance prático e o seu interesse para a caracterização das diferentes modalidades de venda marítima.

Para a análise dos efeitos jurídicos obrigacionais e reais não partirei de qualquer tipologia legal, aliás inexistente no Direito guineense nesta matéria, mas dos *tipos do tráfico negocial da venda marítima*. Estes tipos assentam em práticas negociais reiteradas na celebração de contratos que desempenham uma determinada função económica [2]. A análise será limitada aos tipos específicos da venda marítima – FAS, FOB, CFR, CIF, DES e DEQ – com exclusão dos tipos utilizáveis em qualquer modo de transporte e no transporte multimodal.

A regulação jurídico-material da venda marítima internacional pressupõe logicamente a determinação do Direito aplicável. Por exemplo, se um lote de caju é vendido por um exportador estabelecido na Guiné-Bissau a um importador estabelecido na Índia, é necessário determinar se a lei reguladora do contrato obrigacional é a guineense, a indiana ou a de um terceiro país; um problema paralelo se coloca com respeito à lei reguladora da transferência da propriedade. Daí que o estudo da regulação jurídico-material seja precedido por uma breve abordagem deste problema (II). Para o enquadramento e solução de ambos os problemas mostra-se conveniente principiar por considerações gerais sobre a regulação jurídica dos contratos internacionais (I).

---

[2] Sobre os tipos do tráfico negocial ver Walter SCHLUEP – *Innominatverträge*, Schweizerisches Privatrecht, vol. VII/2, Basileia e Estugarda, 1979, 798 e segs.; Karl LARENZ – *Methodenlehre der Rechtswissenschaft*, 6.ª ed., Berlim et. al., 1991, 461 e segs.; Michael MARTINEK – *Moderne Vertragstypen*, vol. I, Munique, 1991, 3 e segs. Ver ainda A. VON MEHREN – *A General View of Contract, in IECL*, vol. VII, cap. 1, 1980, n.º 36, designadamente para uma comparação com a *Common Law*.

I. CONSIDERAÇÕES GERAIS SOBRE A REGULAÇÃO JURÍDICA DOS CONTRATOS INTERNACIONAIS

A) Pluralidade de níveis de regulação

Segundo o ângulo de visão próprio à concepção tradicional de Direito Internacional Privado, as situações privadas internacionais são inteiramente reguladas no quadro definido pelas ordens jurídicas estaduais. Mas este ângulo de visão é demasiado estreito para abranger todos os aspectos relevantes da regulação dos contratos internacionais pelo Direito Internacional Privado. As últimas décadas foram marcadas por fenómenos de *"internacionalpublicização"* e *"transnacionalização"* da disciplina de certos contratos internacionais.

Assim, além da regulação dos contratos internacionais ao nível da ordem jurídica estadual, importa indagar até que ponto os contratos internacionais são regulados ao nível da ordem jurídica internacional e do Direito Transnacional.

O fenómeno da *internacionalpublicização* de certos contratos internacionais parece iniludível quando, por forma conjugada, estes contratos são objecto de conformação e regulação por normas de Direito Internacional e podem ser apreciados por jurisdições internacionais ou quási-internacionais. Com efeito, certas jurisdições fundadas no Direito Internacional Público têm competência para decidir litígios emergentes de contratos internacionais e dão acesso a particulares. Trata-se, na maior parte dos casos, de contratos celebrados entre um Estado e um investidor estrangeiro. Salienta-se o caso das arbitragens organizadas pelo Centro Internacional para a Resolução de Diferendos Relativos a Investimentos. A determinação do Direito aplicável ao fundo da causa é objecto de um Direito Internacional de Conflitos, i.e., de um Direito de Conflitos de fonte internacional que se destina a ser aplicado por jurisdições internacionais ou quási--internacionais. Em regra, este Direito de Conflitos permite a escolha pelas partes tanto de Direito estadual como de Direito Internacional Público e, na falta de designação, manda aplicar combinadamente um e outro.

Este fenómeno não assume grande importância prática com respeito à venda marítima internacional.

O mesmo não se diga do fenómeno da *transnacionalização* dos contratos internacionais. Trata-se agora de uma tendência para admitir que os *contratos do comércio internacional* possam ser conformados e regulados por *Direito Transnacional autónomo* quer perante os sistemas jurídicos nacionais quer face ao Direito das Gentes. Tem-se aqui em vista aquelas regras e princípios aplicáveis às relações do comércio internacional que se formam independentemente da acção dos órgãos estaduais, a nova *lex mercatoria*.

As teses favoráveis à existência de um Direito autónomo do comércio internacional são fundamentalmente duas. Uma primeira tese, que se deve principalmente a SCHMITTHOFF, encara a *lex mercatoria* essencialmente como Direito material especial do comércio internacional dotado de um certo grau de uniformidade internacional[3]. Para esta tese a vigência de Direito autónomo do comércio internacional não implica necessariamente que a *lex mercatoria* constitua uma ordem jurídica autónoma. Para uma segunda tese, em cuja defesa se salienta GOLDMAN[4], a *lex mercatoria* é a ordem jurídica da *societas*

---

[3] *Commercial Law in a Changing Economic Climate*, 2.ª ed., Londres, 1981, 18 e segs. Ver também Norbert HORN – "Uniformity and Diversity in the Law of International Commercial Contracts", in *The Transnational Law of International Commercial Transactions*, vol. II, 3-18, Deventer, 1982, 12 e segs.

[4] Cf. "Frontières du droit et `lex mercatoria`", *Archives de philosophie du droit* 9 (1964) 177-192, 178 segs.; Id. – "The Applicable Law: General Principles of Law – Lex Mercatoria", in JULIAN LEW (org.), *Contemporary Problems in International Arbitration*, 113-125, Dordrecht, 1987, 116; Id. – "Nouvelles réflexions sur la Lex Mercatoria", in *Etudes de droit international en l'honneur de Pierre Lalive*, org. por Christian DOMINICÉ, Robert PATRY e Claude REYMOND, Basileia e Francoforte-sobre-o-Meno, 1993, 241-255, 248 e segs. Na mesma linha, ver PHILIPPE KAHN – *La vente commerciale internationale*, Paris, 1961, 17 e segs., 263 e 365 e seg.; Id. – "`Lex mercatoria` et pratique des contrats internationaux: l'expérience française", in *Le contrat économique international. Stabilité et évolution*, 171-211, Bruxelas e Paris, 1975, 173 e segs.; Philippe FOUCHARD – *L'arbitrage commercial international*, Paris, 1965, 401 e segs.; Adolf SCHNITZER – "Die Einordnung der internationalen Sachverhalte in das Rechtssystem", in *Festschrift für F. A. MANN zum 70. Geburtstag*, org. por Werner FLUME et al., Munique, 289-305, 1977, 300 e seg.; Aleksander GOLDSTAJN – "Reflections on the Structure of the Modern Law of International Trade", in *International Contracts and Conflict of Laws*, org. por Petar SARCEVIC, 14-35, Londres et. al., 1990; Michel VIRALLY – "Un tiers-droit? Réflexions théoriques", in *Etudes Berthold GOLDMAN*, 373-385, Paris, 1982, 385; Kurt SIEHR – "Sachrecht im IPR, transnationales

mercatorum: um "conjunto de princípios gerais e regras costumeiras espontaneamente referidas ou elaboradas no quadro do comércio internacional, sem referência a um particular sistema jurídico nacional", que exprime concepções jurídicas partilhadas pela comunidade dos sujeitos do comércio internacional.

A existência de um *espaço transnacional* – de uma esfera de acção em que os sujeitos das relações do comércio internacional e os árbitros que se ocupam dos litígios delas emergentes gozam de uma ampla autonomia relativamente às ordens jurídicas estaduais – é um pressuposto comum às diferentes concepções da *lex mercatoria*.

Este espaço transnacional resulta, por um lado, das próprias tendências de desenvolvimento da economia mundial; dos modernos sistemas de comunicações e de acesso à informação; de princípios de ordenação económica internacional tais como o da liberdade de comércio e o da garantia de livre circulação monetária, financeira e cambial; e decorre, por outro lado, da própria atitude permissiva ou tolerante assumida pelas ordens jurídicas estaduais.

Que dizer destas teses? Em minha opinião não se pode excluir *a priori* a possibilidade de ordens jurídicas supra-estaduais ou para-estaduais fora do Direito Internacional Público, tal como este Direito é prevalentemente concebido. Mas uma coisa é a possibilidade de um ou vários ordenamentos autónomos do comércio internacional outra é a efectiva concretização desta possibilidade.

Creio ser de negar a efectiva existência, no espaço transnacional, de uma *societas mercatorum* e da correspondente ordem jurídica.

Dada a heterogeneidade dos sujeitos do comércio internacional, a diferença de condições existentes nos seus diversos sectores, a carência de pólos organizativos centrais e o presente grau de desenvolvimento das regras objectivas de alcance geral, resulta que o conjunto dos sujeitos do comércio internacional se não apresenta ainda

---

Recht und lex mercatoria", *in Internationales Privatrecht. Internationales Wirtschaftsrecht, Referate eines Symposiums der Alexander von Humboldt-Stiftung vom 26. bis 30. September 1983 in Ludwigsburg*, org. por Wolfgang HOLL e Ulrich KLINKE, 103-126, Colónia, 1985, 114 e segs.; Harold BERMAN e Felix DASSER – "The ´New` Law Merchant and the ´Old`: Sources, Content, and Legitimacy", *in Lex Mercatoria and Arbitration: a Discussion of the New Merchant Law*, 21-36, 1990; Irineu STRENGER – "La notion de *lex mercatoria* en droit du commerce international", *RCADI* 227 (1991) 207-356.

dotado de um grau de coesão suficiente para a formação da ordem jurídica autónoma e, assim, para a institucionalização da *societas mercatorum*.

Para a formação de uma ordem autónoma do comércio internacional, será necessário que a *lex mercatoria* constitua uma ordem objectiva destas relações, que se apresente com uma pretensão de regular a conduta dos respectivos sujeitos dentro da sua esfera de acção, e que esta pretensão seja correspondida pela convicção jurídica dos mesmos sujeitos. Além disso, a unidade e coesão interna de uma ordem jurídica hão-de exigir um certo controlo e integração dos elementos que a compõem.

Estas condições não se verificam com as fontes e os elementos atribuídos à *lex mercatoria*. Talvez não existam apenas "ilhéus de *lex mercatoria*", mas trata-se, por certo, de uma regulação fragmentária: as regras objectivas geradas por fontes específicas da *lex mercatoria* ou são sectoriais (e não raramente de âmbito de regional) ou se limitam a aspectos parcelares das relações contratuais [5].

O "progresso da *lex mercatoria*" em matéria de contratos internacionais parece dever-se mais à averiguação e à concretização de "princípios gerais" pela jurisprudência arbitral e à elaboração dos Princípios Relativos aos Contratos do Comércio Internacional, pelo

---

[5] Cf. Paul LAGARDE – "Approche critique de la lex mercatoria", in Etudes Berthold GOLDMAN, 125-150, 1982, 125; Felix DASSER – *Internationales Schiedsgerichte und Lex mercatoria. Rechtsvergleichender Beitrag zur Diskussion über ein nicht-staatliches Handelsrecht*, Zurique, 1989, 90 e segs.; François RIGAUX – "Les situations juridiques individuelles dans un système de relativité générale", RCADI 213 (1989) 7-407, 256 e segs.; Michael BONELL – "Lex mercatoria", in Dig. priv. comm., vol. IX, 1993, n.º 4. Ver também MOURA RAMOS – *Direito Internacional Privado e Constituição – Introdução a uma análise das sua relações*, Coimbra, 1980, 95; Id. – *Da Lei Aplicável ao Contrato de Trabalho Internacional*, Coimbra, 1991, 511; CARRILLO SALCEDO – *Derecho Internacional Privado. Introducción a sus problemas fundamentales*, 3.ª ed., Madrid, 1985, 24 e segs.; Michael MUSTILL – "The New *Lex Mercatoria*: The First Twenty-Five Years", in Liber amicorum for Lord WILBERFORCE, 149-185, Oxford, 1987, 156 e seg.; CHRISTIAN VON BAR – *Internationales Privatrecht*, vol. I, Munique, 1987, 79 e seg.; BERTRAND ANCEL e Yves LEQUETTE – *Grands arrêts de la jurisprudence française de droit international privé*, Paris, 1987, 166; MARQUES DOS SANTOS – *As Normas de Aplicação Imediata no Direito Internacional Privado. Esboço de Uma Teoria Geral*, 2 vols., Coimbra, 680 e segs.; STRENGER (n. 4) 261 e segs.; ISABEL VAZ – *Direito Internacional Público e Lex Mercatoria na disciplina dos contratos internacionais* (dissertação de mestrado policopiada), Lisboa, 1990, 272.

UNIDROIT, que ao desenvolvimento de um Direito consuetudinário do comércio internacional.

As soluções a que os tribunais arbitrais chegam, seja mediante a concretização de "princípios gerais" ou "princípios comuns" aos sistemas nacionais, seja pela referência a modelos de regulação, não podem ser genericamente consideradas como *regras de Direito objectivo*. E a decisão arbitral também não vem, por si, estabelecer uma regra vinculativa. Portanto, a questão da *vigência* das regras e princípios atribuídos à *lex mercatoria* não pode ser confundida com a sua "aplicabilidade" mediante o fornecimento de *critérios de decisão* de litígios na arbitragem comercial internacional.

Com a negação da existência de uma ordem jurídica autónoma do comércio internacional não se exclui a possibilidade de vigorarem *ordenamentos autónomos em certos sectores do comércio internacional*. Poderá ser este o caso de sectores muito específicos da venda internacional mercadorias, mas não da venda internacional de mercadorias genericamente considerada. Com efeito, parece claro que, apesar do importante desenvolvimento da *lex mercatoria* neste sector, não existe um tecido normativo de fonte consuetudinária ou associativa que constitua uma ordem objectiva das relações da venda internacional.

O que interessa em todo o caso sublinhar é que *a formação por via consuetudinária ou no quadro de associações sectoriais de regimes jurídicos fragmentários do comércio internacional não depende da existência de uma ordem jurídica autónoma no sector em causa.*

Como assinala I. DE MAGALHÃES COLLAÇO[6], a vigência de regras jurídicas da *lex mercatoria* não supõe necessariamente a sua inserção numa ordem jurídica.

Por conseguinte, um dos níveis de regulação dos contratos internacionais a ter em conta é o que corresponde ao Direito Transnacional.

Naturalmente que a *lex mercatoria* também pode ser encarada como fonte de uma particular ordem jurídica estadual (*infra* b). Mas não é esta a única perspectiva relevante[7]. À semelhança do que se

---

[6] Cf. (n. 1 [1991]) 63.
[7] Para a tese contrária à autonomia do Direito Transnacional a *lex mercatoria* é um "fenómeno sociológico". As cláusulas contratuais gerais, os usos do comércio e a jurisprudência arbitral são realidades sociais, mas estas realidades só relevariam juridicamente mediante a

verifica, relativamente a certos contratos internacionais, com o Direito Internacional Público, também *o Direito Transnacional pode ser directa e imediatamente aplicável, independentemente da sua recepção por qualquer ordem jurídica estadual.*

É o que sucede com os contratos internacionais que contêm uma convenção de arbitragem apropriada. Com efeito, a *lex mercatoria* é fonte de Direito directamente aplicável na arbitragem comercial internacional.

Isto verifica-se, em primeiro lugar, com o Direito da Arbitragem Internacional, i.e., as normas e princípios relativos à constituição, competência e funcionamento do tribunal arbitral, bem como os que dizem respeito à determinação do Direito aplicável. O Direito da Arbitragem Internacional é um terreno privilegiado para o desenvolvimento do *costume jurisprudencial*[8].

O mesmo se diga, embora de forma mais atenuada, quanto ao *Direito aplicável ao fundo da causa.*

Desde logo, segundo o entendimento do princípio da autonomia da vontade em Direito Internacional Privado seguido na arbitragem comercial internacional, as partes podem submeter a decisão do fundo da causa à *lex mercatoria*. Neste caso os árbitros deverão pelo menos aplicar as regras e princípios de Direito objectivo do comércio internacional, independentemente da sua recepção por uma particular ordem jurídica estadual.

Mas mesmo que o Direito designado pelas partes ou, na sua omissão, escolhido pelos árbitros, seja um Direito estadual, constitui regra consagrada pela unificação internacional do Direito da Arbitragem

---

sua "recepção" pelo Direito de Conflitos ou pelo Direito material dos sistemas nacionais individualmente considerados – ver Gerhard KEGEL – *Introduction, in IECL*, vol. III, cap. 1, 1985, n.ᵒˢ 32 e seg.; Id. – *Internationales Privatrecht*, 7.ª ed., Munique, 1995, 92; A. CURTI GIALDINO – "La volonté des parties en droit international privé", *RCADI* 137 (1972) 743-921, 795; CHRISTIAN VON BAR (n. 5) 79 e segs.; *Münchener Kommentar zum Bürgerlichen Gesetzbuch*, vol. VII - *EGBGB - IPR*, "Einleitung" por H. SONNENBERGER, 2.ª ed., 1990, n.º 228; A. SPICKHOFF – "Internationales Handelsrecht vor Schiedsgerichten und staatlichen Gerichten", *RabelsZ.* 56 (1992) 116-140, 131 e segs.

[8] Além do costume, não é de excluir que certas regras e princípios ditos da *lex mercatoria* possam constituir "princípios comuns" aos sistemas nacionais que, enquanto fontes de Direito Internacional, sejam directa e imediatamente aplicáveis aos tribunais da arbitragem comercial internacional.

Comercial Internacional e pelos regulamentos de centros de arbitragem[9] que o tribunal arbitral deverá sempre tomar em consideração *as disposições do contrato* e os *usos do comércio*.

Entre as diversas posições sobre a interpretação desta regra, a que melhor parece corresponder ao sentido das disposições referidas e à maioria dos laudos arbitrais que recorreram aos usos do comércio é a que lhes atribui valor interpretativo e integrativo do negócio jurídico, independente da sua relevância perante a *lex contractus*, sem prejuízo das normas injuntivas desta lei[10].

Mediante a positivação operada por esta regra, os usos do comércio internacional são aplicáveis na decisão do fundo da causa independentemente da mediação de uma ordem jurídica estadual.

Também os princípios gerais de Direito e certos "princípios" fundamentais, comuns aos sistemas nacionais, que integram a ordem pública realmente internacional da arbitragem comercial internacional, deverão ser aplicados na decisão.

Estas soluções não são contrariadas pelas directrizes sobre o Direito aplicável na arbitragem comercial internacional dimanadas dos principais sistemas nacionais.

---

[9] Art. 7.º/1 (*in fine*) da Convenção de Genebra sobre Arbitragem Comercial Internacional (1961); art. 33.º/3 do Regulamento de Arbitragem da CNUDCI; art. 28.º/4 da Lei-Modelo da CNUDCI; art. 13.º/5 do Regulamento de Arbitragem da CCI. No que se refere ao Tribunal de Diferendos Irão/EUA, ver o art. 5.º do *Claims Settlement Declaration*.

[10] Cf. Philippe FOUCHARD – "Les usages, l'arbitre et le juge", in *Etudes Berthold GOLDMAN*, 67-96, 1982, 77 e seg.; WERNER LORENZ – "Die Lex Mercatoria: eine internationale Rechtsquelle?", in *FS Karl NEUMEYER*, 407-429, Baden-Baden, 1985, 429 *in fine*; *International Commercial Arbitration. International Chamber of Commerce Arbitration*, org. por W. CRAIG, William PARK e Jan PAULSSON, Nova Iorque, Londres e Roma, 1978/1995, § 17.03; DASSER (n. 5) 307 e seg.; Aldo FRIGNANI – "Gli usi del commercio internazionale e la loro rilevanza giuridica", in *Fonti e tipi del contratto internazionale*, org. por Ugo DRAETTA e Cesare VACCÀ, 91-101, Milão, 1991, 97 e seg.; Klaus Peter BERGER – *International Economic Arbitration*, Deventer e Boston, 1993, 577. Ver ainda Howard HOLTZMANN e Joseph E. NEUHAUS – *A Guide to the UNCITRAL Model Law on International Commercial Arbitration*, A Haia, 1989, 771 e seg.. É também no sentido de uma relevância autónoma dos usos que parecem apontar Maria ÂNGELA BENTO SOARES e Rui MOURA RAMOS – *Contratos Internacionais. Compra e Venda. Cláusulas Penais. Arbitragem*, Coimbra, 1986, 404, quando se referem, neste contexto, à importância que lhes é reconhecida no Direito do Comércio Internacional e no art. 9.º da Convenção das Nações Unidas sobre a Venda Internacional de Mercadorias.

É geralmente admitido, por estes sistemas, que os árbitros podem aplicar regras e princípios da *lex mercatoria*, pelo menos quando as partes o determinam (*infra* II.A).

Quanto à relevância autónoma dos usos na arbitragem comercial internacional, os Direitos francês e italiano estabelecem-na expressamente[11]. Outros Direitos, como o português, embora disponham de um regime especial sobre a determinação do Direito aplicável na arbitragem comercial internacional, não contêm determinação expressa nesse sentido. Mas não deve retirar-se daí que este regime exclua a consideração autónoma dos usos do comércio relativamente ao Direito designado pelas partes ou escolhido pelos árbitros. Nada indica que o legislador português tenha querido opor-se, neste ponto, ao entendimento que tem sido seguido na arbitragem comercial internacional e que parece ter dado corpo a uma regra de Direito da Arbitragem Internacional. Deste regime também nada se retira contra a vinculação dos árbitros aos princípios gerais de Direito e "princípios" fundamentais comuns.

A arbitragem comercial internacional é o modo normal de resolução contenciosa de litígios no comércio internacional. O recurso aos tribunais estaduais é marginal. A arbitragem comercial internacional faculta aos sujeitos do comércio internacional uma justiça mais célere (ou menos morosa...), administrada por árbitros que, normalmente, pela seu relacionamento com o meio comercial envolvido, são sensíveis às necessidades do comércio e estão em boa posição para interpretarem e integrarem o contrato, bem como para aplicarem os costumes e usos do comércio.

É pois fundamental que cada país disponha de uma legislação adequada em matéria de arbitragem comercial internacional. Observe-se que a Guiné-Bissau ainda não dispõe deste legislação, e que as inovações introduzidas pelo Tratado Relativo à Harmonização do Direito dos Negócios em África (OHADA) vêm ao arrepio da tendência internacional manifestada na Lei-Modelo da Comissão das Nações Unidas para o Direito Comercial Internacional (CNUDCI) sobre a Arbitragem Comercial Internacional e nas legislações estaduais

---

[11] Cf. § 2.º do art. 1496.º NCPC fr. e o § 2.º do art. 834.º do CPC it. (com a redacção dada em 1994).

mais recentes, ao colocarem a arbitragem sob a tutela do tribunal da OHADA – dito *"Cour Commune de Justice et d'Arbitrage"*, que, entre outros aspectos, passa a ter competência para nomear ou confirmar os árbitros e para controlar previamente as suas sentenças (arts. 21.º, 22.º e 24.º).

Da posição ocupada pela arbitragem comercial internacional como modo normal de resolução contenciosa de litígios no comércio internacional decorre que o nível de regulação mais importante é o que corresponde ao Direito Transnacional.

B) Pluralidade de fontes de regulação

A pluralidade de níveis de regulação está relacionada com a pluralidade de fontes de regulação dos contratos internacionais mas não se confunde com ela.

Ao nível da ordem jurídica internacional os contratos internacionais tanto podem ser regulados por Direito material de fonte internacional como por Direito material de fonte transnacional ou nacional, como sucede, por exemplo, quando numa arbitragem CIRDI o Direito estadual é aplicado por força de uma norma de conflitos internacional.

Também ao nível de uma ordem jurídica estadual o contrato internacional pode ser regulado por Direito de fonte interna, por Direito Internacional (designadamente quando vigore um sistema de recepção automática na ordem interna do Direito Internacional Convencional) ou por Direito Transnacional (por exemplo, costume comercial internacional).

Considerações paralelas se podem tecer sobre as fontes relevantes para a regulação ao nível do Direito Transnacional.

O contrato internacional é susceptível de ser regulado por *fontes internacionais, fontes transnacionais* e *fontes nacionais.*

Quanto às *fontes internacionais,* importa sobretudo considerar as que são fontes da ordem jurídica estadual, uma vez que, como já se assinalou, o fenómeno da internacionalpublicização assume escassa importância prática com respeito à venda internacional.

As principais convenções internacionais sobre a determinação do Direito aplicável em matéria de venda internacional de mercadorias são as Convenções da Haia sobre a Lei Aplicável à Compra e Venda

Internacional de Coisas Móveis Corpóreas (1955) e sobre a Lei Aplicável aos Contratos de Compra e Venda Internacional de Mercadorias (1986). A Convenção de 1955 entrou em vigor em 1964; são partes contratantes nove Estados, entre as quais não se conta a Guiné-Bissau. A Convenção de 1986 ainda não entrou em vigor e tem obtido escasso acolhimento internacional.

No que toca à unificação do Direito material, há a referir quatro convenções actualmente em vigor: as duas Convenções da Haia de 1964, contendo leis uniformes sobre a compra e venda internacional de mercadorias e a formação dos contratos de compra e venda internacional de mercadorias, a Convenção da CNUDCI sobre a Prescrição na Compra e Venda Internacional de Mercadorias, assinada em Nova Iorque em 1974, modificada pelo Protocolo de Viena, de 1980, e a Convenção das Nações Unidas sobre os Contratos de Compra e Venda Internacional de Mercadorias, aprovada em Viena, em 1980.

As Convenções da Haia entraram em vigor em 1972 e foram ratificadas apenas por nove Estados. A Convenção da CNUDCI entrou em vigor em 1988 e foi ratificada por pouco mais de dez Estados. A Convenção das Nações Unidas entrou em vigor 1988; são hoje partes nesta convenção cerca de quarenta Estados. A Guiné-Bissau ainda não é parte em nenhuma destas convenções.

Entre as *fontes transnacionais* são de salientar o costume e os usos do comércio internacional.

Já aludi à importância destas fontes quanto ao Direito Internacional Privado da arbitragem comercial internacional (*supra* I.A).

No que toca ao Direito material, a determinação das regras e princípios que constituem verdadeiro Direito consuetudinário do comércio internacional é ponto muito controverso, que tende a passar para segundo plano perante um conceito de "usos do comércio internacional" que nem exclui o verdadeiro costume nem inclui todos os meros usos. No entanto, a distinção entre Direito consuetudinário, que vigora por força própria, e usos que só são fontes mediatas de Direito continua a justificar-se no plano na análise juscientífica.

Não é líquida a vigência de quaisquer regras ou princípios de Direito consuetudinário reguladores da venda internacional. No entanto, dada a importância da jurisprudência da arbitragem comercial internacional, é provável o desenvolvimento de costume jurisprudencial neste domínio.

Quanto ao valor do costume comercial internacional como fonte da ordem jurídica interna há que atender, em primeiro lugar, ao sistema de fontes do Direito aí vigente ([12]).

Passe-se agora a examinar o papel desempenhado pelos usos do comércio internacional entre as fontes transnacionais do Direito regulador dos contratos internacionais.

É consabido que os usos, enquanto práticas reiteradas que não são acompanhadas de um convicção de "obrigatoriedade", representam meras normalidades sociais que, por si, não geram normatividade. Tais usos só poderão ser fontes mediatas de Direito, mediante uma positivação operada por uma fonte imediata de Direito, tal como a lei ou o costume.

Uma positivação de meros usos ocorre, em primeiro lugar, nos casos em que a lei para eles remete.

Já a relevância atribuída aos *usos* na *interpretação e integração dos negócios jurídicos* pode ou não implicar a sua positivação.

Resulta do anteriormente exposto que segundo uma regra consuetudinária de Direito da Arbitragem Comercial Internacional os usos do comércio internacional têm um valor interpretativo e integrativo dos negócios jurídicos sem prejuízo das normas injuntivas da *lex contractus*. Esta regra, ao tornar os usos vinculativos para as partes independentemente de uma estipulação nesse sentido, atribui-lhes o valor de Direito objectivo.

Vão no mesmo sentido as tendências que detectamos ao nível dos Direitos internos estrangeiros e que se manifestam no plano da unificação internacional do Direito material regulador de contratos internacionais. O disposto no n.º 2 do art. 9.º da Convenção das Nações Unidas sobre os Contratos de Venda Internacional de Mercadorias é disto o exemplo mais significativo, pela vasta aceitação desta convenção e por se exprimir, no referido preceito, um certa convergência internacional sobre a relevância dos "usos do comércio internacional".

---

[12] Sobre o ponto, face à ordem jurídica portuguesa, ver OLIVEIRA ASCENSÃO – *O Direito. Introdução e Teoria Geral. Uma Perspectiva Luso-Brasileira*, 9.ª ed., Lisboa, 1995, 254 e segs.; CASTANHEIRA NEVES – "Fontes do Direito", in *Enc. Polis*, vol. II, 1984, n.º 4; MARCELO REBELO DE SOUSA – *Introdução ao Estudo do Direito*, col. de SOFIA GALVÃO, 3.ª ed., Lisboa, 1994, 124 e seg.

Considera-se, nos termos do referido preceito, que as partes estipularam "implicitamente" a aplicação, ao contrato e à sua formação, do uso de que as partes tinham ou devessem ter conhecimento e que, no comércio internacional, seja largamente conhecido e regularmente observado pelas partes nos contratos do mesmo tipo, no ramo comercial considerado.

Muito diferente é o valor reconhecido aos usos pelo código civil português.

Quanto à interpretação do contrato, embora o Direito vigente não se refira expressamente ao valor interpretativo dos usos, será igualmente necessário tê-los em conta na determinação do sentido que à declaração pode *normalmente* ser atribuído no tráfico negocial (art. 236.º CC port. e art. 11.º do DL n.º 446/85, de 25/10)[13]. Os usos relevam aqui como elemento de interpretação, apreciado pelo intérprete a par de quaisquer outros elementos que possam relevar para o efeito, com vista a esclarecer o que é normal e razoável. Esta apreciação não pressupõe a atribuição de valor normativo aos usos em causa.

Quanto à *integração* "da declaração negocial", o código civil português não reconhece expressamente a relevância dos usos (art. 239.º). Perante o disposto no art. 239.º CC, a maioria dos autores não atribui aos usos o papel de um critério autónomo de integração do negócio jurídico, o que não obsta a que os usos possam ser tidos em conta como elemento para estabelecer a vontade hipotética e, por-

---

[13] Com menção expressa dos usos, cf. INOCÊNCIO GALVÃO TELLES – *Introdução ao Estudo do Direito*, 2 vols., reimpressão com notas de actualização (1990), Lisboa, 1952/1953, 100 n. (de actualização) 12; Id. - *Manual dos Contratos em Geral*, 3.ª ed., Lisboa, 1965, 357; MANUEL DE ANDRADE – *Teoria Geral da Relação Jurídica*, 2 vols., ed. por A. FERRER CORREIA e RUI DE ALARCÃO (1983), Coimbra, 1944/1953, vol. II, 311 e segs.; CASTRO MENDES – *Direito Civil. Teoria Geral*, 3 vols., Lisboa, 1979, vol. III, 563; MOTA PINTO – *Teoria Geral do Direito Civil*, 3.ª ed., Coimbra, 1985, 450; na jurisprudência em matéria de comércio internacional, ver, por exemplo, ac. STJ 18/2/82 [*BMJ* 314: 288]. Em geral, sobre o critério ou critérios adoptados no art. 236.º, ver ainda FERRER CORREIA – *Erro e Interpretação na Teoria do Negócio Jurídico*, Coimbra, 1939, 183 e segs.; OLIVEIRA ASCENSÃO – *Teoria Geral do Direito Civil*, 4 vols., Lisboa, 1991/1993, vol. III, 281 e segs., cp. Id. (n. 12) 258; MENEZES CORDEIRO – *Teoria Geral do Direito Civil*, vol. I, 2.ª ed., Lisboa, 1989, vol. II, 191 e segs.; FERREIRA DE ALMEIDA – *Texto e enunciado na teoria do negócio jurídico*, 2 vols., Coimbra, 1992, 181 e segs.; e, especificamente sobre a interpretação dos contratos atípicos, Pedro PAIS DE VASCONCELOS – *Contratos Atípicos*, Coimbra, 1995, 375 e segs.

ventura, no apuramento dos limites que lhes sejam colocados pela boa fé[14].

Na falta de um tratamento uniforme dos usos por parte das diversas ordens jurídicas estaduais[15], cabe ao Direito Internacional Privado a missão seja de estabelecer qual a ordem jurídica que define a relevância dos usos seja de dispor directa e autonomamente sobre esta relevância. *De iure constituto* é a *lex contractus* que define a relevância dos usos (cf. art. 35.º/1 CC). *De iure condendo* seria de preferir a consagração de uma solução autónoma, na linha da solução retida pela Convenção das Nações Unidas.

Na elaboração, interpretação e integração dos contratos de venda à distância de mercadorias assumem grande importância os *Incoterms*, editados pela Câmara de Comércio Internacional (CCI). Os *Incoterms* são termos normalizados (por exemplo, *free on board* e *cost, insurance and freight*), frequentemente substituídos pelas respectivas siglas (nos exemplos dados, FOB e CIF), que designam cláusulas da venda internacional e que são acompanhados de regras uniformes de interpretação e integração.

Estas regras de interpretação e integração devem ser aplicadas quando as partes fazem referência aos *Incoterms* no seu contrato. Esta referência aos *Incoterms* é aconselhável, uma vez que o mesmo termo – por exemplo, o termo FOB – é objecto de usos locais ou normas legais interpretativas largamente divergentes entre si[16].

Quando o contrato não contém tal referência, assume consistência prática a questão de saber se os *Incoterms* constituem costume do comércio internacional ou, pelo menos, usos do comércio internacional.

---

[14] Cf. INOCÊNCIO GALVÃO TELLES (n. 13) 100 n. (de actualização) 12; MANUEL DE ANDRADE (n. 13) II: 322 e seg.; MOTA PINTO (n. 13) 459 e seg. Ver ainda MARCELO REBELO DE SOUSA (n. 12) 129 e HELENA BRITO – *O contrato de concessão comercial*, Coimbra, 1990, 217 e seg. Sobre a relação entre os usos do comércio e a boa fé na interpretação do contrato, ver, por exemplo, Wolfgang FIKENTSCHER – *Schuldrecht*, 8.ª ed., Berlim, 1992, 128.

[15] A Convenção das Nações Unidas só assegura este tratamento uniforme com respeito aos contratos por ela abrangidos e na ordem jurídica dos Estados contratantes

[16] Ver, por exemplo, o art. 2-319 (1) do *Uniform Commercial Code* dos EUA. Ver ainda Aldo FRIGNANI – *Il contratto internazionale, in Trattato di diritto commerciale e di diritto pubblico dell'economia*, vol. XII, Pádua, 1990, 337 e Clive SCHMITTHOFF – *Schmitthoff's Export Trade. The Law and Practice of International Trade*, 9.ª ed., Londres, 1990, 18 e seg.

Não é possível responder genericamente a esta questão. Será necessário examinar individualizadamente cada um dos termos normalizados e de atender ao espaço geográfico em causa [17].

Uma parte dos *Incoterms* designa cláusulas tradicionais que constituem, pelo menos, usos da venda internacional e que formam o conteúdo característico de tipos do tráfico negocial. É isto que se verifica com a maior parte dos termos específicos da venda marítima.

Outra parte dos *Incoterms* refere-se a cláusulas inovadoras que não constituem Direito objectivo pela simples circunstância de serem incluídas numa nova versão dos *Incoterms*. Este carácter inovador foi reforçado pela versão de 1990, com a regulação de problemas complexos suscitados pela crescente utilização de sistemas informáticos de comunicação e pela evolução das técnicas de transporte.

As regras de interpretação que acompanham os *Incoterms* são relevantes para a interpretação de qualquer dos termos que os integram, mesmo que não se trate de usos do comércio, uma vez que correspondem em vasta medida às representações dos círculos participantes do comércio internacional [18].

Tanto num caso como no outro são de sublinhar dois pontos. Primeiro, como resulta evidentemente das regras de interpretação que acompanham os termos, não se trata apenas de "cláusulas relativas às despesas", que imputem custos a cada uma das partes [19], mas da regulação da maior parte dos efeitos obrigacionais do contrato, incluindo o que diz respeito à obrigação de entrega da mercadoria e à passagem do risco [20]. Segundo, as estipulações do contrato prevalecem

---

[17] Cf. Hans SONNENBERGER – *Verkehrssitten im Schuldvertrag*, Munique, 1970, 78 e segs., com mais referências; Jürgen BASEDOW – "Die Incoterms und der Container oder wie man kodifizierte Usancen reformiert", *RabelsZ*. 43 (1979) 116-146, 125 e segs. e 129 e segs., com mais referências; Dieter MARTINY – "Warenkauf", *in* REITHMANN, Christoph, Dieter MARTINY et. al. – *Internationales Vertragsrecht – Das internationale Privatrecht der Schuldverträge*, 4.ª ed., Colónia, 1988, 410; PHILIPPE KAHN – "La lex mercatoria: point de vue français après quarante ans de controverses", *McGill Law J*. 37 (1992) 413-427, 417. Cp., no sentido de se tratar de usos do comércio, SCHMITTHOFF (n. 16) 64.

[18] Cf. Marco LOPEZ DE GONZALO – "Fob", *in Dig. priv. comm.*, vol VI, 1991, n.º 1; Karsten SCHMIDT – *Handelsrecht*, 4.ª ed., Colónia et al., 1994, 853.

[19] Cp., porém, Giorgina BOI – "Cif", *in Dig. priv. comm.*, vol. III, 1988, n.º 4 e jurisprudência italiana aí referida.

[20] Cf. LOPEZ DE GONZALO (n. 18) n.º 2.

sobre as cláusulas referidas e respectivas regras de interpretação. Não é raro que as partes utilizem um dos *Incoterms* mas façam inserir no seu contrato cláusulas que modificam completamente o seu normal significado [21].

Por fim, temos as *fontes nacionais* de regulação dos contratos internacionais. O papel das fontes nacionais na regulação dos contratos internacionais tem vindo a decrescer inexoravelmente, não só por causa do massivo recurso à arbitragem comercial internacional e da sobrelevância da regulação operada ao nível transnacional, mas também porque ao nível da ordem jurídica estadual tem aumentado a importância das fontes internacionais de Direito de Conflitos e de Direito material.

Abra-se aqui um parêntesis para assinalar que as divergências entre os Direitos nacionais suscitam dificuldades e aumentam os custos de transacção nas relações comerciais internacionais. O comércio internacional reclama uma unificação do Direito material aplicável. Esta unificação deve realizar-se à escala mundial, uma vez que, perante a globalização da economia, as relações do comércio internacional se estabelecem tanto entre países de uma região como entre países de regiões e continentes diferentes. Não é pois de estranhar que este processo de unificação tenha sido realizado principalmente por meio de convenções internacionais elaboradas sob os auspícios da CNUDCI ou do UNIDROIT e da acção de organizações privadas do comércio internacional, como a CCI, na codificação de usos do comércio internacional e na elaboração de modelos de regulação.

Apesar de tudo, as fontes nacionais continuam a ser importantes em matéria de venda internacional de mercadorias.

Ao nível da ordem jurídica estadual, mesmo nos Estados que são partes na Convenção das Nações Unidas, esta convenção não regula, em princípio, a validade do contrato e os efeitos que o contrato possa ter sobre a propriedade das mercadorias vendidas (art. 4.º). Estes aspectos continuarão a ser regidos exclusiva ou principalmente por fontes nacionais.

---

[21] Só neste caso é que os termos podem ser utilizados para designar meras "cláusulas de despesas".

Na esfera de regulação do Direito Transnacional, as fontes nacionais continuam a desempenhar um certo papel, não só nas directrizes sobre o Direito aplicável na arbitragem comercial internacional emanadas dos Estados que com ela apresentam laços especialmente significativos, mas também porque o Direito estadual é por vezes aplicado na decisão do fundo da causa e porque, em todo o caso, os princípios fundamentais comuns às ordens jurídica estaduais em presença integram a ordem pública realmente internacional.

Enfim, entre as fontes nacionais contam-se os costumes locais, bem como os usos do comércio locais (quando forem positivados por normas legais ou consuetudinárias). Os costumes e usos dos portos desempenham um papel de relevo em matéria de venda marítima internacional.

II. A DETERMINAÇÃO DO DIREITO MATERIAL APLICÁVEL À VENDA MARÍTIMA INTERNACIONAL

A) Direito aplicável ao contrato obrigacional

Quanto à determinação do Direito regulador do contrato obrigacional é necessário distinguir conforme o nível de regulação em que nos posicionamos.

Quando as partes tenham validamente convencionado que os litígios emergentes do contrato sejam submetidos a arbitragem, a determinação do Direito aplicável rege-se principalmente por regras e princípios próprios do *Direito da Arbitragem Comercial Internacional*.

O princípio da autonomia privada é entendido, no quadro deste Direito, como permitindo que as partes remetam seja para um Direito estadual, seja para o Direito Internacional Público, para a *lex mercatoria*, para "princípios gerais" ou para a equidade. Pelo menos nos modelos contratuais a solução mais comum é a remissão para um Direito estadual[22].

---

[22] Cf., quando aos contratos de venda de cereais e oleaginosas, Albert SLABOTZKY – *Grain Contracts and Arbitration. For Shipments from the United States and Canada*, Londres, 1984, 97.

Na omissão das partes, não há regras claramente estabelecidas sobre a determinação do Direito aplicável. São em todo o caso reconhecíveis tendências, das quais são de salientar duas.

Segundo uma tendência que se tem manifestado na jurisprudência arbitral e encontra eco nas legislações francesa, holandesa e portuguesa, o litígio deve ser decidido em conformidade com as regras de Direito que o árbitro considere apropriadas (art. 1496.º NCPC fr. e art. 1054.º do CPC holandês) ou por aplicação do Direito mais apropriado ao litígio (art. 33.º/2 da Lei portuguesa da arbitragem voluntária)[23]. Segundo este critério geral de remissão a escolha tanto pode basear-se nos laços objectivos que a relação controvertida estabeleça com os diferentes países, como numa avaliação objectiva do conteúdo dos Direitos em presença, em função da existência de regras jurídicas aplicáveis ao caso, do grau de desenvolvimento deste regime jurídico e da sua aptidão face às necessidades actuais do tráfico[24], da sua correspondência à cultura jurídica que mais tenha influenciado o contrato litigioso e das consequências da sua aplicação sobre a validade do negócio[25].

Outra tendência da jurisprudência arbitral baseia a determinação do Direito aplicável principalmente nos laços objectivos existentes, favorecendo, em matéria de venda internacional, a aplicação do Direito da residência, sede ou estabelecimento do vendedor[26]. Parte destas decisões fundamenta-se na aplicação do Direito de Conflitos unificado adiante referido.

A tendência primeiramente mencionada é a meu ver de preferir. A aplicação de norma de conflitos unificada que favoreça a lei do vendedor só se justificará quando esta norma vigore em todos os Estados em contacto em situação.

---

[23] Ver Henri BATIFFOL – "La loi appropriée au contrat", in *Etudes Berthold GOLDMAN*, 1-13; Emmanuel GAILLARD – "Droit international privé français – Arbitrage commercial international – Sentence arbitrale – Droit applicable au fond du litige", in *J.-cl. dr. int.*, 1991, n.º 133.

[24] Cp. as considerações críticas de MOURA RAMOS (n. 5 [1991]) 578 e segs.

[25] Neste último sentido, ver decisões proferidas nos casos CCI n.ºˢ 4145 (1984) e 4996 (1985) [*Clunet*] (1985) 985 e (1986) 1131, respectivamente, ambas com obs. de DERAINS].

[26] Cf. WERNER LORENZ (n. 10) 415 e segs.

Em qualquer caso, os árbitros devem sempre atender aos *princípios gerais de Direito* e outros princípios fundamentais que sejam veiculados pela ordem pública realmente internacional, bem como tomar em conta os *usos do comércio*.

Já se assinalou que os tribunais arbitrais têm de ter em conta as directrizes sobre a determinação do Direito aplicável dimanadas dos Estados que apresentam laços especialmente significativos com a arbitragem.

A generalidade das legislações recentes segue uma via de enquadramento da arbitragem comercial internacional, adoptando regimes especiais de Direito Internacional Privado que revelam uma grande abertura às soluções desenvolvidas pela jurisprudência arbitral[27].

Por um lado, estas legislações mostram-se favoráveis a uma ampla liberdade das partes na determinação do Direito aplicável ao fundo da causa, incluindo a liberdade de escolha da *lex mercatoria*[28].

---

[27] É o que se verifica com o disposto no art. 1496.º NCPC fr., no art. 33.º da Lei portuguesa da arbitragem voluntária, no art. 187.º da Lei federal suíça de Direito Internacional Privado, no art. 1054.º do CPC holandês e no art. 834.º CPC it. (com a redacção dada em 1994).

[28] Perante o art. 1496.º NCPC francês, cf. Henri BATIFFOL e Paul LAGARDE – *Droit international privé*, vol. II – 7.ª ed., Paris, 1983, 288; LAGARDE (n. 5) 148; RENÉ DAVID – *L'arbitrage dans le commerce international*, Paris, 1982, 479 e segs.; Yves DERAINS – "La sentence arbitrale", *in Droit et pratique de l'arbitrage international en France*, org. por DERAINS et al., 69-80, Paris, 1984, 75; Philippe FOUCHARD – "Droit international privé français – Arbitrage commercial international – Notion", *in J.-cl. dr. int.*, 1989, n.ᵒˢ 42 e seg.; GAILLARD (n. 23) n.ᵒˢ 24 e segs. Assim também, face ao art. 187.º da Lei federal suíça de Direito Internacional Privado, PIERRE LALIVE – "Le droit applicable au fond par l'arbitre international", *in Droit international et droit communautaire* (supracit.), 33-53, 45; Andreas BUCHER – "Das Kapitel 11 des IPR-Gesetzes über die internationale Schiedsgerichtsbarkeit", *in FS Rudolf MOSER. Beiträge zum neuen IPR des Sachen –, Schuld – und Gesellschaftsrechts*, 193-233, Zurique, 1987, 217 e seg.; Id. – "Zur Lokalisierung internationaler Schiedsgerichte in der Schweiz", *in FS Max KELLER zum 65. Geburtstag*, 565-574, Zurique, 1989, 566 e segs.; Frank VISCHER – "General Course on Private International Law", *RCADI* 232 (1992) 9-256, 142 e segs.; e, *Kommentar zum Bundesgesetz über das Internationale Privatrecht (IPRG) vom 1. Januar 1989*, org. por Anton HEINI, Max KELLER, Kurt SIEHR, Frank VISCHER e Paul VOLKEN – "Art. 187" por HEINI, Zurique, 1993, n.ᵒˢ 7 e seg. Perante o Direito português, FERRER CORREIA – "O problema da lei aplicável ao fundo ou mérito da causa na arbitragem comercial internacional", *in Temas de Direito Comercial e Direito Internacional Privado*, 231-252, Coimbra, 1988, 246 e seg. n. 28 e 251 e segs. (cp. Id. - "Da arbitragem comercial internacional", *in Temas de Direito Comercial. Arbitragem Comercial Internacional. Reconhecimento de Sentenças Estrangeiras.*

Esta liberdade de escolha da *lex mercatoria* é frequentemente fundamentada na admissibilidade do julgamento de equidade na arbitragem comercial internacional. Na verdade, creio que a partir do momento em que se admite o julgamento de equidade não há razão para negar que o critério de decisão do fundo da causa seja pedido exclusiva-

---

Conflitos de Leis, 173-229, 1989, 206 e seg.); ISABEL DE MAGALHÃES COLLAÇO (n. 1 [1991]) 63 e seg., com respeito às regras jurídicas que integrem a *lex mercatoria*; e, ISABEL VAZ (n. 5) 261 e 303 e segs.; cp., em sentido contrário, Exposição de motivos da proposta de Lei n.º 34/IV [n.º 7]; MARQUES DOS SANTOS – *Direito Internacional Privado. Sumários,* 2.ª ed., Lisboa, 1987, 56 e 287 e seg. [1987a]; Id. – "Nota sobre a nova lei portuguesa relativa à arbitragem voluntária – lei n.º 31/86, de 29 de Agosto", *Rev. Corte Esp. Arb.* (1987) 15-50, 48 e seg. [1987b]; e, Dário MOURA VICENTE – *Da arbitragem comercial internacional. Direito aplicável ao mérito da causa*, Coimbra, 1990, 44 e segs., 85 e segs. e 208 e segs.; Id. – "Applicable law in voluntary arbitrations in Portugal", *Int. Comp. L. Q.* 44 (1995) 179-191, 185 e 189. Também o art. 834.º CPC it., com a redacção dada em 1994, permite que as partes remetam para a *lex mercatoria*. Quanto ao Direito inglês ver *Dicey and Morris on the Conflict of Laws*, 12.ª ed. por Lawrence COLLINS (ed. geral), Trevor HARTLEY, J. MCCLEAN, C. MORSE e J. MORRIS, Londres, 1993, 585.

No mesmo sentido são entendidos *por parte da doutrina* o art. 7.º da Convenção de Genebra de 1961, o art. 33.º do Regulamento de Arbitragem da CNUDCI (1975), o art. 28.º da Lei-Modelo da CNUDCI – em que se baseia, por exemplo, o art. 1504.º do CPC holandês - e o art. 13.º/3 do Regulamento de Arbitragem da CCI. Quanto à Convenção de Genebra, cf. FOUCHARD (n. 4) 401 e segs.; Dominique HASCHER – "European Convention on International Commercial Arbitration of 1961. Commentary", *Yb. Comm. Arb.* 17: 711-746, 736; LUZZATTO – "Arbitrato commerciale internazionale", *in Dig. priv. comm.*, vol. I, 1987, n.º 12; François RIGAUX e Marc FALLON – *Droit international privé*, vol. II, 2.ª ed., Bruxelas, 1993, 621; cp. FERRER CORREIA, op. cit. [1988] 246 n. 28. Relativamente à Lei-Modelo da CNUDCI, cp. BENTO SOARES – MOURA RAMOS (n. 10) 402 e segs.; FOUCHARD supracit. n.º 42; HOLTZMANN – NEUHAUS (n. 10) 768.

Ver ainda, em apreciação geral, Bernd VON HOFFMANN – "Grundsätzliches zur Anwendung der 'lex mercatoria' durch internationale Schiedsgerichte", *in FS Gerhard KEGEL II*, 215-233, 1987, 220 e segs. e 232; LUZZATTO [loc. cit.]; SIEHR (n. 4) 114 e segs.; Id. - "Die Parteiautonomie im Internationalen Privatrecht", *in FS Max KELLER*, 485-510, Zurique, 1989, 501 e seg.; Peter SCHLOSSER – *Das Recht der internationalen privaten Schiedsgerichtsbarkeit*, 2.ª ed., Tubinga, 1989, 532 e seg; CRAIG – PARK – PAULSSON (n. 10) § 17.03; BERMAN – DASSER (n. 4) 33 e seg.; Felix DASSER – "Lex mercatoria: Werkzeug der Praktiker oder Spielzeug der Lehre", *SZIER* (1991) 299-322, 318, informando não ter conhecimento de qualquer decisão arbitral ter posto em causa a validade da escolha, pelas partes, da *lex mercatoria*; Christine LÉCUYER-THIEFFRY e Patrick THIEFFRY – "L'évolution du cadre législatif de l'arbitrage commercial international dans les années 1980", *Clunet* 118 (1991) 947-974, 950 e segs.; GAILLARD (n. 23) n.os 135 e segs.; VISCHER [loc. cit.]: BONELL (n. 5) n.º 3; BERGER (n. 10) 558 e segs.; Piero BERNARDINI – "La recente riforma dell'arbitrato in Italia", *Dir. comm. int.* 8.1 (1994) 3-23, 17.

mente à *lex mercatoria*, desde que sejam respeitados os princípios gerais de Direito e os princípios fundamentais comuns aos sistemas estaduais em presença.

No entanto, parece que o Direito português vigente é mais restritivo. As partes poderão remeter para regras e princípios jurídicos da *lex mercatoria*, mas já não será de aceitar que valha como designação de um Direito, no sentido do art. 33.º da Lei n.º 31/86, uma escolha da *lex mercatoria* que em mais não se traduza, perante a natureza da relação controvertida e as características do sector do comércio internacional a que concerne, que no recurso a princípios gerais de Direito, a "princípios comuns" aos sistemas nacionais ou a modelos de regulação[29].

Por outro lado, na falta de designação pelas partes, a tendência que se verifica nas legislações mais recentes vai no sentido de estabelecer apenas *cláusulas gerais de remissão* que aos árbitros cabe concretizar[30], como é o caso da remissão para as regras de Direito ou para o Direito mais apropriado ao litígio, atrás referida[31]. Registam-se profundas divergências de um sistema nacional para outro relativamente à admissibilidade da escolha, pelos árbitros, da *lex mercatoria*[32].

---

[29] Cf. ISABEL DE MAGALHÃES COLLAÇO [loc. cit.]. Em todo o caso, uma exclusiva designação da *lex mercatoria*, quando esta não disponha de Direito objectivo aplicável à decisão do caso poderá, em princípio, ser convertida numa autorização, dada aos árbitros, para julgarem segundo a equidade (prevista nos arts. 22º e 33º/1 *in fine* do mesmo diploma).

[30] Cp. o n.º 1 do art. 7.º da Convenção de Genebra sobre Arbitragem Comercial Internacional, o n.º 1 do art. 33.º do Regulamento de Arbitragem e o n.º 2 da Lei-Modelo da CNUDCI, que mandam aplicar a lei designada pela regra de conflitos que os árbitros considerem mais apropriada ao caso.

[31] O art. 187.º/1 da Lei federal suíça de Direito Internacional Privado manda aplicar as regras jurídicas com as quais a causa apresenta os laços mais estreitos e o art. 834.º/§ 1.º CPC italiano a lei com a qual a relação está mais estreitamente conexa.

[32] Perante o art. 1496.º NCPC fr., LAGARDE (n. 5) 148 e BATIFFOL – LAGARDE (n. 28) 587 e seg., entendiam que a decisão que não respeitasse a lei designada pelas partes ou que fosse proferida pelo árbitro como *amiable compositeur* sem que as partes lhe houvessem conferido poderes para tal poderia ser impugnada com o fundamento previsto no n.º 3 do art. 1502.º NCPC (*"Si l'arbitre a statué sans se conformer à la mission qui lui avait été conférée"*); mas a jurisprudência mais recente vem admitir que, na falta de escolha pelas partes, não constitui fundamento de anulação da sentença que os árbitros tenham decidido o caso segundo a *lex mercatoria* – cf. decisão *Cass.* 22/10/91 [*Clunet* 119 (1992) 177] e Emmanuel GAILLARD – "Présentation de la résolution de l'International Law Association sur l'application de règles transnationales par les arbitres du commerce international (Le Caire,

Na falta de uma convenção de arbitragem válida, o Direito aplicável aos contratos de venda internacional será em primeira linha determinado pelo *sistema geral de Direito de Conflitos*. Também aqui vigora o princípio da autonomia da vontade na designação do Direito aplicável ao contrato[33]. A principal diferença relativamente ao Direito da Arbitragem Comercial Internacional reside na inadmissibilidade de uma referência à *lex mercatoria*[34]. De iure

---

26 avril 1992)", *R. arb.* (1994) 212-214, 213. Assim também, perante o art. 187.º da Lei federal suíça de Direito Internacional Privado, bibliografia supracit. n. 28. No mesmo sentido se pronunciou a *International Law Association* (ILA), na sua Resolução sobre a aplicação das regras transnacionais pelos árbitros (Cairo, 1992). Face ao Direito português, a seguir-se o entendimento da cláusula geral "Direito mais apropriado ao litígio" exposto no texto, parece defensável que as regras e princípios objectivos do comércio internacional possam ser aplicados como Direito mais apropriado ao litígio, mas os árbitros já não podem decidir exclusivamente com base em princípios gerais de Direito e (ou) em "princípios comuns" aos sistemas nacionais isoladamente considerados, pois estão obrigados a julgar segundo o Direito constituído, a menos que as partes os autorizem a julgar segundo a equidade (art. 22.º da Lei n.º 31/86). Cp. art. 28.º da Lei-Modelo da CNUDCI e a análise das recentes legislações da Holanda, Quebeque, Florida, Texas e Connecticut feita por LECUYER – THIEFFRY – THIEFFRY (n. 28) 953 e seg. Contra, a doutrina dominante na Alemanha, segundo a qual a sentença poderia ser anulada se o tribunal arbitral se desviou arbitrariamente da escolha operada pelas partes ou não decidiu segundo uma ordem jurídica nacional, sem estar autorizado pelas partes a julgar segundo a equidade – cf. KEGEL (n. 7 [1995]) 92; Peter GOTTWALD – "Die sachliche Kontrolle internationaler Schiedssprüche durch staatliche Gerichte", *in FS Heinrich* NAGEL, *Beiträge zum internationalen Verfahrensrecht und zur Schiedsgerichtsbarkeit*, org. por Walther HABSCHEID e Karl Heinz SCHWAB, 54-69, Münster, 1987, 62 e 65; CHRISTIAN VON BAR (n. 5) 81 e segs. e 85 e segs.; SPICKHOFF (n. 7) 134 e segs. e 136 e segs.; Karl Heinz SCHWAB e Gerhard WALTER – *Schiedsgerichtsbarkeit. Kommentar*, 5.ª ed., com a colaboração de Gerswith HAUCK, Munique, 1995, 381; cp. SCHLOSSER (n. 28) 533. Também perante o art. 834.º/1 *in fine* CPC it., que se refere à "lei com a qual a relação é mais estreitamente conexa", se tem por excluída a exclusiva aplicação de fontes extra-estaduais - cf. Riccardo LUZZATTO – "L'arbitrato internazionale e i lodi stranieri nella nuova disciplina legislativa italiana", *RDIPP* 30 (1994) 257-280, 269 e seg. e BERNARDINI (n. 28) 17 e n. 30.

[33] Cf. art. 3.º Convenção de Roma sobre a Lei Aplicável às Obrigações Contratuais; art. 2º da Convenção da Haia de 1955; art. 7.º da Convenção da Haia de 1986. A solução já se encontrava consagrada no art. 41.º CC port.

[34] Cf. Henri BATIFFOL – *Les contrats en droit international privé comparé*, McGill University, s.l., 1981, 76 e segs., admitindo excepções; Philippe FOUCHARD – "La loi régissant les obligations contractuelles en droit international privé français", *in Colloque de Bâle sur la loi régissant les obligations contractuelles*, org. por VISCHER – KLEIN – WILDHABER, 81-114, Basileia e Francoforte-sobre-o-Meno, 1983, 111 e segs.; Frederick MANN – "England rejects ´delocalised` contracts and arbitration", *Int. Comp. L. Q.* 33

condendo creio que este entendimento é criticável. Em especial, este entendimento é incompreensível perante aqueles Direitos, como o guineense, o português, o francês e o italiano, que admitem que os tribunais estaduais julguem segundo a equidade[35].

(1984) 193-199, 197; Id. – "The Proper Law in the Conflict of Laws", *Int. Comp. L. Q.* 36 (1987) 437-451, 448; Lawrence COLLINS – "Arbitration and the Law Governing Contractual Relation: An Introductory Report on the Position in England", in *Colloque de Bâle sur la loi régissant les obligations contractuelles*, org. por VISCHER – KLEIN – WILDHABER (supracit.), 55-79, 1983, 70 e segs.; CHRISTIAN VON BAR (n. 5) 86; RIGAUX (n. 5) 250 e segs.; Kurt SIEHR – "Die Parteiautonomie im Internationalen Privatrecht", in *FS Max KELLER*, 485-510, Zurique, 1989, 501; Georges DELAUME – *Transnational Contracts, Applicable Law and Settlement of Disputes* (A Study in Conflict Avoidance), Nova Iorque, 1989/1990, § 1.01 in fine; MOURA RAMOS (n. 5 [1991] 511 e segs.; o art. 2.º/1 da Resolução do *Instituto de Direito Internacional* sobre a autonomia da vontade das partes nos contratos internacionais entre pessoas privadas (Basileia, 1991), que prevê apenas a escolha de uma lei estadual; a exclusão do problema da *lex mercatoria* relaciona-se com o entendimento segundo o qual a resolução se dirige aos juízes estaduais e aos legisladores - cf. o relatório de Erik JAYME – "L'autonomie de la volonté des parties dans les contrats internationaux entre personnes privées. Rapport provisoire", *Ann. Inst. dr. int.* 64-I (1991) 36-52, 37 e as observações de GOLDMAN, FERRER CORREIA e PIERRE LALIVE [in *Ann. Inst. dr. int.* 64-I (1991) 26 e seg., 29 e 34, respectivamente]. No que diz respeito, em particular, à Convenção de Roma, cf. Andrea GIARDINA – "Volontà delle parti, prestazione caratteristica e collegamento piú significativo" in TREVES (org.), *Verso una disciplina comunitaria della legge applicabile ai contratti*, 3-24, Pádua, 1983, 7 e segs.; Marc FALLON – "Un ´Restatement` européen du droit des conflits de lois en matière de contrats: la convention de Rome du 19 juin 1980 sur la loi applicable aux obligations contractuelles", *Assuntos Europeus* 3 (1984) 155-181, 160; François RIGAUX – "Examen de quelques questions laissées ouvertes par la convention de Rome sur la loi applicable aux obligations contractuelles", *Cahiers de Droit Européen* 24 (1988) 306-321, 318 e seg.; Id. (n. 5) 250 e segs.; Paul LAGARDE – "Le nouveau droit international privé des contrats après l'entrée en vigueur de la Convention de Rome du 19 juin 1980", *R. crit.* 80 (1991) 287-340, 300 e seg.; CHRISTIAN VON BAR – *Internationales Privatrecht*, vol. II, Munique, 1991, 315; DICEY – MORRIS – COLLINS (n. 28) 1218 e seg.; Roberto BARATTA – *Il collegamento più stretto nel diritto internazionale privato dei contratti*, Milão, 1991, 191 e segs.; BONELL (n. 5) n.º 3; Antoine KASSIS – *Le nouveau droit européen des contrats internationaux*, Paris, 1993, 380 e 382 e segs.; Giorgio SACERDOTI – "Finalità e caratteri generali della Convenzione di Roma. La volontà delle parti come criterio di collegamento", in *La Convenzione di Roma sul diritto applicabile ai contratti internazionali*, org. por SACERDOTI e FRIGO, 1-16, 2.ª ed., Milão, 1994, 15; Pierre MAYER – *Droit international privé*, 5.ª ed., Paris, 1994, 465. Em sentido diferente, Sergio CARBONE – "Il ´contratto senza legge` e la Convenzione di Roma del 1980", *RDIPP* 19 (1983) 279-287, 285 e segs.; Bernard AUDIT – *Droit international privé*, Paris, 1991, 634. Segundo Michel PELICHET – "La vente internationale de marchandises et le conflit de lois", *RCADI* 201 (1987-I) 9-193, 178 e segs., a Convenção da Haia de 1986 deixou esta questão em aberto.

[35] Ver art. 4.º/b e /c CC port., conjugado com o art. 1.º/2 da Lei n.º 31/86, 29/8; art. 114.º CPC it.; art. 12 V NCPC fr.

Na omissão das partes sobre o Direito aplicável, os sistemas nacionais encontraram dificuldades insuperáveis no estabelecimento de uma regra de conflitos adequada à generalidade dos contratos obrigacionais. Isto levou a um desenvolvimento em duas direcções.

Por um lado, deu-se um desenvolvimento favorável a cláusulas gerais de conexão. É assim que se assiste ao triunfo, na Convenção de Roma sobre a Lei Aplicável às Obrigações Contratuais (art. 4.º/1 e 5) e na Convenção Interamericana sobre a Lei Aplicável aos Contratos Internacionais (art. 9.º), de uma cláusula geral de conexão mais estreita, que permite uma avaliação, no caso concreto, do conjunto dos laços que se estabelecem entre a relação e os diferentes Estados em presença.

Por outro lado, assistiu-se a um processo de especialização, mediante o estabelecimento de conexões adequadas a cada tipo de contrato. Com este processo de especialização se relaciona a doutrina prestação característica: o contrato deve ser regido pelo Direito da residência habitual ou estabelecimento de devedor da prestação que permite individualizar o contrato. A prestação característica do contrato de venda é a do vendedor. Esta solução, acolhida pelas jurisprudências e doutrinas suíças e alemãs[36], veio a ser consagrada pelas Convenções da Haia de 1955 (art. 3.º) e de 1986 (art. 8.º/1)[37]. As críticas à doutrina da prestação característica têm ultimamente subido de tom na doutrina[38], sem que se tenha encontrado uma conexão mais adequada ao contrato de venda.

---

[36] Ver Adolf SCHNITZER – "La loi applicable aux contrats", *R. crit.* 44 (1955) 459-484, 478 e segs.; Id. – "Les contrats internationaux en droit international privé suisse", *RCADI* 123 (1968) 541-635, 571 e segs.; Frank VISCHER – "Der Richter als Gesetzgeber im internationalen Privatrecht", *Schw. Jb. Int. R.* 12 (1955) 75-102, 87; Id. - *Internationales Vertragsrecht. Die Kollisionsrechtlichen Regeln der Anknüpfung bei internationalen Verträgen*, Berna, 1962, 108 e segs.; Günther BEITZKE – "Betrachtungen zur Methodik im Internationalprivatrecht", in *FS Rudolf SMEND*, 1-22, Göttingen, 1952, 17 e segs.; Paul NEUHAUS – *Die Grundbegriffe des internationalen Privatrechts*, 2.ª ed., Tubinga, 165 e seg. e 188 e segs.; Frank VISCHER e A. VON PLANTA – *Internationales Privatrecht*, 2.ª ed., Basileia, 1982, 165 e segs.; *Münchener Kommentar zum Bürgerlichen Gesetzbuch*, vol. VII – "Vor Art. 27 - Art. 37" por Dieter MARTINY, 2.ª ed. 1990, n.º 113.

[37] São feitas importantes concessões à competência da lei do Estado onde o comprador tem residência habitual ou estabelecimento e da lei do lugar da celebração, mas estas concessões não assumem significado prático para a moderna venda marítima internacional.

[38] Ver JESSURUN D'OLIVEIRA – "'Characteristic Obligation' in the Draft EEC Obligation Convention", *Am. J. Comp. L.* 25 (1977) 303-331, 308 e segs. e 326 e segs.;

A tendência mais recente aponta para uma combinação da cláusula geral de conexão com a teoria da prestação característica. Assim, perante a Convenção de Roma, "presume-se" que contrato apresenta uma conexão mais estreita com o país onde a parte que está obrigada a fornecer a prestação característica tem a sua residência habitual, administração central ou estabelecimento (art. 4.º/2), mas esta "presunção" é afastada sempre que resulte do conjunto das circunstâncias que o contrato apresenta uma conexão mais estreita com outro país (art. 4.º/5). Por seu turno a Convenção da Haia de 1986 consagra uma cláusula de excepção, mediante a qual a lei do vendedor poderá ser excepcionalmente afastada quando resulte do conjunto das circunstâncias que a venda apresenta laços manifestamente mais estreitos com outra lei (art. 8.º/3).

Acrescente-se que a Convenção de Roma não prejudica as convenções especiais de que sejam partes os Estados contratantes (art. 21.º). Assim, nos Estados que são partes na Convenção da Haia de 1955 continua a ser a esta a determinar o Direito regulador do contrato de venda.

Para terminar este ponto, assinale-se que há certas normas que se sobrepõem ao Direito que for competente por força do sistema

---

Friedrich JUENGER – "The European Convention on the Law Applicable to Contractual Obligations: Some Critical Observations", *Virginia J. Int. L.* 22 (1981) 123-141, 133 e seg.; Id. – *Choice of Law and Multistate Justice*, Dordrecht et al, 1993, 59 e seg.; Wilhelm WENGLER – *Internationales Privatrecht*, 2 vols., Berlim e Nova Iorque, 1981, 537 e 828 n. 3; J. SCHULTSZ – "The Concept of Characteristic Performance and the Effect of the EEC Convention on Carriage of Goods", in NORTH (org.), *Contract Conflicts*, 185- 201, Amesterdão, Nova Iorque e Oxford, 1982, 186 e seg.; GIARDINA (n. 34) 17 e segs.; MOURA RAMOS (n. 5 [1991]) 560 e segs., mas aceitando que o "critério da prestação característica (...) constitui um dos referenciais possíveis, a cuja utilização se poderá recorrer para preencher, face a cada categoria contratual, a ideia de sistema com o qual o contrato se apresente mais estreitamente conexo" desde que a sua actuação seja limitada por uma cláusula de excepção; G. CHESHIRE, P. NORTH e J. FAWCETT – *Cheshire and North's Private International Law*, 12.ª ed. Londres, 1992, 491 e seg.; Paolo PATOCCHI – "Characteristic Performance: A New Myth in the Conflict of Laws? Some Comments on a Recent Concept in the Swiss and European Private International Law of Contract", in *Etudes PIERRE LALIVE* (supracit.), 113-139, 1993, 131 e segs.; KASSIS (n. 34) 295 e segs.; EUGÉNIA GALVÃO TELES – A prestação característica: um novo conceito para determinar a lei subsidiariamente aplicável aos contratos internacionais. O artigo 4.º da Convenção de Roma sobre a Lei Aplicável às Obrigações Contratuais (relatório mestrado policopiado), s.l., 1994, 66 e segs. e 114 e segs.

geral de Direito de Conflitos ou do Direito de Conflitos da arbitragem comercial internacional. Assim, os tribunais estaduais têm de respeitar as normas de Direito material especial e as normas de Direito comum do Estado do foro que por força de uma norma de conexão *ad hoc* explícita ou implícita ou de uma valoração casuística reclamem aplicação[39]. Por exemplo, as leis sobre transferência de divisas e as normas de defesa de concorrência. Os tribunais arbitrais, embora não estejam colocados na mesma posição que os tribunais estaduais, também têm o dever de ter em conta as normas de aplicação imediata ou necessária dos Estados que apresentam laços especialmente significativos com a arbitragem. Ponto muito controverso, em cujo apreciação não é possível entrar aqui, é o da relevância de normas injuntivas de um Estado estrangeiro cujo Direito não seja chamado a título de *lex contractus*.

B) Direito aplicável à transferência da propriedade

Quanto a esta questão também é necessário distinguir conforme existe ou não uma convenção de arbitragem válida.

Segundo o melhor entendimento, as soluções acima mencionadas com respeito à determinação da *lex contractus* na arbitragem comercial internacional valem, em princípio, para a determinação do Direito aplicável à transferência de propriedade[40].

---

[39] Ver art. 7.º/2 da Convenção de Roma e art. 17.º da Convenção da Haia de 1986.

[40] São omitidos, nos instrumentos internacionais, nos regimes nacionais da arbitragem internacional, na Lei-Modelo da CNUDCI e nos mais conhecidos regulamentos privados de arbitragem, limites ao domínio de aplicação do Direito de Conflitos especial aí contido. Esta omissão pode ser interpretada de variadas formas, principalmente no sentido de este Direito de Conflitos ser aplicável a quaisquer matérias arbitráveis ou com respeito a *quaisquer* contratos, visto que a esmagadora maioria dos litígios submetidos a arbitragem emerge de contratos. Cp., perante o art. 7.º/1 da Convenção de Genebra sobre a Arbitragem Comercial Internacional, Ernst MEZGER – "Das europäische Übereinkommen über die Handelsschiedsgerichtsbarkeit", *RabelsZ.* 29 (1965) 231-301, 279, considerando o preceito aplicável na generalidade das matérias arbitráveis; Ole LANDO – "The Law Applicable to the Merits of the Dispute", *in* JULIAN LEW (org.), *Contemporary Problems in International Arbitration*, 101-112, 1987, 102 e seg. e HASCHER (n. 28) 735 e seg., que não assinalam qualquer limite; com SCHLOSSER (n. 28) 537 e SCHWAB/WALTER (n. 32) 482 e seg., defendendo

Quer isto dizer que as partes podem *escolher o Direito aplicável* e que, na omissão das partes, se aplicará *o Direito mais apropriado ao litígio*. Qual seja o Direito mais apropriado ao litígio é ponto incerto e que poderá depender do contexto em que se suscita a questão. Em minha opinião, para as questões relativas à transferência da propriedade que se suscitam entre as partes do contrato de venda o Direito mais apropriado será, em princípio, a *lex contractus*.

Já perante o Direito de Conflitos geral se encontra solidamente estabelecida a regra da competência do *Direito do Estado onde se encontra situada a coisa* para reger os direitos reais e a posse. Esta regra consta, no Direito guineense, do n.º 1 do art. 46.º CC.

Os diferentes ordenamentos divergem na determinação da lei reguladora dos efeitos reais de *negócios de disposição realizados à*

---

que as partes só podem determinar o Direito aplicável às relações obrigacionais. Nenhuns limites à liberdade de designação permitida pelo art. 28º/1 da Lei-Modelo da CNUDCI são colocados por HOLTZMANN – NEUHAUS (n. 10) 764 e segs. e BENTO SOARES – MOURA RAMOS (n. 10) 401 e segs.

Nada autoriza a pensar que os preceitos contidos no art. 33.º da Lei da Arbitragem Voluntária sejam apenas aplicáveis às *obrigações voluntárias*. A Exposição de motivos da proposta de Lei n.º 34/IV [n.º 7] assinala que "versando a arbitragem voluntária sobre direitos disponíveis, se aconselhava estender (...) o referido princípio de autonomia para além do seu âmbito de aplicação tradicional"; FERRER CORREIA (n. 28) [1988] 238 e [1989] 220 e segs. não refere qualquer limite à liberdade de designação pelas partes do Direito aplicável na arbitragem internacional; I. DE MAGALHÃES COLLAÇO (n. 1 [1991]) 62 inclina-se no sentido de a escolha ser *em princípio* admitida relativamente a todas as matérias arbitráveis; ver também MARQUES DOS SANTOS (n. 28 [1987b]) 47, pelo menos quanto aos "litígios respeitantes a obrigações extracontratuais"; José NUNES PEREIRA – "Direito aplicável ao fundo do litígio na arbitragem comercial internacional", *RDES* 12 (1986) 241-269, 258 e segs. Cp., no sentido da faculdade de designação pelas partes do Direito aplicável ser limitada às obrigações voluntárias, MOURA VICENTE (n. 28) [1990] 133 e [1995] 188. À face do Direito francês da arbitragem internacional, FOUCHARD (n. 28) n.º 42 não assinala qualquer limite à escolha pelas partes do Direito aplicável; GAILLARD (n. 23) n.º 111, sem limitar a escolha a questões contratuais (salvo quando a escolha a elas se reporte) assinala a exclusão de certas questões, tais como a capacidade e a representação orgânica. PIERRE LALIVE, Jean-François POUDRET e Claude REYMOND – *Le droit de l'arbitrage interne et international en Suisse*, Lausana, 1989, não colocam qualquer limite material à aplicação da norma de conflitos contida no n.º 1 do art. 187.º da Lei suíça de Direito Internacional Privado; o mesmo se verifica, em apreciação geral, com RENÉ DAVID – *Le droit du commerce international. Réflexions d'un comparatiste sur le droit international privé*, Paris, 1987, 121 e segs. e Andreas LOWENFELD – *International Litigation and Arbitration*, St. Paul, Minn., 1993, 338.

distância sobre coisas que se acham em curso de transporte internacional [*res in transitu*]. O Direito guineense manda aplicar a lei do país do destino (art. 46.º/2 CC). Esta regra só é aplicável àquelas vendas marítimas internacionais que tenham por objecto coisa em viagem. Sendo este o caso, a transferência de propriedade é regulada pela *lex loci destinationis*, sendo irrelevantes as ordens jurídicas dos países de trânsito.

Resta saber se esta regra não será de aplicar analogicamente, em certas circunstâncias, a outros *negócios do tráfico internacional*, em que as partes, no momento da celebração do contrato, têm conhecimento de que a coisa será deslocada para um país diferente. Defendo esta aplicação analógica quando a lei do país de importação for chamada a reger o contrato ou, pelo menos, os aspectos relativos à transferência da propriedade que relevam do estatuto contratual[41]. Esta solução não prejudica os direitos adquiridos por terceiros durante a permanência da coisa no país de exportação, por aplicação da lei deste país.

A seguir-se este entendimento, a transferência da propriedade na venda marítima internacional, celebrada quando a coisa ainda não se encontra em curso de transporte internacional, será regulada pela *lei do país de importação* ou pela *lei do país de expedição* conforme a lei reguladora dos aspectos relativos à transferência da propriedade que relevam do estatuto contratual seja ou não a lei do país de importação.

Mas quais são os aspectos relativos à transferência da propriedade que relevam do estatuto contratual?

Esta questão introduz-nos no problema fundamental suscitado pela determinação do Direito regulador da transferência da propriedade, no contexto da venda internacional: o *da delimitação entre o estatuto do contrato de venda e o estatuto real*. Este problema coloca-se com particular acuidade quando o contrato de venda, além de ser fonte de obrigações, também tem eficácia real, como sucede na maior parte das ordens jurídicas nacionais (*infra* IV).

---

[41] Ver Luís de LIMA PINHEIRO – *A Venda com Reserva da Propriedade em Direito Internacional Privado*, Lisboa et. al., 1991, 212 e seg.

Perante o sistema de Direito de Conflitos contido no código civil português parece defensável que a *formação, validade, interpretação e integração* das cláusulas relativas a efeitos reais do negócio sejam, em princípio, regidas pela *lex contractus*[42].

Já a *produção dos efeitos reais*, bem como os respectivos requisitos de eficácia, dependem, em princípio, da *lex rei sitae*, mesmo nas relações *inter partes*[43]. É o que se verifica com a questão de saber se a transferência da propriedade depende da entrega da coisa. Em caso afirmativo, também é de apreciar segundo a lei reguladora do direito real se, para este efeito, a entrega do documento representativo da mercadoria substitui a tradição material[44]. Já a questão de saber se o vendedor cumpre a obrigação de entrega da mercadoria com a entrega dos documentos releva do estatuto contratual.

De iure condendo, atendendo a que a transmissão negocial da propriedade é o produto de um acto de autonomia e que a protecção da segurança do tráfico não justifica, com respeito aos negócios do tráfico internacional, uma competência geral da *lex rei sitae*, favoreço uma aproximação às soluções vigentes para a arbitragem comercial internacional. Mais exactamente, entendo que nos negócios do tráfico internacional e, entre eles, na venda marítima internacional, seria de conformar um *estatuto especial da transferência da propriedade*, em

---

[42] Ver ISABEL DE MAGALHÃES COLLAÇO (n. 1 [1954]) 255 e segs., *maxime* 306 e segs; FERRER CORREIA – "Conflitos de leis em matéria de direitos sobre as coisas corpóreas", *RLJ* 117 n.os 3727 a 3729; 118 n.os 3730 a 3732, n.º 6; J. BAPTISTA MACHADO – *Lições de Direito Internacional Privado*, 2.ª ed., Coimbra, 349 e 379; LIMA PINHEIRO (n. 41) 162 e segs. Serão de integrar no estatuto real as normas que, estabelecendo requisitos de validade das referidas cláusulas, tenham por principal escopo a segurança do tráfico e a protecção de terceiros ou a prossecução de fins públicos.

[43] Cf. MACHADO VILLELA – *Tratado elementar (teórico e prático) de Direito Internacional Privado*, vol. I, Coimbra, 1921, 468 e segs.; ISABEL DE MAGALHÃES COLLAÇO – *Direito Internacional Privado*, vol. III, Lisboa, 1963, 265 e seg.; FERRER CORREIA (n. 42) n.os 5 e segs.; BAPTISTA MACHADO (n. 42) 379 e seg. Cp. TABORDA FERREIRA – *Sistema do Direito Internacional Privado segundo a Lei e a Jurisprudência*, Lisboa, 1957, 104 e segs. No entanto, no plano da conjugação do estatuto contratual com o estatuto real, fui levado a concluir que, em geral, a *lex contractus* desempenha um papel proeminente na decisão de pretensões recíprocas das partes, ainda que fundadas na propriedade – ver LIMA PINHEIRO (n. 41) 183 e segs.

[44] Cf. MARTINY (n. 17) n.º 424; *Münchener Kommentar zum Bürgerlichen Gesetzbuch*, vol. VII – *EGBGB – IPR*, "Nach Art. 38 Anh. I. Internationales Sachenrecht" por Karl KREUZER, 2.ª ed., 1990, n.os 69 e 129.

cuja definição actuaria o *princípio da autonomia privada em Direito Internacional Privado*. Assim, as partes poderiam escolher o Direito regulador da transferência da propriedade, de entre a *lex expeditionis*, a *lex destinationis* e a *lex contractus*[45]; na falta de designação, seria de aplicar a *lex contractus*. Este estatuto da transferência seria limitado pela competência da *lex rei sitae* efectiva no que toca à protecção de adquirentes de boa fé e credores nas transacções locais e às regras que prosseguem fins públicos na medida em que reclamem aplicação[46].

III. A REGULAÇÃO JURÍDICO-MATERIAL DE CERTOS EFEITOS OBRIGACIONAIS DA VENDA MARÍTIMA

A) Vendas FAS e FOB

Os termos FAS (*free alongside ship*) [franco ao longo do navio] e FOB (*free on board*) [franco a bordo] integram o grupo F dos *Incoterms* 1990. Nestas modalidades de venda o vendedor cumpre a sua obrigação de entrega no porto de embarque, sendo o transporte contratado pelo comprador.

Embora o *transporte da mercadoria* seja contratado pelo comprador, o vendedor FOB é obrigado a colocar a mercadoria dentro do navio, só correndo por conta do comprador as operações subsequentes, tais como a estiva[47]. Não raramente as partes estipulam que a estiva ou a estiva e o nivelamento correm por conta do vendedor, designadamente por meio das estipulações *"f.o.b. stowed"*, *"f.o.b. stowed and trimmed"* ou *"free in"*[48].

---

[45] Ver Hans STOLL – *Internationales Sachenrecht*, in Staudingers Kommentar zum Bürgerlichen Gesetzbuch mit Einführungsgesetz und Nebengesetzen, 12.ª ed., Berlim, 1985, n.os 195 e 222; LIMA PINHEIRO (n. 41) 142.

[46] Ver Rolf WEBER – "Parteiautonomie im internationalen Sachenrecht?", *RabelsZ.* 44 (1980) 510-530, 525 e segs.; LIMA PINHEIRO (n. 41) 142.

[47] Segundo Ingo KOLLE – "Der Überseekauf", *in HGB Staub Großkommentar*, org. por Claus-Wilhelm CANARIS e Peter ULMER, 4.ª ed., 1985, n.º 107, o carregamento por meio de gruas do navio já está incluído no frete devido pelo comprador.

[48] Sendo o sentido destas cláusulas o de incluir, entre as operações que ao vendedor incumbe realizar, a estiva, parece claro que as avarias na carga causadas pela estiva são da

São frequentes *variações da venda FOB* pelas quais cabe ao vendedor a celebração do contrato de transporte por conta do comprador ou, até, por conta própria. Neste segundo caso, a venda FOB assume uma feição específica, que só se distingue da venda CIF por ser o comprador a suportar os custos do transporte[49]. Isto pode relacionar-se com o pagamento do preço contra entrega de documentos ao banco indicado pelo comprador, que caracteriza a "venda FOB documentária". Mas esta prática também se verifica quando o transporte é contratado pelo comprador, ou por conta do comprador[50]. Na "venda FOB documentária", à semelhança do que se verifica na venda CIF, o vendedor obriga-se a fornecer um conhecimento de embarque. Todas estas variações são igualmente concebíveis na venda FAS.

O vendedor não tem qualquer obrigação relativamente ao *seguro da mercadoria*[51].

Segundo o termo FAS, o vendedor cumpre a *obrigação de entrega da mercadoria* com a sua colocação ao longo do navio no porto de embarque estipulado, de acordo com os usos do porto. Quando o navio atraca num cais, a mercadoria tem de ser aí colocada junto do navio. Quando o navio tem de carregar num fundeadouro, o vendedor tem de assegurar a colocação da mercadoria no fundeadouro, em barcaças, a menos que as partes estipulem que a

---

responsabilidade do vendedor. Cp. ac. STJ 18/2/82 [*BMJ* 314: 288] em que supôs ser outro o entendimento generalizado neste sector do comércio internacional.

[49] Ver *HGB Staub Kommentar*/KOLLE (n. 47) n.ᵒˢ 131 e segs.

[50] Contrariamente ao entendimento seguido em Inglaterra, à face do Direito guineense só parece admissível que o transportador contratado pelo comprador entregue um conhecimento de embarque ao vendedor quando receba instruções do comprador nesse sentido. Cp. G. H. TREITEL – "C.I.F. Contracts", "F.O.B. Contracts", "Other Special Terms and Conditions in Overseas Sales", *in Benjamin's Sale of Goods*, 2.ª ed., Londres, 1981, nºs 1772 e segs. e SCHMITTHOFF (n. 16) 20 e segs., dando conta que, no Direito inglês, se distingue entre o *f.o.b. contract (buyer contracting with carrier)* em que o contrato de transporte é *ab initio* celebrado com o comprador e o *classic f.o.b. contract* em que o contrato de transporte é celebrado com o vendedor, por conta do comprador, mas normalmente em seu próprio nome, devendo o conhecimento de embarque ser entregue pelo transportador ao vendedor que posteriormente o transmite ao comprador.

[51] O que não obsta a que o vendedor possa contratar o seguro por conta do comprador, como se verifica, em Inglaterra, com o *f.o.b. contract with additional services* – cf. SCHMITTHOFF (n. 16) 20.

entrega deve ser feita *"free on lighter"*, caso em que o vendedor cumpre a obrigação de entrega com a transposição da amurada da barcaça [52].

Segundo o termo FOB, o vendedor cumpre a obrigação de entrega da mercadoria quando esta tiver transposto a amurada do navio no porto de embarque combinado, de acordo com os usos do porto [53].

Quando o vendedor se obriga a entregar a mercadoria num terminal de carga antes da chegada do navio o termo adequado é o FCA (*free carrier*) [franco transportador] [54]. Este termo também é preferível no caso de tráfego *roll-on/roll-off* ou de contentores, em que a amurada do navio não assume significado prático.

Quanto ao *risco do preço*, coloca-se a questão de saber se o comprador continua adstrito ao pagamento do preço quando a coisa perece ou se deteriora por caso fortuito ou de força maior. O preço deve ser pago quando a perda ou dano da mercadoria ocorreu depois da passagem do risco para o comprador.

O princípio comum subjacente aos diferentes *Incoterms* é o da passagem do risco com o cumprimento da obrigação de entrega [55].

---

[52] Cf. SCHMITTHOFF (n. 16) 13.

[53] Claro é, na generalidade das vendas "F" e "C", que para certos efeitos a mercadoria só se considera entregue ao comprador no momento em que é colocada à sua disposição no porto de destino – designadamente quanto à contagem dos prazos de reclamação por vício da coisa ou ao direito de rescisão por desconformidade da mercadoria com o estipulado no contrato – cf. Domenico RUBINO, *La compravendita*, 2.ª ed., *in Tratatto di diritto civile e commerciale* org. por Antonio CICU e Francesco MESSINEO, vol. XXIII, Milão, 1971, 526 e seg., 529 e segs. e 544; Paolo GRECO e Gastone COTTINO – *Della vendita, in Commentario del codice civile*, org. por Antonio SCIALOJA e Giuseppe BRANCA, l. IV, Bolonha e Roma, 1964, 378; Marco LOPEZ DE GONZALO – "La consegna documentale", *Diritto del commercio internazionale*, 7.1. (1993) 29-59, 32 e segs. Ver também ac. STJ 23/4/92 [*BMJ* 416: 656].

[54] Cf. *Incoterms 1990*, 106.

[55] Cf. *Incoterms 1990*, 114. Em rigor, porém, no que toca às vendas CFR e CIF, o momento relevante é o da realização do primeiro acto de cumprimento da obrigação de entrega (*infra* b).

O regime jurídico estabelecido nos diferentes sistemas nacionais é geralmente entendido como dispositivo – cf., quanto ao Direito português, ANTUNES VARELA – *Das Obrigações em Geral*, vol. II, 4.ª ed., 1990, 85. A dispositividade do disposto, nesta matéria, pela Convenção das Nações Unidas, resulta da dispositividade geral dos seus preceitos, estabelecida pelo art. 6.º. Por conseguinte, o regime jurídico da passagem do risco de fonte nacional ou convencional é afastado pelos preceitos contratuais que disponham em sentido diferente.

Assim, na venda FAS o risco passa com a colocação da mercadoria ao longo do navio e na venda FOB o risco passa com a transposição da amurada do navio[56].

Pareceria mais adequado que a passagem do risco na venda FOB se desse no momento em que a mercadoria é depositada em segurança a bordo do navio, uma vez que incumbe ao vendedor realizar a operação de carregamento da mercadoria[57].

A solução consagrada pelos *Incoterms* converge com o regime estabelecido pela Convenção das Nações Unidas (art. 67.º/1/2.ª parte), e também pelo Direito guineense (art. 796.º/1 CC) uma vez que neste Direito o risco passa com a transferência da propriedade e que, como veremos adiante, o momento da transferência da propriedade tende a coincidir com o momento do cumprimento pelo vendedor da obrigação de entrega (ou da realização do primeiro acto de cumprimento da obrigação de entrega) (*infra* IV).

Os *Incoterms* nada dispõem sobre o *pagamento do preço*. As estipulações mais comuns são as de pagamento do preço logo que a mercadoria seja embarcada ou logo que o vendedor entregue os documentos relativos à mercadoria ao comprador ou ao banco indicado pelo comprador.

Na omissão das partes, a mesma solução decorre da Convenção das Nações Unidas: o preço deve ser pago quando o vendedor põe à disposição do comprador quer as mercadorias quer os documentos representativos das mercadorias (art. 58.º/1). O momento relevante só será o da entrega dos documentos (e não o da entrega da mercadoria ao transportador) quando se trate de uma venda sobre documentos[58].

Perante o Direito guineense, o preço deve ser pago no momento da entrega da coisa vendida, salvo uso em contrário (art. 885.º/1 e /2 CC). Na venda sobre documentos o momento a considerar para o efeito será o da entrega dos documentos[59].

---

[56] No supracit. ac. STJ 23/4/92 afirma-se, surpreendentemente, que a cláusula FOB nada tem a ver com a questão de saber quem suporta o risco de perda ou deterioração da coisa desde o momento do embarque.

[57] Cf. SCHMITTHOFF (n. 16) 26 e LOPEZ DE GONZALO (n. 18) n.º 6.

[58] Cp. Vincent HEUZÉ – *La vente internationale de marchandises. Droit uniforme*, Paris, 1992, 270.

[59] A solução encontra-se consagrada expressamente no art. 1528.º/1 CC italiano. Em sentido convergente, ELISEU FIGUEIRA – "Venda de praça a praça, venda com expedição e venda com transporte. Cláusulas ´FOB` e ´CIF´", *Tribuna da Justiça* 45/46 (1988) 16-25, 22.

A venda sobre documentos é uma modalidade de venda, conformada como tipo contratual no código civil italiano (arts. 1527.º e segs.) e meramente nominada no código civil português (art. 937º)[60]. Nesta modalidade de venda, resulta do contrato que o vendedor tem de entregar ao comprador ou ao banco por ele indicado um título representativo da mercadoria, cumprindo, com a entrega deste documento e dos outros documentos previstos no contrato, a sua obrigação de entrega[61].

B) Vendas CFR e CIF

Os termos CFR (*cost and freight*) [custo e frete] e CIF (*cost, insurance and freight*) [custo, seguro e frete] integram o grupo C dos *Incoterms 1990*. Nestas modalidades de venda, o vendedor obriga-se a contratar o transporte mas não assume o risco do preço nem os custos adicionais devidos a acontecimentos ocorridos depois do embarque. Outro traço essencial destas modalidades de venda é constituírem *vendas sobre documentos*.

Nos termos CFR e CIF, como no termo FOB, a mercadoria deve ser entregue ao transportador a bordo do navio. Se for estipulada a entrega da mercadoria antes do embarque deverão ser utilizados os termos CPT (*carriage paid to*) [porte pago até] ou CIP (*carriage and insurance paid to*) [porte e seguros pagos até][62]. Estes termos também são preferíveis no tráfego *roll-on/roll-off* ou por contentores, em que a amurada do navio não assume significado prático.

O vendedor obriga-se não só a entregar a mercadoria ao transportador, mas também a contratar, por sua conta[63], o *transporte*,

---

[60] Ver também o art. 34.º da Convenção das Nações Unidas.
[61] Cf. RUBINO (n. 52) 541 e segs.; Giuseppe FERRI – *Manuale di Diritto Commerciale*, 5.ª ed., 1980, 775; *Commentario al codice civile*, org. por Paolo CENDON, Turim, 1991, art. 1527.º n.º 2. Sobre a venda sobre documentos ver ainda Carlos FERREIRA DE ALMEIDA – *Texto e Enunciado na Teoria do Negócio Jurídico*, Coimbra, 1992, vol. II, 924 e segs.
[62] Cf. *Incoterms 1990*, 110.
[63] Cf. *Incoterms 1990*, 144 e 150. Andou mal o STJ, quando no seu ac. 20/5/88 [sumário na *Tribuna da Justiça* 45/46 (1988) 16] entendeu que na venda CIF o vendedor celebra o contrato de transporte como mandatário do comprador, como justamente assinala ELISEU FIGUEIRA (n. 59) 17 e 24.

respondendo pelos seus custos normais[64]. É o vendedor quem inicialmente é parte no contrato de transporte. O comprador só passa a ser parte no contrato de transporte quando o vendedor lhe transmite a sua posição contratual, o que normalmente se verifica com a transmissão do conhecimento de embarque[65].

Segundo as regras de interpretação dos *Incoterms*, os custos adicionais que resultem de acontecimentos ocorridos após o embarque já são de conta do comprador.

As regras de interpretação dos *Incoterms* são ambíguas quanto ao pagamento dos *custos de descarregamento*. O comprador responde pelos custos do descarregamento, a menos que tais custos "tenham sido cobrados pelas companhias de navegação regular na altura da conclusão do contrato de transporte"[66]. É duvidoso que esta imputação ao comprador de parte dos custos de transporte corresponda a uma cláusula usual[67]. Se, de acordo com os usos do tráfego marítimo em causa, for de contar com a inclusão dos custos de carregamento no frete, parece que o contrato de venda deve ser interpretado no sentido de estes custos deverem ser pagos pelo vendedor[68]. Para evitar quaisquer dúvidas a este respeito, é conveniente que as partes disponham expressamente sobre a imputação dos custos de descarregamento. Se este pagamento incumbir ao vendedor será aconselhável que a palavra "desembarcado" [*landed*] seja acrescentada aos termos CFR ou CIF. Tem o mesmo sentido a estipulação de transporte em *"liner terms"* [linha regular][69].

Na venda CIF o vendedor está obrigado a *segurar a mercadoria* com o mínimo de cobertura, por forma a permitir que o comprador, ou qualquer pessoa interessada no seguro da mercadoria, possa apresentar uma reclamação directamente ao segurador. O vendedor não tem esta obrigação na venda CFR.

Nas vendas CFR e CIF a *entrega da mercadoria* realiza-se em duas fases, por meio de dois actos distintos[70]. Primeiro, o vendedor

---

[64] Se o frete for pagável contra entrega da mercadoria no destino, o seu montante será deduzido do preço da venda.
[65] Cf. SCHMITTHOFF (n. 16) 44.
[66] Cf. *Incoterms 1990*, 147 e 153.
[67] Cf. *HGB Staub Kommentar*/KOLLE (n. 47) n.os 29 e segs.
[68] Cf. HEUZÉ (n. 58) 260.
[69] Cf. *Incoterms 1990*, 108.
[70] Cf. *HGB Staub Kommentar*/KOLLE (n. 47) n.º 42.

entrega a mercadoria ao transportador. Segundo, a posse da mercadoria é transmitida pelo vendedor ao comprador mediante a entrega do documento representativo da mercadoria, que é, em princípio, o conhecimento de embarque[71]. Por conseguinte, o vendedor tem a obrigação de entregar ao transportador um conhecimento de embarque[72].

À semelhança do que se verifica com a venda FOB, o *risco do preço* passa no momento em que a mercadoria transpõe a amurada do navio no porto de embarque. Portanto, a perda ou deterioração da mercadoria durante o transporte marítimo não prejudica o direito do vendedor a receber o preço da mercadoria.

A solução coincide com a dada pela Convenção das Nações Unidas (art. 67.º/1/2.ª parte) e pelo Direito guineense, que estabelece que na *venda com expedição simples* – modalidade de venda em que o alienante deve remeter a coisa para lugar diferente do cumprimento, como é o caso das vendas CFR ou CIF (com excepção das que tenham por objecto coisa em viagem) – o risco passa com a entrega ao transportador ou expedidor (art. 797.º CC).

A venda CFR ou CIF poderá ter por objecto mercadorias que se encontram em curso de transporte marítimo, como sucede frequentemente nas transacções em bolsa de mercadorias. Neste caso é habitual que se adicione a palavra *"afloat"* [embarcado] ao termo comercial[73]. Suscita-se então a questão de saber se o comprador assume retroactivamente o risco desde o embarque da mercadoria ou se o risco só passa com a celebração do contrato de venda. É um ponto que as

---

[71] Portanto, em minha opinião, na venda CIF há dois lugares de cumprimento a ter em conta. O lugar de cumprimento da obrigação de entrega material da mercadoria situa-se no porto de embarque – mas cp. ANTUNES VARELA (n. 55) 85. O lugar de cumprimento da obrigação de entrega do conhecimento de embarque é normalmente aquele onde situa o estabelecimento bancário em que os documentos relativos à carga devem ser apresentados. Ver ainda *supra* n. 53.

[72] O conhecimento de embarque desempenha, entre outras funções, a de documento que prova a entrega da mercadoria a bordo do navio, a de título de crédito, que confere o direito à entrega de mercadoria no porto de destino, e a de título representativo das mercadorias, que além do direito à entrega, também confere a posse das mercadorias (cf. art. 1996.º CC italiano).

[73] Inversamente, o contrato pode indicar que a mercadoria deve ser embarcada [*shipped*] num determinado porto. Na omissão do contrato, entende-se, à face ao Direito inglês, que o vendedor tem a opção de fornecer uma mercadoria que se encontra em curso de transporte marítimo – cf. SCHMITTHOFF (n. 16) 49.

partes deverão esclarecer no contrato; na sua omissão suscita-se um problema de interpretação ou integração do contrato que terá de ser resolvido segundo os critérios fixados pela *lex contractus*. A Convenção das Nações Unidas adoptou uma solução de compromisso: em princípio o risco transfere-se para o comprador a partir do momento da celebração do contrato, mas poderá inferir-se das circunstâncias – designadamente de o contrato obrigar o vendedor a transferir uma apólice de seguro para o comprador, como sucede na venda CIF[74] – que o risco fica a cargo do comprador desde a remessa da mercadoria ao transportador (art. 68.º/1.ª e 2.ª partes). O Direito guineense determina que na venda de coisa em viagem o risco passa com a celebração do contrato de venda (art. 938.º/1/c CC).

O *preço* é exigível no momento fixado no contrato que é, normalmente, o momento em que o vendedor apresenta ao comprador, ou ao banco indicado pelo comprador, os documentos relativos à mercadoria. Como vimos anteriormente, a mesma solução é consagrada, na omissão das partes, pela Convenção das Nações Unidas e pelo Direito guineense (*supra* a).

C) Vendas DES e DEQ

Os termos DES (*delivered ex ship*) [entregue no barco] e DEQ (*delivered ex quay, duty paid*) [entregue no cais, direitos pagos] integram o grupo D dos *Incoterms 1990*. Nestas modalidades de venda o vendedor obriga-se a entregar a mercadoria no país de destino e, por conseguinte, suporta todos os custos e o risco inerentes ao transporte da mercadoria até ao país do destino. Pode pois dizer-se que se trata de "contratos de chegada".

---

[74] Cf. Peter SCHLECHTRIEM – *Uniform Sales Law. The UN-Convention for the International Sale of Goods*, Viena, 1986, 90; B. NICHOLAS – "Art. 68", in *Commentary on the International Sales Law. The 1980 Vienna Sales Convention*, org. por C. BIANCA e M. BONELL, Milão, 1987, n.º 2.2; Bernard AUDIT – *La vente internationale de marchandises. Convention des Nations-Unies du 11 avril 1980*, Paris, 1990, 91; Carlo ANGELICI – "Art. 68" in *Convenzione di Vienna sui contratti direito vendita internazionale direito beni mobili*, org. por C. BIANCA, Milão, 1992, 282.

Segundo o termo DEQ o vendedor tem de entregar a mercadoria desalfandegada na importação, o que não se verifica segundo o termo DES.

O vendedor está obrigado a contratar, por sua conta, *o transporte da mercadoria*. No entanto, na venda DES é o comprador quem tem de assegurar o descarregamento da mercadoria. Na venda DEQ o descarregamento corre por conta do vendedor, mas se a mercadoria for entregue num fundeadouro os custos envolvidos nas subsequentes operações são de conta do comprador.

A *obrigação de entrega* é cumprida pelo vendedor, na venda DES, com a colocação da mercadoria à disposição do comprador a bordo do navio no porto de destino combinado e, na venda DEQ, com a colocação da mercadoria à disposição do comprador no cais ou fundeadouro do porto de destino combinado.

O *risco do preço* transfere-se no momento que o vendedor cumpre a sua obrigação de entrega no porto de destino.

Esta solução coincide com a que resultaria da Convenção das Nações Unidas (art. 69.º); tende também a coincidir com a solução do Direito guineense (art. 796.º/1 CC), uma vez que, como adiante veremos (*infra* IV), nestas vendas a propriedade transfere-se geralmente com o cumprimento pelo vendedor da obrigação de entrega no porto de destino.

Uma vez que o vendedor suporta o risco durante o transporte, embora não esteja obrigado a *segurar* a mercadoria, tem todo o interesse em fazê-lo.

O *preço* deve ser pago no momento estipulado pelas partes, normalmente contra a entrega da mercadoria ao comprador. Se o preço foi pago antes da entrega – por exemplo, contra a apresentação de documentos – e a mercadoria se perdeu ou foi danificada durante o transporte marítimo, o comprador tem direito à restituição integral ou parcial do preço[75]. Na omissão das partes, a mesma solução decorre, a meu ver, das atrás referidas regras da Convenção das Nações Unidas e do Direito guineense (*supra* a)[76].

---

[75] Cf. TREITEL (n. 50) n.º 1908.

[76] Observe-se que o momento relevante, perante estas regras, é sempre o da entrega da mercadoria ao comprador no porto de destino, porquanto, mesmo que tenha sido emitido um título representativo da mercadoria, não se trata de uma venda sobre documentos (*infra* IV).

IV. A REGULAÇÃO JURÍDICO-MATERIAL DA TRANSFERÊNCIA DA PROPRIEDADE

Como se observou anteriormente, nesta matéria as fontes a ter em conta são fundamentalmente nacionais. Entre os principais Direitos deparamos com dois sistemas translativos da propriedade diametralmente opostos – o sistema da consensualidade e o sistema da separação – e com sistemas intermédios. Nas linhas que se seguem procurar-se-á caracterizar estes sistemas, tendo especialmente em conta as modalidades de venda marítima atrás referidas.

Segundo o *sistema da consensualidade*, a transferência produz-se automaticamente com a celebração do contrato de compra e venda, sem depender da observância de formalidade alguma. Foi o sistema consagrado pelo código napoleónico (arts. 1138.º e 1583.º) e adoptado no código civil português (arts. 408.º/1 e 879.º/a CC)[77].

Se o efeito translativo se produz independentemente da entrega ou da observância de qualquer formalidade, o momento da transferência da propriedade será, em princípio, o da conclusão do contrato.

No entanto, há um importante desvio a esta regra na *venda de coisa indeterminada*, i.e., a que tem por objecto coisas definidas apenas pelo seu género e quantidade. A venda à distância é, na grande maioria dos casos, venda de coisa indeterminada.

No código civil português a transferência da propriedade sobre coisa indeterminada pressupõe não só a sua *individualização* mas também o *conhecimento* da individualização por ambas as partes (art. 408.º/2 CC)[78].

Como se opera a individualização? Em primeiro lugar, é necessária a escolha da coisa. Na falta de estipulação em contrário, a escolha pertence ao devedor (arts. 539.º *in fine* e 543.º/2 CC). Mas no que toca à obrigação genérica, a individualização também exige, em regra, a entrega da coisa (art. 541º CC *a contrario*). A obrigação genérica só se concentra antes do cumprimento quando isso resultar de acordo das partes, quando o género se extinguir a ponto de restar

---

[77] Ver, com mais desenvolvimento e referências bibliográficas, LIMA PINHEIRO (n. 41) 13 e segs. e 30 e segs.

[78] Ver RAÚL VENTURA – "O contrato de compra e venda no Código Civil", *ROA* 43 (1983) 261-318 e 587-643, 602 e seg.

apenas uma das coisas nele compreendidas, quando o credor incorrer em mora ou quando se trate de venda com expedição simples.

Nas vendas FAS e FOB a mercadoria é entregue no porto de embarque ao transportador que a recebe por conta do comprador. Por conseguinte, a individualização e o conhecimento da individualização dão-se no momento da entrega, produzindo-se o efeito translativo da propriedade neste momento.

Na *venda com expedição simples* – como é o caso das vendas CFR e CIF (com excepção das que tenham por objecto coisa em viagem) – a individualização verifica-se "com a entrega ao transportador ou expedidor da coisa ou à pessoa indicada para a execução do envio" (art. 797.º CC *ex vi* art. 541.º)[79]. Se o transportador ou expedidor puder ser considerado, para este efeito, como representante do comprador, há uma coincidência entre o momento da individualização e a entrega ao comprador (e, obviamente, o conhecimento da individualização pelo comprador). Mas nas vendas CFR e CIF o transportador ou expedidor não pode ser considerado como representante do comprador, uma vez que o vendedor contrata o transporte por sua conta (*supra* III.B) e que o comprador não confere ao transportador qualquer poder para actuar em sua representação. Nestas vendas a propriedade só se transfere com o conhecimento da individualização pelo comprador, que ocorrerá normalmente mediante o aviso do vendedor de que a mercadoria foi entregue a bordo do navio.

Se a obrigação de entrega deve ser cumprida no lugar para onde se faz o envio – *venda com expedição qualificada*, como é o caso das vendas DES e DEQ – funciona a regra segundo a qual a individualização exige a entrega da coisa. Portanto, a individualização só se tem por realizada quando o vendedor cumpre a sua obrigação de entrega no porto de destino[80]. A individualização e, com ela, a transferência da propriedade, coincide com a entrega ao comprador.

Resumindo, na venda marítima, *a propriedade transfere-se no momento da entrega ao comprador* nas vendas com termos "D" e

---

[79] Contanto que este acto opere de facto a determinação da mercadoria vendida, o que não se verifica quando esta mercadoria for expedida em conjunto com outra mercadoria do mesmo género, destinada a comprador diferente, sem qualquer separação.

[80] Cf. Adriano VAZ SERRA – "Obrigações genéricas", *BMJ* 55: 5-58, 37; Id. Anotação ao ac. STJ 6/11/73, *RLJ* 107 (1974/1975) n.º 3530, n.º 3.

"F" e depois da entrega ao transportador mas antes da recepção pelo comprador nas vendas com termos "C".

Segundo o art. 937.º CC, na venda marítima sobre documentos a entrega da coisa é substituída pela entrega do título representativo e dos outros documentos exigidos pelo contrato ou, no silêncio do contrato, pelos usos.

Coloca-se a questão de saber se o momento relevante para a transferência da propriedade é o da entrega dos documentos.

A entrega do título representativo da mercadoria transmite a sua posse[81]. Mas perante o sistema da consensualidade a transmissão da propriedade não depende da tradição da posse. Caso se trate de venda de coisa determinada, por exemplo, de coisa em viagem, a propriedade transfere-se com a celebração do contrato. Na venda de coisa definida pelo género e quantidade, se a individualização da coisa e o conhecimento da individualização se dão antes da entrega dos documentos não há razão para subordinar a transferência da propriedade a esta entrega, uma vez que a tradição da coisa não é requisito da transferência da propriedade[82].

O ponto é, todavia, controverso, designadamente à face de alguns Direitos em que vigora o sistema da consensualidade, como o belga, o francês e o italiano. Alguns autores, bem como algumas decisões judiciais, têm entendido que nas *vendas marítimas sobre documentos* a transferência da propriedade só se produz no momento da entrega do conhecimento de embarque ao banco, que é igualmente o momento do pagamento do preço[83].

---

[81] Cf. RUBINO (n. 52) 541 e seg.; GRECO – COTTINO (n. 52) 376 e segs.

[82] Cf. RUBINO (n. 52) 549; GRECO – COTTINO (n. 52) 377. O ac. STJ 28/6/83 [*BMJ* 328: 608], sem esclarecer se se tratava de venda de coisa determinada ou indeterminada, afirma que a propriedade da mercadoria se transfere, numa venda CIF, com a entrega à transportadora. Creio que o art. 937.º nem sequer lida com a transmissão da posse da mercadoria. O sentido deste preceito parece ser o de que o vendedor cumpre a sua obrigação de entrega da mercadoria com a entrega dos documentos, e que, portanto, perante a entrega dos documentos o comprador deve realizar as prestações que dependam da entrega da mercadoria. Isto resulta claramente do art. 1527.º CC italiano em que aquele preceito se inspirou – cf. bibliografia supracit. n. 61.

[83] Ver Roger ROLAND – "Le transfert de la propriété dans les ventes maritimes", *in FS Walter MÜLLER, Internationales Recht auf See und Binnengewässern*, org. por Alexander VON ZIEGLER e Thomas BURCKARDT, Zurique, 1993, 245-252, com mais referências; MANARA *apud* BOI (n. 19) n.º 4 n. 28.

De entre os argumentos invocados neste sentido é de salientar a alegada existência de um uso do comércio internacional segundo o qual a propriedade se transferiria só no momento da remessa do documento representativo das mercadorias ao comprador. A existir tal uso, a sua relevância dependerá, segundo o anteriormente exposto, da *lex contractus* ou da norma da *lex fori* que regule directamente a questão. Tenho as maiores dúvidas sobre a existência de usos do comércio relativos à transferência da propriedade na venda marítima internacional, desde logo porque tal questão apenas esporadicamente se suscita. O que na verdade está em causa é a posição desfavorável em que fica colocado o vendedor que cumpre a sua obrigação de entrega antes de receber o preço; mas a transferência da propriedade não depende do pagamento do preço. O vendedor só poderá evitar esta posição desfavorável mediante a inserção de disposições adequadas no contrato, designadamente quanto à transmissão do conhecimento de embarque e quanto ao momento da transferência da propriedade.

A entrega dos documentos só poderá desencadear a transferência da propriedade se, com ela, se realizar a individualização. Nas vendas CFR e CIF a individualização opera-se anteriormente e, em princípio, o conhecimento da individualização também ocorre anteriormente. Pelo que toca às vendas DES e DEQ em que o vendedor se obrigue a entregar um documento representativo da mercadoria e outros documentos, será de entender que a individualização se opera com a entrega dos documentos, desencadeando a transferência da propriedade? O ponto oferece certa margem para dúvidas. Inclino-me a pensar que estas modalidades de venda nunca são vendas sobre documentos[84]. Com efeito, mesmo que seja emitido um título representativo da mercadoria, o vendedor só cumpre a obrigação de entrega com a colocação da mercadoria à disposição do comprador no porto de destino.

Em suma, na venda marítima a entrega dos documentos relativos à mercadoria não tem, em regra, influência sobre a transferência da propriedade.

---

[84] Cf. TREITEL (n. 50) n.º 1904; SCHMITTHOFF (n. 16) 57. Cp. *Commentario al codice civile* (n. 61) n.º 2.

No *sistema da separação* o contrato de compra e venda não produz efeito translativo. A transferência da propriedade é objecto de um negócio jurídico-real separado.

Este sistema é seguido, com grande rigor, pela Direito alemão[85]. Quanto à dependência do "contrato real" [*Einigung*] em relação ao contrato de compra e venda rege o princípio da abstracção: a validade do "contrato real" é independente da validade do "contrato obrigacional" subjacente. A transferência da propriedade pressupõe, além do "contrato real", a verificação de um acto material de execução, que torne a transferência cognoscível por terceiro. Com respeito às coisas móveis este acto material de execução é constituído pela entrega da coisa (art. 929.º BGB).

O contrato de venda obriga o vendedor a proporcionar ao comprador a aquisição da propriedade (art. 433.º/1 BGB). O vendedor de coisa móveis cumpre esta obrigação com a "celebração" do "contrato real" e a tradição da coisa.

A tradição realiza-se, em princípio, com a entrega material da coisa (art. 854.º/1 BGB)[86]. Na venda sobre documentos a tradição do conhecimento de embarque é, em princípio, equiparada à entrega da coisa[87].

Assim, parece que nas vendas com termos "D" e "F" a propriedade se transfere no momento da entrega ao comprador, à semelhança do que se verifica perante o Direito guineense. Já poderá surgir uma divergência nas vendas com termos "F" que sejam vendas sobre documentos, caso se entenda, perante o Direito alemão, que a propriedade se transfere só com a entrega do documento representativo da mercadoria.

Na *venda com expedição simples* [*Versendungskauf*], embora o vendedor cumpra a obrigação com a entrega ao transportador, a tradição só se completa e a propriedade só se transfere no momento em que, com a entrega pelo transportador, o comprador entra na

---

[85] Ver, com mais desenvolvimento e referências bibliográficas, LIMA PINHEIRO (n. 41) 44 e segs.

[86] No caso da compra e venda bilateralmente comercial, o BGH entende que a propriedade só se transfere quando o comprador aceita a mercadoria e expira o prazo de reclamação previsto no art. 377.º HGB.

[87] Cf. Karl LARENZ - *Lehrbuch des Schuldrechts*, vol. II/1, 13.ª ed., Munique, 1986, 22.

detenção da mercadoria. Excepcionalmente, pode verificar-se a transferência da propriedade com a entrega ao transportador, quando este actue reconhecidamente como representante do comprador e esteja mandatado para receber a mercadoria em seu nome, ou com base em estipulações especiais de rara verificação prática[88].

Sendo as vendas CFR e CIF *vendas sobre documentos*, parece que a propriedade se transfere com a entrega do documento representativo das mercadorias, o que normalmente sucede num momento posterior àquele em que se produz o efeito translativo perante o Direito guineense.

Diversos Direitos seguem *sistemas intermédios*. Para alguns Direitos, como o holandês ou o suíço, a transferência da propriedade pressupõe, além de um contrato de compra e venda válido, um acto adicional, que consiste, quanto aos bens móveis, na tradição da coisa[89].

Na *Common Law* traça-se uma distinção entre "contrato" e "transferência" [*conveyance*] da propriedade; no entanto, segundo o actual Direito inglês, a transmissão da propriedade tanto pode resultar da "execução" de um "contrato para vender" [*agreement to sell*] como ser efeito automático e imediato de um contrato de venda [*contract of sale*]. Em todo o caso, parece haver uma certa independência do efeito translativo relativamente à validade do contrato[90].

Quanto à *venda marítima sobre documentos*, a regra é que a propriedade só se transfere com a entrega do conhecimento de embarque ao comprador ou ao banco indicado pelo comprador[91]. Esta

---

[88] Cf. *Soergel Kommentar zum Bürgerlichen Gesetzbuch*, vol. II/2 - *Schuldrecht* I/2, "Art. 433-454" por Ulrich HUBER, 11.º ed., Estugarda, 1983, Art. 433 n.ºs 38 e 91 e segs.; LARENZ [loc. cit.].

[89] Ver BEEKHUIS, J. – "Civil Law", *in IECL*, vol. VI, cap. 2, n.º 18.

[90] Ver L. SEALY – "The Contract of Sale of Goods", *in Benjamin's Sale of Goods*, n.ºs 24 e segs. e LIMA PINHEIRO (n. 41) § 9 n. 99, com mais referências.

[91] Isto embora a propriedade sobre coisa determinada possa ser transferida com a celebração do contrato e a propriedade sobre coisa indeterminada possa ser transferida logo que se verifica a determinação – cf. G. H. TREITEL (n. 50) n.ºs 1616, 1677, 1680, 1827 e segs. e 1903; SCHMITTHOFF (n. 16) 43, 116 e 120. O *Sale of Goods Act 1979* determina que a propriedade de coisa determinada passa no momento que corresponde à "intenção" das partes (art. 17.º/1). Mas esta regra não tem só em vista a vontade real das partes: são estabelecidas uma série de "presunções" sobre a "intenção" das partes que actuam na falta de indicação em contrário dada pelas partes – ver A. G. GUEST – "Property and Risk", *in Benjamin's Sale of Goods*, 2.ª ed., Londres, 1981, n.ºs 301 e segs.; SCHMITTHOFF (n. 16) 119 e segs. Assim,

solução, aplicável às vendas CFR e CIF, coincide com a adoptada pelo Direito alemão, divergindo, nos termos atrás expostos, do Direito guineense.

Na venda marítima em que o vendedor não está obrigado a fornecer um documento representativo da mercadoria, como sucede, em regra, nas vendas DES, DEQ, FAS e nas vendas FOB "simples", a entrega da mercadoria ao comprador sem que o vendedor reserve o "direito de disposição" [*right of disposal*] é o acto que presumivelmente desencadeia a transferência da propriedade[92]. Este entendimento converge com a solução encontrada perante os Direitos guineense e alemão.

---

designadamente, no caso de um "contrato incondicional" presume-se que a propriedade se transfere com a celebração do contrato (art. 18.º/1); quando é emitido um conhecimento de embarque segundo o qual a mercadoria será entregue à ordem do vendedor, presume-se que o vendedor reserva a propriedade da mercadoria até à entrega do conhecimento de embarque ao comprador (art. 19.º/2). Segundo a jurisprudência, mesmo que o conhecimento de embarque, obtido pelo vendedor, esteja à ordem do comprador, em princípio a propriedade só se transfere com a entrega do conhecimento ao comprador. Tratando-se de um contrato para a venda de coisa indeterminada [*unascertained*], a mercadoria não passa enquanto a coisa não for determinada (art. 16.º do *Sale of Goods Act 1979*); após a determinação a propriedade é a intenção das partes que decide o momento da transferência da propriedade mas presume-se que as partes não querem que a propriedade se transfira antes da "apropriação incondicional" da mercadoria (art. 18.º/5).

[92] Cf. TREITEL (50) n.ᵒˢ 1821 e segs., 1901 e 1910; SCHMITTHOFF (n. 16) 120.

CONTRIBUTO PARA A REFORMA
DO DIREITO COMERCIAL MARÍTIMO *

NOTA PRÉVIA

O trabalho que ora se publica corresponde à versão original da nota justificativa, *memorandum* e Anteprojecto de Lei elaborados a solicitação do Governo de Macau, com vista à "localização" e adaptação do Direito Comercial Marítimo.

Esta versão foi concluída no início de Julho de 1998. Posteriormente e, a pedido do Gabinete de Assuntos Legislativos, foram introduzidas alterações neste trabalho, que consistiram fundamentalmente na reprodução no Anteprojecto das disposições de algumas convenções internacionais que na versão original eram objecto de uma simples remissão. A necessidade desta reprodução decorreu de uma reavaliação de diversas circunstâncias, mormente da possibilidade de, durante a Administração portuguesa, serem colocadas em vigor em Macau convenções internacionais de que Portugal não era parte.

A versão modificada do Anteprojecto foi concluída em Janeiro de 1999. Em 13 de Dezembro de 1999 foi publicado em Macau o DL n.º 109/99/M, que se baseia inteiramente nesta versão.

Sucede, porém, que a transposição para o Anteprojecto das disposições de convenções internacionais de que Portugal não era parte levou a uma certa descaracterização do mesmo, uma vez que a generalidade das convenções em causa adopta técnicas legislativas bastantes diferentes daquelas que correspondem à nossa tradição jurídica, por vezes bastante deficientes. Esta transposição também prejudicou a sistematicidade e homogeneidade do Anteprojecto. Por estas razões optei por publicar a versão original do trabalho.

---

* *ROA* 60 (2000) 1057-1210.

O presente trabalho representa um esforço modesto de elaboração no domínio do Direito Comercial Marítimo e foi realizado tendo em conta as circunstâncias específicas de Macau. Daí que se fale de uma "localização" deste ramo do Direito.

No entanto, perante o panorama relativamente desolador oferecido pelo Direito Comercial Marítimo português, pareceu-me que a publicação deste trabalho poderia ter sentido útil.

Como factores determinantes do estatuto de menoridade a que está confinado este ramo do Direito, concorrem a circunstância de não ser leccionado nas principais Faculdades de Direito, a crise que domina o sector do comércio marítimo e a reduzida atenção que desde há muito o poder político lhe tem votado. Este estado de coisas não foi substancialmente alterado pela publicação, em 1986/1987 e em 1998, de alguns diplomas sobre a matéria. O impulso reformador que está na base desta legislação é louvável, mas os resultados foram, por forma geral, pouco felizes. Isto é particularmente visível nos diplomas da primeira fase, que são dominados por concepções jurídicas que estão desfasadas da vida jurídica e, em especial, dos modelos contratuais e das cláusulas usuais no tráfico negocial; em que o nível técnico-jurídico está frequentemente aquém do desejável, designadamente quanto à articulação com as convenções internacionais em vigor; enfim, em que muitas das soluções reflectem mais os interesses de um particular sector da indústria que os valores nucleares do Direito privado patrimonial, designadamente a autonomia privada, o justo equilíbrio dos interesses das partes e a eficiência económica.

Em certa medida as soluções acolhidas no Anteprojecto de Lei atendem a circunstâncias específicas relativas à situação de Macau. Vejamos as principais.

Primeiro, o tráfego em águas interiores assume grande importância para Macau. Daí resultou, desde logo, um entendimento amplo do Direito Comercial Marítimo e uma noção ampla de navio.

Segundo, dada a proximidade de Hong Kong e a intensidade dos laços económicos estabelecidos com esta Região, houve que dar grande atenção ao Direito Marítimo aí vigente e que evitar soluções que pudessem prejudicar a competitividade de Macau.

Terceiro, também não se poderia ignorar a proximidade da República Popular da China e o futuro estatuto do Território como sua

Região Administrativa Especial. Isto levou a ter em conta o Direito Marítimo comum vigente neste país.

Por último, utilizou-se uma técnica de incorporação no Direito interno das normas de convenções internacionais que representou uma solução de recurso perante as incertezas sobre o *treaty making power* do Território e que visava também a extensão do âmbito de aplicação de algumas destas convenções, técnica que veio a ser posteriormente abandonada e que não tem cabimento na ordem jurídica portuguesa.

O impacto destas circunstâncias específicas no conjunto das soluções consagradas pelo anteprojecto é, todavia, bastante limitado. Em especial, quanto à consideração dos sistemas jurídicos de Hong Kong e da China continental deve ter-se em conta que, no primeiro, vigora o *Common Law* e as principais convenções internacionais nesta matéria e que, no segundo, o Código Marítimo também é de matriz anglo-saxónica e baseia-se, tanto quanto sei, num Anteprojecto elaborado por consultores norte-americanos. Ora, as concepções do *Common Law* em matéria de Direito Marítimo atingiram um elevado grau de desenvolvimento e de influência internacional, razão por que deverão ser tidas em conta em qualquer reforma legislativa.

Acresce que o Anteprojecto elaborado para Macau se baseou também num estudo comparativo de outros sistemas jurídicos, designadamente o alemão, o francês e o italiano.

Em suma, espero que a publicação deste trabalho estimule uma reflexão crítica sobre as orientações seguidas na legislação recente e proporcione elementos úteis para uma reforma legislativa que urge empreender.

Lisboa, 6 de Julho de 2000

"Localização" e Adaptação da Legislação Respeitante ao Direito Comercial Marítimo

NOTA JUSTIFICATIVA

1. De entre os vectores mais gerais do presente Anteprojecto são de salientar a modernização, a adaptação às condições locais, o respeito das tendências reveladas pelo Direito Comparado, a sistematização, a abordagem jurídico-conflitual e a atenuação das exigências de forma.

Dispensa justificação a necessidade de proceder a uma profunda revisão do Direito Marítimo vigente e, mormente, do contido no Livro III do Código Comercial de 1888, com vista a ajustá-lo ao comércio marítimo moderno. Os navios, as técnicas de transporte, os tráfegos, os meios de comunicação, a organização empresarial, as funções efectivamente desempenhadas pelo comandante, os contratos de construção, de venda ou de aluguer de navios, os contratos de transporte ou de seguro marítimo e muitos outros aspectos do comércio marítimo são hoje completamente diferentes do que eram no século passado.

A manutenção em vigor de uma legislação arcaica tem pesados custos para todos os interessados no comércio marítimo e para a própria realização do império do Direito nas relações económicas, designadamente quanto à certeza e previsibilidade jurídicas.

O desígnio modernizante poderia mesmo justificar uma radical reformulação da sistemática seguida no Livro III do Código Comercial, que reflecte as concepções jurídicas e as técnicas legislativas da época. Considerações de oportunidade, celeridade e economia conduziram, porém, a uma via menos ambiciosa: a de aproveitamento da sistemática do Código Comercial com a introdução dos ajustamentos estritamente necessários.

A adaptação às condições locais pode apresentar-se como a razão mais imperiosa da revisão do Direito Marítimo em vigor em Macau. Certo é que este vector está indissociavelmente ligado ao da modernização, porquanto as condições locais não podem deixar de reflectir a actual realidade do comércio marítimo. Mas interessa agora chamar a atenção para dois outros aspectos desta adaptação.

Como primeiro aspecto temos a grande importância que assume actualmente para Macau o tráfego em águas interiores. Este tráfego está sujeito a riscos de mar semelhantes aos que se verificam no tráfego marítimo *stricto sensu* e é realizado por embarcações que frequentemente não se distinguem pelas suas características das empregues na navegação marítima *stricto sensu* com recurso às mesmas técnicas de transporte. Daí que se justifique que o Direito Marítimo de Macau seja entendido em sentido amplo, abrangendo tanto o tráfego marítimo *stricto sensu* como o tráfego realizado exclusivamente em águas interiores. Isto reflecte-se desde logo na noção de navio adoptada no art. 1.º.

Um segundo aspecto diz respeito à proximidade da República Popular da China (RPC) e, em especial, da região de Hong Kong, à intensidade dos laços económicos que estabelecem com Macau e ao futuro estatuto deste território como região administrativa especial da RPC. No interesse do tráfego que se realiza entre Macau, por um lado, e Hong Kong ou outro território da RPC, por outro, e da própria competitividade de Macau, houve que prestar a devida atenção ao Direito Marítimo que vigora nesses territórios, quer de fonte interna quer de fonte internacional.

Esta última consideração liga-se com o respeito das tendências reveladas pelo Direito Comparado, tornando claro que entre os ordenamentos a examinar se teria de contar o da RPC e, em especial, o sistema local de Hong Kong. Para além deste, tendo em atenção seja o grau de desenvolvimento e de influência internacional de que gozam no domínio do Direito Marítimo seja a afinidade das concepções jurídicas gerais e dos princípios em que assenta o seu Direito privado comum relativamente ao Direito de origem portuguesa em vigor em Macau, foram sistematicamente consultados os ordenamentos alemão, estadounidense, francês, inglês e italiano.

No que toca às convenções internacionais, as opções feitas atendem, em primeiro lugar, ao acolhimento – que obtiveram ou se espera que venham a obter – da parte das principais nações marítimas e da RPC, em especial da parte de Hong Kong. Mas também se teve em conta a sua adequação material à actual realidade do comércio marítimo. Acrescente-se ainda que se regista um défice na vigência, em Macau, das convenções internacionais de Direito Marítimo, não só porque se verifica um atraso de Portugal na ratificação ou adesão de alguns instrumentos internacionais, mas também porque algumas das convenções em que Portugal é parte não estão em vigor em Macau.

Relativamente a cada uma das matérias serão assinaladas as tendências que estes elementos nacionais e internacionais permitem revelar.

A carência de inserção sistemática também obrigaria, só por si, a uma revisão do Direito Marítimo vigente em Macau. O Livro III do Código Comercial, à semelhança do que se verifica com as outras partes deste diploma ainda em vigor, foi insulado pela evolução do Direito Civil e de diversos sectores do Direito Comercial. No que se refere ao Direito Marítimo, diversos preceitos do Código Comercial perderam razão de ser e depara-se com frequentes dificuldades de integração sistemática, por falta dos necessários nexos intrassistemáticos.

No presente Anteprojecto, deixou-se para o Direito Civil tudo o que não reclamava um regime especial e são expressamente formuladas as remissões entre complexos normativos, por forma a esclarecer os nexos que entre eles intercedem.

Houve a preocupação de respeitar, tanto quanto possível, os princípios jurídicos que dominam o Direito Civil, só admitindo os desvios que são impostos pela especificidade do comércio marítimo. Daí que em matérias como a responsabilidade do armador por facto da tripulação e a posição do comandante se tenha procedido a uma recondução aos quadros do Direito comum, com a eliminação de exorbitâncias tradicionais no Direito Marítimo que não encontram hoje qualquer justificação. O tráfego marítimo não é hoje um mundo à parte, submetido a regimes completamente alheios às concepções jurídicas gerais, mas uma actividade que à semelhança do tráfego ferroviário, rodoviário ou aéreo, carece de uma disciplina jurídica que prossiga os fins gerais do Direito e as finalidades próprias a todo o Direito privado patrimonial.

Quanto à sistemática legal, já se assinalou que foi conservada grande parte da estrutura do Livro III do Código Comercial.

A este respeito observe-se que o Direito Marítimo continua a girar em torno dos navios e da navegação com eles empreendida, e, por conseguinte, parece aceitável, quer de um ponto de vista teórico, quer no plano da conveniência prática, que no agrupamento inicial de matérias reguladas se tome o navio como ponto de partida e como pólo aglutinador.

As principais alterações introduzidas consistem no aditamento de dois capítulos no Título I, sobre o aluguer de navio e a limitação de responsabilidade; na autonomização de dois títulos, dedicados ao transporte marítimo de mercadorias e de passageiros, matérias anteriormente incluídas no Título I; na criação de um novo título relativo ao reboque, a que o Código Comercial só marginalmente se refere; à eliminação do título sobre contrato de risco, que caiu em desuso; e, na supressão dos títulos dedicados ao abandono e às arribadas forçadas, que são reconduzidos aos títulos relativos ao seguro contra riscos de mar e ao transporte marítimo de mercadorias, respectivamente.

O Direito Comercial Marítimo é um ramo de Direito essencialmente internacional, no sentido em que a grande maioria das relações por ele reguladas estão em contacto com mais de um Estado. Daí que o problema da determinação do Direito aplicável se coloque aqui com particular acuidade. Na formulação de um projecto de Direito Marítimo nunca se pode abstrair da esfera de aplicação no espaço que lhe está destinada. Esta esfera resulta da actuação de normas de conflitos de leis. Não bastam ao Direito Marítimo as normas de conflitos gerais, designadamente as contidas no Código Civil, seja porque este Direito dispõe de institutos originais, que requerem um tratamento conflitual autónomo, seja porque algumas normas de conflitos gerais se revelam inadequadas às relações internacionais do comércio marítimo ou mesmo carecidas de reforma, como é o caso da contida no art. 42.º do Código Civil, em matéria de obrigações voluntárias.

A este respeito Macau apresenta uma certa especificidade, porque muitas das relações a que se aplicará o seu Direito Marítimo não serão internacionais a partir do momento em que cessar a administração portuguesa. Mas com isso não se atenuarão os conflitos de leis, sucederá antes que uma parte dos conflitos de leis de Direito Internacional Privado passarão a ser conflitos interlocais, i.e., problemas de determinação do Direito aplicável a relações que apresentam contacto com territórios, que embora pertencendo ao mesmo Estado, dispõem de diferentes sistemas jurídicos.

O presente Anteprojecto contém normas de conflitos sobre quase todas as matérias que nele são materialmente reguladas. Estas normas de conflitos estão formuladas de modo a operarem seja como normas de Direito Internacional Privado seja como normas de Direito Interlocal, conforme se trate, respectivamente, de relações internacionais ou de relações interlocais. Não fica, porém, completamente excluída a aplicação das normas de conflitos gerais, designadamente em matéria de forma do negócio jurídico.

Enfim, quanto à disciplina material da forma dos negócios jurídicos, o Código Comercial exige forma autêntica para a maioria dos actos que estão sujeitos a registo, designadamente os contratos de venda do navio e o acto constitutivo da hipoteca. Para alguns destes actos, esta exigência foi atenuada, na ordem jurídica portuguesa, por legislação avulsa que não vigora em Macau. Para o contrato de construção resulta da legislação do registo a necessidade de reconhecimento notarial da assinatura do construtor. Estes requisitos em forma, e, em especial a forma autêntica, aumentam os custos de transacção e criam dificuldades, pois frequentemente os negócios são celebrados em países que não conhecem um instituto do notariado equivalente e em que pode não haver representantes consulares que exerçam funções notariais. A orientação seguida no presente Anteprojecto é a de considerar suficiente, para a generalidade dos actos sujeitos a registo, a forma escrita. É a solução seguida não só pelos sistemas da *Common Law*, mas também por diversos ordenamentos da família romano-germânica.

No que toca aos contratos de transporte, resulta claramente dos Títulos II e III a vigência do princípio da consensualidade. É assim abolida a exigência de forma escrita formulada pelo Código Comercial para o contrato de fretamento sem as ambiguidades de que padece, a este respeito, o DL n.º 191/87, de 29/4 (que tendo revogado, na ordem jurídica portuguesa, a disciplina do fretamento contida no Código Comercial, não vigora em Macau). O princípio da consensualidade vigora também para o contrato de reboque regulado no Título IV.

2. Resulta do anteriormente exposto que a noção de navio, que consta do artigo 1.º, é decisiva para a delimitação do âmbito de aplicação do Anteprojecto[1].

Quanto aos direitos sobre o navio, decorre do Código Civil que às coisas móveis sujeitas a registo público é aplicável o regime das coisas móveis em tudo o que não esteja especialmente regulado. De entre os desvios consagrados pelo Anteprojecto, dentro da tradição do Direito Marítimo, avulta a susceptibilidade de o navio ser objecto de hipoteca.

O navio é considerado como uma coisa composta, constituída pela coisa principal, formada por partes componentes e integrantes, e pelas suas pertenças. As pertenças estão, em princípio, sujeitas ao regime de coisa principal. As situações jurídicas que tenham por objecto o navio abrangem, salvo convenção em contrário, as pertenças.

Porquanto o Código Civil de 1966 não adoptou o princípio posse vale título, são em princípio oponíveis a terceiros os direitos constituídos sobre partes componentes ou integrantes – a menos que tenham sido perdidos em consequência de acessão – e sobre pertenças. No entanto, para evitar a perpetração de fraudes contra terceiros que adquiram direitos sobre o navio, faz-se depender essa oponibilidade da prova dos direitos sobre partes componentes ou integrantes ou sobre pertenças mediante documento com data certa anterior à aquisição dos direitos sobre o navio. É uma solução visivelmente inspirada no códigos civil e da navegação italianos.

Pertencerá à ciência jurídica indagar da construção jurídica que melhor se adeqúe a estas opções legislativas.

Quanto aos modos de aquisição, não se vê razão para manter a exclusão da usucapião. Os navios serão objecto da usucapião de coisas móveis sujeitas a registo nos termos do art. 1298.º do Código Civil.

No que se refere ao Direito aplicável aos direitos sobre o navio, é normal que os navios se encontrem matriculados no Estado do seu pavilhão. Nos casos excepcionais em que assim não suceda, pese embora a inconveniência de um desfasamento entre os estatutos jurí-

---

[1] Em 10/7/98 foi publicado em Portugal o DL n.º 201/98 que estabeleceu "o estatuto legal do navio" e que revogou os arts. 485.º a 487.º e 489.º a 491.º C. Com.

dico-público e jurídico-privado, parece preferível atender à lei do lugar da matrícula, tal como determina o art. 46.º/3 do Código Civil. Esta preferência funda-se na importância da publicidade registal para o tráfico jurídico-privado: o registo dos factos relativos ao navio é normalmente organizado no porto de matrícula.

As normas do Código Comercial sobre arresto e penhora de navios encontram-se revogadas pelo Código de Processo Civil. Na jurisprudência têm-se registado divergências quanto à articulação da Convenção de Bruxelas de 1952 com o regime interno contido no Código de Processo Civil. O Anteprojecto, ao incorporar as disposições desta convenção no Direito interno torna claro, em primeiro lugar, que as disposições convencionais se aplicam a todos os arrestos, independentemente do pavilhão do navio ou da residência habitual ou estabelecimento do requerente do arresto ou do proprietário do navio. Em segundo lugar, fica expresso que as normas sobre o arresto contidas no Código de Processo Civil só são aplicáveis por remissão das disposições convencionais.

3. Quanto ao Direito aplicável aos contratos de construção, venda ou reparação de navio, a consagração de uma norma de conflitos especial deve-se principalmente à manifesta inadequação da contida no art. 42.º do Código Civil. O acolhimento dado pelo legislador de 1966 ao elemento de conexão lugar de celebração, para a determinação da conexão objectiva na falta de residência habitual ou sede comum, vem ao arrepio dos vectores de desenvolvimento verificados no Direito Comparado e na unificação do Direito de Conflitos. É hoje geralmente reconhecido que o lugar da celebração é um elemento de conexão "puramente externo", fortuito e arbitrário. Perante a inexistência de um elemento de conexão de conteúdo determinado que seja adequado à individualização do Direito regulador do contrato, tem prevalecido a tendência para consagrar a cláusula geral da conexão mais estreita, que deixa ao intérprete a missão de a concretizar, tendo em conta o conjunto de circunstâncias do caso concreto.

Já foi feita alusão à orientação seguida quanto à forma dos negócios jurídicos, orientação que encontra aplicação em matéria de contratos de construção, reparação e venda de navio.

De resto, o Anteprojecto apenas contém regras sobre a denúncia ao construtor ou ao vendedor dos defeitos do navio e sobre a caducidade dos direitos do dono da obra em caso de defeitos ocultos, que são mais favoráveis ao dono da obra e ao comprador que o regime contido no Código Civil. Este regime especial encontra justificação no elevado valor e complexidade dos navios, na maior dificuldade de descoberta de certos defeitos e na circunstância de a deslocação do navio para paragens longínquas tornar mais morosa a denúncia dos defeitos.

Em contrapartida, suprime-se o direito de rescisão perante a simples imperícia ou fraude manifestadas na construção, concedido pelo art. 489.º/§ 1.º do Código Comercial, por ser uma solução exorbitante, que não encontra paralelo noutros sistemas.

4. Enquanto o Código Comercial toma como centros de imputação de direitos e deveres inerentes à utilização do navio o capitão e o proprietário, o Anteprojecto coloca o acento na figura do armador. O Código Comercial quase que ignora o armador, porquanto à época da sua elaboração não se individualizara no tráfico jurídico a categoria daqueles que utilizam o navio para fins de navegação sem serem seus proprietários. A evolução entretanto verificada veio a colocar a questão de saber se os preceitos contidos no Capítulo II do Título I seriam aplicáveis aqueles proprietários que não fossem armadores.

Perante o Anteprojecto, é o armador que responde pelas obrigações contraídas pelo comandante e pelo facto ilícito da tripulação, no exercício das funções que lhes estão confiadas. O comandante representa exclusivamente o armador. O comandante, e restantes membros da tripulação, são auxiliares de cumprimento do armador, pelo que toca à execução das suas obrigações, designadamente das emergentes dos contratos de transporte. Tudo isto corresponde aos princípios gerais do Direito das Obrigações.

A mesma opção legislativa encontra-se no Código da navegação italiano. Mas a ideia orientadora não é de modo algum estranha a outros sistemas, designadamente ao Direito inglês, em que o *charterer by demise* fica em vasta medido investido nos direitos e obrigações que, em princípio, são imputados ao proprietário.

Isto não significa que a questão da propriedade do navio seja subalternizada. Sucede antes que a propriedade do navio é regulada inteiramente pelo Direito Civil. O Direito Marítimo tem apenas de se ocupar de dois aspectos. Por um lado, quando o armador não é o proprietário, mas um locatário, o contrato de aluguer do navio carece de um regime especial. Por outro, algumas convenções internacionais e leis nacionais mantêm o proprietário como centro de imputação de responsabilidade por actos cometidos na exploração do navio e permitem o arresto do navio por dívidas relativas à sua exploração. Daí que seja necessário conferir ao proprietário, perante o armador, o direito de indemnização pelos prejuízos que, embora inerentes à utilização do navio feita por este, são por tais convenções ou leis imputados àquele.

5. Foi no número anterior assinalada a necessidade de regular o contrato de aluguer de navio.

Quanto ao Direito aplicável, a consagração de uma norma de conflitos especial deve-se às mesmas razões que foram apresentadas relativamente aos contratos de construção, venda e reparação.

A locação de navio pode assumir diversas modalidades. O navio pode ser locado a casco nu, só com pertenças ou completamente armado e equipado. Em qualquer dos casos é o locatário quem o utiliza e detém materialmente, actuando, por conseguinte, como armador.

Na prática negocial o aluguer de navio é abrangido pela designação de "afretamento" e as partes são apelidadas de "fretador" e "afretador". Em língua inglesa utiliza-se, a respeito deste contrato, a expressão *charter by demise*. A expressão "fretamento em casco nu" ou *bareboat charter* é empregue na prática negocial para designar aqueles contratos de locação em que o comandante é designado pelo "afretador". Mas geralmente não se trata de locação em casco nu porque o navio é fornecido pelo menos com as pertenças.

A doutrina francesa entende que o fretamento em casco nu não é locação porque tem em vista a utilização do navio para fins de navegação marítima. É esta doutrina que parece inspirar o DL n.º 186/87, de 29/4 (o qual, de resto, se baseia numa noção de fretamento em casco nu que não encontra qualquer correspondência na prática negocial). Este entendimento é de rejeitar: sendo a navegação marítima a função normal do navio, a locação do navio terá normalmente em vista esse fim.

Mais frequente do que a simples locação é hoje a locação financeira de navio ou *bareboat leasing*, que origina uma relação triangular entre construtor ou vendedor, locador-financiador e locatário. Tratando-se de um relação muito diferente da simples locação, fica submetida ao regime geral da locação financeira, sem prejuízo da aplicação subsidiária das disposições relativas à locação de navio que forem compatíveis com a sua natureza.

A definição dos direitos e obrigações das partes inspira-se no modelo contratual BARECON 89 – *Standard Bareboat Charter*, recomendado pela BIMCO (*The Baltic and International Maritime Council*).

Verifica-se que estes direitos e obrigações convêm a qualquer contrato de locação e que, por conseguinte, não se mostra necessário um regime especial para o "fretamento em casco nu". Isto não quer dizer que a referência das partes ao fretamento de casco nu seja privada de todo o significado. Se não corresponde à prática negocial que no "fretamento em casco nu" o navio seja necessariamente armado e equipado pelo "afretador", já se pode inferir, na falta de indicações em contrário contidas no contrato, que compete ao locatário a contratação do comandante e da restante tripulação.

Não se justifica na locação de navios a norma protectora do locatário segundo a qual a resolução do contrato fundada em falta de cumprimento por parte do locatário tem de ser decretada pelo tribunal. Consagra-se, por isso, a faculdade de rescisão extrajudicial por ambas as partes.

Em caso de impossibilidade superveniente não imputável a qualquer dos contraentes aplicam-se as regras gerais. Tratando-se de impossibilidade definitiva o locador suporta a perda do navio e o locatário a perda do gozo, tornando-se o contrato resolúvel *ex nunc*.

Das regras gerais aplicáveis ao contrato de aluguer decorre ainda, em primeiro lugar, que a caducidade por decurso do prazo convencionado para a locação se verifica *ipso iure* sem necessidade de denúncia por qualquer das partes e sem que se opere uma renovação tácita; em segundo lugar, que a cessão da posição do locatário e a sublocação dependem de consentimento do locador.

6. O lugar central que o Anteprojecto atribui ao armador foi assinalado no n.º 4.

Quanto ao Direito aplicável à representação do armador pelo comandante afasta-se a solução tradicional, que é a da aplicação da lei do pavilhão. Esta solução não merece hoje o mínimo crédito, porque o pavilhão arvorado por um navio não exprime, nos dias que correm, a existência de qualquer laço significativo com o respectivo Estado. Com vista à protecção do tráfico deve aplicar-se o Direito do lugar onde o poder de representação é exercido, que corresponde à regra geral contida no art. 39.º do Código Civil.

Também se afasta a competência da lei do Estado do pavilhão ou da matrícula com respeito à responsabilidade civil por facto da tripulação. De acordo com o que decorreria da melhor interpretação das normas de conflitos gerais, a responsabilidade por actos dos tripulantes como auxiliares de cumprimento, no quadro de uma relação obrigacional, está submetida ao estatuto contratual e a responsabilidade por facto ilícito da tripulação ao estatuto delitual.

Ao nível do Direito material, a responsabilidade civil do armador por facto da tripulação é inteiramente reconduzida aos princípios gerais do Direito das Obrigações. E é também em conformidade com estes princípios gerais que se rejeita o entendimento, que embora tenha feito curso na doutrina nunca teve apoio na lei portuguesa, segundo o qual o armador seria responsável pelas faltas do piloto mesmo que se tratasse de piloto obrigatório[2].

7. Em matéria de limitação de responsabilidade o Código Comercial adoptava o sistema tradicional nos ordenamentos latinos: o abandono do navio aos credores. Na actualidade esta matéria é regulada pela Convenção de Bruxelas sobre o Limite de Responsabilidade dos Proprietários de Navios de Alto Mar, de 10/10/57, aprovada para ratificação pelo DL nº 48036, de 14/11/67. Com esta convenção foi abandonado o sistema tradicional e adoptado um sistema de limitação de responsabilidade pelos créditos emergentes do mesmo aconte-

---

[2] Em 10/7/98 foi publicado em Portugal o DL n.º 202/98 que estabeleceu o regime da responsabilidade do proprietário do navio e disciplinou a actuação das entidades que o representam e que revogou os arts. 492.º a 459.º e 509.º C. Com.

cimento em montante fixado por tonelada de arqueação do navio, de inspiração anglo-saxónica[3].

Entretanto, com base num projecto do Comité Marítimo Internacional, foi concluída no decurso de uma conferência organizada em Londres pela Organização Marítima Internacional a Convenção de Londres de 19/11/76. Esta convenção, de que são partes, entre outros Estados, a Alemanha, a Espanha, a França e o Reino Unido, está em vigor em Hong Kong. Embora não haja notícia de a RPC ser parte nesta convenção, o Capítulo XI do seu Código Marítimo é nela baseado.

A Convenção de 1976 segue a mesma concepção que a Convenção de 1957, mas com algumas diferenças importantes, para além das que concernem aos montantes. De entre estas diferenças, sublinhe-se a seguinte: enquanto a Convenção de 1957 exclui a limitação de responsabilidade em caso de "culpa pessoal" do proprietário, perante a Convenção de 1976 essa exclusão só se verifica quando houve intenção de provocar o dano ou quando houve uma actuação temerária e com consciência que daí resultaria provavelmente o dano.

O Anteprojecto baseia-se na Convenção de 1976. As disposições da convenção são aplicáveis sempre que uma pessoa referida no artigo 1.º da convenção pretenda limitar a sua responsabilidade neste território. O Anteprojecto estabelece ainda a aplicação do regime de limitação de responsabilidade às embarcações que são destinadas à navegação em águas interiores e aos navios de arqueação inferior a 300 toneladas, o que abrange uma parte significativa do tráfego marítimo de Macau.

Quanto aos limites de responsabilidade relativamente a navios com arqueação inferior a 300 toneladas, consagram-se, à semelhança das leis francesa e inglesa e do *Merchant Shipping (Limitation of Shipowners Liability)*, de 1/10/83, vigente em Hong Kong, montantes que correspondem aproximadamente a metade dos fixados para as embarcações com arqueação inferior a 500 toneladas.

A opção pela Convenção de 1976 justifica-se pelo vasto consenso internacional que presidiu à sua adopção, pelo acolhimento internacional que tem merecido, e, designadamente, pela circunstância de vigorar em Hong Kong.

---

[3] Ver n. anterior.

Por último, no que se refere à limitação de responsabilidade por danos devidos à poluição por hidrocarbonetos, produzidos no território de Macau, são aplicáveis as disposições da Convenção de Bruxelas sobre a Responsabilidade Civil por Danos Devidos à Poluição por Hidrocarbonetos, de 29/11/69, alterada pelos Protocolos de Londres de 1976 e 1992, que se consideram incorporadas no Direito interno de Macau. Isto sem prejuízo da aplicação das disposições Convenção de Londres de 1976 quando for invocado um crédito resultante de dano devido a poluição contra uma pessoa que não seja o proprietário.

8. A posição do comandante releva em parte do Direito público, enquanto representante do Estado do pavilhão e dirigente náutico do navio, e em parte do Direito privado, designadamente como representante do armador. O Anteprojecto limita-se à regulação da posição jurídico-privada do comandante. Desta posição é excluído tudo o que concerne a relações laborais, por se tratar de matéria estranha ao Direito Comercial.

À época em que o Código Comercial foi elaborado o capitão tinha de representar o armador na celebração dos contratos de transporte, de tratar dos abastecimentos e reparações do navio e de tomar por si todas as decisões importantes para a realização da viagem e a guarda e conservação da carga. Daí que ao capitão fossem atribuídos amplíssimos poderes de representação do proprietário, bem como outros poderes com respeito ao navio e à carga, e, correlativamente, que muitas obrigações que, segundo os princípios gerais, caberiam ao armador, fossem impostos pela lei ao capitão e só indirectamente imputados ao proprietário (na medida em que se responsabilizava o proprietário pelo facto do capitão).

Com a evolução posterior, os armadores e os interessados na carga passaram a ser contactáveis a todo o momento e os amadores passaram a dispor de redes de agentes cobrindo todos os portos escalados pelo navio. O capitão foi arredado de quaisquer funções comerciais, deixou de contratar a tripulação, ficou dependente de instruções do armador ou dos interessados da carga para todas as decisões importantes que não se liguem directamente à navegação e à segurança do navio e passou a ter um papel limitado na angariação de abastecimentos e reparações. Mas, ao mesmo tempo, os navios tornaram-se maiores e mais complexa a sua direcção; o tráfego marítimo tornou-se mais intenso e regulamentado; multiplicaram-se os regulamentos de fonte internacional ou nacional que têm de ser observados pela tripulação; diminuiu drasticamente o tempo de permanência em cada porto; as operações de carga tornaram-se muito mais intensivas e, em certos tráfegos, passaram a ser realizadas por conta e sob o controlo dos carregadores ou destinatários.

A manutenção dos poderes e deveres do comandante, estabelecidos pelo Código Comercial português e outras legislações da mesma época, perante o moderno comércio marítimo, tornou o comandante numa espécie de *Deus ex machina*, que tudo pode e de quem tudo se exige, sem qualquer correspondência com a realidade.

É assim que ainda hoje, perante o Direito alemão, o comandante responde perante os interessados na carga por danos causados na mercadoria por facto da tripulação, com presunção de culpa, segundo as regras da responsabilidade contratual. Quer isto dizer em caso de avarias de carga por facto da tripulação os carregadores têm geralmente a possibilidade de exigir indemnização tanto do armador como do comandante. Entendimento semelhante era seguido por outros ordenamentos, que entretanto o abandonaram, e encontrou eco na jurisprudência e na doutrina portuguesas.

Não há qualquer razão válida para acolher esta exorbitância relativamente ao Direito comum, que coloca o comandante numa posição bem mais gravosa que a do armador, porque não tem um nível de rendimento que lhe permita segurar a sua responsabilidade civil. Assinale-se que mesmo no Direito alemão a iniquidade da solução é temperada pela atribuição ao comandante de uma "pretensão de exoneração" [*Freistellungsanspruch*] perante o armador.

É decididamente outro o caminho seguido, com alguns traços inovadores, pelo Anteprojecto. Os poderes de representação legal do comandante são limitados, no essencial, à execução dos contratos de transporte, aos abastecimentos quotidianos, aos fornecimentos de reduzido valor e às pequenas reparações necessárias para a manutenção ordinária do navio. É enquanto representante do armador, e não dos interessados na carga, que o comandante deve tomar as medidas que se mostrem necessárias para a tutela dos direitos destes últimos. Os deveres legais que lhe são impostos são aqueles que são exigidos pela prossecução de fins públicos, pela protecção de bens jurídicos fundamentais ou pela tutela do conjunto de interesses envolvidos na expedição.

Perante este regime, os interessados na carga só podem formular pretensões fundadas em responsabilidade contratual contra o armador, uma vez que o comandante actua como seu auxiliar de cumprimento. Isto não prejudica a responsabilidade extra-contratual do comandante ou de outro membro da tripulação, nos termos gerais que são aplicáveis a qualquer comissário, nem as pretensões que, neste caso, o comandante ou outro membro da tripulação possam fazer valer perante o armador, por se tratar de responsabilidade gerada por facto praticado na execução do contrato de trabalho.

Refira-se ainda, quanto aos livros de bordo, que apenas se obriga o comandante a ter a bordo aqueles que são exigidos pela tutela de outros interessados além do armador. Caberá ao armador, no exercício do seu poder de direcção, definir quais os documentos que a tripulação deve elaborar no seu exclusivo interesse.

Elimina-se o poder, que o Código Comercial atribuía ao comandante, de requerer, em caso de inavegabilidade, a venda do navio sem autorização do proprietário. É uma faculdade que, na actualidade, nunca é utilizada, e que não é compatível com um sistema em que o comandante representa exclusivamente o armador.

No que toca ao "relatório" ou "protesto de mar", procurou-se reforçar as garantias da sua fiabilidade, tendo em vista a protecção dos interesses lesados pelo facto protestado, designadamente os interesses da carga. Esta preocupação vem a traduzir-se, designadamente, na jurisdicionalização da confirmação do protesto, e na regulação do respectivo procedimento. A regulação desta matéria é em parte inspirada no Código Comercial alemão.

A necessidade de requerer ao tribunal a realização de vistoria antes de empreender qualquer viagem, imposta pelo Código Comercial, já não vigora hoje no Direito português e também é desconhecida de outros sistemas consultados. A certificação da navegabilidade é hoje uma função por toda a parte exercida pelas sociedades de classificação. O Anteprojecto estabelece que o certificado passado por sociedade de classificação reconhecida faz fé em juízo, salvo prova em contrário.

9. Enquanto na ordem jurídica portuguesa vigora a Convenção de Bruxelas para a Unificação de Certas Regras Relativas aos Privilégios e Hipotecas Marítimas, de 10/4/26, em Macau não está em vigor qualquer convenção nesta matéria. Quer isto dizer que o Código Comercial português é ainda a principal fonte do Direito vigente. Este código consagra uma tipologia de privilégios marítimos, que prevalecem sobre a hipoteca do navio, bastante mais ampla que as definidas pelas convenções internacionais e pelos sistemas nacionais consultados. A profusão de privilégios marítimos, ao constituir um risco para os credores hipotecários, dificulta o crédito marítimo. A presente situação pode por isso ser muito prejudicial para Macau e levar a que os financiadores se oponham ao registo neste território dos navios cuja construção ou aquisição é por eles financiada.

Na busca de um ponto de equilíbrio entre os diferentes interesses em causa, é de salientar a Convenção de Genebra sobre Privilégios e Hipotecas Marítimas, concluída em 6/5/93. Por ser uma convenção muito recente, ainda não há notícia de ter entrado em vigor internacionalmente, mas a circunstância de ter sido adoptada numa conferência da Organização Marítima Internacional é reveladora do alargado consenso internacional que está na sua base.

As disposições desta convenção são incorporadas no Direito interno de Macau, aplicando-se a todos os navios, independentemente do Estado de matrícula ou de pavilhão e mesmo que estejam destinados à navegação em águas interiores.

Esta convenção estabelece uma tipologia taxativa dos créditos que beneficiam de privilégio graduado antes da hipoteca ou direito inscrito semelhante, mais restrita que a definida pela Convenção de 1926. A Convenção de Genebra admite, porém, que os Direitos internos estabeleçam outros privilégios graduados depois da hipoteca ou direito inscrito semelhante.

Nesta tipologia taxativa contam-se, além dos que beneficiam de um privilégio na generalidade dos sistemas nacionais consultados, os créditos relativos a morte ou ofensa corporal que ocorram em relação directa com a exploração do navio e créditos que, por terem fonte não-negocial, não podem ser garantidos por hipoteca.

Como privilégios mobiliários especiais graduados depois das hipotecas e direitos inscritos semelhantes consagra o Anteprojecto, primeiro, os estabelecidos para a generalidade dos bens móveis, designadamente no art. 738.º do Código Civil. Acrescenta-lhes os privilégios do construtor, vendedor e reparador de navio, que se fundam na seguinte consideração: ao contribuírem para a existência ou valorização do navio, sem terem recebido a contrapartida patrimonial dessa contribuição, estes credores merecem preferência relativamente aos credores comuns que pretendam afectar o navio à realização dos seus créditos.

Aproveita-se a possibilidade, prevista na convenção, de estabelecer que os custos da remoção de um navio encalhado ou afundado, por uma autoridade pública no interesse da segurança da navegação ou da protecção do meio marinho, devem ser pagos, em caso de venda forçada, do produto da venda com preferência sobre todos os outros créditos garantidos por um privilégio marítimo. A segurança da navegação e a protecção do meio marinho são fins públicos que justificam a preferência dada a estes custos.

Do art. 754.º do Código Civil resultaria a atribuição de um direito de retenção, que em caso de execução prevalece sobre a hipoteca, a todos os que encontrando-se na detenção material do navio são titulares de créditos resultantes de despesas feitas por causa dela ou de danos por ela causados. A Convenção de Genebra é, porém, mais restritiva, só admitindo que os Estados contratantes concedam um direito de retenção sobre o navio ao construtor e ao reparador. O Anteprojecto atribui este direito de retenção, dentro dos limites permitidos pela convenção.

Seguindo a concepção acolhida na mesma convenção, são abolidos os privilégios sobre o frete. Neste sentido pesa também a circunstância de ser estranha ao Direito comum a existência de direitos de preferência sobre coisas incorpóreas determinadas.

A constituição e registo das hipotecas sobre navios, bem como a sua graduação entre si e os seus efeitos perante terceiros não são regidos pela Convenção de Genebra mas pelo Direito interno do Estado da matrícula. Quanto à constituição e efeitos rege, em tudo o que não se encontre regulado no Anteprojecto, o disposto no Código Civil. O regime do registo é deixado à respectiva legislação.

À semelhança dos Direitos francês e italiano, no Anteprojecto só se admite a hipoteca voluntária. Com efeito, a hipoteca de navio encontra o seu fundamento e limite no desenvolvimento e facilitação do crédito marítimo.

A suficiência de forma escrita do acto constitutivo da hipoteca decorre do vector, inicialmente referido, de atenuação das exigências de forma.

Em caso de compropriedade do navio, exige-se o consentimento da maioria dos consortes para a hipoteca de quota do navio, porque esta hipoteca, ao obstar à hipoteca geral, poderia redundar em prejuízo comum.

No que se refere ao Direito aplicável aos privilégios sobre a carga e ao direito de retenção sobre a carga, as soluções consagradas estão de harmonia com as estabelecidas, no art. 6.º, para os direitos reais de garantia não sujeitos a registo sobre o navio. Com a particularidade de o Direito aplicável aos efeitos não ser, agora, o Direito do lugar da matrícula, mas o Direito do lugar do destino. Na verdade, a carga é, durante o transporte, uma coisa em trânsito no sentido do n.º 2 do art. 46.º CC.

Relativamente ao Código Comercial procedeu-se a uma restrição das categorias de créditos que gozam de privilégio sobre a carga. Na selecção destas categorias atendeu-se às tendências de Direito Comparado e à tipologia estabelecida para os privilégios sobre o navio. Daí resultou que, além dos privilégios estabelecidos para a generalidade dos bens móveis, apenas gozam de privilégio sobre a carga os créditos do armador ou transportador e os créditos por salvação.

O direito de retenção da carga pelo transportador marítimo é reconhecido pela generalidade dos sistemas embora se verifiquem diferenças relativamente aos efeitos do direito de retenção legal e do direito de retenção voluntário, à admissibilidade da retenção das mercadorias a bordo, à oponibilidade a certas categorias de terceiros e à venda das mercadorias para satisfação do crédito. A solução acolhida está em conformidade com o regime contido nos arts. 754.º e segs. do Código Civil, regime que corresponde a um razoável equilíbrio de interesses em jogo, sem prejuízo do procedimento sumaríssimo aplicável à venda da mercadoria.

Face à evolução tecnológica dos navios e às actuais condições dos portos, não subsistem, normalmente, as razões que levaram a excluir a retenção de mercadorias a bordo. Na falta de instalações terrestres adequadas ou disponíveis para armazenarem certas mercadorias, ou, relativamente a quaisquer mercadorias, em alguns países, esta será, aliás, a única forma de exercer efectivamente o direito de retenção.

O armador goza do direito de retenção na sua qualidade de transportador, uma vez que o direito de retenção garante créditos resultantes do contrato de transporte. Nada obsta, porém, a que o transportador que não seja armador também exerça o direito de retenção: embora o navio esteja na detenção material do armador, o armador age neste caso por conta do transportador.

O procedimento aplicável à consignação judicial e à venda da carga consta do artigo 1507.º do Código de Processo Civil.

10. O Título II parte de uma noção de transporte marítimo de mercadorias que abrange tanto os casos em que uma das partes se obriga a deslocar mercadorias como aqueles em que se obriga a fornecer um navio para deslocar mercadorias. Esta noção encontra correspondência, nos sistemas da *Common Law*, no conceito de *contract of affreightment*, e no Direito alemão, no conceito de *Seefrachtvertrag*. Exprime-se aqui uma concepção unitária que agrupa no mesmo tipo contratual o transporte sob conhecimento e o fretamento.

Diferente é a concepção seguida em França e em Itália e que inspirou a recente legislação portuguesa (DL n.º 352/86, de 21 de Outubro, que regula o contrato de transporte de mercadorias e o DL n.º 191/87, de 29 de Abril, sobre o contrato de fretamento). Esta concepção contrapõe o contrato de fretamento ao contrato de transporte. Se o "armador" promete colocar um navio à disposição do afretador estaremos perante um contrato de fretamento; se promete transportar determinada mercadoria temos um contrato de transporte.

Bipartição rica em consequências. No fretamento o "armador" obrigar-se-ia essencialmente a apresentar na data convencionada um navio em estado de navegabilidade, ao que acresceria, no fretamento à viagem, a realização das viagens previstas na carta-partida. Em contraste, no transporte, o transportador estaria vinculado a entregar a mercadoria no destino e a exercer um dever de custódia desde a recepção até à entrega ao destinatário.

Esta concepção bipartida não encontra correspondência ao nível do regime aplicável e é errónea de um ponto de vista de construção jurídica.

Na verdade, o "armador" obriga-se pelo contrato de fretamento a prestar um serviço que tem por função a deslocação de mercadorias. Ou bem que o "armador" cede a utilização do navio ao afretador, e temos basicamente um contrato de aluguer, ou bem que é o "armador" a utilizar o navio, mas ao serviço doutrem.

No fretamento à viagem é manifesto que a "viagem" que o "armador" se compromete realizar mais não é que o serviço de transporte.

Mas também no fretamento a tempo se pode ainda falar da prestação de um serviço pelo "armador", que para tal afecta um determinado navio e respectiva tripulação. O fretamento a tempo não é um contrato de aluguer: o "armador" conserva a disponibilidade do navio e utiliza-o para prestar um serviço de transporte. Segundo o clausulado usual das cartas-partidas o "armador" assume responsabilidade pelo transporte. Por isso, por exemplo, segundo o *Inter-Club New York Produce Exchange Agreement*, mesmo no fretamento a tempo as reclamações por faltas de carga (incluindo furtos) são suportadas em partes iguais pelo afretador e pelo "armador". Por vezes o "armador" partilha com o afretador outras obrigações com respeito às mercadorias, por exemplo, o controlo e responsabilidade pelas obrigações de estiva e desestiva. Nesta modalidade de fretamento o serviço não é definido por uma viagem (operação de transporte), mas por um período de tempo determinável.

É certo que, como sucede frequentemente nas linhas regulares, o afretador a tempo pode surgir perante terceiros como transportador. Isto suscita a questão de saber se, apesar de o conhecimento ser emitido por conta do "armador", o afretador a tempo não deve responder solidariamente com o "armador" por perda ou dano da carga. É uma questão controversa que se julgou preferível deixar em aberto. Mas com respeito à relação interna, i.e., entre afretador e "armador", poderá afirmar-se que este, ao conservar a detenção e o controle náutico do navio, presta um serviço que integra a operação de transporte.

Ao nível do regime aplicável a concepção bipartida deveria implicar que, no fretamento, o "armador" respondesse apenas por avarias de carga quando se provasse que elas foram consequência do incumprimento da obrigação de apresentar na data convencionada um navio em estado de navegabilidade. Ora, quer no transporte sob conhecimento, quer no transporte em regime de fretamento à viagem ou a tempo, a opinião hoje prevalecente é a de que o "armador" é *prima facie* responsável pelas avarias verificadas na entrega da mercadoria. O ponto é aliás concedido pelos autores e tribunais franceses, perante o fretamento à viagem.

Por outro lado, também não parece exacto que no transporte sob conhecimento a responsabilidade do transportador pela não produção do resultado visado com o negócio (colocação da mercadoria no lugar do destino) se presuma sempre. Também não é exacto que a responsabilidade do transportador só seja afastada quando este demonstre que a avaria foi causada por determinado facto exoneratório e que, por conseguinte, ele suporte sempre as consequências de causas desconhecidas (cf. art. 4.º/1 da Convenção de Bruxelas).

Enfim, assinale-se que certas diferença de pormenor entre o regime da responsabilidade por avarias de carga no transporte sob conhecimento e no fretamento são atenuadas pela inclusão nas cartas-partidas da cláusula *Paramount*, que subordina a execução do transporte à disciplina da Convenção de Bruxelas ou de uma lei interna que a incorpora.

Em conclusão, fretamento e transporte sob conhecimento são diferentes subtipos do contrato de transporte marítimo, que obedecem a uma regulação comum, assentando em regras de Direito de diversas fontes e nas cláusulas usuais dos contratos, sem prejuízo da regulação especial aplicável a cada um destes subtipos.

Esta sistemática, além de evitar duplicações e incoerências de regulação, tem o importante mérito de oferecer uma disciplina jurídica para conformações atípicas ou novos subtipos do contrato de transporte marítimo, sendo consabido que o comércio marítimo gera constantemente novas conformações negociais.

11. A determinação do Direito aplicável ao contrato de transporte marítimo de mercadorias reveste-se de certa complexidade.

Também aqui encontra aplicação a regra geral da designação pelas partes do Direito aplicável e, na sua falta, a cláusula geral de conexão mais estreita.

Não se encontra assiduamente, nos contratos de transporte marítimo, uma cláusula de escolha do Direito aplicável clara e inequívoca.

Frequente, e mesmo usual, é a inclusão da já referida cláusula *Paramount*. Mas estas cláusulas não têm um sentido inequívoco quanto à determinação do Direito aplicável: são muito heterogéneas e o sentido que lhes deve ser atribuído depende em larga medida do seu teor, da sua inserção no conjunto do clausulado, dos usos do tráfego e de outras circunstâncias que rodeiam o contrato. Comum às diferentes cláusulas é ser a remissão feita apenas para as regras convencionais ou de origem convencional; logo, mesmo que esta remissão seja feita para a lei interna de um Estado que incorpora essas regras, não pode valer como uma escolha expressa do Direito que rege o contrato no seu conjunto, mas apenas como uma referência parcial, i.e., como uma escolha da lei aplicável àquelas questões, relativas ao contrato de transporte, que são reguladas pelo Direito convencional: a responsabilidade do transportador.

A directriz interpretativa que se estabelece no art. 63.º/3 para a determinação da conexão mais estreita é visivelmente inspirada na Convenção de Roma sobre a Lei Aplicável às Obrigações Contratuais. Para o contrato de fretamento a tempo ou de fretamento por viagens consecutivas, em que pode haver uma pluralidade de lugares de carregamento e de lugares de descarga, estabelece-se uma directriz interpretativa diferente, que atende exclusivamente ao lugar da matrícula do navio e ao estabelecimento principal do transportador e do afretador.

Estas regras gerais são limitadas pelas normas de conflitos especiais em matéria de transporte sob conhecimento.

Estas normas decorrem, em parte, da Convenção de Bruxelas de 1924 com as alterações introduzidas pelo Protocolo de Bruxelas de 1968. Segundo este Protocolo, o transporte internacional – entendido como transporte entre portos de dois Estados diferentes – cai dentro do domínio imperativo da convenção sempre que o conhecimento seja emitido num Estado contratante ou o transporte se inicie no porto de um Estado contratante. A par do domínio imperativo, o Protocolo prevê um domínio facultativo de aplicação através de cláusulas de referência à convenção que, como já foi sublinhado, são geralmente designadas como cláusulas *Paramount*. Enfim, admite-se expressamente a possibilidade de os Estados contratantes estenderem o âmbito espacial do direito unificado a outras situações.

A opção feita pela incorporação das disposições convencionais no Direito interno de Macau não pode prejudicar a esfera de aplicação no espaço estabelecida pela convenção (na medida em que esta vigore no território de Macau). Mas nada impede que seja conferido às disposições de origem convencional um âmbito de aplicação no espaço mais vasto. De acordo com o Anteprojecto, isto resulta, em primeiro lugar, da aplicabilidade destas disposições sempre que o Direito de Macau seja competente segundo as regras de conflitos gerais. Em segundo lugar, o art. 105.º/2 determina a aplicação destas disposições aos contratos em que a mercadoria deva ser entregue em Macau. Com efeito, a protecção concedida pelas normas injuntivas reguladoras do transporte sob conhecimento beneficia principalmente o destinatário da mercadoria. Na grande maioria dos casos o destinatário da mercadoria é um terceiro que reside, tem a sua sede ou o seu estabelecimento, no Estado ou território onde a mercadoria é entregue. Daí que diversos Estados tenham entendido que tais normas se aplicam necessariamente no tráfego de importação. Este exemplo foi seguido no Anteprojecto, mediante a formulação de uma norma de conflitos especial e unilateral, ajustada à situação específica de Macau.

Esta norma unilateral é objecto de um certa forma de bilateralização, para contemplar os casos em que não sendo aplicável o regime especial do transporte sob conhecimento vigente em Macau, vigore, no lugar de entrega da mercadoria, um regime equivalente, aplicável segundo o Direito Internacional Privado da ordem jurídica a que pertence. Configura-se assim uma norma de remissão condicionada ao Direito do lugar de entrega da mercadoria.

12. A obrigação principal do transportador é a de exercer a diligência devida para apresentar o navio em estado de navegabilidade para embarcar a mercadoria e empreender a viagem. Embora a obrigação de o transportador apresentar um navio em estado de navegabilidade surja, à face dos diferentes Direitos locais, com diversas configurações, na prática do comércio marítimo a sujeição da generalidade dos contratos às disposições da Convenção de Bruxelas de 1924 levou à uniformidade de regulação neste ponto. O art. 66.º do Anteprojecto baseia-se no disposto nesta convenção e, por conseguinte, deve ser interpretado em conformidade.

A estipulação de um prazo para apresentar o navio é usual nas cartas-partidas de fretamento à viagem, configurando a chamada *"cancelling clause"*. Nada obsta, porém, a que esta estipulação seja inserida noutra modalidade de transporte.

Quanto à transmissão do conhecimento tende-se hoje a admitir internacionalmente que o conhecimento está submetido a uma regime de transmissão análogo ao estabelecido nas Leis uniformes dos cheques e das letras e livranças. Por conseguinte, a omissão da expressão "à ordem" ou de expressão equivalente, não obsta, de per si, ao endosso do conhecimento.

No que se refere à aquisição dos direitos e contracção das obrigações emergentes do contrato de transporte pelo destinatário, designadamente a responsabilidade solidária pela dívida do frete pagável no destino, o Anteprojecto aproxima-se dos Direitos alemão e francês. A complexidade das construções do Direito inglês a este respeito decorre do dogma da relatividade do contrato [*privicy of contract*], que só permite fundar obrigações para terceiros na presunção de um contrato por eles celebrado. De resto, deixa-se à doutrina a missão de averiguar a construção jurídica do contrato de transporte marítimo que mais se adeqúe à posição atribuída ao destinatário.

13. O que caracteriza o fretamento, enquanto subtipo do contrato de transporte de mercadorias, é a afectação de navio ou navios determinados ou determináveis à realização do transporte. No fretamento à viagem o navio é afecto à realização de uma ou várias viagens pré-definidas. No fretamento a tempo o navio é afecto durante determinado período de tempo.

Na formulação das normas especiais reguladoras destas duas modalidades de fretamento o Anteprojecto baseia-se principalmente nos usos do comércio marítimo, que encontram expressão nos modelos de carta-partida regularmente utilizados.

Para superar as dificuldades que se suscitaram na determinação da área onde o navio pode ser considerado como chegado em caso de congestionamento, quando o lugar contratualmente definido para realizar o embarque da carga for um porto, o art. 89.º determina que o navio se considera chegado quando se encontre no local usual de espera. Esta solução está de harmonia com a definição de porto contida nas *Charterparty Laytime Definitions 1980* (adoptadas conjuntamente pelo *General Council of British Shipping*, pela *Federation of National Associations of Ship Brokers and Agents* e pela *Baltic and International Maritime Council*) e com o entendimento dominante na jurisprudência arbitral.

Por seu turno, resulta claramente do art. 88.º que no caso de uma pluralidade de portos de carregamento o aviso de pronto só é necessário no primeiro porto.

14. A noção de contrato de transporte sob conhecimento serve para delimitar o âmbito de aplicação do regime contido na Convenção de Bruxelas de 1924, alterada pelos Protocolos de Bruxelas de 1968 e 1979 e, por conseguinte, deve ser entendida em conformidade com o disposto nesta convenção sobre o seu domínio material de aplicação.

O fundamento deste regime especial pode explicar-se sumariamente a partir da diferenciação entre o serviço prestado por graneleiros e o realizado por navios de carga geral. Os mercados de fretes têm uma estrutura e um funcionamento muito diferente conforme respeitem ao transporte de granéis ou de carga geral. No mercado de granéis os carregadores representam normalmente interesses económicos poderosos e podem utilizar determinados navios no exclusivo transporte das suas cargas, nas datas e com os itinerários mais convenientes. O mercado é centralizado e os negócios são conduzidos a partir de um reduzido número de bolsas internacionais. As condições do serviço de transporte são negociadas entre carregador e transportador e formalizam-se, tradicionalmente, num documento designado por carta-partida. A carga geral é heterogénea e consiste geralmente de parcelas relativamente pequenas. As condições do serviço – *maxime*, taxas de frete, escalas, itinerários e responsabilidade por avarias de carga – dificilmente são negociáveis. Isto não decorre necessariamente da maior força negocial do transportador, porquanto o peso económico dos carregadores é muito variável, mas da própria natureza do serviço. Os transportadores, frequentemente organizados em *conferences*, não podem negociar as condições do transporte com cada um dos múltiplos carregadores que fornecem mercadorias para embarque num determinado navio. As negociações para carga ou fluxos de carga importante, cingem-se, em regra, às taxas de frete (ou a descontos sobre fretes ou a certos custos das operações de carregamento e descarga).

O contrato de transporte nas linhas regulares é pois, em regra, um contrato que se forma por adesão às condições pré-fixadas pelo armador e às cláusulas gerais impressas nos conhecimentos de embarque da respectiva linha. No passado estas cláusulas eram, com frequência, excessivamente onerosas para os carregadores. Daí a necessidade de um regime jurídico que se sobrepusesse à convenção das partes, protegendo o carregador-aderente.

Quando as condições de transporte são negociadas, como normalmente sucede no tráfego de cargas homogéneas, já não há razão para a lei impor obrigações e atribuir direitos diferentes daqueles que as partes livremente estipularem.

Daí que o critério de delimitação atenda fundamentalmente à vigência, para a relação em causa, de uma carta-partida (cf. arts. 1.º/b e 5.º/§ 2 da convenção). Também no Direito português vigente decisivo é se a relação é titulada só por um conhecimento de carga ou por uma carta-partida (art. 29.º do DL n.º 352/86, de 21 /10).

A relação que se baseie exclusivamente no conhecimento ou documento similar está submetida ao regime convencional que, sendo essencialmente injuntivo, prevalece sobre as cláusulas contratuais em contrário. Quando as partes forem vinculadas por uma carta-partida as disposições convencionais só são aplicáveis se as partes para elas remeterem, como geralmente sucede; mas neste caso as disposições convencionais são incorporadas como cláusulas do contrato e não prevalecem necessariamente sobre outras cláusulas contratuais.

Não é decisiva a designação que as partes dão ao documento que formaliza o contrato. Este documento pode desempenhar a função de uma carta-partida mesmo que as partes lhe não dêem essa designação. É o que se verifica sempre que o carregador tenha um certo controlo sobre a execução do serviço de um navio determinado ou a nomear e que o documento utilizado contenha cláusulas negociadas pelas partes, ainda que a negociação tome por base um dado modelo impresso. A jurisprudência francesa sobre *"contrat de tonnage"* parece apontar exactamente neste sentido, embora, na generalidade dos países, o ponto não se encontre ainda bem esclarecido.

Em todo o caso, o significado actual desta distinção deve ser relativizado. As linhas regulares são apenas um dos mercados de cargas secas, a par dos granéis secos, dos contentores, dos *roll-on/ roll-off*, para mencionar apenas os mais conhecidos. A importância de outros mercados, tais como o de granéis líquidos, cargas frigoríficas e *car carrier*, dispensa comentários. Estes mercados e os serviços de transporte envolvidos colocam problemas específicos que extravasam da temática tradicional.

Ainda é cedo, todavia, para desenvolver regimes especiais para as novas conformações do contrato de transporte. O legislador não se antecipará ao desenvolvimento e uniformização das cláusulas contratuais, nem pode dispensar o intérprete da tarefa de, com base no Direito vigente, ir oferecendo resposta aos desafios colocados pela evolução da economia.

O *The Carriage of Goods by Sea (Hong Kong) (Amendment) Order 1980* n.º 1954 exclui a aplicação das normas convencionais às embarcações empregues regularmente no tráfego fluvial. Recorde-se que por força do conceito de navio formulado no art. 1.º o tráfego fluvial está globalmente excluído do âmbito de aplicação do presente Anteprojecto.

A exclusão do âmbito da Convenção de Bruxelas do transporte de animais vivos ou de carga que, em conformidade com o conhecimento ou documento similar, é transportada no convés, decorre do art. 1.º/c da convenção. No entanto, nada obsta a que se estenda a aplicação das disposições de origem convencional a estes transportes, à semelhança do que foi feito pelo *The Carriage of Goods by Sea (Hong Kong) Order 1980* n.º 1508.

Antes de terminar este ponto, importa ainda justificar a opção feita pelo regime convencional atrás referido em prejuízo do contido na Convenção das Nações Unidas sobre o Transporte de Mercadorias por Mar, concluída em Hamburgo, em 31/3/78.

A Convenção de Hamburgo representa uma ruptura face à Convenção de Bruxelas, que se destina a substituir. Uma ruptura que se manifesta naturalmente no conteúdo normativo, mas também, desde logo, na técnica seguida. As "regras de Hamburgo" não regulam apenas certos aspectos relativos ao conhecimento de carga e à responsabilidade do transportador por avarias de carga. Prossegue-se agora um escopo mais vasto: a unificação do regime do transporte marítimo de mercadorias sob conhecimento. Embora este regime se inspire, em muitos aspectos, na lei francesa de 1966, a ruptura verificada exprime, principalmente, as aspirações dos países em desenvolvimento. O desígnio de conceder ao carregador e ao destinatário uma protecção inderrogavelmente injuntiva é também prosseguido ao nível da esfera de aplicação no espaço da convenção e da competência jurisdicional. Por força do n.ºs 3 e 5 do art. 21.º os pactos de jurisdição só são válidos quando celebrados depois da eclosão do litígio. Também a cláusula de arbitragem não obsta à possibilidade de escolha entre os vários foros concedida ao autor (art. 22.º).

A autonomia privada no domínio do transporte marítimo ficaria assim muito limitada, sem paralelo noutras relações do comércio internacional, designadamente no concernente à venda internacional, com a qual está na maioria dos casos conexo o transporte marítimo internacional de mercadorias.

Diferença de tratamento difícil de entender quando se suporia ser exactamente na relação de venda internacional que se localiza o centro de gravidade de toda a operação, e, com ele, eventuais desequilíbrios negociais em prejuízo de uma das partes. Aparentemente, a convenção põe a cargo do transportador marítimo o restabelecimento deste equilíbrio.

A funcionalidade desta protecção é, porém, duvidosa. O incremento dos riscos suportados pelo transportador levará inevitavelmente ao aumento dos prémios de seguro por si pagos. As apertadas margens de rendibilidade com que os transportadores marítimos actualmente operam excluem a possibilidade de uma absorção deste e de outros custos. A repercussão do aumento de custos na subida dos níveis de fretes será directa ou indirectamente suportada pelos agentes económicos que a convenção procura proteger. Talvez esta objecção não seja decisiva, porquanto o aumento do nível de fretes não significa necessariamente um agravamento da relação qualidade/preço na operação globalmente considerada. Mas pode legitimamente perguntar-se se a convenção não fomentará a ineficiência económica ao restringir extremamente a autonomia dos contraentes; ao imputar ao transportador a responsabilidade por operações que em certas circunstâncias são controladas, ou são mais facilmente controláveis, pelo carregador, por exemplo, à luz do art. 4.º, certas operações de carregamento e descarga que correm por conta do carregador; enfim, ao transferir para a relação de transporte a correcção de desequilíbrios nascidos do contrato de venda.

É defensável, em contrapartida, que a presunção de responsabilidade do transportador pelos prejuízos relativos a avarias e atrasos na entrega da carga posta sob a sua custódia – que aproxima o regime do transporte marítimo do aplicável a outros modos de transporte – promove a diligência na execução do transporte, designadamente a diligência na prevenção dos riscos envolvidos.

Mas esta vantagem não parece compensar os inconvenientes atrás assinalados.

Certo é que, embora se trate de uma convenção elaborada sob os auspícios da Comissão das Nações Unidas para o Direito Comércio Internacional, e que entrou internacionalmente em vigor em 1992, não exprime um alargado consenso internacional e não conta entre as partes contratantes com os principais países marítimos, que se mantêm vinculados à Convenção de Bruxelas e (ou) aos seus Protocolos. É também o que se verifica com Hong Kong, onde estão em vigor apenas os Protocolos de Bruxelas de 1968 e 1979. Diferentemente, a RPC não é parte em nenhuma destas convenções, embora o Capítulo IV do seu Código Marítimo se baseie num compromisso entre o regime da Convenção de Bruxelas de 1924, modificada pelos Protocolos de 1968 e 1979, e o contido na Convenção de Hamburgo.

15. O transporte de mercadorias surge na grande maioria dos casos associado a uma operação económica mais ampla, normalmente uma venda de mercadorias.

Com frequência, a operação económica inclui uma deslocação da mercadoria por dois ou mais meios de transporte de natureza diferente, por exemplo rodoviário e marítimo, marítimo e fluvial, aéreo e rodoviário. A operação de transporte multimodal é mesmo a regra em certos tráfegos, como é o caso do tráfego de contentores.

A operação de transporte multimodal não implica a celebração de um contrato de transporte multimodal. Tradicionalmente, salvo quando um dos segmentos é encarado como meramente complementar, são celebrados contratos juridicamente independentes para cada um dos segmentos do transporte. Mas a tendência actual vai no sentido da celebração de um contrato único cobrindo a operação global.

Dada a diferença acentuada dos regimes jurídicos a que estão sujeitos os diferentes modos de transporte, suscitam-se dificuldades de vária ordem. Designadamente, nem sempre é fácil concatenar os diferentes regimes por forma a definir uma regulação jurídica clara e coerente para o contrato de transporte multimodal. Por outro lado, surgem frequentemente dificuldades de prova com respeito à determinação do momento em que ocorre o dano ou perda das mercadorias.

Bem se compreende que a unificação do Direito aplicável ao transporte multimodal tenha entrado na ordem do dia. Em 1963, o UNIDROIT concluiu um projecto de convenção centrado no sistema de responsabilidade do transportador. Alguns anos mais tarde (1969), foi a vez de o Comité Marítimo Internacional apresentar um projecto de convenção, projecto que dá ênfase à introdução de um documento de transporte com valor idêntico ao do conhecimento de carga. Da fusão destes dois projectos nasceu, em 1971, o projecto de Convenção sobre o Transporte Internacional Combinado de Mercadorias. Este projecto deparou com uma forte oposição dos países em desenvolvimento, adeptos de um regime de responsabilidade mais favorável aos carregadores/destinatários, e de natureza injuntiva.

É esta tendência que prevaleceu após demorados trabalhos sob os auspícios da Conferência das Nações Unidas para o Comércio e o Desenvolvimento, e que foram coroados pela adopção, na conferência diplomática reunida em Genebra, da Convenção das Nações Unidas sobre o Transporte Internacional Multimodal de Mercadorias, em 24/5/80.

Segundo esta convenção é "operador de transporte multimodal" aquele que se obriga a realizar globalmente o transporte por sua conta. Mas na prática negocial é frequente que um "operador" se limite a contratar os diferentes segmentos de transporte por conta do carregador. Se tomarmos a expressão "operador de transporte multimodal" em sentido amplo, por forma a abranger esta segunda categoria, poderemos verificar que de entre os diferentes agentes económicos, os que se têm mostrado mais vocacionados para desempenhar este papel são os transitários e os armadores.

É frequente que os armadores se comprometam a realizar por sua conta o segmento marítimo do transporte, e a celebrar por conta do carregador contratos tendo por objecto os outros segmentos de transporte. Aliás note-se que o mesmo se pode verificar no caso do transporte marítimo sucessivo, i.e., aquele que envolve vários segmentos marítimos, que têm por charneira operações de transbordo da mercadoria de um navio para outro. Embora, neste caso, seja mais frequente o armador obrigar-se a realizar por sua conta toda a operação, contanto que subcontrate com outros armadores a execução de alguma (ou de todas) as etapas do transporte. O conhecimento de carga emitido nesta segunda hipótese é designado por conhecimento directo [*Through Bill of Lading*].

Por vezes o armador também se obriga a realizar uma operação global de transporte que comporta, pelo menos, um segmento não marítimo. Trata-se agora de um contrato de transporte multimodal. O paralelo com a hipótese de um transporte marítimo sucessivo, em que, como acabámos de assinalar, é usual o armador realizar por sua conta a operação global, levou à extrapolação das expressões "*Through Bill of Lading*" ou "*Through Transport Bill of Lading*", agora aplicadas também ao documento emitido por um transportador marítimo, que titula um transporte multimodal, em que um dos segmentos é marítimo.

Os transitários, por seu lado, assumem normalmente uma posição unitária na realização global da operação de transporte; mas esta posição pode ser ambígua: apesar de as cláusulas gerais dos seus documentos contratuais uniformizados os colocarem na posição de comissários de transporte, não é raro que se apresentem e intervenham nas negociações como transportadores.

A presunção de responsabilidade do operador multimodal (em sentido estrito) estabelecida pela Convenção de Genebra corresponde ao sistema instituído pela Convenção de Hamburgo, cobrindo todos segmentos de transporte (art. 14.º), independentemente dos subcontratos de transporte celebrados com outros transportadores (ver art. 15.º). A Convenção de Genebra também contém normas sobre competência e arbitragem semelhantes às da Convenção de Hamburgo (arts. 26.º e 27.º).

A Convenção de Genebra tem encontrado reduzido acolhimento junto dos Estados e ainda não entrou em vigor internacionalmente. Isto decorre, em boa parte, das razões que ficaram expostas relativamente à Convenção de Hamburgo. Mas soma-se-lhes a dificuldade de introduzir no sistema de crédito documentário um novo título negociável. Para além da inércia do próprio sistema, é compreensível que os bancos não possam depositar num documento emitido por qualquer pessoa que se obrigue como "operador de transporte multimodal" a mesma confiança que lhes merece um conhecimento de carga emitido por um armador, ou que responsabiliza o armador do navio utilizado no transporte.

Neste quadro, qualquer regulação do transporte multimodal por Direito interno tem de respeitar os regimes injuntivos contidos nas convenções internacionais que, na ordem jurídica em causa, forem aplicáveis, relativamente a cada modo de transporte, ao respectivo contrato de transporte unimodal, bem como as disposições sobre transporte multimodal que aí porventura se encontrem (como é o caso da Convenção Relativa ao Transporte Internacional de Mercadorias por Estrada – CMR relativamente ao tráfego *roll-on/roll-of*). Não se afigura, portanto, admissível, a elaboração de um regime autónomo do transporte multimodal.

Já é possível, e desejável, que o Direito Comercial Marítimo disponha de algumas normas subsidiárias, que se destinam a resolver alguns dos problemas de regulação suscitados pelo transporte multimodal com segmento marítimo. Com o modesto capítulo sobre o transporte multimodal com segmento marítimo que se faz inserir no Título II procura-se contribuir para o desenvolvimento destas normas. Foi também este o caminho seguido pelo Código Marítimo da RPC (secção 8.º do Capítulo IV), conquanto algumas das normas aí contidas pareçam dispensáveis, uma vez que o mesmo resulta aparentemente de regras gerais de Direito das Obrigações.

A responsabilidade do transportador multimodal por avarias de carga, quando não for determinável o segmento do transporte em que ocorreu o facto lesivo, é submetida ao regime do contrato unimodal, relativo a um dos modos de transporte utilizados, que for mais favorável ao lesado. É a solução favorecida pela opinião dominante na Alemanha. Uma solução alternativa, acolhida no Código Marítimo da RPC, consistiria na aplicação do regime do contrato de transporte marítimo. Esta solução teria a vantagem de evitar que o transportador fique submetido ao regime mais severo sempre que não seja possível provar que o facto lesivo ocorreu num segmento do transporte sujeito a outro regime. A favor da primeira solução pesam, porém, duas considerações decisivas. Primeiro, cabe àquele que causa um prejuízo demonstrar que se verificam os pressupostos de uma limitação ou exoneração de responsabilidade. Segundo, o fornecimento de meios de prova para a determinação do segmento de transporte em que ocorreu o facto lesivo depende principalmente do transportador.

16. O transporte de passageiros por mar é uma actividade com longa tradição em Macau e que, pese embora o terreno perdido a favor do transporte rodoviário e aéreo, continua a ser importante no tráfego entre este território e Hong Kong. Para além disso, como decorre da norma de conflitos adiante referida, não é de excluir que o Direito de Macau possa ser aplicado a certos transportes de passageiros em que nem o lugar de partida nem o lugar de destino se situam no respectivo território.

A disciplina jurídica desta modalidade de transporte deve ter em conta a Convenção de Atenas sobre o Transporte de Passageiros e sua Bagagem por Mar, de 13/12/74: é o instrumento internacional mais recente nesta matéria e as suas disposições encontram-se em vigor em Hong Kong e estão na base do Cap. V do Código Marítimo da RPC, que é parte nesta convenção. Também o Reino Unido é parte nesta convenção e outros países, como é o caso da Alemanha, adoptaram legislação interna nela inspirada.

A convenção foi alterada por dois protocolos de Londres, de 1976 e 1990. Este segundo protocolo, que dá nova redacção a todos os preceitos que haviam sido alterados pelo protocolo anterior, aumenta os montantes fixados como limites de indemnização, desaparecendo assim o óbice à ratificação por parte de muitos países que tinham por demasiado baixos os montantes fixados pela convenção.

O presente anteprojecto contém uma norma de remissão para as disposições da Convenção de Atenas, alterada pelo Protocolo de Londres de 1990, tornando claro que estas disposições, para além do âmbito de aplicação que resulta da própria convenção, são aplicáveis, enquanto normas incorporadas no Direito interno de Macau, sempre que este Direito for chamado a reger o contrato, e mesmo que se trate de navio afecto ao transporte por águas interiores ou que se desloque sobre almofada de ar.

A técnica de remissão torna inútil a reprodução das disposições convencionais feita pelo DL n.º 51/89/M, de 21/8.

Sucede, porém, que a convenção de Atenas regula apenas a responsabilidade do transportador por danos pessoais e por danos na bagagem. Todos os outros aspectos do regime do contrato de transporte marítimo de passageiros carecem de ser objecto de regulação autónoma. Porquanto a técnica legislativa e as soluções de fundo seguidas pelo DL n.º 51/89/M, na linha do DL n.º 349/86, de 17/10, nem sempre se afiguram as mais apropriadas, optou-se por um texto inteiramente inovador.

Assinale-se, desde logo, o diferente âmbito de aplicação do regime do contrato de transporte marítimo de passageiros. Enquanto no DL n.º 51/89/M se manda aplicar este regime ao transporte gratuito efectuado em navio explorado comercialmente, o Título III do presente Anteprojecto determina que apenas as disposições relativas à responsabilidade do transportador são aplicáveis ao contrato de transporte gratuito. Com efeito, muitas disposições do regime do contrato de transporte marítimo, por dizerem respeito ao frete ou serem próprias dos contratos sinalagmáticos, só são por natureza aplicáveis ao contrato de transporte oneroso. Além disso, no que toca à aplicabilidade das normas sobre responsabilidade do transportador ao transporte gratuito, o que interessa não é se o navio em que o transporte é efectuado está ou não afecto a fins de exploração comercial mas se há ou não uma obrigação de transporte. Se não há obrigação de transporte, porque não há contrato, o transportador só pode responder segundo as regras da responsabilidade extra-contratual.

O Anteprojecto também se afasta do Direito vigente ao não conter normas sobre o cruzeiro marítimo. Esta opção resulta de duas ordens de considerações. Por um lado, entende-se que qualquer regulação nesta matéria, para ser coerente, tem de atender à qualidade em que intervém o organizador do cruzeiro marítimo. Importa saber se este sujeito intervém como transportador – e, neste caso, todas as pretensões fundadas no incumprimento do contrato de transporte devem ser formuladas contra ele – ou se obriga apenas a organizar a viagem, contratando o transporte por conta do passageiro. Ora, as normas introduzidas pelo DL n.º 51/89/M, à semelhança do que se verifica nos sistemas francês e português, não traçam esta diferenciação. Por outro lado, os problemas de regulação aqui envolvidos não são específicos dos cruzeiros marítimos, antes dizendo respeito a todos os contratos, que poderemos designar por contratos de viagem, em que um prestador de serviços se obriga, pelo menos, a organizar a viagem, qualquer que seja o meio ou meios de transporte utilizados. Portanto, não é matéria que deva ser regulada pelo Direito Marítimo. Em todo o caso, observe-se que a norma sobre comissão de transporte de passageiros pode cobrar alguma relevância neste contexto.

Quanto à determinação do Direito aplicável ao contrato de transporte marítimo de passageiros, as soluções adoptadas vêm na linha das já consagradas para outros contratos regulados no Anteprojecto, mas tendo em conta a especificidade do transporte de passageiros e o âmbito de aplicação estabelecido pela Convenção de Atenas. É esta última consideração que leva a salvaguardar a aplicação das disposições sobre responsabilidade do transportador por danos pessoais ou na bagagem, não só quando o lugar de partida ou de destino se situe no território de Macau, mas também quando o navio esteja registado no território de Macau ou que contrato tenha sido celebrado neste território (art. 131.º/2), apesar de o registo do navio ou do lugar da celebração não exprimirem necessariamente a existência de um laço significativo entre o contrato e o território de Macau.

As disposições sobre incumprimento do contrato contidas no Título III encontram a sua principal inspiração nos arts. 400.º e segs. do Código de navegação italiano e nos arts. 67.º e segs. do Decreto francês n.º 66-1078, de 31/12/66.

Enfim, quanto à prescrição do direito de indemnização decorrente do incumprimento culposo do contrato, não se julgou necessário introduzir um desvio às regras gerais, para além do que decorre da Convenção de Atenas com respeito à responsabilidade do transportador por danos pessoais ou danos na bagagem.

17. O reboque efectuado por navio é uma operação que pode ter lugar em circunstâncias muito diversas e que pode ser objecto de contratos com conteúdo e função substancialmente diferentes.

Em primeiro lugar, o rebocado tanto pode ser um navio como uma embarcação sem propulsão própria, por exemplo uma barcaça, ou outra estrutura, por exemplo uma plataforma de exploração petrolífera ou uma doca flutuante.

Em segundo lugar, o reboque efectuado por navio tanto pode ter lugar no mar, como em águas interiores, no interior dos portos e até, ocasionalmente, em águas fluviais.

Em terceiro lugar, a salvação é na maior parte dos casos feita por rebocadores, caso em que a operação de reboque e, designadamente, a retribuição devida, está submetida ao regime da salvação.

Enfim, do ponto de vista contratual, há uma diferença fundamental entre os casos em que o rebocado entra na detenção do armador do reboque e aqueles, mais comuns, em que o rebocado permanece sob custódia do respectivo armador ou proprietário.

Vejamos qual a incidência desta diversidade sobre o regime contido no presente Anteprojecto.

O Título IV do Anteprojecto propõe-se regular um conjunto muito amplo de contratos de reboque efectuado por um navio, quaisquer que sejam as águas onde o reboque é efectuado e quer o rebocado seja um navio quer outro objecto flutuante.

Abra-se um parêntesis para sublinhar que o reboque aqui regulado é o efectuado por um navio, segundo a noção de navio atrás adoptada (art. 1.º), e que aquele que o utiliza é um armador, sendo-lhe aplicáveis as disposições contidas no Capítulo V do Título I.

Relativamente à salvação, a delimitação é traçada segundo o critério que tem prevalecido nos sistemas da *Common Law* e, em especial, na jurisprudência dos EUA. Segundo este critério, mesmo que se verifique uma situação de perigo pressuposta pela salvação, não há lugar a remuneração segundo as regras próprias deste instituto quando o contrato de reboque foi celebrado com base na representação, por ambas as partes, desta situação de perigo, e em termos que excluem qualquer pretensão por salvação.

Seguindo a concepção que triunfou no Código de navegação italiano e que encontra algum eco, na ordem jurídica portuguesa, no DL n.º 431/86, de 30/12, o Anteprojecto submete aqueles contratos em que o rebocado entra na detenção do armador do rebocador ("reboque-transporte") ao regime do contrato de transporte marítimo de mercadorias, com as devidas adaptações.

É o que se verifica quando o rebocado não é tripulado ou – como é geralmente reconhecido nos sistemas da *Common Law* e se encontra previsto no art. 164.º do Código Marítimo da RPC – quando são rebocadas barcaças de propriedade do contratante-rebocador ou por si operadas.

Pelo contrário, quando a bordo do rebocado há uma tripulação subordinada ao respectivo armador ou proprietário, e que actua como seu auxiliar de cumprimento na execução do reboque, o rebocado permanece na detenção do contratante-rebocado e a execução do reboque implica uma colaboração entre as partes que é estranha ao contrato de transporte. Caberá à ciência jurídica indagar da construção que melhor se adeqúe a esta última conformação contratual.

Ficou atrás sublinhado que, em matéria de forma do contrato de reboque, rege o princípio da consensualidade. Vai neste sentido a tendência revelada pelo Direito Comparado, pese embora a exigência de forma escrita feita, no Direito português, pelo art. 6.º do DL n.º 431/86, e no Direito da RPC, pelo art. 156.º do Código Marítimo.

Quanto à tipificação das obrigações das partes entendeu-se, na esteira da jurisprudência e da doutrina dos sistemas da *Common Law*, que também parece ter exercido certa influência sobre o art. 157.º do Código Marítimo da RPC, que é possível imputar a cada uma das partes um conjunto de obrigações, independentemente da questão de saber qual delas tem a direcção da operação de reboque. Também neste ponto se diverge do DL n.º 431/86, concedendo-se, porém, que tal diferenciação é necessária quanto a algumas obrigações complementares.

No que toca à obrigação de retribuição, levou-se em conta a circunstância de nas operações de reboque portuário o preço ser frequentemente estabelecido por uma tarifa homologada pelas autoridades locais ou por elas fixada.

Algumas legislações estabelecem regras supletivas para a determinação da parte que tem a seu cargo a direcção da operação de reboque. Assim, a Lei francesa n.º 69-8, de 3/1/69, estabelece que as operações de reboque portuário se efectuam sob a direcção do comandante do navio rebocado (art. 26.º) e que as operações de reboque de alto mar se efectuam sob a direcção do comandante do rebocador (art. 28.º). Embora estas regras reflictam, até certo ponto, a diversidade de circunstâncias que envolvem o reboque portuário e o reboque de alto mar, são várias as razões por que não podem ser acolhidas.

Primeiro, dada a heterogeneidade das operações de reboque portuário entre si, e o mesmo se diga das operações de reboque de alto mar, tais regras constituem uma generalização que nem sempre é adequada à realidade subjacente.

Segundo, no reboque portuário, a operação de reboque é na maior parte dos casos dirigida pelo piloto obrigatório; nestes casos só se justificará atribuir ao contratante-rebocado a direcção quando se entenda que o armador é responsável pelos actos do piloto. Outro é, porém, o entendimento atrás sufragado (*supra* n.º 6).

Terceiro, a especificidade dos portos de Macau também não aconselha ao estabelecimento de uma regra geral sobre a direcção das operações de reboque portuário.

Por maioria de razão, é de afastar a solução acolhida no art. 8.º do DL n.º 431/86, que mesmo no reboque de alto mar atribui a direcção da operação de reboque ao contratante-rebocado, com ressalva de alguns casos excepcionais.

Com isto não se nega à distinção entre reboque portuário e reboque de alto mar toda a relevância para efeitos de determinar quem exerce a direcção da operação de transporte. Mas considera-se que ela deve fundamentar apenas uma presunção, em sede de responsabilidade civil, e que esta presunção não funciona, no caso do reboque portuário, quando haja lugar a pilotagem obrigatória (art. 144.º).

Tendo fundamentalmente em vista o reboque de alto mar pareceu conveniente inserir uma norma sobre o desvio de rota, paralela à estabelecida para o contrato de transporte marítimo de mercadorias, mas com esta diferença: a prestação de socorro por parte do rebocador implica, em princípio, uma interrupção do reboque, e não um desvio.

As regras gerais sobre incumprimento das obrigações são aplicáveis às situações de impossibilidade de execução do reboque, não se mostrando por conseguinte necessário introduzir neste Título disposições sobre a matéria, com excepção da interrupção do reboque por causa não imputável a qualquer das partes, que assume certa especificidade.

Regista-se uma profunda divergência entre os sistemas jurídicos na disciplina da responsabilidade civil por danos causados durante o reboque.

No que se refere às relações entre as partes do contrato de reboque, é de assinalar que a responsabilidade é frequentemente objecto de cláusulas gerais, inseridas nos formulários utilizados pelos armadores de rebocadores. A validade destas cláusulas, ou de parte delas, também é uma questão que suscita respostas contraditórias da parte dos diferentes sistemas jurídicos. Tem-se por certo que, à face do Direito vigente em Macau, certas cláusulas de exoneração de responsabilidade serão inválidas perante as regras e cláusulas gerais do Direito das Obrigações. Não se julgou oportuno introduzir regras injuntivas específicas do contrato de reboque, uma vez que o problema é mais geral, dizendo respeito à validade das cláusulas de exoneração e limitação de responsabilidade e ao controlo do conteúdo das cláusulas contratuais gerais, qualquer que seja a modalidade de contrato em causa.

Assim, a norma contida no n.º 1 do art. 144.º, embora também seja aplicável às relações *inter partes*, pode, em princípio, ser nestas relações afastada por diferente estipulação das partes.

Esta norma inspira-se na doutrina da *"dominant mind"* desenvolvida pela jurisprudência dos EUA, e com que convergem, em resultado, as principais decisões judiciais inglesas. Segundo esta doutrina, o rebocador e o rebocado são considerados como um conjunto; a "embarcação" que controla o conjunto é responsável pelos actos tanto do "rebocador" como do "rebocado". Na formulação adoptada houve o cuidado de precisar dois pontos. Por um lado, o que conta é quem dirige efectivamente a operação, não sendo por conseguinte relevante, pelo menos nas relações com terceiros, que seja outra a pessoa a quem competiria, segundo o contrato, tal direcção. Por outro lado, a imputação dos danos a uma das partes obedece às regras, atrás estabelecidas, sobre a responsabilidade civil do armador por facto da tripulação.

Sendo esta norma aplicável à responsabilidade por danos causados "durante o reboque", poderá suscitar dificuldades a questão de saber se determinado acidente ocorreu ou não durante o reboque. As tentativas de delimitação precisa da operação de reboque têm sido votadas ao fracasso, como dá conta a doutrina francesa. Na verdade, será necessário indagar, caso a caso, à luz dos relevantes critérios de interpretação, da aplicabilidade da norma à situação em causa.

Por último, e contrariamente ao caminho seguido pelo DL n.º 431/86, também aqui não se encontra razão suficiente para consagrar um desvio às regras gerais quanto à prescrição do direito de indemnização decorrente do incumprimento culposo do contrato.

18. A actividade seguradora contra riscos de navegação é uma daquelas actividades económicas, com carácter eminentemente transnacional, que são desenvolvidas num pequeno número de centros internacionais. Londres é o principal mercado de seguro marítimo do mundo, seguindo-se-lhe Nova Iorque. É ainda de referir que o mercado de seguro marítimo de Hong Kong tem laços estreitos com o mercado londrino.

Um segundo factor a ter em conta é a importância da autoregulação no domínio do seguro contra riscos de navegação. Neste domínio não se empreendeu qualquer unificação internacional do Direito aplicável e os Direitos nacionais, por conterem fundamentalmente regras dispositivas, têm um campo de aplicação em vasta medida residual relativamente a extensos e pormenorizados clausulados contratuais. Em certas modalidades de seguro os contratos baseiam-se geralmente em cláusulas gerais elaboradas por grupos de peritos sob os auspícios de associações de seguradores, designadamente as *London Institute Clauses* e as *American Institute Clauses*; noutras modalidades regista-se a concorrência de cláusulas gerais elaboradas por associações de certas categorias de segurados; enfim, nos seguros de protecção e indemnização [*P & I*] o conteúdo do contrato é geralmente conformado pelas regras da associação formada pelos armadores [*P & I Club*].

Embora o campo de aplicação dos Direitos nacionais seja em vasta medida residual, é importante notar que os formulários normalmente utilizados, designadamente nos mercados de Londres e Nova Iorque, são elaborados tendo em conta as soluções e os conceitos das respectivas legislações. Acrescente-se ainda que há uma grande proximidade entre o Direito inglês e o Direito dos EUA nesta matéria, e uma considerável afinidade dos formulários utilizados nos respectivos mercados de seguro marítimo.

Os trabalhos realizados pela UNCTAD (*United Nations Commission for Trade and Development*), que culminaram com a adopção de cláusulas-modelo sobre seguros de navio e de mercadorias, também exerceram uma certa influência nos modelos de cláusulas e apólices actualmente utilizados.

Perante o quadro que se acaba de traçar, entendeu-se que na elaboração do Anteprojecto do Título V se deveria ter em conta, em primeira linha, a lei inglesa em matéria de seguro marítimo, que é o

Marine Insurance Act 1906, e as cláusulas gerais e modelos contratuais usuais no mercado londrino. Verifica-se que também foi este o caminho seguido na elaboração do Capítulo XII do Código Marítimo da RPC.

Sem afastamento dos "padrões internacionais" definidos pelos principais mercados de seguro marítimo, algumas soluções acolhidas no presente Anteprojecto encontram a sua inspiração nos arts. 514.º e segs. do Código de navegação italiano. Com efeito a lei italiana regula sistematicamente aspectos que não são contemplados pelo *Marine Insurance Act 1906*, dá uma formulação mais clara a certas soluções e, neste ou naquele ponto, parece conseguir um melhor equilíbrio dos interesses em presença.

É importante sublinhar que as disposições contidas no Título V são, em princípio, dispositivas. Por conseguinte, podem ser afastadas por estipulação das partes em sentido diferente. Não quer isto dizer que não vigorem normas injuntivas em matéria de seguros. É o que se verifica, designadamente, com os n.ºs 3 e 4 do art. 178.º: serão inválidas as cláusulas pelas quais o segurador deva responder mesmo que a expedição marítima seja ilícita ou o incumprimento do dever de participação com mera culpa desencadeie a perda do direito a indemnização. São ainda aplicáveis ao seguro contra riscos de navegação as normas injuntivas que se incluam entre as disposições aplicáveis aos seguros em geral e às disposições gerais aplicáveis ao seguro contra riscos (*ex vi* art. 145.º). Acrescente-se ainda que resulta expressamente da redacção de certas normas do Título V que só a convenção *expressa* das partes tem eficácia derrogatória.

O contrato de seguro contra riscos de navegação caracteriza-se pela obrigação, posta a cargo do segurador, de indemnizar pelos prejuízos resultantes de riscos de navegação. Estes prejuízos tanto podem consistir na perda ou deterioração de uma coisa corpórea, como na perda de um crédito ou na contracção ou cumprimento de uma obrigação perante terceiros.

Relativamente à exigência de forma escrita é de sublinhar que, diferentemente do regime contido no Código Comercial vigente, esta forma pode encontrar-se satisfeita antes de ser emitida a apólice. Na prática é frequente que a emissão da apólice seja posterior à conclusão do contrato por troca de telefaxes ou de outros meios de telecomunicação. O n.º 5 do art. 149.º torna claro que a responsabilidade do segurador não fica dependente da emissão da apólice.

A indicação na apólice do valor do objecto seguro e da quantia segurada são facultativas. No caso de omissão, a determinação destes valores é feita pela forma definida nos arts. 172.º e 173.º. No seguro de coisas, se a quantia segurada for inferior ao valor do objecto seguro, o segurador só responde até à quantia segurada.

Só os seguros de navio, de mercadorias ou outros bens móveis e de protecção e indemnização são objecto de disposições individualizadas. A cobertura de prejuízos resultantes de pretensões de terceiros por factos relativos à utilização do navio, de despesas de armamento e equipagem, de fretes em risco e de prémios de seguro surge como extensão do seguro de navio. A cobertura de prejuízos resultantes da perda de lucro esperado ou de pretensões de terceiros por factos relativos ao transporte de bens surge como extensão do seguro de mercadorias ou outros bens móveis. Na prática dos seguros é isto que normalmente sucede. Mas nada impede que estes riscos sejam objecto de um seguro separado.

De entre as pretensões de terceiros por factos relativos à utilização do navio que podem ser cobertas são de salientar as contribuições para avaria comum, indemnização por danos sofridos com abalroamento, indemnização por danos sofridos com colisão com objecto fixo ou objecto flutuante que não seja navio e despesas de salvação.

Como aspecto mais distintivo do seguro de protecção de indemnização é geralmente mencionado que a posição do segurador é assumida por uma associação de armadores e proprietários de navios [*P & I Club*]. Mas o que verdadeiramente caracteriza este contrato de seguro é a circunstância de o dever de indemnizar do segurador só surgir quando o segurado paga a indemnização ao terceiro que tenha formulado uma pretensão coberta pelo seguro.

Tradicionalmente, nos seguros de navio, a cobertura é feita para riscos taxativamente enumerados [*named perils*], enquanto nos seguros de mercadorias a cobertura é feita para uma generalidade de perigos, delimitada por excepções [*all risks*]. Seguindo a concepção que triunfou no Código de Navegação italiano, que foi acolhida nas recomendações da *UNCTAD* e que tem vindo a realizar alguns progressos nas práticas contratuais, o Anteprojecto parte do princípio que o seguro contra riscos de navegação cobre uma generalidade de riscos. Salvo disposição expressa contida na lei ou no contrato, o segurador responde pelos prejuízos resultantes de quaisquer riscos de navegação.

A convenção expressa em contrário pode consistir numa enumeração taxativa dos riscos cobertos ou, mais limitadamente, na exclusão de riscos determinados.

Acompanhando o entendimento comum, o Anteprojecto exclui, em princípio, a responsabilidade do segurador pelos prejuízos decorrentes de vício próprio ou inerente, exclusivamente, às mercadorias ou outros bens móveis embarcados, ou do seu acondicionamento inadequado, bem como de riscos de guerra.

A diferença entre cobertura *all risks* e *named perils* tem consequências no plano do ónus da prova do risco causador do prejuízo. O n.º 1 do art. 164.º determina que, em caso de dúvida sobre a causa dos prejuízos, se presume que resultam de riscos de navegação. Portanto, o segurador só não responde se provar que os prejuízos não resultam de riscos de navegação ou que o risco verificado se encontra excluído da cobertura por uma excepção específica contida na apólice. Caso se trate, porém, de uma cobertura *named perils*, resulta do n.º 2 do mesmo artigo que o segurador só responde se o segurado demonstrar que o risco que causou o prejuízo se encontra coberto.

A tendência para aproximar a cobertura *named perils* da cobertura *all risks*, que se manifesta designadamente nas *Institute Clauses*, pode criar situações intermédias que suscitem dificuldades na aplicação das regras atrás enunciadas. É um problema que terá de ser resolvido caso a caso, perante as apólices concretamente em causa.

O regime do risco putativo e do agravamento do risco segue de perto o disposto nos arts. 514.º/1 e 522.º do Código da navegação italiano.

À semelhança dos arts. 45.º e 46.º do *Marine Insurance Act 1906*, distingue-se entre as consequências jurídicas do desvio de rota e da mudança da viagem voluntários; mas, quanto ao primeiro, consagra-se a solução do art. 523º/2 do Código de navegação italiano, que se afigura mais razoável: o segurador responde se o acidente de navegação se produz depois de o navio voltar à rota sem que o desvio tenha tido qualquer influência na sua verificação.

Quanto à responsabilidade pelos prejuízos resultantes da inavegabilidade do navio, o art. 163.º parte do disposto nos arts. 39.º e 40.º do *Marine Insurance Act 1906*, atendendo igualmente ao Direito dos EUA e à cl. 5ª das *Institute Cargo Clauses*. São duas as ideias rectores deste regime.

No seguro de navio à viagem o segurado garante a navegabilidade do navio no começo da viagem e o segurador não responde em caso de violação desta garantia.

No seguro de navio a tempo e no seguro de mercadorias o segurado não garante a navegabilidade do navio e, por conseguinte, o segurador só não responde se o estado de inavegabilidade no começo da viagem se dever a culpa pessoal do segurado ou dos seus subordinados. A redacção do preceito torna claro que o segurador responde quando o estado de inavegabilidade resulte de factos culposos do armador ou dos seus auxiliares de cumprimento. O que constitui, aliás, manifestação de um princípio mais geral segundo o qual a culpa do armador ou do comandante e da restante tripulação no facto causador de prejuízo não exonera o segurador da obrigação de indemnizar

A última parte do n.º 4 do art. 163.º, que se destina a tutelar a posição de terceiros de boa fé que tenham adquirido o objecto seguro, inspira-se na cl. 5.ª/2 das *Institute Commodity Trades Clauses* da *Federation of Commodity Associations*.

O Anteprojecto pressupõe que o regime geral dos seguros contra riscos atribua ao segurado o direito a ser reembolsado das despesas feitas para evitar ou diminuir os prejuízos e o regule. Daí a ressalva feita na segunda parte do n.º 3 do art. 174.º.

As regras para a determinação da medida da indemnização, que constam do art. 173.º, baseiam-se principalmente nos arts. 68.º, 69.º e 71.º do *Marine Insurance Act 1906*. São todavia de sublinhar duas modulações.

Primeiro, no caso de avaria no navio que tenha sido reparada, o segurado tem direito ao custo razoável da reparação, menos as deduções que decorram de usos do comércio. Perante este preceito, a dedução de "novo por antigo" só é admitida se corresponder a um uso do comércio. Ora, parece hoje dificilmente demonstrável a existência de um uso com este conteúdo, uma vez que são raros os seguros de navio em que não se inclui uma cláusula segundo a qual as reclamações são pagas sem dedução "novo por antigo" (cf., designadamente, cl. 14.ª das *Institute Time Clauses Hulls*).

Segundo, o segurado tem direito a ser indemnizado pela depreciação razoável que tenha resultado no valor do mercado em caso de avaria no navio não reparada. Com referir-se a "depreciação razoável" ao "valor de mercado" procurou-se, na linha da cl. 18.ª/1 das *Institute Time Clauses Hulls*, obviar às grandes divergências e incertezas que tem suscitado o cálculo da indemnização por depreciação razoável.

Quanto às obrigações do segurado, verifica-se que o art. 178.º não contém outras regras sobre dever de informação do segurado que não a relativa à participação do acidente, no que difere visivelmente do *Marine Insurance Act 1906* e do Código Marítimo da RPC. Entendeu-se que tais regras sobre o dever de informação do segurado têm a sua sede própria nas disposições sobre os seguros em geral.

19. A avaria comum, também designada por avaria grossa, é um dos mais vetustos institutos do Direito Marítimo. A sua origem remonta às regras observadas pelos navegadores da ilha de Rodes, que foram recebidas no Direito romano. Na base do instituto está a ideia de uma assunção em comum dos riscos da expedição marítima por parte dos que nela participam. O sacrifício realizado para o bem comum não deve ser suportado por aquele que é acidentalmente atingido, mas pelo conjunto dos participantes na expedição. De acordo com esta ideia, os prejuízos causados a um dos participantes por actos que se destinam a evitar um perigo para a segurança comum do navio e da carga são repartidos por todos os participantes em razão do valor dos bens salvos.

Apesar das críticas que lhe têm sido dirigidas, o instituto da avaria comum mantém-se nos modernos sistemas jurídicos. E, sendo geralmente reconhecido o carácter supletivo das normas que, nestes sistemas, regulam a avaria comum, verifica-se que as partes não afastam a contribuição para avarias comuns. Esta persistência do instituto é justificada: na sua falta o comandante, quando confrontado com um perigo para a segurança comum do navio e da carga, seria tentado a escolher a solução menos onerosa para o armador, ainda que esta solução representasse um maior sacrifício para o conjunto de interesses em jogo. Razão por que, em última análise, são os interesses da carga que mais beneficiam com o instituto.

Os participantes na expedição fazem amplo uso da autonomia negocial que lhes é permitida neste domínio. Na esmagadora maioria dos casos os contratos de transporte e de seguro contra riscos de navegação incorporam, mediante uma remissão apropriada, as *Regras de Iorque/Antuérpia* (RIA). Estas "regras" são cláusulas gerais que vinculam as partes mediante a sua incorporação nos contratos singulares. Dada a sua utilização reiterada, estas cláusulas também são susceptíveis de cobrar relevância enquanto usos do comércio, ainda que não sejam estipuladas pelas partes.

A última versão das RIA foi aprovada, em 1994, pelo *Comité Marítimo Internacional*, na conferência realizada em Sydney. Na revisão das "regras" este Comité cooperou com organizações representativas da indústria seguradora e armadora e com a UNCTAD.

Considerando que as avarias comuns são geralmente reguladas segundo as RIA, as organizações que colaboraram na elaboração destas regras e a sua aprovação pelo *Comité Marítimo Internacional*, entendeu-se que o regime aplicável à avaria comum se deve basear nas soluções contidas nestas "regras", na versão mais recente. Assinale-se que também o Cap. X do Código Marítimo da RPC segue de perto as soluções consagradas nas RIA. Mas há diferenças assinaláveis, a este respeito, entre o presente Anteprojecto e o Código Marítimo da RPC, quer no que toca à formulação, quer relativamente a algumas soluções. As diferenças, no plano das soluções, resultam principalmente de o Código Marítimo da RPC se basear na versão de 1974 das RIA e de se afastar, em alguns pontos, destas regras.

Formalmente, poucas semelhanças se encontrarão entre o texto das RIA e o normativo contido no Anteprojecto. O texto das RIA apresenta uma extensa e intrincada combinação de regras gerais, por vezes repetidas, e de excepções, sem qualquer ordem lógica. Não é de estranhar que assim seja, porquanto resulta de um processo de sedimentação realizado ao longo de mais de 100 anos, de alterações e aditamentos introduzidos por sucessivas revisões, sem preocupações de técnica legislativa e pressupondo por vezes regras e princípios da *common law* que não são enunciados. No presente Anteprojecto foi realizado um grande esforço de sistematização e reformulação, por forma a apresentar um quadro unitário, coerente e, tanto quanto possível, de fácil apreensão por todos os interessados.

Além da explicitação de algumas normas fundamentais que são meramente pressupostas pelas RIA, também se mostrou necessário suprir algumas lacunas destas regras. Esta tarefa foi realizada tendo em conta, em primeira linha, as soluções consagradas pela *common law*, que, como já se sublinhou, exerce uma grande influência no Direito Marítimo e vigora no território vizinho de Hong Kong. Pontualmente, encontrou-se também alguma inspiração nas soluções do Código de Navegação italiano.

Do ponto de vista terminológico, é de assinalar que se abandonou conscientemente as palavras "repartição" e "repartidores" que o Código Comercial e o Código de Processo Civil português utilizam, a par de "regulação", deixando sobejas dúvidas sobre a relação entre o conceito de "repartição" e o de "regulação". O conjunto das operações destinadas a determinar o valor das contribuições e compensações passou a ser designado "regulação", as pessoas encarregadas da sua realização passaram a ser designadas "reguladores" e a relevante acção judicial "acção de regulação". Esta terminologia está mais de acordo com a prática, e corresponde melhor à terminologia utilizada noutros sistemas jurídicos.

A avaria é "comum" porque é feita *no interesse comum* dos participantes na expedição. A avaria pode consistir num *sacrifício* (deterioração ou perda de um bem) ou numa *despesa extraordinária* (desembolso em dinheiro). O acto de avaria comum tem de ser realizado com a intenção de evitar um perigo real para a segurança comum. O n.º 2 do art. 179.º, em conformidade com a RIA VI/a, constitui um desvio à noção geral contida no n.º 1, pois permite considerar como avaria comum a despesa feita com a compensação de socorro espontâneo.

Não se ignora que a grande maioria dos problemas suscitados pela regulação da avaria comum são, na prática, resolvidos à luz das RIA e, porventura, de outras cláusulas contratuais, sem que se trate de determinar o Direito aplicável. Em rigor, porém, a avaria comum ocorrida numa expedição marítima que está em contacto com mais de um Estado ou com mais de uma unidade territorial dotada de um sistema jurídico próprio suscita sempre um problema de determinação do Direito aplicável. As normas supletivas do Direito competente só são aplicáveis subsidiariamente relativamente às RIA. Mas além das lacunas existentes nestas "regras", suscitam-se frequentemente problemas de interpretação das mesmas.

Regista-se larga divergência entre os sistemas jurídicos quanto ao *Direito aplicável à avaria comum*. As soluções mais seguidas são a da competência da lei do lugar onde a carga é entregue (Código Comercial português e jurisprudência e doutrina e francesas) e onde a viagem termina (doutrina e jurisprudências inglesas e estadounidenses). Diferentemente, no Anteprojecto admite-se a escolha, pelas partes, do Direito aplicável à avaria comum. Com efeito, tratando-se de uma matéria em que impera a autonomia privada, nenhuma razão se opõe à liberdade de designação do Direito aplicável. Esta solução é aliás admitida por alguns autores perante o Direito alemão e os sistemas da *common law,* bem como pelo art. 203.º do Código Marítimo da RPC.

Na falta de escolha, distingue-se entre os pressupostos e os efeitos da avaria comum. O Direito aplicável aos pressupostos tem de ser determinável no momento em que é praticado o acto. De harmonia com a solução já adoptada com respeito aos Direitos sobre o navio, dá-se preferência ao Direito do lugar onde a matrícula é efectuada sobre o Direito do pavilhão do navio (que é a solução retida na Alemanha e em Itália). Se a avaria comum ocorrer em porto aplica-se o Direito local. Aos efeitos da avaria comum manda-se aplicar o Direito do lugar onde a regulação é realizada. É este o Direito com que, normalmente, os reguladores estão mais familiarizados. Como a regulação deve ser realizada no lugar onde a viagem termina, o lugar da regulação coincide com o lugar onde a carga é descarregada (seja no porto de destino ou em porto de refúgio em que a viagem seja abandonada).

Segundo o Direito de Conflitos geral, o critério de interpretação das cláusulas do contrato é definido pelo Direito regulador do contrato que, sendo determinado pelas normas de conflitos contidas nos arts. 63.º, 109.º e 147.º, não coincide necessariamente com o Direito regulador da avaria comum. Ora, tratando-se de cláusulas sobre a avaria comum, e tendo sido escolhido pelas partes o Direito aplicável à avaria comum, entendeu-se ser este o Direito que se encontra em melhor posição para definir os critérios interpretativos. No caso das RIA e outras cláusulas gerais, os critérios interpretativos estabelecidos pelo Direito aplicável permitirão normalmente ter em conta o sistema jurídico que influenciou a sua elaboração. Para evitar dúvidas que, porém, se poderiam suscitar a este respeito, consagrou-se expressamente a relevância autónoma deste elemento de interpretação do negócio jurídico, a par das práticas usuais dos reguladores de avarias.

Não são considerados compensáveis, por força do art. 182.º, os danos de pertenças não descritas no inventário, de mercadorias embarcadas clandestinamente, que o carregador declarou conscientemente por forma inexacta ou que são transportadas no convés sem que tal corresponda a um uso do tráfego ou tenha sido consentido por todos os participantes. O dano de mercadorias que tenham sido declaradas com valor inferior ao real só é compensável pelo valor declarado. Quando estes bens, porém, tenham sido salvos, os respectivos interessados estão obrigados a contribuir com base no seu valor efectivo, nos termos dos arts. 195.º e 196.º.

Em conformidade com a RIA XIII, não há lugar a dedução "novo por antigo" no caso de reparações de danos causados ao navio ou suas pertenças por sacrifícios de avaria comum. As únicas deduções admitidas são as previstas nos n.ºs 2 e 3 do art. 192.º.

Relativamente aos *juros*, a norma do art. 194.º representa um desvio relativamente à RIA XXI, que estabelece uma taxa de 7% por ano, aplicável até três meses após a apresentação do regulamento da avaria. Quando esta regra for aplicável, só serão devidos juros à taxa fixada pelo Direito competente depois de decorridos três meses após a apresentação do regulamento. A consagração de uma taxa unitária afigura-se inconveniente, porque as taxas de juros devem ter em conta a depreciação da moeda em causa. Daí que se estabeleça, como solução supletiva, a aplicação da taxa de juros legais do Direito da moeda utilizada no regulamento da avaria comum. Na omissão da RIA sobre o momento em que os juros se começam a vencer, consagrou-se as soluções que melhor parecem corresponder ao fim da regra – que é o de assegurar uma compensação plena e razoável dos interesses sacrificados pelo acto de avaria comum – e à prática dos reguladores.

Seguindo a solução mais comum, determina-se que a avaria é regulada no lugar onde a viagem termina (art. 207.º). Nos termos do art. 189.º/2, considera-se a viagem terminada quando for alcançado o destino previsto ou no momento em que viagem seja abandonada.

Esta regra não é prejudicada pela verificação de uma sucessão de actos de avaria comum ao longo da mesma viagem. Entende-se que, nesta hipótese, se deve proceder a um regulação unitária no fim da viagem.

Regista-se uma profunda divergência entre os sistemas da família romano-germânica e os sistemas da *common law* relativamente à *regulação da avaria comum*. Para os primeiros, a regulação é antes de mais encarada como um processo judicial, em que os reguladores intervêm como peritos, e em que o regulamento, salvo oposição deduzida por um dos interessados, é homologado. É um processo deste tipo que se encontra regulado nos arts. 1063.º e segs. do Código de Processo Civil português, bem como nos Direitos alemão e francês. Deve, no entanto, acrescentar-se que as doutrinas francesa e portuguesa admitem a regulação extra-judicial. Nos sistemas da *common law* os regulamentos da avaria são pareceres privados que só *a posteriori*, no estádio da realização coactiva, podem ser examinados em processo contencioso.

Esta divergência suscita especiais dificuldades em relação às consequências da *imputação do perigo a facto culposo de um dos participantes*. A este respeito, a RIA D está moldada nos quadros dos sistemas da *common law*, suscitando consideráveis dificuldades no seu ajustamento aos sistemas da família romano-germânica ou por eles influenciados. O objectivo desta regra é manter todas as questões relativas a factos culposos dos participantes fora da regulação, remetendo a sua apreciação para o estádio da realização coactiva.

Os arts. 200.º e 205.º procuram superar estas dificuldades, consagrando uma solução de compromisso entre as duas concepções em confronto. Em conformidade com as RIA, o regulamento deve ser feito na assunção que o perigo que fundamenta o acto de avaria comum não é imputável a facto culposo de qualquer dos participantes. Os participantes que no momento do acto da avaria comum sejam titulares de uma pretensão, fundada no facto culposo, susceptível de realização coactiva contra o participante culpado, são exonerados da obrigação de contribuir para a compensação do prejuízo sofrido pelo participante culpado. Esta exoneração é oponível ao regulamento.

Segundo a concepção acolhida, a regulação e liquidação pode ser inteiramente extra-judicial ou, mais amplamente, extra-jurisdicional.

É o que se verifica quando os interessados chegarem a acordo sobre a nomeação dos reguladores e executarem voluntariamente o regulamento. Caso não haja acordo sobre a nomeação dos reguladores ou se pretenda conferir ao regulamento, através da homologação, a força vinculativa de uma decisão jurisdicional, qualquer dos participantes pode recorrer à acção de regulação. O armador tem o dever de propor a acção de regulação se não houver acordo sobre a nomeação dos reguladores. Também nada impede que, por acordo entre todos os interessados, os litígios relativos à avaria comum sejam submetidos a arbitragem.

Nas hipóteses, pouco frequentes, em que a imputação do perigo a facto culposo de um participante seja incontroversa, e tenha sido ele o único lesado pelo acto de avaria comum, poderia questionar-se a utilidade da regulação. É certo que neste caso não há repartição da avaria comum, uma vez que os outros participantes estão exonerados da obrigação de contribuir. Admite-se, porém, que mesmo neste caso a regulação possa ter um sentido útil. Assim, por exemplo, quando ocorra um sacrifício do navio para evitar um perigo que tenha resultado de falta de diligência do armador na apresentação do navio em estado de navegabilidade no início da viagem, a regulação da avaria pode ser necessária para que o armador possa reclamar a quota de contribuição do navio dos seguradores do navio (cujas apólices normalmente excluem a negação de responsabilidade com fundamento em inavegabilidade) e a quota de contribuição da carga do seu *P & I Club*.

O art. 202.º obriga o transportador a exercer o direito de retenção de que goza, nos termos dos arts. 61.º e 103º, até à prestação pelos destinatários do *compromisso* de pagamento das contribuições que sejam devidas, segundo o regulamento da avaria, pelos proprietários da carga e das *garantias usuais*. O compromisso de pagamento, que é geralmente designado *average bond*, não prejudica a exoneração fundada no art. 200.º, nem impede os destinatários de se oporem à homologação do regulamento. As garantias usuais são o depósito de uma quantia que cubra o valor razoavelmente estimado das contribuições devidas pelos interessados na carga, ou garantias pessoais prestadas pelos seguradores da carga ou por um banco. A solução mais corrente é a prestação de uma garantia ilimitada pelos seguradores da carga.

20. Em matéria de responsabilidade extracontratual por abalroação regista-se um elevado grau de unificação internacional do regime material aplicável. Isto resulta, em parte, da vigência da Convenção de Bruxelas para a Unificação de Certas Regras em Matéria de Abalroamento, de 23/9/10. Esta convenção aplica-se à abalroação ocorrida entre navios que "pertencem" aos Estados contratantes "e nos demais casos previstos pelas leis nacionais", com excepção, porém, dos casos em que todos os "interessados", bem como o tribunal que for chamado a apreciar o caso, "pertençam" ao mesmo Estado. Por conseguinte, mesmo nos Estados partes na convenção, as normas de fonte interna continuam a ser aplicadas às abalroações que estão fora do âmbito de aplicação da convenção. E são ainda aplicáveis, relativamente a qualquer abalroação, aos aspectos que não são regulados pela Convenção nem são abrangidos pelos princípios que dela se podem inferir. Mas muitos sistemas jurídicos ajustaram as suas normas internas sobre responsabilidade extracontratual por abalroação ao regime convencional, por forma a que também a este nível se verifica uma grande homogeneidade. É o que verifica, com muitos sistemas europeus, tais como o alemão, o francês e o italiano, e também com o Cap. VIII do Código Marítimo da RPC.

Por forma geral, verifica-se que o regime aplicável à responsabilidade extracontratual por abalroação continua submetido ao princípio da culpa. Não se encontrará, neste domínio, nada de semelhante à responsabilidade objectiva que foi estabelecida para a colisão de veículos terrestres. Em matéria de colisão de veículos terrestres, o legislador entendeu que quem beneficia da utilização do veículo deve arcar com os riscos próprios da sua utilização. De onde decorre que aquele que tiver a direcção efectiva do veículo responde pelos danos causados mesmo que não sejam imputáveis a facto ilícito. O Direito Marítimo conserva a ideia de que todos os participantes numa expedição marítima devem suportar os riscos envolvidos na navegação. Por conseguinte, cada um dos participantes suporta os respectivos prejuízos quando a abalroação seja devida a caso fortuito ou a força maior.

Assim, a razão de ser das normas especiais sobre abalroação reside menos nos desvios às regras gerais da responsabilidade civil fundada em facto ilícito e culposo que na necessidade de, em alguns pontos fundamentais, concretizar estas regras e esclarecer algumas dúvidas que a sua aplicação poderia suscitar.

Como já se assinalou, a Convenção de Bruxelas goza de vasta aceitação internacional e encontra-se em vigor, no Território de Macau, bem como na RPC e na região de Hong Kong. Não carece por isso de mais justificação que o Título VII do Anteprojecto comece por submeter a responsabilidade por abalroação às regras contidas neste instrumento internacional. É de sublinhar que se atribui a estas regras um âmbito de aplicação mais vasto do que aquele que resulta da própria convenção, pois determina-se a sua aplicação à abalroação ocorrida entre quaisquer navios no sentido do art. 1.º do Anteprojecto. Vêm assim a ser abrangidos os navios afectos ao transporte em águas interiores e os navios pertencentes ao Estado e exclusivamente empregues em serviço público, que a convenção exclui do seu âmbito de aplicação. Com efeito, nada obsta a que o Direito interno estenda a aplicação da convenção à abalroação em que intervenham estes navios, designadamente perante o disposto nos arts. 1.º e 3.º/§ 1 da Convenção Internacional para o Estabelecimento de Regras Uniformes sobre as Imunidades de Navios do Estado.

Decorre do anteriormente exposto que as normas de fonte interna continuam a desempenhar um papel importante nesta matéria. O que torna indispensável a determinação do sistema jurídico competente. A este propósito cumpre assinalar que a norma de conflitos contida no art. 674.º do Código Comercial português apresenta um quadro de soluções bastante avançado para a época em que o código foi elaborado, contrariando a tendência, que ainda hoje pontua nos sistemas francês, italiano e da *common law* para, em caso de abalroação no alto mar, aplicar o Direito material do foro.

Seguindo a moderna tendência para admitir a actuação da autonomia privada na determinação do Direito aplicável à responsabilidade extracontratual, o n.º 1 do art. 214.º permite que as partes escolham o Direito aplicável à responsabilidade por abalroação. As soluções supletivas dão primazia ao Direito do lugar da matrícula comum, mesmo no caso de a abalroação ocorrer em porto ou em águas territoriais ou interiores, o que está de acordo com a relevância conferida ao Direito da nacionalidade ou da residência habitual comum nos termos do n.º 3 do art. 45.º do Código Civil português. O Direito do lugar da abalroação só será aplicado quando os navios não se encontrem matriculados na mesma unidade territorial e a abalroação ocorra em portos ou águas territoriais ou interiores. Quando a abalroação ocorra no alto mar a responsabilidade do armador de um navio é sempre regulada pelo Direito onde o respectivo navio se encontra matriculado. Esta solução corresponde à regra tradicional da competência da lei do lugar do delito em matéria de responsabilidade extracontratual (cf. arts. 45.º/1 e 24.º/1 do Código Civil português). É a única solução que pode assegurar a previsibilidade do Direito aplicável. Vem na linha do disposto no n.º 3 do art. 674.º do Código Comercial português, mas com duas diferenças. Por um lado, dentro da linha geral seguida no Anteprojecto, dá-se preferência ao Direito do lugar da matrícula relativamente ao Direito do pavilhão. Por outro lado, abandona-se a conexão cumulativa quanto à determinação da indemnização, que actua, por forma injustificada, em desfavor do lesado.

Claro é que a competência do Direito escolhido pelas partes ou do Direito do lugar da matrícula não pode afastar a aplicação das normas internacionais ou locais que regulam a navegação. Estas normas têm de ser aplicadas para determinar a ilicitude do facto, que constitui um dos pressupostos da responsabilidade pelos prejuízos causados por abalroação. De entre as normas internacionais que têm de ser aplicadas a este título avulta o Regulamento Internacional para Evitar Abalroamentos no Mar, que está em vigor no Território de Macau.

As normas contidas nos arts. 215.º e segs. acompanham a tendência internacional atrás assinalada para uma harmonização das normas internas sobre abalroação, com base no regime contido na Convenção de Bruxelas.

Na interpretação destas normas deve ser tido em conta o sentido normativo que, segundo os critérios de interpretação aplicáveis aos tratados internacionais, seja atribuído às disposições convencionais em que se baseiam. Acrescente-se que na formulação destas normas também se atendeu ao Direito Comparado e, em especial, aos arts. 734.º e segs. do Código Comercial alemão e aos arts. 482.º e segs. do Código da Navegação italiano.

Num plano geral, é de sublinhar que se evitou a metafórica atribuição de "culpas" e de obrigações aos navios, tradicionalmente feita nesta matéria. As normas sobre abalroação contidas no Anteprojecto reportam-se antes a factos culposos imputáveis à tripulação e ao piloto e à obrigação de indemnizar do armador.

Nos termos do n.º 3 do art. 212.º, as normas sobre abalroação aplicam-se à responsabilidade pelos danos causados a um navio, ou às pessoas ou coisas que se encontrem a bordo, por facto culposo da tripulação de outro navio, sem que ocorra uma abalroação, por exemplo, mediante uma deslocação de água provocada por uma manobra irregular. Esta norma corresponde à contida no art. 13.º da Convenção de Bruxelas.

O art. 215.º, relativo à abalroação devida a caso fortuito ou força maior, segue de perto o art. 2.º da Convenção de Bruxelas. Pareceu desnecessário explicitar que esta regra se aplica mesmo que ambos os navios ou um deles se encontre fundeado. Constitui obviamente uma hipótese de abalroação fortuita aquela que for causada por terceiro navio, designadamente por meio da deslocação de água causada pela sua passagem. A aplicabilidade das normas do Título VII à responsabilidade do terceiro navio resulta do disposto no n.º 3 do art. 212.º, sendo por conseguinte dispensável uma norma como a que consta do art. 667.º do Código Comercial português.

Também não se viu necessidade de afastar expressamente as presunções legais de culpa na responsabilidade por abalroação (como faz o art. 6.º/2 da Convenção de Bruxelas), uma vez que a responsabilidade por abalroação é, de harmonia com as regras gerais, uma responsabilidade fundada em facto ilícito e culposo. Naturalmente que a responsabilidade se encontra *prima facie* estabelecida quando se demonstre a violação de um regulamento de navegação.

O art. 668.º do Código Comercial português, porém, determina que em caso de dúvida sobre qual dos navios deu causa à abalroação, suporta cada um deles os prejuízos que sofreu, mas todos respondem solidariamente pelos prejuízos causados às cargas e pelas indemnizações devidas às pessoas. Esta solução vem a traduzir-se numa presunção legal da ilicitude e da culpa no que toca à responsabilidade por danos causados às pessoas ou às coisas que se encontram a bordo, que não é compatível com o princípio da culpa. Aquele que invoca contra um armador uma pretensão fundada em abalroação tem de demonstrar que a abalroação resultou de um facto ilícito da sua tripulação (ou de um facto pessoal do próprio armador).

O art. 216.º estabelece a responsabilidade do armador pelos prejuízos causados por abalroação imputável a facto culposo da tripulação. O armador é responsável enquanto comitente, em conformidade com o disposto no art. 28.º/1. O que não exclui a responsabilidade do tripulante culpado, nos termos gerais, sendo dispensável a norma que consta do art. 671.º do Código Comercial português.

No que se refere à abalroação imputável a facto culposo da tripulação de ambos os navios, o n.º 2 do art. 217.º (que corresponde ao art. 4.º/2 e /3 da Convenção de Bruxelas) afasta a responsabilidade solidária dos armadores, que resultaria da regra geral contida no art. 497.º/1 do Código Civil, com respeito aos danos causados aos navios ou às coisas que se encontrem a bordo, mantendo-a apenas com respeito aos danos pessoais. O armador que, sendo solidariamente responsável por danos pessoais, satisfaça pretensões indemnizatórias que excedam a proporção dos prejuízos que lhe cabe suportar tem direito de regresso sobre o outro armador, nos termos do art. 497.º/2 do Código Civil.

O art. 4.º da Convenção de Bruxelas remete para as legislações nacionais a determinação, com respeito ao direito de regresso do navio que tiver pago uma indemnização por danos causados por morte ou ferimentos em parte superior à que lhe cabe definitivamente suportar, do "alcance e os efeitos das disposições contratuais ou legais que limitem a responsabilidade dos proprietários dos navios para com as pessoas que se encontram a bordo." Está aqui em fundamentalmente em causa a responsabilidade do armador, enquanto transportador, pelos danos pessoais causados a passageiros, que nos termos do art. 131.º é regulada pelas disposições contidas na Convenção de Atenas sobre o Transporte de Passageiros e sua Bagagem por Mar, de 13/12/74, alterada pelo Protocolo de Londres, de 29/3/90, contanto que se verifiquem os pressupostos de aplicabilidade definidos pelo n.º 2 do art. 131.º. Destas disposições (art. 18.º) decorre a nulidade das cláusulas que exonerem o transportador da responsabilidade, ou limitem o montante da indemnização, por danos pessoais. Observe-se que a possibilidade de exigir a totalidade da indemnização do armador de um navio, pelos danos pessoais causados aos passageiros do outro navio, permite tornear o "limite de responsabilidade" estabelecido pelo art. 7.º da referida convenção.

Relativamente à abalroação imputável a facto culposo do piloto, consagra-se um desvio à regra geral do art. 28.º/4, desvio este que se fundamenta no disposto art. 5.º da Convenção. Dispensa-se a referência, feita no art. 672.º do Código Comercial português, à responsabilidade da "corporação" de pilotos, porque esta resulta das regras gerais (arts. 500.º e 501.º do Código Civil).

As normas contidas no art. 219.º, com respeito às obrigações de socorro e de informação em caso de abalroação, correspondem ao art. 8.º da Convenção de Bruxelas. Não se julgou necessário reproduzir o disposto no art. 8.º/3 da Convenção, sobre a irresponsabilidade do proprietário do navio pela infracção destas regras, pois tal decorre já do art. 28.º/3 do Anteprojecto.

O art. 673.º do Código Comercial português subordina a pretensão indemnizatória fundada em abalroação à apresentação de uma reclamação à autoridade do lugar onde sucedeu ou do primeiro a que aportar o navio abalroado. Parece que esta norma se deve considerar revogada, porque se relacionava com o exercício de funções jurisdicionais pelos capitães do porto. Claro é que perante o regime estabelecido no Anteprojecto, à semelhança do que se verifica face à Convenção de Bruxelas, por força do seu art. 6.º, a pretensão indemnizatória fundada em abalroação não depende de reclamação, de protesto ou de qualquer outra formalidade especial.

21. O Título VIII remete a disciplina jurídica da salvação para a Convenção de Londres sobre Salvação, de 28/4/89. Esta convenção foi adoptada numa conferência diplomática organizada pela Organização Marítima Internacional, na cidade de Londres, em Abril de 1989, e encontrou já considerável aceitação internacional, tendo entrado em vigor internacionalmente em 14/7/96 [4].

A Convenção de Londres está em vigor em Hong Kong e foi ratificada pela RPC que reproduziu as disposições convencionais no cap. IX do seu Código Marítimo. Também a última versão do *Lloyd's Standard Form of Salvage Agreement* [LOF 1995] – que é o principal modelo contratual de contrato de salvação – se baseia nessa convenção,

---

[4] Em 10/7/98 foi publicado em Portugal o DL n.º 203/98 que contém o regime jurídico da salvação marítima e que revogou os arts. 676.º a 691.º C. Com.

além de remeter para o Direito inglês, que incorporou as disposições convencionais.

A convenção tem *carácter uniformizador* e *universal*, aplicando-se tanto a relações internas como internacionais e independentemente de qualquer conexão com os Estados contratantes. Com efeito, salvo reserva em contrário (art. 30.º/1/c), a convenção aplica-se mesmo que todos os interessados sejam nacionais do Estado contratante em causa.

Dado o seu *carácter uniformizador*, as disposições da convenção substituem-se às disposições internas relativamente às questões por ela reguladas. Mas a convenção, embora regule sistematicamente a salvação, não é exaustiva, nem parece excluir liminarmente a possibilidade de em certos aspectos as normas internas irem além do regime convencional. Daí que o presente Anteprojecto venha estabelecer normas complementares e integradoras ou regular aqueles pontos que a convenção remete para o Direito interno.

No que toca à determinação do *Direito subsidiariamente aplicável*, deve assinalar-se que a convenção contém diversas normas de conflitos, que limitam o âmbito de aplicação do Direito de Conflitos de fonte interna.

A salvação pode ser objecto de contrato, falando-se então de *salvação contratual*. Os direitos e obrigações na salvação contratual são regulados principalmente pelo contrato, com os limites adiante referidos. A determinação do Direito aplicável ao contrato, que, em vasta medida, é o Direito que rege a salvação contratual, é objecto das normas de conflitos contidas no art. 221.º, que obedecem às orientações gerais seguidas no Anteprojecto com respeito ao Direito aplicável aos contratos.

As soluções propostas em relação ao Direito aplicável à obrigação de remunerar por *salvação espontânea* são até certo ponto paralelas às estabelecidas relativamente à abalroação. Também aqui se contrariou a tendência, manifestada em alguns sistemas, para o recurso ao Direito material do foro. Na falta de um lugar de matrícula comum, manda-se aplicar, à salvação no alto mar, o Direito do lugar onde se encontra matriculado o navio salvado. A preferência por esta solução, em detrimento da competência do Direito do navio salvador, encontra justificação em duas ordens de considerações. Primeiro, a solução adoptada possibilita que o armador do navio salvado responda com base e dentro dos limites fixados pelo seu Direito. Segundo, a conexão com o Direito do navio salvador seria inexequível no caso de pluralidade de navios salvadores. Assinale-se ainda que o Direito do lugar da matrícula também é aplicável às obrigações de remuneração dos interessados na carga, dada a necessidade de submeter a obrigação de remunerar a um Direito único. Só não é assim quando a salvação tenha exclusivamente por objecto carga ou outros bens que não constituam um navio, caso em que se remete para o Direito da residência habitual do proprietário dos bens salvos.

De harmonia com a Convenção de Londres, adopta-se um *conceito amplo de salvação*, que abrange aquilo que nos sistemas da família romanogermânica é tradicionalmente designado por assistência. Mesmo nestes sistemas a distinção entre salvação e assistência, aliás traçada segundo critérios divergentes, deixou de ter utilidade perante um regime inteira ou basicamente comum. É irrelevante o meio de salvação utilizado e considera-se que os navios ou objectos naufragados, afundados ou encalhados, enquanto se encontrem na água, estão sujeitos a perigo e podem constituir objecto de salvação.

Como foi atrás sublinhado, os *direitos e obrigações na salvação contratual* são regulados principalmente pelo contrato. Mas além do dever de socorro, que está naturalmente subtraído à autonomia privada, o art. 7.º da convenção estabelece certos fundamentos especiais de anulação e modificação do contrato, e os arts. 226.º e segs. do Anteprojecto contêm normas relativas à repartição da remuneração entre o armador, o comandante e a tripulação, à acção de cumprimento, à proibição da ocupação de bens salvos, ao dever de entrega dos bens salvos e às atribuições da autoridade competente com respeito aos bens salvos que não podem ser afastados pelas partes.

O art. 225.º, em conformidade com o art. 12.º da convenção, atribui *direito à remuneração* a todos os que voluntariamente prestem serviços de salvação com resultado útil. Este condicionamento do direito à remuneração ao resultado útil corresponde à cláusula *no cure-no pay* há muito consagrada no modelo contratual LOF.

O art. 16.º/1 da convenção determina que não é devida remuneração pelas pessoas cujas vidas tenham sido salvas, sem prejuízo do disposto no Direito nacional. O n.º 2 deste artigo, porém, confere ao salvador de vida humana direito a uma quota razoável do pagamento concedido ao salvador por salvação do navio ou outros bens ou por evitar ou minimizar danos ao ambiente. O Anteprojecto nada acrescenta a este respeito, por se entender que as soluções contidas na convenção são adequadas e correspondem à tendência largamente dominante nos principais sistemas jurídicos.

Mas se é de aceitar que o salvador não possa reclamar uma remuneração das pessoas salvas, já não é justo que o salvador de vidas humanas fique privado de qualquer compensação quando não houve salvamento do navio nem de outros bens. A exemplo de alguns sistemas jurídicos, seria desejável a instituição de um fundo público que permitisse, nestas circunstâncias, assegurar uma compensação ao salvador de vidas.

No que toca ao *dever de socorro* que impende sobre o comandante de todo o navio, é de assinalar que o 41.º/1 do Anteprojecto, nas suas alíneas j e l, vai além do estabelecido pela convenção. Nestes termos, o comandante tem o dever de socorrer não só as pessoas que se encontrem em perigo mar mas também as embarcações que se encontrem em perigo.

A convenção não estabelece um *dever de solicitar ou aceitar a salvação*. Mas é claro que este dever decorre até certo ponto do disposto nos arts. 38.º/1 e 41.º/1/a. Com efeito, segundo o art. 41.º/1/a, o comandante deve zelar pela segurança do navio e das pessoas que se encontram a bordo; e, por força do art. 38.º/1, o comandante, enquanto representante do armador, deve tomar todas as medidas que se mostrem necessárias para a tutela de direitos dos interessados na carga e que sejam compatíveis com o contrato de transporte e com as exigências da expedição. Mas isto não significa que o comandante ou o armador não possam, quando só estejam em causa bens patrimoniais e não exista o risco de danos substanciais para terceiros, recusar a salvação. O art. 19.º da convenção prevê-o, ao determinar que os serviços prestados apesar da proibição expressa e razoável do armador ou do comandante do navio não conferem direito a remuneração.

O art. 13.º/2 da convenção, depois de determinar que todos os interessados nos bens estão obrigados a remunerar na proporção dos respectivos valores salvos, vem admitir que o Direito interno ponha a cargo de um dos interessados o pagamento integral da remuneração, ficando salvaguardado o direito de regresso contra os outros interessados pelas suas quotas respectivas. O Anteprojecto não estabelece o dever de pagamento integral por um dos interessados. Mas admite que este pagamento integral possa ter lugar, como sucederá normalmente na salvação contratual. Neste caso, a remuneração poderá ser compensável em avaria comum, nos termos dos arts. 179.º/2 e 224.º/2. A repartição da remuneração faz-se então segundo o regime aplicável à avaria comum, e não por via do direito de regresso. Todavia, para efeitos de remuneração de salvação, o valor dos bens salvos deve ser determinado com referência ao momento e lugar em que termina o serviço de salvação, o que justifica um desvio às regras aplicáveis à avaria comum (que mandam atender ao momento e lugar em que termina viagem).

Nos termos do art. 5.º/3 da convenção, a medida em que uma *autoridade pública* que tenha o dever de realizar operações de salvamento pode beneficiar dos direitos e meios processuais estabelecidos por esta convenção deve ser determinada pelo Direito do Estado em que tal autoridade está situada. O art. 225.º/3 do Anteprojecto determina que as autoridades públicas, bem como os respectivos agentes, só têm direito a remuneração quando prestarem um serviço de salvação que vá além dos seus normais deveres funcionais. Esta norma, que converge com a solução adoptada pelos Direito inglês e dos EUA, será aplicável quando as autoridades públicas de Macau prestarem um serviço de salvação.

O art. 223.º contém uma conexão especializada com respeito à *repartição da remuneração entre o armador, o comandante e a tripulação*, em conformidade com o art. 15.º/2/1.ª parte da convenção. Este preceito convencional atribui competência ao Direito do pavilhão do navio, razão por que não é possível dar aqui preferência ao Direito do lugar da matrícula do navio. No entanto, já é compatível com a convenção que, no caso de vigorar no Estado do pavilhão uma pluralidade de sistemas jurídicos, se considere relevante o Direito do lugar da matrícula (contanto que este lugar esteja situado no Estado do pavilhão).

Regista-se a maior divergência entre os sistemas nacionais relativamente ao critério de repartição da remuneração entre o armador, o comandante e a tripulação. Alguns sistemas, como é o caso do francês e inglês, prescindem de um critério fixo, remetendo para uma avaliação das circunstâncias do caso concreto. A respectiva jurisprudência atribui geralmente ao armador a maior parte da remuneração.

O Código Marítimo da RPC não contém qualquer disposição sobre a repartição da remuneração entre o armador, o comandante e a tripulação. O art. 749.º do Código Comercial alemão atribui ao armador uma quota da remuneração correspondente aos danos causados ao navio e custos adicionais e a dois terços do restante, cabendo um sexto ao comandante e um sexto à tripulação. O art. 496.º do Código da Navegação italiano atribui um terço ao armador e dois terços à tripulação. A solução retida mantém as proporções que se encontravam consagradas no Código Comercial português (metade para o armador, um quarto para o comandante e um quarto para a tripulação), mas flexibiliza este critério por duas vias. Por um lado, as proporções são determinadas depois de deduzido o valor dos danos sofridos pelo navio e dos custos adicionais devidos à salvação, que é atribuído ao armador. Por outro lado, confere-se ao tribunal o poder de corrigir as quotas atribuídas segundo um critério de equidade (art. 226.º).

Também se admite que esta repartição seja feita por acordo. Mas, de harmonia com a tendência largamente maioritária nos sistemas nacionais, salvaguarda-se o direito do comandante e da tripulação a uma remuneração equitativa (art. 226.º/3).

É abolida a *fiscalização da salvação pela autoridade competente* (que é prescrita pelo art. 679.º do Código Comercial português). Esta fiscalização é dificilmente exequível e não encontra paralelo nos outros sistemas jurídicos consultados. Isto não exclui que, ao abrigo de legislação especial, que se encontra ressalvada no art. 231.º, certas operações de salvação ou remoção sejam realizadas por ou sob o controlo de autoridades públicas.

O conceito amplo de salvação adoptado no Anteprojecto abrange o *achamento ou recuperação* de navios naufragados ou encalhados, de seus fragmentos, carga ou outros objectos que se encontrem no mar. Com efeito, tem-se entendido que o facto de o navio ou objecto naufragado jazer imobilizado no fundo marinho constitui um perigo no sentido do art. 1.º/a da convenção.

A legislação portuguesa tem incluído no conceito de "objectos achados no mar" não só os navios e objectos encontrados acidentalmente mas também os que são objecto de operações de recuperação. E estabeleceu regimes especiais para certas categorias de objectos que se encontram no mar. O art. 231.º ressalva a legislação especial que vigore ou venha em vigor nesta matéria em Macau. De resto, o Anteprojecto não contém normas especiais sobre o achamento ou recuperação. Mas considerou-se necessário manter certas regras gerais sobre a ocupação, dever de entrega e atribuições da autoridade competente, que se aplicam a qualquer salvação em que os bens salvos entrem na posse do salvador, bem como ao achamento de navios ou objectos naufragados que sejam arrojados a terra. O regime aplicável à compensação do achador de navios ou objectos naufragados arrojados a terra será, na falta de legislação especial, o que decorrer da regra geral contida no art. 1323.º/3 do Código Civil.

Em conformidade com os princípios gerais que já se encontravam consagrados no Código Comercial português, *proíbe-se a ocupação* desses bens e *prescreve-se a entrega dos bens salvos ou achados* que entrem na posse do salvador ou achador à autoridade competente, caso o proprietário seja desconhecido ou não se apresente para receber os bens contra pagamento da remuneração devida (art. 229.º). Deste modo evita-se também as dúvidas que se têm suscitado sobre o direito de retenção do salvador, quando os bens salvos entrem na sua posse. Assinale-se que, no que toca ao navio, este direito de retenção parece incompatível com a Convenção de Genebra sobre Privilégios e Hipotecas Marítimas, concluída em 6/5/93, cujas disposições são incorporadas no Direito interno de Macau nos termos do 47.º. Assim, quando o proprietário dos bens não oferecer a remuneração ou compensação, o salvador ou achador deve entregá-los à autoridade competente. Em caso de litígio sobre a remuneração ou compensação, que não se resolva no prazo fixado pela administração, os bens serão vendidos extrajudicialmente, sendo mantida em depósito a quantia reclamada pelo salvador ou achador até ao trânsito em julgado da sentença que resolva o pleito (art. 230.º/3 e /8).

Enfim, o prazo de caducidade do direito de remuneração, estabelecido pelo art. 230.º/8/2.ª parte, corresponde ao disposto no art. 23.º/1 da Convenção de Londres.

MEMORANDUM

1. Admitindo que a nova legislação de Direito Comercial Marítimo seja inserida no Código Comercial, deverá ser incluído, entre as disposições gerais deste código, o seguinte artigo sobre a relevância dos usos do comércio:

"(Usos do comércio)

"Nos contratos referidos nos artigos anteriores as partes são vinculadas:

a) por qualquer uso que tenham estipulado e por quaisquer práticas que tenham estabelecido entre si;

b) pelo uso que seja largamente conhecido e regularmente observado no comércio internacional pelas partes no ramo do comércio em causa, salvo se a aplicação de tal uso for desrazoável."

A redacção deste artigo inspira-se no disposto na Convenção das Nações Unidas sobre os Contratos de Venda Internacional de Mercadorias e nos *Principles of International Commercial Contracts* do UNIDROIT.

2. Quanto à construção e transmissão de navios, creio que se deveria publicar um diploma avulso com disposições semelhantes às que constam dos arts. 1.º, 2.º, 6.º e 8.º do DL n.º 150/88, de 28/4, que são disposições de Direito da Economia, com o seguinte teor:

"Artigo 1.º – O presente diploma aplica-se às embarcações de comércio, rebocadores e embarcações auxiliares registados em Macau.

"Artigo 2.º – Qualquer pessoa, singular ou colectiva, capaz segundo a sua lei pessoal, pode ser titular do direito de propriedade das embarcações referidas no artigo anterior.

"Artigo 3.º – Não dependem de autorização a construção, transmissão ou modificação das embarcações referidas no artigo 1.º.

"Artigo 4.º – A construção ou modificação deve ser precedida de uma comunicação a ... acompanhada do respectivo projecto e da indicação do estabelecimento que a realizará."

"Artigo 5.º – A aquisição ou alienação das embarcações referidas no artigo primeiro deverão ser comunicadas a ... no prazo de quinze dias a contar da celebração do contrato de venda.

"Artigo 6.º – A entidade competente para o registo comercial dos factos relativos à embarcação deve comunicar a ... todas as inscrições e averbamentos no prazo de quinze dias a contar da sua feitura."

A entidade a indicar nos art. 4.º, 5.º e 6.º será a que segundo o Regulamento da Capitania tiver competência para as vistorias de construção, registo e manutenção. Em Portugal a entidade competente é a Direcção-Geral da Navegação e dos Transportes Marítimos. O serviço desta Direcção-Geral competente para as vistorias e inspecções é a Inspecção de Navios e Segurança Marítima.

Dada a incerteza sobre se certos diplomas – como o Regulamento Geral das Capitanias – vigoram em Macau, será de prescindir de uma revogação expressa de certas normas.

3. Não estão em vigor em Macau as seguintes convenções em matéria de responsabilidade civil por prejuízos causados por poluição:

a) Convenção de Bruxelas sobre a Responsabilidade Civil por Danos Devidos à Poluição por Hidrocarbonetos, de 29/11/69, aprovada para ratificação pelo DL n.º 694/76, de 21/9; alterada por Protocolo de Londres de 19/11/76, aprovado para adesão pelo Decreto n.º 39/85, de 14/10; alterada por Protocolo de Londres de 27/11/92 de que Portugal não é parte contratante.

b) Convenção de Bruxelas sobre o Estabelecimento de um Fundo Internacional para a Compensação de Prejuízos Causados pela Poluição por Hidrocarbonetos, de 18/12/71, aprovada para ratificação pelo Dec. n.º 13/85, de 21/6; alterada por Protocolo de Londres de 19/11/76, aprovado para adesão pelo mesmo diploma; alterada por Protocolo de Londres de 25/5/84, de que Portugal não é parte contratante.

Para protecção dos interesses locais em caso de danos causados por poluição no território de Macau, mas também para assegurar que Macau, enquanto centro de registo de navios, dispõe de uma legislação adequada, é importante que estas convenções sejam postas em vigor em Macau.

4. No que toca à limitação de responsabilidade, pelas razões expostas na Nota Justificativa devem ser tomadas as providências necessárias para que a Convenção de Bruxelas sobre o Limite de

Responsabilidade dos Proprietários de Navios de Alto Mar, de 10/10/57, aprovada para ratificação pelo DL n.º 48036, de 14/11/67, deixe de vigorar em Macau e para que seja posta em vigor a Convenção de Londres sobre a Limitação de Responsabilidade por Créditos Marítimos, de 19/11/76.

5. O art. 1505.º do Código de Processo Civil deve ser revogado, uma vez que se priva o comandante do poder de requerer, em caso de inavegabilidade, a venda do navio sem autorização do proprietário.

Em contrapartida, o art. 1502.º pode ser mantido, pois embora o comandante deixe de ser obrigado a requerer ao tribunal vistoria destinada a conhecer o estado de navegabilidade do navio antes de empreender a viagem, não se lhe retira a faculdade de o fazer.

6. Pelas razões expostas na Nota Justificativa recomenda-se que seja posta em vigor em Macau a Convenção de Genebra sobre Privilégios e Hipotecas Marítimas, de 6/5/93.

7. Pelas razões expostas na Nota Justificativa recomenda-se que sejam postos em vigor em Macau os Protocolos de Bruxelas Modificativos da Convenção de Bruxelas para a Unificação de Certas Regras em Matéria de Conhecimento, de 25/8/24, de 23/2/68 e de 21/12/79, de que Portugal não é parte. Em contrapartida, deve ser denunciada, com relação a Macau, a Convenção de 1924, de que Portugal é parte (a convenção foi aprovada para adesão pelo Dec. n.º 19857, de 18/5/31 e a adesão dada pela Carta de 5/12/31, DG de 2/6/32, com rectificação no DG de 11/7/32), por forma a evitar que nos transportes de um Estado que seja exclusivamente parte nesta convenção para Macau sejam aplicáveis as disposições desta convenção, sem as alterações introduzidas pelos Protocolos modificativos.

8. Pelas razões expostas na Nota Justificativa recomenda-se que seja posta em vigor em Macau a Convenção de Atenas sobre o Transporte de Passageiros e sua Bagagem por Mar, de 13/12/74 (*Convention Relating to the Carriage of Passengers and their Luggage by Sea*), bem como o Protocolo de Londres, de 29/3/90, que altera a convenção. Nenhum destes instrumentos vigora na ordem jurídica portuguesa.

9. É minha opinião que o processo dito de "regulação e repartição de avarias" previsto nos arts. 1063.º e segs. do Código de Processo Civil deveria ser objecto de uma revisão global que, porém, extravasa do âmbito do presente trabalho. Limito-me, por isso, às alterações que são indispensáveis para ajustar os preceitos processuais à filosofia que preside ao regime substantivo da avaria comum contido no anteprojecto.

"SECÇÃO II
Regulação de avarias marítimas comuns

Art. 1063.º
(Homologação do regulamento da avaria)

1. Qualquer dos interessados pode requerer ao tribunal a homologação do regulamento da avaria comum que vincule todos os interessados.

2. Seguir-se-ão os termos prescritos no art. 1054.º.

Art. 1064.º
(Anulação do processo por falta de intervenção de algum interessado)

1. Os interessados que não sejam vinculados pelo regulamento podem requerer a anulação de tudo o que se tenha processado.

2. O requerimento pode ser feito em qualquer tempo, mesmo depois de transitar em julgado a sentença, e é junto ao processo de regulação.

Art. 1065.º
(Termos a seguir na falta de regulamento)

1. Qualquer dos interessados pode requerer ao tribunal a nomeação dos reguladores.

2. O tribunal marcará uma audiência para a nomeação dos reguladores e citará todos os interessados.

3. Se as partes não chegarem a acordo quanto à nomeação, são nomeados três reguladores, um pelo armador, um pelos interessados na carga e o terceiro pelo tribunal.

4. No caso previsto no número anterior, se houver afretador interessado e não chegar a acordo com o armador para a nomeação de um representante único, serão nomeados cinco reguladores, um pelo armador, um pelo afretador, um pelos interessados na carga e dois pelo tribunal.

5. Na homologação do regulamento seguir-se-ão os termos prescritos no art. 1054.º.

Art. 1066.º
(Limitação do alcance da intervenção no compromisso ou na nomeação dos reguladores)

A intervenção no compromisso em que se funda o regulamento ou na nomeação dos reguladores não importa reconhecimento da natureza das avarias.

Art. 1067.º
Revogado

Art. 1068.º
(Prazo para a acção de regulação)

A acção de avaria comum só pode ser intentada no prazo de seis anos a contar da chegada ao porto de destino ou do abandono da viagem."

10. Pressupõe-se a revogação das normas, contidas nos arts. 228.º a 247.º do actual Regulamento da Capitania dos Portos de Macau, que digam respeito a responsabilidade por abalroação, ainda que ocorrida dentro de porto, uma vez que esta matéria é regida pelas disposições do Título VII do presente Anteprojecto.

11. Pelas razões expostas na Nota Justificativa recomenda-se que seja posta em vigor em Macau a Convenção de Londres sobre Salvação, de 28/4/89, que não está ainda em vigor na ordem jurídica portuguesa. Pressupõe-se a revogação do art. 226.º do actual Regula-

mento da Capitania dos Portos de Macau, visto que se trata de matéria regulada no Título VIII do presente Anteprojecto

TÍTULO I
DOS NAVIOS

CAPÍTULO I
Disposições gerais

Artigo 1.º
(Noção de navio)

1. Entende-se por navio um veículo afecto ao transporte por águas marítimas ou interiores.
2. Consideram-se abrangidos no número anterior os veículos que, sendo afectos ao transporte nele referido, se deslocam sobre almofadas de ar.
3. Não são abrangidos pelo número 1 os veículos afectos principalmente ao transporte por rios, canais ou lagos.

Artigo 2.º
(Natureza do navio)

Os navios são bens móveis sujeitos a registo.

Artigo 3.º
(Partes componentes e integrantes)

1. A ligação material de uma coisa ao navio não prejudica os direitos sobre ela constituídos anteriormente por quem não seja proprietário do navio, a menos que este proprietário a adquira por acessão. Todavia só são oponíveis a terceiros de boa fé, que adquiram direitos sobre o navio, os direitos sobre partes componentes ou integrantes que resultem de documento com data certa anterior à aquisição dos direitos sobre o navio ou do inventário de bordo.
2. A alienação de partes componentes ou integrantes só produz efeitos reais a partir da separação e não é oponível a terceiros que tenham adquirido direitos sobre o navio antes da separação.
3. Considera-se certa a data dos documentos autênticos, dos documentos autenticados e de outros documentos particulares em que possa ser fixada com segurança.

Artigo 4.º
(Pertenças do navio)

1. Consideram-se como pertenças do navio todas as coisas que, sem estarem ligadas materialmente ao navio, são duradouramente afectas à realização do seu destino económico.

2. Em caso de dúvida, serão consideradas como pertenças do navio as coisas que forem inscritas no inventário de bordo.

3. As situações jurídicas que tenham por objecto o navio abrangem também as pertenças. Às partes de um negócio jurídico que tenha por objecto o navio é, porém, lícito convencionar que o negócio não abrange as pertenças.

4. O vínculo de pertinência é oponível a terceiros, salvo o disposto no número seguinte.

5. A afectação de uma coisa como pertença do navio não prejudica os direitos sobre ela constituídos anteriormente por quem não seja proprietário do navio. Todavia só são oponíveis a terceiros de boa fé, que adquiram direitos sobre o navio, os direitos sobre pertenças que resultem de documento com data certa anterior à aquisição dos direitos sobre o navio ou do inventário de bordo.

6. A cessação do vínculo de pertinência só é oponível aos terceiros que tenham adquirido anteriormente direitos sobre o navio se a propriedade alheia da coisa resultar de documento com data certa anterior à aquisição dos direitos ou do inventário de bordo.

Artigo 5.º
(Modos de aquisição)

1. Os navios podem ser adquiridos pelos modos legalmente previstos para os outros bens móveis, com as especialidades decorrentes do registo e os desvios estabelecidos nos números seguintes.

2. Os navios não são susceptíveis de ocupação.

3. Os navios podem ser adquiridos pelo apresamento, com julgamento de boa presa, e pelo abandono ao segurador.

Artigo 6.º
(Direito aplicável aos direitos sobre o navio)

1. Os direitos sobre navios são regulados pelo Direito do lugar onde a matrícula tiver sido efectuada.

2. Em caso de mudança do lugar da matrícula que desencadeie uma sucessão de Direitos aplicáveis as situações constituídas serão transpostas para a categoria mais apropriada do Direito do novo lugar da matrícula.

3. A constituição de um direito real de garantia não sujeito a registo segundo o Direito do lugar da matrícula depende, porém, do Direito regulador do

crédito garantido, sem prejuízo da competência do Direito do lugar da matrícula quanto aos seus efeitos.

4. Os direitos reais de garantia referidos no número anterior que não sejam reconduzíveis a uma das categorias previstas no Direito do lugar da matrícula serão graduados depois dos outros direitos reais de garantia sobre o navio e em posição de paridade entre si.

Artigo 7.º
(Arresto de navio)

1. O arresto de navio é regulado pelas disposições contidas na Convenção de Bruxelas para a Unificação de Certas Regras sobre Arresto de Navios, de 10/5/52, que se consideram incorporadas no Direito interno de Macau.

2. As normas sobre o arresto contidas no Código de Processo Civil só são aplicáveis quando as disposições convencionais remetam para a lei processual interna.

CAPÍTULO II
Da construção e transmissão

Artigo 8.º
(Direito aplicável aos contratos de construção, venda e reparação de navio)

1. A construção, venda e reparação do navio são regidas pelo Direito escolhido pelas partes.

2. Na falta de escolha, o contrato é regulado pelo Direito da unidade territorial com a qual apresente uma conexão mais estreita.

3. Em caso de dúvida, entende-se que o contrato apresenta uma conexão mais estreita com a unidade territorial onde o construtor, vendedor ou reparador tem o seu estabelecimento no momento da celebração do contrato.

4. O modo de cumprimento é regulado pelo Direito do lugar onde se deva realizar.

Artigo 9.º
(Construção e reparação de navio)

1. São aplicáveis aos contratos de construção e de reparação de navio as normas que regulam o contrato de empreitada, em tudo o que não contrarie o disposto nos números seguintes.

2. O contrato de construção, bem como os negócios que o modificarem ou revogarem, estão sujeitos a forma escrita, ainda que sejam celebrados fora do território de Macau.

3. O disposto no número anterior é aplicável ao contrato de grande reparação, bem como aos negócios que o modificarem ou revogarem. É considerado como contrato de grande reparação todo aquele cuja importância exceder metade do valor do navio.

4. A denúncia ao construtor dos defeitos do navio pode ser efectuada a qualquer momento, sem prejuízo do prazo de caducidade dos direitos de eliminação dos defeitos, redução do preço, rescisão do contrato e indemnização.

5. Em caso de defeitos ocultos o prazo de caducidade referido no número anterior conta-se a partir da sua descoberta.

6. O disposto nos dois números anteriores é aplicável, com as devidas adaptações, a todos os contratos de reparação.

Artigo 10.º
(Negócios de disposição do navio)

1. São aplicáveis ao contrato de venda de navio as normas que regulam o contrato de compra e venda, em tudo o que não contrarie o disposto nos números seguintes.

2. O contrato de venda de navio está sujeito a forma escrita, ainda que seja celebrado fora do território de Macau.

3. A forma estabelecida no número anterior é exigida para todos os negócios de constituição ou disposição de direitos reais sobre o navio.

4. A denúncia ao vendedor dos defeitos do navio pode ser efectuada dentro de um ano a contar da sua entrega.

5. Em caso de defeitos ocultos o prazo referido no número anterior conta-se a partir da sua descoberta.

CAPÍTULO III
Do proprietário

Artigo 11.º
(Noção de proprietário)

É proprietário do navio aquele que o adquiriu por um dos modos legalmente admitidos, salvaguardados os efeitos do registo.

Artigo 12.º
(Responsabilidade civil do proprietário por poluição)

1. À responsabilidade por prejuízos causados por poluição, produzidos no território de Macau, bem como às medidas de salvaguarda destinadas a evitar ou reduzir tais prejuízos, são aplicáveis as disposições contidas na Convenção de Bruxelas sobre a Responsabilidade Civil por Danos Devidos à Poluição por Hidrocarbonetos, de 29/11/69, alterada pelo Protocolos de Londres de 19/11/76 e de 27/11/92.

2. As disposições referidas no número anterior consideram-se incorporadas no Direito interno de Macau.

3. O art. 7.º da Convenção é aplicável aos navios matriculados em Macau.

Artigo 13.º
(Direito de indemnização do proprietário)

O proprietário tem direito a ser indemnizado pelo armador por todos os prejuízos que lhe advenham da responsabilidade por poluição ou da oneração, arresto ou penhora do navio por dívidas contraídas pelo armador.

CAPÍTULO IV
Do aluguer

Artigo 14.º
(Contrato de aluguer)

Aluguer de navio é o contrato pelo qual uma das partes se obriga a proporcionar à outra o gozo temporário de um navio, mediante retribuição.

Artigo 15.º
(Direito aplicável ao contrato de aluguer)

1. O aluguer de navio rege-se pelo Direito escolhido pelas partes.

2. Na falta de escolha, o contrato é regulado pelo Direito da unidade territorial com a qual apresente uma conexão mais estreita.

3. Em caso de dúvida, entende-se que o contrato apresenta uma conexão mais estreita com a unidade territorial onde o navio estiver matriculado.

4. O modo de cumprimento é regulado pelo Direito do lugar onde se deva realizar.

Artigo 16.º
(Legitimidade do locador)

O aluguer de navio constitui, para o locador, um acto de administração extraordinária.

Artigo 17.º
(Forma do contrato)

O contrato de aluguer do navio está sujeito a forma escrita, ainda que celebrado fora do território de Macau.

Artigo 18.º
(Obrigações do locador)

São obrigações do locador:
a) entregar o navio, com as respectivas pertenças, na data e lugar convencionados em estado de navegabilidade e apto para o serviço a que é destinado;
b) entregar os documentos necessários à navegação;
c) eliminar os vícios ocultos do navio;
d) assegurar o gozo da coisa para os fins a que se destina.

Artigo 19.º
(Obrigações do locatário)

São obrigações do locatário:
a) receber o navio e observar a diligência de um bom armador na sua utilização, tendo em conta as suas características técnicas e em conformidade com os fins a que se destina;
b) pagar o aluguer;
c) pagar os vencimentos da tripulação;
d) manter o navio em estado de navegabilidade e de acordo com a boa prática comercial, bem como a sua classificação e a vigência dos respectivos certificados, realizando as reparações necessárias para o efeito;
e) facultar ao locador a inspecção ou vistoria do navio;
f) prestar a garantia financeira com respeito a danos por poluição que seja exigida por qualquer autoridade pública por forma a que o navio possa realizar os fins a que se destina;
g) manter, por sua conta, o navio seguro contra riscos de mar, de guerra e de protecção e indemnização (P & I), tanto no interesse próprio como no do locador, e em nome de ambos;

h) avisar imediatamente o locador, sempre que tenha conhecimento de vícios da coisa ou que terceiros se arrogam direitos em relação a ela, desde que o facto seja ignorado pelo locador;

i) restituir o navio findo o contrato, com as respectivas pertenças, na data e lugar convencionados e no estado em que foi recebido, ressalvada a deterioração inerente a uma normal utilização, em conformidade com os fins do contrato.

j) indemnizar o locador pela responsabilidade em que incorra em consequência de o navio naufragar ou se tornar um impedimento à navegação.

Artigo 20.º
(Atraso na restituição do navio)

Em caso de atraso na restituição do navio, por facto imputável ao locatário, é este obrigado, a título de indemnização, a pagar até ao momento da restituição o dobro do aluguer convencionado.

Artigo 21.º
(Rescisão do contrato de aluguer)

Perante o incumprimento definitivo do contrato por qualquer das partes tem a outra parte a faculdade de o rescindir extrajudicialmente.

Artigo 22.º
(Regime subsidiariamente aplicável)

É subsidiariamente aplicável ao aluguer do navio o regime do contrato de locação.

Artigo 23.º
(Locação financeira)

À locação financeira é aplicável o regime do contrato de locação financeira e, subsidiariamente, as disposições relativas à locação de navio que forem compatíveis com a sua natureza.

CAPÍTULO V
Do armador

Artigo 24.º
(Noção de armador)

1. É armador aquele que, com base num direito real ou pessoal de gozo, utiliza o navio para fins de navegação.

2. Em caso de dúvida presume-se armador o proprietário do navio.

Artigo 25.º
(Direito aplicável à representação do armador pelo comandante)

A representação, legal ou voluntária, do armador pelo comandante, é regulada pelo Direito do lugar onde os poderes representativos são exercidos.

Artigo 26.º
**(Direito aplicável à responsabilidade civil
do armador por facto da tripulação)**

1. A responsabilidade do armador por facto ilícito da tripulação é regulada pelo Direito aplicável à responsabilidade extra-contratual.

2. A responsabilidade do armador pelos actos e omissões praticados por tripulantes como seus auxiliares de cumprimento é regulada pelo Direito aplicável ao negócio obrigacional em causa.

Artigo 27.º
(Representação do armador pelo comandante)

O armador responde pelas obrigações contraídas pelo comandante no exercício das funções que lhe estão confiadas.

Artigo 28.º
(Responsabilidade civil do armador por facto da tripulação)

1. O armador responde pelo facto ilícito da tripulação, no exercício das funções que lhe estão confiadas, nos termos em que o comitente responde pelo facto do comissário.

2. No cumprimento das suas obrigações, o armador responde pelos actos e omissões da tripulação, nos termos em que o devedor responde pelos actos e omissões dos seus auxiliares de cumprimento.

3. O armador não responde, porém, pelo cumprimento pelo comandante das obrigações que lhe são impostas pela lei em matéria de salvação ou com vista a garantir a segurança da navegação ou a tutela dos interesses envolvidos na expedição marítima considerados no seu conjunto.

4. O armador é responsável pelos actos ou omissões dos pilotos tomados a bordo, salvo quando a sua admissão for ordenada pela respectiva lei local.

CAPÍTULO VI
Da limitação de responsabilidade

Artigo 29.º
(Regime geral aplicável à limitação de responsabilidade)

1. A limitação de responsabilidade por créditos marítimos é regulada pelas disposições contidas na Convenção de Londres sobre a Limitação de Responsabilidade por Créditos Marítimos, de 19/11/76.

2. As disposições referidas no número anterior consideram-se incorporadas no Direito interno de Macau e são aplicáveis sempre que uma pessoa referida no art. 1.º da Convenção pretenda limitar a sua responsabilidade neste Território e mesmo que o crédito seja relativo a navio destinado à navegação em águas interiores ou com arqueação inferior a 300 toneladas.

Artigo 30.º
(Limites de responsabilidade aplicáveis)

Na aplicação do artigo 6.º da Convenção a navio com arqueação inferior a 300 toneladas os limites relevantes são:

a) perante os créditos por morte ou ofensas corporais, 166.667 unidades de conta;

b) perante os restantes créditos, 83.333 unidades de conta.

Artigo 31.º
(Constituição e repartição do fundo de limitação)

1. A constituição e repartição do fundo de limitação são reguladas pelas disposições contidas na Convenção e, subsidiariamente, pela lei processual.

2. A taxa de juro aplicável para efeitos do número 1 do artigo 11º da Convenção será fixada por Portaria.

Artigo 32.º
(Regime especial aplicável à limitação de responsabilidade por danos devidos à poluição por hidrocarbonetos)

1. À limitação de responsabilidade por danos devidos à poluição por hidrocarbonetos, produzidos no território de Macau, são aplicáveis as disposições contidas na Convenção de Bruxelas sobre a Responsabilidade Civil por Danos Devidos à Poluição por Hidrocarbonetos, de 29/11/69, alterada pelos Protocolos de Londres de 19/11/76 e de 27/11/92.

2. As disposições referidas no número anterior consideram-se incorporadas no Direito interno de Macau.

3. A constituição e repartição do fundo de limitação são reguladas pelas disposições contidas na Convenção e, subsidiariamente, pela lei processual.

4. O disposto no número 1 não prejudica a aplicação das disposições Convenção de Londres sobre a Limitação de Responsabilidade por Créditos Marítimos, de 19/11/76, quando for invocado um crédito resultante de dano devido a poluição contra uma pessoa que não seja o proprietário.

CAPÍTULO VII
Do comandante

Artigo 33.º
(Noção)

É comandante a pessoa encarregada de chefiar a tripulação, dirigir o navio e exercer a autoridade sobre todas as pessoas que se encontram a bordo.

Artigo 34.º
(Poderes representativos)

1. O comandante representa o armador na execução dos contratos de transporte por este celebrados.

2. Fora dos lugares em que o armador tem estabelecimento ou agente, o comandante, enquanto representante do armador, tem poderes para praticar os actos necessários à realização da viagem, com respeito ao armamento, equipagem, abastecimento e manutenção do navio.

3. São considerados actos necessários os que forem de esperar de um comandante prudente com base no conjunto das circunstâncias conhecidas no momento em que devam ser praticados, e ponderando os interesses de todas as partes envolvidas.

4. A restrição dos poderes legais do comandante só é oponível a terceiros que a conheçam ou devam conhecer.

5. O comandante pode em qualquer caso prover aos abastecimentos quotidianos, aos fornecimentos de reduzido valor e às pequenas reparações necessárias para a manutenção ordinária do navio.

Artigo 35.º
(Contracção de empréstimos)

1. Se no decurso de viagem surgir a necessidade de dinheiro para satisfazer uma exigência urgente do navio ou para a continuação da viagem, que não se enquadre no último número do artigo anterior, o comandante deve avisar imediatamente o armador.

2. Caso não seja possível avisar o armador, bem como se o armador devidamente avisado não fornecer os meios nem der as instruções oportunas, o comandante pode requerer autorização ao tribunal competente para tomar de empréstimo a quantia necessária ou contrair obrigações perante os fornecedores de bens ou prestadores de serviços.

Artigo 36.º
(Utilização, venda e oneração da carga)

1. Se for necessário para a continuação da viagem o comandante, enquanto representante do armador, tem poderes para:
   a) utilizar os objectos transportados;
   b) requerer ao tribunal competente autorização para vender ou dar em penhor uma parte da carga.

2. O comandante só pode exercer os poderes referidos na alínea b) do número anterior depois de ter avisado tempestivamente os interessados na carga, se possível, e quando tal meio se revele o mais adequado para obter os fundos necessários para completar a viagem.

3. Os interessados na carga podem opor-se à venda ou à constituição de penhor sobre a sua mercadoria, descarregando-a por sua conta e pagando o respectivo frete, em proporção à distância já percorrida.

4. O proprietário da mercadoria tem direito a ser indemnizado pelo armador do prejuízo sofrido com a utilização, venda ou oneração, salvo quando se verifique uma avaria comum.

Artigo 37.º
(Utilização, venda ou oneração de pertenças)

O disposto no artigo anterior é aplicável, com as devidas adaptações, à utilização, venda ou oneração de pertenças do navio que não sejam propriedade do armador.

Artigo 38.º
(Tutela de direitos dos interessados na carga)

1. O comandante, enquanto representante do armador, deve tomar todas as medidas que se mostrem necessárias para a tutela de direitos dos interessados na carga e que sejam compatíveis com o contrato de transporte e com as exigências da expedição.

2. Quando saiba que algum perigo ameaça a coisa ou que terceiro se arroga direitos em relação a ela, o comandante deve avisar imediatamente os interessados na carga, desde que o facto deles seja desconhecido.

3. Se forem necessárias medidas especiais para evitar ou minorar um dano, o comandante deve se possível informar os interessados na carga, ou os seus eventuais representantes no lugar, e seguir as suas instruções, quando dadas em tempo útil.

Artigo 39.º
(Alijamento)

1. Em caso de perigo para a segurança do navio, para a segurança da carga, ou para a segurança comum do navio e da carga, o comandante pode alijar objectos transportados ou pertenças do navio.
2. Na escolha dos objectos a sacrificar o comandante atenderá ao seu valor, à utilidade do seu sacrifício e à necessidade da sua conservação.
3. Aplica-se, com as devidas adaptações, o disposto no número 4 do artigo 36.º.

Artigo 40.º
(Representação em juízo)

Fora dos lugares em que o armador tem a sede principal da sua administração, bem como estabelecimento ou representação que, no caso, possam demandar ou ser demandados, o comandante pode, em seu nome, mas enquanto representante do armador:
a) promover a notificação de actos;
b) demandar;
c) ser notificado;
d) ser demandado por acções relativas a facto seu ou da restante tripulação no exercício das funções que lhes estão confiadas.

Artigo 41.º
(Deveres legais do comandante)

1. São deveres do comandante:
a) zelar pela segurança do navio e das pessoas que se encontram a bordo;
b) no início de cada viagem, verificar se o navio se encontra devidamente equipado, armado e abastecido para a realizar;
c) dirigir pessoalmente o navio à entrada e saída dos portos, dos canais e dos rios, bem como, dentro dos limites do exigível, noutras circunstâncias em que a navegação apresente particulares dificuldades;
d) quando o navio se encontra no mar, bem como em caso de perigo iminente, permanecer a bordo, a menos que a sua ausência seja justificada por uma imperiosa necessidade;

e) zelar pela operacionalidade dos aparelhos de carga, se o navio os possuir;

f) ter a bordo o diário de navegação, o inventário de bordo, a lista de passageiros, os manifestos de carga e o conjunto dos documentos de bordo exigidos pelas convenções internacionais e pela lei;

g) exibir o diário de navegação e o inventário de bordo aos interessados que pretendam examiná-los, consentindo que deles tirem cópias ou extractos;

h) tomar piloto quando for exigido pelo Direito local ou pela prudência;

i) ouvir o conselho de bordo, formado pelos oficiais e pelos representantes dos afretadores ou interessados na carga que se encontrem a bordo, quando o navio ou a carga estiver em perigo, contanto que a situação o permita;

j) encontrando-se o navio em curso de viagem ou pronto a partir, socorrer a embarcação que se encontre em perigo, desde que tal não envolva risco grave para o seu navio e que possa razoavelmente prever um resultado útil, salvo se tiver conhecimento de que o socorro foi prestado por outros navios em condições mais idóneas ou similares àquelas em que o seu navio poderia prestá-lo;

l) socorrer pessoas que se encontrem em perigo no mar ou em águas interiores, nas mesmas circunstâncias e dentro dos mesmos limites referidos na alínea anterior;

m) em caso de abandono do navio, providenciar, na medida do possível, ao salvamento dos documentos de bordo e dos objectos de valor cuja custódia lhe foi pessoalmente confiada;

2. O certificado de navegabilidade passado por sociedade de classificação reconhecida faz fé em juízo, salvo prova em contrário.

Artigo 42.º
(Conteúdo do diário)

1. No diário de navegação devem ser indicados:

a) os portos escalados;

b) a rota seguida;

c) as ocorrências da viagem;

d) os acidentes que ocorram durante a viagem e que digam respeito ao navio, pessoas ou carga ou que possam ter por resultado um prejuízo patrimonial;

e) o assento dos nascimentos e óbitos a bordo;

f) as resoluções tomadas em conselho.

2. Deve ser feita uma descrição completa dos acidentes referidos no número anterior com indicação dos meios empregues para evitar ou minorar o prejuízo.

Artigo 43.º
(Conteúdo do inventário)

O inventário de bordo deve conter a relação das pertenças do navio, com a indicação das alterações que forem ocorrendo.

Art. 44.º
(Protesto de mar)

1. No caso de desvio, de acidente relativo ao navio, aos passageiros ou à carga ou de outro facto que, ocorrendo durante a viagem, possa ter por consequência um prejuízo, o comandante tem a faculdade de apresentar perante o tribunal competente um protesto de mar no prazo de dois úteis contado da chegada do navio.

2. O comandante é obrigado a apresentar o protesto de mar se este for solicitado pelo armador ou pelas pessoas, que sendo titulares de um direito sobre o navio, interessados na carga, passageiros ou membros da tripulação, possam sofrer um prejuízo significativo em consequência do facto.

3. No protesto o comandante tem de indicar os outros meios de prova que sirvam para o estabelecimento dos factos.

4. O protesto deve ser acompanhado de uma cópia autenticada do assento relativo ao acidente feito no diário de navegação e de um rol da tripulação.

5. Se não puder ser junta cópia autenticada do assento feito no diário, deve indicar-se o motivo. O protesto deve neste caso conter uma descrição completa dos factos, com indicação dos meios empregues para evitar ou minorar o prejuízo.

6. O protesto de mar confirmado faz fé em juízo, salvo prova em contrário.

Artigo 45.º
(Confirmação do protesto de mar)

1. Apresentado o protesto, o tribunal marca uma audiência de confirmação no mais curto prazo possível, para a qual são convocados o comandante e as outras testemunhas indicadas. A audiência é notificada ao armador e àqueles a que o acidente diz respeito, contanto que isto possa ser feito sem excessiva dilação do procedimento.

2. Nesta audiência realiza-se a produção de provas relativa aos factos que justificaram o desvio ou ao desenrolar fáctico do acidente bem como sobre a medida do prejuízo ocorrido e sobre os meios empregues para o evitar ou minorar.

3. A produção de provas segue o disposto no Código de Processo Civil.

4. O armador e as outras pessoas a que o acidente diga respeito têm a faculdade de estar presentes, pessoalmente ou através de representantes, independentemente de procuração e como gestores de negócios, e de requerer uma extensão da produção de provas a meios de prova adicionais.

5. O tribunal tem o poder de ordenar oficiosamente uma extensão da produção de provas quando o considere necessário para o esclarecimento dos factos.

Artigo 46.º
(Substituição do comandante)

1. Em caso de necessidade, e salvo instruções do armador em sentido diferente, o comandante é temporariamente substituído pelo imediato e, na falta de imediato, por outro oficial com habilitações para assumir o comando, em ordem hierárquica.
2. Durante a execução do contrato de transporte, só em caso de necessidade o comandante e o imediato se podem ausentar simultaneamente do navio; neste caso o comandante é representado, durante a sua ausência, pelo oficial referido no número anterior.
3. Aplica-se o disposto no número anterior sempre que o navio se encontre num cais ou fundeadouro que não seja seguro.
4. A pessoa que substituir o comandante tem os mesmos poderes e deveres.

CAPÍTULO VIII
Dos direitos de garantia

Artigo 47.º
(Regime aplicável aos privilégios creditórios e às hipotecas sobre o navio)

1. Os privilégios creditórios e as hipotecas sobre o navio são regulados pelas disposições contidas na Convenção de Genebra sobre Privilégios e Hipotecas Marítimas, de 6/5/93 e, subsidiariamente, pelo disposto nos artigos seguintes.
2. As disposições referidas no número anterior consideram-se incorporadas no Direito interno de Macau, aplicam-se independentemente do Estado de matrícula ou do pavilhão do navio e mesmo que se trate de um navio destinado à navegação em águas interiores.

Artigo 48.º
(Preferência dos créditos resultantes da remoção do navio)

Em caso de venda forçada de um navio que, após ter encalhado ou se ter afundado, foi removido por uma autoridade pública no interesse da segurança da navegação ou da protecção do meio marinho, os custos desta remoção devem ser pagos do produto da venda com preferência sobre todos os outros créditos garantidos por um privilégio creditório.

Artigo 49.º
(Outros privilégios creditórios sobre o navio)

1. Os navios estão sujeitos aos privilégios mobiliários especiais estabelecidos para a generalidade dos bens móveis.
2. Gozam ainda de privilégio mobiliário especial os créditos resultantes da construção, venda ou reparação do navio.
3. Os privilégios referidos no número anterior extinguem-se:
a) com a venda forçada nos mesmos termos que os privilégios estabelecidos pelo art. 4.º da Convenção de Genebra;
b) com o decurso de um prazo de seis meses, a contar do nascimento dos créditos garantidos, a menos que antes do decurso deste prazo o navio tenha sido objecto de um arresto ou medida de execução que conduzam a uma venda forçada;
c) com o decurso de um prazo de 60 dias depois da venda a um adquirente de boa fé, a contar da data em que a venda seja registada em conformidade com o Direito do lugar onde o navio está matriculado depois da venda.
4. Os privilégios estabelecidos pelo número 2 são graduados depois dos privilégios mobiliários especiais estabelecidos para a generalidade dos bens móveis.
5. Sem prejuízo do disposto nos números anteriores, os privilégios visados neste artigo estão submetidos ao regime contido no Código Civil.
6. Os privilégios estabelecidos pelo art. 4.º da Convenção de Genebra e os direitos inscritos a que se refere o artigo 1.º da mesma Convenção prevalecem sobre os privilégios visados neste artigo.

Artigo 50.º
(Extensão dos privilégios sobre o navio)

1. Os privilégios sobre o navio estendem-se:
a) aos créditos indemnizatórios de que sejam titulares o proprietário ou o armador em consequência de perda ou deterioração do navio;
b) à contribuição para danos sofridos pelo navio em caso de avaria comum.
2. Os privilégios sobre o navio não se estendem aos créditos do proprietário ou do armador resultantes de um contrato de seguro relativo ao navio.

Artigo 51.º
(Direito de retenção sobre o navio)

1. Gozam de direito de retenção sobre o navio:
a) o construtor do navio, para garantia dos créditos resultantes da construção do navio;
b) o reparador do navio que se encontre na detenção material do navio, para garantia dos créditos resultantes de reparações, efectuadas enquanto o navio está na sua detenção material.

2. Aos efeitos do direito de retenção aplica-se o disposto na Convenção de Genebra e, subsidiariamente, o regime contido no Código Civil.

Artigo 52.º
(Hipotecas admitidas)

Sobre o navio só é admitida a hipoteca voluntária.

Artigo 53.º
(Regime aplicável à constituição, efeitos e registo da hipoteca)

1. A constituição e efeitos da hipoteca regem-se pelos preceitos do Código Civil, em tudo o que não se encontre regulado no presente capítulo.
2. O registo da hipoteca e os respectivos efeitos são, porém, regulados pela legislação aplicável ao registo.

Artigo 54.º
(Hipoteca sobre navio em construção)

É permitida a hipoteca sobre navio em construção, contanto que o acto constitutivo especifique as suas principais dimensões, assim como a sua projectada arqueação, e o estabelecimento em que se acha a construir.

Artigo 55.º
(Legitimidade para hipotecar)

1. Só tem legitimidade para hipotecar quem puder alienar o navio.
2. O comproprietário de um navio não pode hipotecar a sua quota do navio sem o consentimento da maioria dos consortes.
3. O dono da obra tem legitimidade para hipotecar navio em construção quando os materiais forem por si fornecidos ou quando o construtor lhe passar procuração especial para o efeito; em qualquer outro caso a legitimidade pertence ao construtor.

Artigo 56.º
(Forma do acto constitutivo)

O acto constitutivo da hipoteca está sujeito a forma escrita, ainda que celebrado fora do território de Macau.

Artigo 57.º
(Garantia dos acessórios do crédito)

1. A hipoteca garante os acessórios do crédito que constem do registo.

2. Tratando-se de juros, a hipoteca nunca abrange mais dos que os relativos a dois anos.

3. O disposto no número anterior não impede o registo de nova hipoteca em relação a juros em dívida.

Artigo 58.º
(Perda ou deterioração do navio)

Em caso de perda ou deterioração do navio, o titular da garantia conserva sobre os créditos do proprietário relativos a:

a) indemnização por danos sofridos pelo navio;
b) contribuição para a avaria comum sofrida pelo navio;
c) salvação que tenha tido lugar depois da inscrição da hipoteca;
d) indemnização dos seguradores,

ou sobre as quantias pagas a este título, a menos que sejam empregues na reparação das avarias sofridas pelo navio, a preferência que lhe assistia em relação ao navio.

Artigo 59.º
**(Direito aplicável aos privilégios sobre a carga
e ao direito de retenção da carga)**

1. A constituição dos privilégios sobre a carga e do direito de retenção da carga depende do Direito regulador do crédito garantido; de resto é aplicável o Direito do lugar do destino.

2. Os privilégios que não sejam reconduzíveis a uma das categorias previstas no Direito do lugar do destino serão graduados depois dos outros direitos reais de garantia e em posição de paridade entre si.

Artigo 60.º
(Privilégios sobre a carga)

1. A carga está sujeita aos privilégios mobiliários especiais estabelecidos para a generalidade dos bens móveis.

2. Gozam ainda de privilégio mobiliário especial sobre carga:

a) os créditos resultantes do contrato de transporte ou de despesas de conservação da carga;
b) os créditos relativos à quota da carga na contribuição para avaria comum;
c) os créditos resultantes de salvação.

3. Os privilégios estabelecidos nos números anteriores estão submetidos ao regime do Código Civil e são graduados, na mesma ordem, depois dos outros privilégios mobiliários especiais, sem prejuízo do disposto nos números seguintes.

4. Os privilégios cessam com a entrega da carga, salvo se forem feitos valer judicialmente nos dez dias imediatos e se a mercadoria se encontrar ainda em poder do destinatário.

5. Os privilégios estendem-se aos créditos indemnizatórios sobre terceiros pela perda ou deterioração da mercadoria, incluindo os créditos resultantes de contrato de seguro.

Artigo 61.º
(Direito de retenção e consignação em depósito da carga)

1. O transportador goza do direito de retenção sobre a carga por todos os créditos resultantes do transporte.

2. O direito de retenção do transportador está submetido ao disposto no Código Civil.

3. O transportador tem a faculdade de descarregar as mercadorias e de as consignar em depósito, judicial ou extrajudicialmente.

4. O transportador pode requerer ao tribunal competente autorização para a venda judicial ou extrajudicial da carga consignada a fim de satisfazer o seu crédito do produto da venda.

5. Em porto situado fora do território de Macau, os poderes do transportador relativamente à consignação em depósito e à venda da mercadoria são regulados pelo Direito local.

TÍTULO II
DO TRANSPORTE MARÍTIMO DE MERCADORIAS

CAPÍTULO I
Disposições gerais

Artigo 62.º
(Noção de contrato de transporte marítimo de mercadorias)

Contrato de transporte marítimo de mercadorias é aquele em que uma das partes se obriga a deslocar mercadorias, ou a fornecer um navio para deslocar mercadorias, por águas marítimas ou interiores, mediante uma retribuição pecuniária, denominada frete.

Artigo 63.º
(Direito aplicável ao contrato de transporte marítimo de mercadorias)

1. O contrato de transporte marítimo de mercadorias é regido pelo Direito escolhido pelas partes.

2. Na falta de escolha, o contrato é regulado pelo Direito da unidade territorial com a qual apresente uma conexão mais estreita.

3. Em caso de dúvida, entende-se que o contrato apresenta uma conexão mais estreita com a unidade territorial na qual, simultaneamente, o transportador tem o seu estabelecimento principal e onde se situa:
   a) o lugar de carregamento; ou
   b) o lugar de descarga; ou
   c) o estabelecimento principal do carregador ou afretador.

4. Quando se trate de contrato de fretamento a tempo ou de fretamento por viagens consecutivas, entende-se, em caso de dúvida, que o contrato apresenta uma conexão mais estreita com a unidade territorial onde o transportador e o afretador tenham o seu estabelecimento principal, e, não o tendo na mesma unidade territorial, naquela onde, simultaneamente, o navio esteja matriculado e se situe o estabelecimento principal do transportador ou do afretador.

5. O modo de cumprimento é regulado pelo Direito do lugar onde se deva realizar.

6. A atribuição de competência a outro Direito, por força dos números anteriores, não prejudica a aplicação das disposições referidas no Capítulo IV, nos termos do artigo 105.º.

7. Quando as disposições referidas no Capítulo IV não forem aplicáveis, serão respeitadas, qualquer que seja o Direito regulador do contrato, as normas em vigor no lugar de entrega da mercadoria que, apresentando semelhante conteúdo e função, sejam competentes segundo o respectivo Direito Internacional Privado.

Artigo 64.º
(Noção e regime aplicável à comissão de transporte de mercadorias)

1. Designa-se por comissão de transporte de mercadorias o contrato em que uma das partes se obriga a promover a deslocação de mercadorias mediante contrato a celebrar com o transportador, em seu nome, mas por conta do carregador.

2. O contrato de comissão de transporte é regulado pelas disposições aplicáveis ao contrato de comissão comercial.

3. Em caso de dúvida sobre a qualificação do contrato presume-se que o prestador de serviços se obriga como transportador.

Artigo 65.º
(Prova do contrato de transporte)

O contrato pode ser provado por qualquer meio admissível em direito.

Artigo 66.º
(Navegabilidade)

O transportador é obrigado a exercer a diligência devida para apresentar o navio em estado de navegabilidade antes e no início da viagem.

Artigo 67.º
(Obrigação de realizar a viagem com o despacho exigível)

1. O transportador deve apresentar o navio no porto de embarque, carregar a mercadoria, proceder para o porto de destino e completar a viagem com o despacho exigível.

2. Se ocorrer um impedimento ao início da viagem suficientemente longo para frustrar a realização do fim visado com o contrato qualquer das partes pode resolver o contrato.

3. Se for estipulado um prazo para apresentar o navio, o carregador pode rescindir o contrato se o navio não for apresentado até ao fim do prazo.

4. O disposto nos números 2 e 3 não prejudica o direito de indemnização do carregador pelo prejuízo sofrido com o incumprimento, mas não se presume que o impedimento seja imputável ao transportador.

Artigo 68.º
(Fornecimento da mercadoria)

1. O carregador garante que a mercadoria estará à disposição do transportador no lugar de carregamento quando o navio se apresentar no porto de embarque.

2. O transportador tem direito a frete morto quando o carregador forneça uma quantidade de carga inferior à convencionada.

3. O transportador tem também direito a frete morto caso o embarque da mercadoria se torne impossível.

4. Se o carregador recusar o embarque da mercadoria o transportador pode rescindir imediatamente o contrato sem prejuízo do direito a frete morto.

Artigo 69.º
(Mercadorias perigosas)

1. O transporte de mercadorias perigosas por mar está sujeito às normas especiais aplicáveis.

2. Salvo o disposto no número seguinte, o carregador responde por todas as consequências do embarque de mercadorias perigosas.

3. O carregador não responde pelas consequências do embarque de mercadorias perigosas, que forem razoavelmente previsíveis pelo transportador, quando este tenha, ou devesse ter conhecimento, da natureza perigosa da carga.

Artigo 70.º
(Obrigações do carregador quanto ao embarque da mercadoria)

1. O carregador deve realizar a parte das operações de carregamento que lhe incumbir de acordo com o contrato e os usos do porto ou, na sua falta, segundo os usos do tráfego.

2. Relativamente ao cumprimento destas obrigações o carregador só pode invocar as excepções expressamente previstas no contrato.

3. No transporte de carga geral realizada no quadro de uma linha regular é de presumir, em caso de dúvida, que as operações de colocação da mercadoria ao alcance do aparelho de carga e de içar a mercadoria até à linha de bordo são de conta e risco do carregador, cabendo doravante ao transportador receber e estivar a mercadoria de modo adequado.

4. Se for fixado o tempo concedido para o carregamento aplica-se o disposto para o fretamento à viagem.

Artigo 71.º
(Carga de convés)

1. A mercadoria deve ser colocada nas partes do navio destinadas para o efeito segundo os regulamentos aplicáveis e os usos do tráfego.

2. O transportador só pode colocar a mercadoria no convés por acordo expresso com o carregador ou em conformidade com os usos do tráfego.

Artigo 72.º
(Recibo de bordo e conhecimento de carga)

1. O carregador tem direito a exigir um recibo da recepção da mercadoria pelo transportador, salvo uso do porto em contrário.

2. O carregador tem direito a exigir a entrega de um conhecimento de carga, em troca do recibo referido no número anterior, ou, em conformidade com o estipulado no contrato, a entrega de outro documento equivalente.

3. O carregador garante a exactidão das menções relativas à mercadoria inscritas por si ou com base nas suas declarações no conhecimento ou documento equivalente.

4. O conhecimento faz prova da recepção pelo transportador da mercadoria, nos termos nele indicados.

5. Perante terceiro a quem o conhecimento tenha sido transmitido só é admitida prova em contrário se for demonstrado que, no momento da transmissão, o terceiro teve conhecimento da inexactidão de indicações contidas no conhecimento.

Artigo 73.º
(Modalidades e transmissão do conhecimento de carga)

1. O conhecimento de carga constitui título representativo da mercadoria nele descrita e do direito à entrega desta mercadoria no porto de destino, e pode ser nominativo, à ordem ou ao portador.

2. A transmissão do conhecimento de carga está sujeita ao regime geral dos títulos de crédito.

Artigo 74.º
(Devedor do frete)

1. O carregador é obrigado a pagar o frete.

2. O destinatário responde solidariamente pela dívida do frete pagável no destino, se for titular do conhecimento de carga ou, mesmo não o sendo, se aceitar a entrega das mercadorias.

Artigo 75.º
(Cálculo do frete baseado no peso ou medida da mercadoria)

O peso ou medida da mercadoria relevante para o cálculo do frete será o do embarque, salvo uso em contrário.

Artigo 76.º
(Vencimento do frete)

1. O frete vence-se e é exigível com a entrega da mercadoria no porto de destino.

2. O disposto no número anterior não prejudica o direito do transportador:
a) a receber frete morto;
b) a haver o frete proporcional ao percurso efectuado caso se torne impossível ou inexigível o prosseguimento da viagem;
c) a receber o frete por inteiro, se o impedimento ao prosseguimento da viagem for imputável a facto do carregador, ou se o destinatário não receber a mercadoria no porto de destino.

3. É devido frete com respeito à carga avariada quer se trate de danos causados à mercadoria quer de faltas de carga. Não obstante, o destinatário pode incluir o frete na reclamação de avarias.

Artigo 77.º
(Frete em avanço)

1. Quando o frete deva ser pago em avanço entende-se, salvo convenção em contrário, que o frete se vence na data em que o pagamento for exigível.

2. Depois do vencimento, a perda da carga ou a interrupção da viagem, desde que não sejam imputáveis ao transportador, não exoneram o carregador do pagamento do frete, nem fundamentam a restituição do frete pago.

Artigo 78.º
(Desvio de rota)

1. Na realização da viagem o navio não deve ser desviado da rota usual. Considera-se justificado o desvio nos seguintes casos:
 a) em cumprimento do dever de socorro;
 b) quando se trate de um desvio razoável segundo o critério estabelecido no número 3 do artigo 34.º.
2. Em caso de desvio injustificado e suficientemente grave para colocar em risco a realização do fim visado com o contrato, o carregador tem a faculdade de o rescindir.
3. O transportador responde por desvio injustificado nos termos gerais da responsabilidade civil.

Artigo 79.º
(Impedimento ocorrido depois de iniciada a viagem)

1. Quando o prosseguimento da viagem se tornar definitivamente impossível por caso fortuito ou motivo de força maior o transportador tem a faculdade de rescindir o contrato ou de transbordar a mercadoria.
2. Caso o impedimento possa ser vencido em tempo razoável e com a realização de despesas razoáveis, o transportador deve fazer o necessário para completar a viagem.
3. Se o impedimento não puder ser vencido nos termos do número anterior, o transportador tem a faculdade de rescindir ou executar o contrato, realizando as despesas necessárias ou transbordando a mercadoria.
4. O transportador que rescinda o contrato só tem direito ao frete proporcional à parte da viagem já efectuada.

Artigo 80.º
(Entrega da mercadoria)

1. O transportador tem de entregar a mercadoria no lugar definido no contrato.
2. A mercadoria deve ser entregue a quem tiver título para a receber.
3. Quando tiver sido emitido conhecimento ou documento equivalente o transportador deve entregar a mercadoria ao titular do conhecimento.
4. Com a entrega da mercadoria a quem apresente um original do conhecimento ou documento equivalente, de que seja titular, fica cumprida a respectiva obrigação.

5. Porém, se o transportador tiver conhecimento ou notícia de que existe mais de uma pretensão à entrega dos bens, antes da sua consumação, deve entregar a mercadoria a quem tiver melhor título.

6. No caso previsto no número anterior o transportador pode descarregar a mercadoria e consigná-la em depósito enquanto averigua a quem a mercadoria deve ser entregue.

7. Quando por força do Direito local o transportador for obrigado a confiar a mercadoria à administração portuária, ou outra entidade que desempenhe essa função em regime de monopólio, considera-se cumprida, com a entrega a esta entidade, a obrigação de entrega.

Artigo 81.º
(Não recebimento da mercadoria)

1. Caso ninguém se apresente para receber a mercadoria, ou se o destinatário recusar recebê-la, o transportador pode descarregar as mercadorias e fazê-las consignar em depósito judicial ou extrajudicialmente.

2. Decorrido um prazo razoável sem concretização da entrega o transportador pode requerer ao tribunal a venda judicial ou extrajudicial das mercadorias, para satisfação dos seus créditos, designadamente os resultantes das despesas incorridas com a armazenagem.

3. Em porto estrangeiro, o transportador pode ordenar a venda das mercadorias sem intervenção do tribunal, se o Direito local o admitir.

4. O disposto no números anteriores não prejudica o exercício de outros direitos do transportador em relação ao carregador, ou em relação ao titular do conhecimento de carga ou documento equivalente.

Artigo 82.º
(Descarga da mercadoria)

1. O destinatário deve realizar a parte das operações de descarga que lhe incumbir de acordo com o contrato e os usos do porto ou, na sua falta, segundo os usos do tráfego.

2. No transporte de carga geral realizada no quadro de uma linha regular é de presumir, em caso de dúvida, que as operações de colocação da mercadoria no cais são de conta e risco do transportador.

3. Se for fixado o tempo concedido para a descarga aplica-se o disposto para o fretamento à viagem.

Artigo 83º
(**Responsabilidade por avarias**)

1. Cada uma das partes é exclusivamente responsável pelas avarias de carga ou do navio causadas durante a realização das operações de carregamento ou descarga que lhe incumbirem, e em conexão com estas operações.
2. Cada uma das partes responde pelos actos dos estivadores e outros auxiliares de cumprimento, e tem direito de regresso contra eles, nos termos gerais.
3. O transportador responde por avarias de carga ocorridas enquanto a mercadoria se encontrar à sua guarda nos termos definidos no contrato, e, supletivamente, segundo o regime estabelecido no Capítulo IV.
4. O direito à reparação por avarias de carga extingue-se se o correspondente procedimento jurisdicional não for proposto no prazo de dois anos a contar da entrega ou da data em que deveria ter sido entregue a mercadoria. Este prazo não se aplica ao direito de regresso.

Artigo 84.º
(**Direitos e obrigações do destinatário**)

O destinatário da mercadoria, que seja pessoa distinta do carregador, adquire os direitos e contrai as obrigações emergentes do contrato de transporte logo que entre na titularidade do conhecimento de carga, ou, se não for emitido conhecimento de carga, logo que aceite a mercadoria.

CAPÍTULO II
Fretamento à viagem

Artigo 85.º
(**Noção de fretamento à viagem**)

Fretamento à viagem é o contrato pelo qual o transportador se obriga a afectar navio à realização de uma ou várias viagens marítimas pré-definidas, para transportar uma mercadoria determinada, mediante um frete calculado com base na quantidade de carga transportada.

Artigo 86.º
(**Viagem para o porto de embarque**)

O transportador deve fazer proceder o navio para o porto de embarque com velocidade razoável ou por forma a que o navio se apresente pronto para carregar dentro do prazo, se este tiver sido estipulado.

Artigo 87.º
(Segurança dos portos)

1. Quando o contrato estabeleça que o navio deve proceder para porto seguro, ou para cais ou fundeadouro seguro, o afretador garante a sua segurança, quer se trate de porto, cais ou fundeadouro especificado no contrato, ou a ser posteriormente nomeado pelo afretador.

2. Se o contrato determinar que o afretador nomeará porto, cais ou fundeadouro, sem fazer a qualificação prevista no número anterior, presume-se que garante a segurança do local nomeado.

Artigo 88.º
(Início da estadia)

1. A estadia começa a correr a partir do momento em que o navio se encontre no lugar definido no contrato pronto para realizar as operações de carga.

2. No primeiro ou único porto de carregamento é ainda necessário que o afretador tenha conhecimento dos factos indicados no número anterior.

Artigo 89.º
(Congestionamento)

1. O risco de congestionamento é suportado pelo transportador quando o lugar contratualmente definido for um cais ou um fundeadouro determinado, e pelo afretador quando for um porto.

2. O risco do congestionamento também é suportado pelo afretador quando o contrato contenha estipulação a que, segundo os usos marítimos, seja de atribuir sentido equivalente.

3. Quando o navio não possa proceder imediatamente para o lugar destinado à realização das operações de carga, por este se encontrar ocupado, e o risco de congestionamento seja suportado pelo afretador, considera-se o navio chegado quando se encontre no lugar usual de espera.

4. O tempo utilizado para proceder do lugar de espera para o lugar onde são realizadas as operações de carga não conta.

Artigo 90.º
(Contagem da estadia)

1. A contagem da estadia só é interrompida pela verificação das causas de interrupção expressamente convencionadas ou por perda de tempo imputável a facto culposo do transportador.

2. O tempo utilizado para operações de carga durante períodos excluídos da contagem do tempo nos termos do número anterior conta por metade.

Artigo 91.º
(Demora)

1. O afretador é obrigado a compensar o transportador por todo o tempo necessário para completar as operações de carga, após ter decorrido o tempo de estadia fixado, ou se não tiver sido, o tempo de estadia usualmente necessário para realizar estas operações.

2. Se não tiver sido fixada a taxa de demora aplicável, nem resultar dos usos do tráfego, esta compensação será calculada com base na taxa de frete corrente no mercado de fretamento a tempo, acrescida das despesas portuárias e do consumo de combustíveis.

3. As exclusões previstas para a contagem da estadia não se aplicam à contagem do tempo de demora.

Artigo 92.º
(Operações de carregamento e descarga)

É obrigação do afretador a realização das operações de carregamento e descarga da mercadoria.

Artigo 93.º
(Responsabilidade do transportador por avarias de carga)

O transportador responde por avarias de carga ocorridas enquanto a mercadoria se encontrar à sua guarda, salvo se demonstrar a verificação de uma das seguintes causas de exoneração:

a) o cumprimento das obrigações do contrato de transporte;

b) que o dano ou perda da mercadoria não é imputável a inexecução do contrato;

c) que o dano ou perda é imputável a falta náutica do comandante ou dos seus auxiliares;

d) que a avaria ocorreu durante operações a cargo do afretador.

Artigo 94.º
(Fretamento por viagens consecutivas)

1. No fretamento por viagens consecutivas o transportador é obrigado a apresentar o navio em estado de navegabilidade no início de cada viagem.

2. O transportador só tem direito a substituir o navio indicado no contrato se houver estipulação neste sentido.

3. Em caso de perda total do navio indicado no contrato ou nomeado posteriormente o transportador não é obrigado à sua substituição.

CAPÍTULO III
Fretamento a tempo

Artigo 95.º
(Noção)

Fretamento a tempo é o contrato pelo qual o transportador se obriga a afectar navio à prestação de serviços de transporte de mercadorias durante determinado período de tempo, mediante um frete calculado com base no tempo utilizado pelo navio.

Artigo 96.º
(Navegabilidade)

O transportador só é obrigado a manter o navio em estado de navegabilidade após a entrega do navio e durante o período de fretamento se as partes o tiverem estipulado.

Artigo 97.º
(Segurança dos portos)

À garantia da segurança dos portos, cais e fundeadouros para onde o navio deve proceder por ordem do afretador é aplicável o disposto no artigo 87.º.

Artigo 98.º
(Frete)

1. O afretador é obrigado a pagar o frete por todo o tempo decorrido durante o fretamento, excepto nos seguintes casos:
 a) verificação de causa de suspensão do frete prevista no contrato;
 b) suspensão do serviço devida a inexecução culposa do transportador;
 c) impossibilidade definitiva de cumprimento, não imputável a facto do afretador.

2. Perante o não cumprimento pontual da obrigação de frete, o transportador pode fixar ao afretador prazo razoável para realizar o pagamento.

3. O transportador tem direito a resolver o contrato e a retirar o navio após decorrido o prazo sem pagamento do frete, se desta consequência tiver avisado o afretador na interpelação referida no número anterior.

4. O transportador deve comunicar ao afretador o exercício do direito de resolução.

Artigo 99.º
(Custos suportados pelo afretador)

O afretador suporta os custos com combustíveis, despesas portuárias e operações de carga, bem como as que lhe pertencerem segundo os usos.

Artigo 100.º
(Direito de indemnização do transportador)

O afretador é obrigado a indemnizar o transportador por prejuízos decorrentes da responsabilidade contraída perante terceiros em consequência da conduta da afretador ou da conformação com as suas ordens ou solicitações.

Artigo 101.º
(Responsabilidade do transportador por avarias de carga)

O transportador responde por avarias de carga ocorridas enquanto a mercadoria se encontrar à sua guarda nos termos do art. 93.º.

Artigo 102.º
(Duração do fretamento a tempo por prazo fixo)

1. O afretador tem o dever de reentregar o navio no lugar e dentro do prazo estipulados.
2. Em caso de prolongamento da viagem, contrário à previsão razoavelmente feita no início, continua a ser devido frete à taxa estipulada.
3. Se o prolongamento da viagem for razoavelmente previsível o transportador não é obrigado a iniciá-la; caso aceite as ordens do afretador, tem direito ao frete calculado com base na taxa corrente no mercado à data em que expire o prazo, durante o prolongamento.
4. Havendo o afretador garantido a reentrega do navio dentro do prazo, aplica-se o disposto na segunda parte do número anterior, ainda que o prolongamento da viagem não pudesse ser razoavelmente previsto.

Artigo 103.º
(Direito de retenção e consignação em depósito da carga)

1. Para garantia dos créditos emergentes do contrato de fretamento a tempo o transportador pode exercer direito de retenção sobre a carga, bem como consigná-la em depósito, nos termos do artigo 61.º.
2. Os direitos referidos no número anterior só podem ser exercidos, perante o destinatário, para garantir créditos que não excedam o valor do frete devido ao abrigo do contrato de transporte que titula o seu direito à entrega da mercadoria.

CAPÍTULO IV
Transporte sob conhecimento

Artigo 104.º
(Noção de contrato de transporte sob conhecimento)

1. Contrato de transporte sob conhecimento é aquele contrato de transporte marítimo de mercadorias que é titulado exclusivamente por um conhecimento de carga ou documento equivalente.
2. O regime especial estabelecido neste capítulo é igualmente aplicável, quando o conhecimento ou documento equivalente for emitido em virtude de uma carta-partida, nas relações entre o transportador e o titular do conhecimento ou de documento equivalente que não seja vinculado pela carta-partida.

Artigo 105.º
(Regime especial aplicável ao transporte sob conhecimento)

1. O transporte sob conhecimento está sujeito às disposições contidas na Convenção de Bruxelas para a Unificação de Certas Regras em Matéria de Conhecimento, de 25/8/24, alterada pelos Protocolos de Bruxelas de 23/2/68 e de 21/12/79, que são consideradas incorporadas no Direito interno de Macau.
2. Estas disposições são aplicáveis:
   a) aos contratos de transporte entre portos situados em dois Estados diferentes, quando o conhecimento tenha sido emitido num Estado contratante, o porto de embarque se situe num Estado contratante ou o conhecimento remeta para essas disposições;
   b) aos contratos regidos pelo Direito de Macau nos termos do artigo 63.º;
   c) aos contratos em que a mercadoria deva ser entregue em Macau.
3. Dentro do âmbito de aplicação no espaço definido no número anterior, as disposições referidas no número 1 são aplicáveis ao transporte sob conhecimento tanto por mar como por águas interiores e ao transporte de animais vivos ou de carga que, em conformidade com o conhecimento ou documento equivalente, seja transportada no convés.

CAPÍTULO V
Transporte multimodal

Artigo 106.º
(Âmbito de aplicação)

As disposições do presente capítulo só são aplicáveis quando um dos modos de transporte utilizados for marítimo.

Artigo 107.º
(Comissão de transporte multimodal)

O contrato em que uma das partes se obriga a promover a deslocação de mercadorias por diferentes modos de transporte mediante contratos a celebrar com cada um dos transportadores, em seu nome, mas por conta do carregador, está submetido ao disposto no artigo 64.º.

Artigo 108.º
(Noção de contrato de transporte multimodal)

Contrato de transporte multimodal é aquele em que uma das partes se obriga a deslocar mercadorias pelo menos por dois modos diferentes, ou a fornecer veículos para o efeito, mediante uma retribuição pecuniária.

Art. 109.º
(Direito aplicável ao contrato de transporte multimodal)

1. À determinação do Direito regulador do contrato de transporte multimodal aplica-se o disposto nos números 1, 2, 3 e 5 do art. 63.º, com a adaptação referida no número seguinte.

2. Em substituição do lugar do carregamento e do lugar de descarga atender-se-á ao lugar da recepção das mercadorias pelo transportador e ao lugar da sua entrega ao destinatário.

Art. 110.º
(Regime aplicável ao contrato de transporte multimodal)

1. O contrato de transporte multimodal está submetido, relativamente a cada modo de transporte, ao regime estabelecido para o respectivo contrato de transporte unimodal.

2. O disposto no número anterior não prejudica a aplicação das normas de uma convenção internacional relativa, em princípio, a um modo de transporte, que regulem outros segmentos do transporte.

3. O transporte fluvial que constitua um segmento meramente complementar do transporte marítimo está sujeito, porém, ao regime aplicável a este transporte marítimo.

4. Na aplicação dos regimes que regem os diferentes segmentos do transporte deverá ser preservada, tanto quanto possível, a unidade e coerência de regulação do contrato.

Artigo 111.º
(Avarias de carga)

Quando, no quadro de um contrato de transporte multimodal, for determinável o modo de transporte em que ocorreu o facto causador da avaria, o transportador responde segundo o regime aplicável ao respectivo contrato de transporte unimodal. Caso contrário o transportador responde segundo o regime do contrato unimodal, relativo a um dos modos de transporte utilizados, que for mais favorável ao lesado.

TÍTULO III
DO TRANSPORTE MARÍTIMO DE PASSAGEIROS

Artigo 112.º
(Âmbito de aplicação)

1. As disposições do presente título regulam o contrato de transporte marítimo de passageiros oneroso.

2. As disposições relativas à responsabilidade do transportador são igualmente aplicáveis ao contrato de transporte gratuito.

Artigo 113.º
(Noção de contrato de transporte marítimo de passageiros)

Contrato de transporte marítimo de passageiros é aquele em que o transportador se obriga a deslocar pessoas, ou a fornecer um navio para deslocar pessoas, por águas marítimas ou interiores.

Artigo 114.º
(Direito aplicável ao contrato de transporte marítimo de passageiros)

1. O contrato de transporte marítimo de passageiros é regido pelo Direito escolhido pelas partes.

2. Na falta de escolha, o contrato é regulado pelo Direito da unidade territorial com a qual apresente uma conexão mais estreita.

3. Em caso de dúvida, entende-se que o contrato apresenta uma conexão mais estreita com a unidade territorial na qual, simultaneamente, o transportador tem o seu estabelecimento e onde se situa:
   a) a residência habitual do passageiro; ou
   b) o lugar de partida;
   c) o lugar de destino.

4. O modo de cumprimento é regulado pelo Direito do lugar onde se deva realizar.

5. A atribuição de competência a outro Direito, por força dos números anteriores, não prejudica a aplicação das disposições sobre responsabilidade do transportador por danos pessoais ou na bagagem referidas no presente título, nos termos do art. 131.º.

6. Quando não forem aplicáveis as disposições referidas no número anterior, serão respeitadas, qualquer que seja o Direito regulador do contrato, as normas em vigor no lugar de partida ou de destino que, apresentando semelhante conteúdo e função, sejam competentes segundo o respectivo Direito Internacional Privado.

Artigo 115.º
(Noção e regime aplicável à comissão de transporte de passageiros)

1. Designa-se por comissão de transporte de passageiros o contrato em que uma das partes se obriga a promover a deslocação de passageiros mediante contrato a celebrar com o transportador, em seu nome, mas por conta do passageiro.

2. O contrato de comissão de transporte é regulado pelas disposições aplicáveis ao contrato de comissão comercial.

3. Em caso de dúvida sobre a qualificação do contrato presume-se que o prestador de serviços se obriga como transportador.

Art. 116.º
(Forma do contrato de transporte marítimo de passageiros)

1. O transportador deve emitir um bilhete de passagem contendo pelo menos as seguintes menções:
   a) identificação do transportador;
   b) nome ou tipo de navio;
   c) lugar de partida e de destino;
   d) data de partida e de chegada ao destino;
   e) preço da passagem;
   f) classe e número do camarote se, perante a duração da viagem, houver lugar a alojamento.

2. Nos transportes por águas interiores com duração inferior a doze horas é suficiente que o bilhete contenha as menções referidas nas alíneas a), c), d) e e).

3. Caso o transportador não emita o bilhete de passagem com as menções referidas nos números anteriores o contrato é nulo, mas a nulidade só é invocável pelo passageiro.

4. As disposições contidas nos números anteriores são aplicáveis sempre que o contrato seja regido pelo Direito de Macau ou que o lugar de partida ou de destino se situe no território de Macau.

Artigo 117.º
(Navio afecto ao transporte)

O transporte deve ser efectuado no navio convencionado ou, na falta de convenção, em navio do transportador que corresponda ao tipo mencionado no bilhete de passagem.

Artigo 118.º
(Navegabilidade)

O transportador deve apresentar e conservar o navio afecto ao transporte em estado de navegabilidade, provido dos requisitos necessários para o transporte de passageiros.

Artigo 119.º
(Alojamento e alimentação)

1. Quando a duração da viagem o exija, o transportador deve fornecer alojamento num camarote.
2. Salvo estipulação expressa em contrário, o preço da passagem inclui o custo da alimentação.
3. Se o custo da alimentação for excluído do preço da passagem, o transportador é obrigado a fornecer-lhe alimentação mediante um preço razoável.

Artigo 120.º
(Preço da passagem)

1. O passageiro é obrigado a pagar o preço convencionado.
2. Na falta de estipulação em contrário o preço deve ser pago contra a entrega do bilhete de passagem.
3. O passageiro que embarque sem título de transporte deve avisar imediatamente o comandante ou outro oficial. Caso contrário, é obrigado a pagar o dobro do preço normalmente cobrado pela viagem até ao porto em que desembarque.
4. O passageiro que viaje para além do percurso coberto pelo título de transporte é obrigado a pagar o dobro do preço normalmente cobrado para o percurso adicional.
5. Se o passageiro não pagar o preço da viagem a que está obrigado nos termos dos números 3 e 4, o comandante pode ordenar o seu desembarque em lugar adequado, sem prejuízo do direito de indemnização do transportador.

Artigo 121.º
(Bagagem permitida)

1. O passageiro tem direito ao transporte de bagagem, nos limites de peso e de volume convencionados ou, na falta de convenção, estabelecidos pelos usos do tráfego.
2. A bagagem não pode conter bens cuja exportação ou importação seja ilícita ou não cumpra os requisitos formulados pelas leis em vigor nos lugares de embarque ou de desembarque ou que sejam perigosos para a segurança de pessoas ou bens a bordo.
3. Em caso de violação da regra estabelecida no número anterior o comandante pode ordenar o desembarque da bagagem ou a sua destruição ou tomar outras medidas destinadas à eliminação do perigo, sem prejuízo do direito de indemnização do transportador.

Artigo 122.º
(Cessão do direito ao transporte)

O passageiro cujo nome seja mencionado no bilhete de passagem não pode ceder o direito ao transporte sem consentimento do transportador.

Artigo 123.º
(Disciplina de bordo)

O passageiro está submetido à disciplina de bordo.

Artigo 124º
(Impedimento do passageiro)

1. Quando, antes do embarque, se verifique a morte do passageiro ou outro impedimento à realização da viagem que, sendo relativo à sua pessoa, não lhe seja imputável, o contrato resolve-se mediante aviso dado ao transportador antes da partida. Neste caso é devido um quarto do preço da passagem.
2. O disposto no número anterior aplica-se, a seu pedido, aos membros da família do passageiro falecido ou impedido ou às pessoas ao seu serviço que devessem viajar juntamente com ele.

Artigo 125.º
(Impedimento do navio)

Se a partida for impedida por causa não imputável ao transportador o contrato resolve-se e o transportador deve restituir o preço pago.

Artigo 126.º
(Supressão da partida)

1. Se o transportador suprime a partida, não se verificando a hipótese prevista no artigo anterior, o passageiro tem a faculdade de efectuar a viagem noutro navio do mesmo transportador, que parta sucessivamente, ou de rescindir o contrato.

2. Em todo o caso, o passageiro tem direito a ser indemnizado pelos prejuízos sofridos.

Artigo 127.º
(Retardamento da partida)

1. Em caso de retardamento da partida, o passageiro tem direito, durante o período de retardamento, ao alojamento e à alimentação, contanto que esta esteja incluída no preço da passagem.

2. O passageiro tem a faculdade de rescindir o contrato quando o retardamento se prolongue por mais de seis, doze ou vinte e quatro horas, conforme a duração da viagem seja inferior a doze, vinte e quatro ou quarenta e oito horas. Em viagens de duração mais longa o passageiro tem a faculdade de rescindir o contrato quando o retardamento se prolongue por mais de quarenta e oito horas.

3. Com o decurso dos prazos indicados no número anterior cessa o direito a alojamento e alimentação por conta do transportador.

4. Se o atraso na partida for devido a causa imputável ao transportador o passageiro tem, em todo o caso, direito a ser indemnizado pelos prejuízos sofridos.

Artigo 128.º
(Interrupção da viagem por facto relativo ao navio)

1. Se o prosseguimento da viagem se torna impossível ou inexigível por facto relativo ao navio deve ser restituída a diferença entre o preço pago e o que corresponderia ao troço utilmente percorrido.

2. O transportador tem, porém, direito ao preço integral se, em tempo razoável, proporcionar por sua conta ao passageiro a prossecução da viagem em condições análogas fornecendo-lhe no intervalo o alojamento e a alimentação, contanto que esta esteja incluída no preço da passagem.

Artigo 129.º
(Interrupção da viagem por facto relativo ao passageiro)

A interrupção da viagem por facto relativo ao passageiro não tem incidência sobre a obrigação de pagamento do preço da passagem.

Artigo 130.º
(Desvio de rota)

1. Na realização da viagem o navio deve seguir o itinerário pré-fixado segundo a rota usual. Considera-se justificado o desvio nos seguintes casos:
   a) em cumprimento do dever de socorro;
   b) quando se trate de um desvio razoável segundo o critério estabelecido no número 3 do artigo 34.º.

2. Durante o desvio o passageiro tem direito a alojamento e alimentação por conta do transportador, contanto que esta esteja incluída no preço da passagem.

3. Em caso de desvio injustificado e suficientemente grave para colocar em risco a realização do fim visado com o contrato o passageiro tem a faculdade de o rescindir.

4. O transportador responde por desvio injustificado nos termos gerais da responsabilidade civil.

Artigo 131.º
(Responsabilidade do transportador por danos pessoais e por danos na bagagem)

A responsabilidade do transportador por danos pessoais e por danos na bagagem é regulada pelas disposições contidas na Convenção de Atenas sobre o Transporte de Passageiros e sua Bagagem por Mar, de 13/12/74, alterada pelo Protocolo de Londres, de 29/3/90, que são consideradas incorporadas no Direito interno de Macau.

2. Estas disposições são aplicáveis:
   a) quando o navio estiver registado no território de Macau;
   b) quando o contrato de transporte tenha sido celebrado no território de Macau;
   c) quando o lugar de partida ou de destino, segundo o contrato de transporte, se situar no território de Macau;
   d) aos contratos regidos pelo Direito de Macau nos termos do artigo 114.º;

3. Dentro do âmbito de aplicação no espaço definido no número anterior, as disposições referidas no número 1 são aplicáveis a todos os contratos de transporte marítimo de passageiros, ainda que se trate de navio afecto ao transporte em águas interiores ou que se desloque sobre almofada de ar.

TÍTULO IV
DO REBOQUE

Artigo 132.º
(Âmbito de aplicação. Reboque-transporte)

1. As disposições do presente título regulam o contrato em que uma das partes se obriga a empregar um navio (o rebocador) numa operação de tracção ou impulsão de outro navio ou outro objecto flutuante (o rebocado), que permanece na detenção da outra parte, mediante retribuição.

2. O reboque de navio ou outro objecto flutuante que, durante o reboque, entre na detenção do armador do rebocador, é regido pelas disposições aplicáveis ao contrato de transporte marítimo de mercadorias, com as devidas adaptações.

Artigo 133.º
(Direito aplicável ao contrato de reboque)

1. O contrato de reboque referido no número 1 do artigo anterior é regido pelo Direito escolhido pelas partes.

2. Na falta de escolha, o contrato é regulado pelo Direito da unidade territorial com a qual apresente uma conexão mais estreita.

3. O modo de cumprimento é regulado pelo Direito do lugar onde se deva realizar.

Artigo 134.º
(Salvação do rebocado)

O contratante-rebocador só tem direito a remuneração por salvação do navio rebocado quando, verificando-se os pressupostos da salvação, o perigo em causa não tiver sido contemplado pelas partes na celebração do contrato de reboque.

Artigo 135.º
(Obrigações do contratante-rebocador)

O contratante-rebocador obriga-se:

a) a apresentar e manter um rebocador em estado de navegabilidade, devidamente armado e equipado e com suficiente potência e força de tracção para realizar o serviço estipulado, no tempo e lugar convencionados;

b) a realizar o reboque dentro do prazo convencionado e, na falta de convenção, em tempo razoável.

c) a fornecer cabos de reboque de bitola, resistência e comprimento suficiente e a inspeccioná-los previamente;

d) a superintender o manuseamento e colocação dos cabos de reboque e amarras acessórias.

e) a zelar pela exibição das luzes adequadas quer no rebocador quer no rebocado;

f) a atracar ou fundear o rebocado num cais ou fundeadouro adequado e, se outra coisa não resultar do contrato ou das circunstâncias, a permanecer no local até que o contrato de reboque esteja integralmente executado;

g) a cumprir as formalidades legais exigidas para a realização do reboque.

Artigo 136.º
(Obrigações do armador de navio objecto de reboque)

O armador de navio que deva ser objecto de reboque obriga-se:

a) a apresentar um navio em estado de navegabilidade, devidamente armado e equipado e adequado ao reboque, no tempo e lugar convencionados;

b) a zelar pela exibição das luzes adequadas no navio rebocado;

c) a pagar a retribuição convencionada ou determinada pelas tarifas homologadas ou fixadas por autoridade pública; faltando a convenção ou a tarifa, a que for usual e, na falta de uso, a que constituir uma compensação equitativa pelo serviço prestado.

Artigo 137.º
(Obrigações do proprietário de outro objecto rebocado)

O proprietário de objecto que, não sendo um navio, deve ser objecto de reboque obriga-se:

a) a apresentar o objecto rebocado em condições adequadas ao reboque, no tempo e lugar convencionados;

b) a pagar a retribuição determinada em conformidade com a alínea c) do artigo anterior.

Artigo 138.º
(Obrigações complementares)

1. Em complemento das obrigações estabelecidas nos artigos anteriores, as partes do contrato de reboque estão adstritas às obrigações referidas nos números seguintes.

2. A parte que dirige a operação de transporte obriga-se a dirigir a navegação do rebocador e do rebocado de modo adequado e prudente.

3. Caso o rebocado seja tripulado, esta parte obriga-se ainda:

a) a assegurar um sistema de comunicações entre o rebocador e a rebocado;

b) a dar as instruções necessárias à tripulação do rebocado.

4. A outra parte obriga-se a seguir as instruções legítimas dadas em conformidade com a alínea b) do número anterior.

Artigo 139.º
(Substituição do rebocador)

1. O rebocador referido no contrato pode ser substituído por outro rebocador que seja adequado ao serviço e cujas características não sejam inferiores às do primeiro, na falta de estipulação expressa em contrário.

2. Sem prejuízo do disposto no número anterior, durante a execução do reboque o rebocador pode ser substituído, mas o contratante-rebocador é responsável pelos prejuízos causados pela demora que a substituição ocasionar.

Artigo 140.º
(Falta de apresentação do rebocador)

Se o rebocador não for apresentado no tempo e lugar convencionados o contratante-rebocado pode rescindir o contrato.

Artigo 141.º
(Vencimento da retribuição)

1. A retribuição vence-se e é exigível no momento em que se completa a prestação do serviço de reboque.

2. O disposto no número anterior não prejudica o direito do contratante-rebocador:

a) a haver a retribuição proporcional ao serviço prestado caso se torne impossível ou inexigível a continuação do reboque;

c) a receber a retribuição por inteiro, se o impedimento à continuação do reboque for imputável a facto do contratante-rebocado.

Artigo 142.º
(Desvio de rota)

1. O contratante-rebocador que tenha a direcção da operação de reboque deve efectuá-la pela rota usual. Considera-se justificado o desvio da rota usual quando se trate de um desvio razoável segundo o critério estabelecido no número 3 do artigo 34.º.

2. Em caso de desvio injustificado e suficientemente grave para colocar em risco a realização do fim visado com o contrato, o contratante-rebocado tem a faculdade de o rescindir.

3. O contratante-rebocador responde por desvio injustificado nos termos gerais da responsabilidade civil.

Artigo 143.º
(Interrupção do reboque)

1. O reboque pode ser interrompido pelo contratante-rebocador para prestar socorro desde que tal não envolva risco grave para o navio ou outro objecto rebocado que seja tripulado, que o comandante do rebocador possa razoavelmente prever um resultado útil e que não tenha conhecimento de que o socorro tenha sido prestado por outros navios em condições mais idóneas ou similares àquelas em que o seu navio poderia prestá-lo.

2. No caso previsto no número anterior, se a interrupção do reboque for suficientemente longa para colocar em risco a realização do fim visado com o contrato, o contratante-rebocado tem a faculdade de o rescindir. Se esta faculdade não for exercida o reboque deve ser retomado logo que terminada a salvação.

3. Caso se torne impossível alcançar o lugar de destino estipulado por causa não imputável a qualquer das partes, o contratante-rebocador deverá, se as circunstâncias o permitirem, efectuar o reboque até ao porto ou fundeadouro seguro mais próximo do lugar de destino.

Artigo 144.º
(Responsabilidade civil em caso de reboque)

1. A responsabilidade por danos causados durante o reboque cabe à parte que for responsável pelos actos e omissões da pessoa que dirige efectivamente a operação de reboque, salvo se demonstrar que os danos não lhe são imputáveis.

2. No reboque portuário de navio, em que não haja lugar a pilotagem obrigatória, presume-se, em caso de dúvida, que a pessoa que dirige efectivamente a operação de reboque é o comandante do navio rebocado.

3. No reboque fora dos portos, presume-se, em caso de dúvida, que a pessoa que dirige efectivamente a operação de reboque é o comandante do rebocador.

TÍTULO V
DO SEGURO CONTRA RISCOS DE NAVEGAÇÃO

Artigo 145.º
(Regime aplicável)

O seguro contra riscos de navegação é regulado pelas disposições contidas no presente título e, subsidiariamente, pelas disposições aplicáveis aos seguros em geral e pelas disposições gerais aplicáveis ao seguro contra riscos que não forem incompatíveis com a natureza especial do seguro contra riscos de navegação.

Artigo 146.º
(Contrato de seguro contra riscos de navegação)

Seguro contra riscos de navegação é o contrato pelo qual uma das partes se obriga a indemnizar pelos prejuízos resultantes de riscos de navegação, mediante um prémio.

Artigo 147.º
(Direito aplicável ao contrato de seguro contra riscos de navegação)

1. O seguro contra riscos de navegação é regido pelo Direito escolhido pelas partes.
2. Na falta de escolha, o contrato é regulado pelo Direito da unidade territorial com a qual apresente uma conexão mais estreita.
3. Em caso de dúvida, entende-se que o contrato apresenta uma conexão mais estreita com a unidade territorial onde o segurador tem o seu estabelecimento no momento da celebração do contrato.
4. O modo de cumprimento é regulado pelo Direito do lugar onde se deva realizar.

Artigo 148.º
(Forma)

1. O contrato de seguro contra riscos de navegação está sujeito a forma escrita.
2. A forma escrita pode resultar de troca de cartas, telex, telefax ou outros meios de telecomunicação de que fique prova escrita.

Artigo 149.º
(Apólice de seguro)

1. O segurador é obrigado a emitir uma apólice de seguro.
2. A apólice do seguro contra riscos de navegação deve conter as menções exigidas pelo regime geral, com as especialidades contidas nos números 3 e 4.
3. São facultativas as indicações do valor do objecto seguro e da quantia segurada.
4. No seguro de navio deve ser indicado o seu nome, pavilhão e lugar de registo.
5. A responsabilidade do segurador decorrente do contrato de seguro não depende da emissão da apólice.

Artigo 150.º
(Modalidades de seguro)

1. São modalidades do seguro contra riscos de navegação o seguro de coisas e o seguro de responsabilidade.

2. O seguro de coisas cobre os prejuízos resultantes da destruição, subtracção ou deterioração de uma coisa, ou da não obtenção de uma vantagem que espera da coisa.

3. O seguro de coisas pode ser contratado para uma viagem o período de tempo determinado.

4. O seguro de responsabilidade cobre os prejuízos que resultem efectivamente para o património do segurado de terceiro.

Artigo 151.º
(Interesse no seguro)

1. Tem interesse no seguro de coisas quem seja titular de d navio, mercadorias ou outros bens que sejam sujeitos a riscos de n que, por conseguinte, tenha interesse na preservação da coisa durante ção marítima.

2. Tem interesse no seguro de responsabilidade quem esteja suj .o a pretensões de terceiros relativas a riscos de navegação.

3. É suficiente que o interesse no seguro se verifique no momento em que ocorrem os danos ou se constituem as pretensões de terceiros.

Artigo 152.º
(Objecto do seguro)

O seguro contra riscos de navegação pode ter por objecto bens móveis, valores, retribuição de serviços de transporte ou de utilização de navio, prémios de seguro e obrigações perante terceiros.

Artigo 153.º
(Seguro de navio)

1. O seguro de navio cobre os prejuízos resultantes da destruição, subtracção ou deterioração das partes componentes e integrantes do navio, bem como das suas pertenças.

2. Mediante convenção expressa o seguro de navio pode ainda abranger:
   a) pretensões de terceiros por factos relativos à utilização do navio;
   b) despesas de armamento e equipagem, fretes em risco e prémios de seguro.

Artigo 154.º
(**Seguro de mercadorias ou outros bens móveis**)

1. O seguro de mercadorias ou outros bens móveis cobre os prejuízos resultantes da sua destruição, subtracção ou deterioração.

2. Mediante convenção expressa o seguro de mercadorias ou outros bens móveis pode ainda abranger o lucro esperado e as pretensões de terceiros por factos relativos ao transporte destes bens.

Artigo 155.º
(**Seguro de protecção e indemnização**)

O seguro de protecção e indemnização cobre os prejuízos resultantes de pretensões de terceiros que o segurado tenha satisfeito.

Artigo 156.º
(**Duração da cobertura no seguro à viagem**)

1. No seguro de navio, contratado para uma viagem, a cobertura inicia-se no momento em que o navio inicia o embarque das mercadorias, e termina no momento em que completa a descarga, mas nunca depois do vigésimo dia após a chegada.

2. Na falta de carga, a cobertura inicia-se no momento em que o navio começa as manobras de saída no porto de partida e termina no momento em que fundeia ou atraca no porto de destino.

3. Se durante o período de descarga o navio embarca mercadorias para uma nova viagem, para a qual o navio tenha sido segurado, a cobertura cessa com o começo do novo carregamento.

4. Caso o seguro seja contratado depois de começada a viagem, a cobertura inicia-se à hora indicada no contrato e, no silêncio deste, na vigésima quarta hora do dia da celebração do contrato.

5. No seguro de mercadorias, contratado para uma viagem, a cobertura tem início no momento em que se inicia o seu carregamento e termina no momento em que é completada a sua descarga no porto de destino. Quando a descarga se atrase para além de trinta dias após a chegada ao porto de destino, independentemente de quarentena ou de outra causa de força maior, a cobertura termina no trigésimo dia após a chegada.

6. Se for estipulada a cláusula "armazém a armazém", a cobertura inicia-se no momento do levantamento das mercadorias no armazém onde estão depositadas e termina com o seu depósito no armazém no lugar do destino.

7. Caso seja contratado o seguro de mercadorias embarcadas num navio depois de começada a viagem, a cobertura inicia-se à hora indicada no contrato e, no silêncio deste, na vigésima quarta hora do dia da celebração do contrato.

Artigo 157.º
(Duração da cobertura no seguro a tempo)

1. No seguro a tempo a cobertura inicia-se na vigésima quarta hora do dia da celebração do contrato e termina na vigésima quarta hora do dia estipulado no contrato.

2. A cobertura que termina no decurso de uma viagem considera-se prorrogada até que o navio fundeie ou atraque no porto de destino, desde que o segurado avise previamente o segurador, sendo devido um suplemento de prémio proporcional ao prémio fixado no contrato.

Artigo 158.º
(Seguro de apólice flutuante)

1. O seguro de apólice flutuante cobre todas as mercadorias que forem expedidas pelo segurado durante o período de tempo definido no contrato.

2. O segurado deve comunicar ao segurador a expedição de cada partida em conformidade com o estipulado na apólice e, na omissão desta, de acordo com os usos do comércio.

3. O segurador não responde quando a soma do valor das mercadorias embarcadas exceder a quantia segurada.

Artigo 159.º
(Cobertura aberta)

1. Na cobertura aberta o segurador obriga-se a segurar todas as mercadorias que forem expedidas durante o período e nos termos definidos no contrato.

2. O segurado deve comunicar ao segurador a expedição de cada partida em conformidade com o estipulado no contrato e, na omissão deste, de acordo com os usos do comércio.

3. O segurador tem a obrigação de emitir uma apólice de seguro por cada partida embarcada.

Artigo 160.º
(Transferência do crédito sobre o segurador)

1. No seguro de navio o crédito sobre o segurador só é transmissível com o seu consentimento. Na falta de consentimento para a transmissão, a cobertura cessa em caso de transferência da propriedade do navio segurado.

2. Quando a cobertura cesse nos termos do número anterior o segurado tem direito ao reembolso da proporção do prémio pago relativa ao tempo de cobertura cessante.

3. No seguro de mercadorias ou outros bens móveis, a transmissão da apólice de seguro opera a transferência do crédito sobre o segurador. A cobertura também se mantém em caso de mera transferência da propriedade ou da posse da coisa segurada ou de mudança do interessado no seguro.

Artigo 161.º
(Riscos de navegação)

1. Constituem riscos da navegação a tempestade, o naufrágio, a varação, a abalroação, a colisão com objecto fixo ou flutuante que não seja navio, o alijamento, o desvio forçado de rota, a mudança forçada de navio ou de viagem, a explosão, o incêndio, a pirataria, a pilhagem, a inundação, a quarentena superveniente, o sequestro ou a apreensão, a barataria, e, em geral, todos os demais acidentes de navegação.

2. O disposto no número anterior abrange a navegação por águas marítimas ou interiores, bem como a navegação em lagos, rios ou canais que a complemente.

Artigo 162.º
(Riscos por que responde o segurador)

1. Salvo convenção expressão em contrário, o segurador responde pelos prejuízos resultantes de todos os riscos de navegação referidos no artigo anterior.

2. O segurador responde por prejuízos decorrentes de defeitos ocultos do navio, salvo se provar que o defeito podia ser descoberto pelo segurado com o exercício de diligência normal.

3. O segurador não responde por prejuízos decorrentes de vício próprio ou inerente, exclusivamente, às mercadorias embarcadas, ou do seu acondicionamento inadequado.

4. Salvo convenção expressa em contrário, o segurador não responde por prejuízos resultantes de riscos de guerra.

Artigo 163.º
(Prejuízos resultantes da inavegabilidade do navio)

1. O segurador também não responde pelos prejuízos resultantes da inavegabilidade do navio nos casos em que o segurado tenha a obrigação de garantir que o navio se encontra em estado de navegabilidade.

2. No seguro de navio à viagem o segurado tem a obrigação de garantir que o navio se encontra em estado de navegabilidade no começo da viagem e de cada uma das suas subsequentes etapas.

3. No seguro de navio a tempo o segurado não tem a obrigação de garantir que o navio se encontra em estado de navegabilidade, mas o segurador não

responde se, encontrando-se o navio em porto no momento em que se inicia a cobertura, se verificar a sua inavegabilidade no começo da viagem, com culpa pessoal do segurado ou dos seus subordinados.

4. No seguro de mercadorias o segurado não tem a obrigação de garantir que o navio se encontra em estado de navegabilidade nem que é apto ao transporte das mercadorias seguradas, mas o segurador não responde quando houver culpa pessoal do segurado ou dos seus subordinados na inavegabilidade ou inaptidão do navio no começo da viagem. Neste último caso, porém, o segurador responde se o crédito do seguro tiver sido transferido para terceiro que tenha adquirido o objecto seguro de boa fé.

Artigo 164.º
(Presunção de responsabilidade)

1. No caso de dúvida sobre a causa dos prejuízos, presume-se que resultam de riscos de navegação.

2. O segurador não responde pelos prejuízos resultantes de causa indeterminada quando só forem cobertos riscos específicos taxativamente enumerados na apólice.

Artigo 165.º
(Perda do objecto seguro)

1. Salvo convenção expressa em contrário, o seguro abrange tanto a perda total efectiva como a perda total construtiva do objecto seguro.

2. Ocorre perda total efectiva quando, pela verificação de um risco coberto, o objecto seguro é completamente destruído, quando sofre deterioração a ponto de deixar de ser uma coisa da categoria descrita na apólice, quando o segurado ou interessado no seguro fica privado do objecto seguro por forma irremediável e, quando tratando-se de um navio, se presume perdido.

3. Ocorre perda total construtiva quando é aparentemente inevitável a perda total efectiva do objecto seguro, pela verificação de um risco coberto, ou se mostra impossível evitar esta perda sem a realização de despesas que excederiam o seu valor efectivo.

4. Para a determinação da perda total construtiva são apenas consideradas as despesas que seriam necessárias para evitar a perda efectiva relativas a um único acidente ou à sequência de prejuízos resultantes de um único acidente. Os prejuízos causados por mau tempo que ocorra durante um trajecto marítimo são considerados como resultando de um único acidente.

5. O navio presume-se perdido quando tiverem decorrido três meses desde o dia da última notícia.

Artigo 166.º
(Risco putativo)

1. Em caso de inexistência do risco ou da sua cessação, bem como se o acidente ocorre antes da celebração do contrato, o seguro é nulo quando a notícia da inexistência ou da cessação do risco, bem como da ocorrência do acidente, chega, antes da conclusão do contrato, no lugar de celebração ou naquele em que o segurado deu a ordem de seguro.

2. Presume-se, salvo prova em contrário, que a notícia chegou tempestivamente aos lugares referidos.

3. O segurador que não tenha conhecimento da inexistência ou da cessação do risco, bem como da ocorrência do acidente, tem direito ao reembolso das despesas feitas em razão do contrato; se demonstrar tal conhecimento por parte do segurado tem direito ao prémio estipulado.

Artigo 167.º
(Agravamento do risco)

1. O segurador responde em caso de agravamento do risco que não resulte de facto imputável ao segurado.

2. Se o agravamento do risco for imputável a facto do segurado, o segurador não responde se o risco foi transformado ou agravado de tal modo que, se o novo estado de coisas existisse e fosse conhecido do segurador no momento da celebração do contrato, não teria sido celebrado um contrato com o mesmo conteúdo.

3. O segurador responde, porém, se a mudança ou agravamento do risco foi determinado por actos realizados por dever de solidariedade humana ou na tutela de interesses comuns ao segurador, bem como se dependeu de um evento pelo qual o próprio segurador responde ou se não influiu sobre a ocorrência do acidente ou sobre a medida da indemnização devida pelo segurador em consequência deste.

Artigo 168.º
(Desvio de rota e mudança de viagem)

1. O segurador responde em caso de desvio de rota justificado e de mudança de viagem forçada.

2. Verifica-se um desvio de rota quando o navio abandona a rota especificamente indicada na apólice ou, na falta de indicação, quando abandona a rota usual. Verifica-se uma mudança de viagem quando o navio procede para um porto de destino diferente do indicado na apólice.

3. Caso o desvio de rota seja injustificado, o segurador não responde se o acidente se verificar durante o desvio ou se o desvio influir sobre a verificação posterior do acidente.

4. O segurador não responde a partir do momento em que é manifestada a determinação de realizar uma mudança voluntária.

Artigo 169.º
(Atraso na realização da viagem)

1. A viagem, para a qual o seguro seja contratado, deve ser prosseguida com o despacho exigível.
2. O segurador não responde a partir do momento em que o atraso injustificado na prossecução da viagem se torne desrazoável.

Artigo 170.º
(Desvio de rota ou atraso justificado)

1. O desvio de rota ou o atraso na prossecução da viagem é justificado:
a) quando expressamente autorizado pela apólice;
b) nos casos referidos no número 1 do artigo 78.º.

Artigo 171.º
(Mudança de navio)

1. O segurador não responde se a mercadoria é carregada em navio diferente do indicado na apólice.
2. Se a apólice não indica o navio, o segurador responde caso o segurado lhe comunique o nome do navio em que a mercadoria foi carregada, logo que tenha conhecimento.
3. Se a apólice indica as características que deve possuir o navio, o segurador só responde quando o navio nomeado pelo segurado obedecer a estas características.
4. O segurador responde caso a mercadoria seja transbordada para outro navio por se tornar definitivamente impossível o prosseguimento da viagem.

Artigo 172.º
(Limite da indemnização)

1. A obrigação de indemnizar tem como limite máximo a quantia segurada.
2. Na falta de indicação na apólice, a quantia segurada corresponde, no seguro de coisas, ao valor da coisa que conste da apólice e, se este também faltar:
a) no seguro de navio, ao valor segurável no momento da celebração do contrato, acrescido, no caso previsto no número 2 do art. 153.º, das despesas de armamento e equipagem, frete em risco e prémio de seguro.
b) no seguro de mercadorias e outros bens móveis, ao seu valor, em bom estado, no porto de destino e ao tempo da descarga; se este valor não puder ser

determinado, ao preço no lugar e ao tempo do carregamento, acrescido do frete pago em avanço ou devido em qualquer caso, do prémio de seguro, e ainda, no caso previsto no número 2 do art. 154.º, do lucro esperado.

Artigo 173.º
(Medida da indemnização no seguro de coisas)

1. Em caso de perda total é devida indemnização pelo valor do objecto seguro indicado na apólice e, na falta de indicação, pelo valor calculado nos termos do n.º 2 do artigo anterior.

2. Nos restantes casos, tratando-se de seguro de navio, a medida da indemnização, salvo convenção expressa em contrário, é a seguinte:

a) se o navio foi reparado, o segurado tem direito ao custo razoável das reparações, menos as deduções que decorram de usos do comércio;

b) se o navio só foi parcialmente reparado, o segurado tem direito ao custo razoável destas reparações, calculado do mesmo modo, e também a ser indemnizado pela depreciação razoável que tenha resultado no valor de mercado da avaria não reparada, contanto que a soma não exceda o custo de reparação de toda a avaria, calculado do mesmo modo;

c) se o navio não foi reparado, o segurado tem direito a ser indemnizado pela depreciação razoável no valor de mercado que tenha resultado da avaria não reparada, desde que não exceda o custo de reparação da avaria, calculado do mesmo modo.

3. Nos restantes casos, tratando-se de seguro de mercadorias ou outros bens móveis, a medida da indemnização, salvo convenção expressa em contrário, é a seguinte:

a) se parte das mercadorias ou outros bens móveis for totalmente perdida, a medida da indemnização é a proporção do valor do objecto seguro da parte perdida relativamente ao valor total;

b) se o conjunto ou uma parte das mercadorias ou outros bens móveis foi entregue deteriorada no destino, a medida da indemnização é a proporção do valor do objecto seguro que a diferença entre os valores brutos em bom estado e deteriorado estabelece relativamente ao valor bruto em bom estado;

c) no caso de reacondicionamento ou reparação das mercadorias ou outros bens móveis avariados, o segurado tem direito ao custo razoável destas operações, desde que não exceda o valor do objecto seguro.

Artigo 174.º
(Acidentes sucessivos)

1. No caso de acidentes sucessivos o segurador é responsável pelos prejuízos que resultam de cada acidente mesmo que a sua soma exceda a quantia segurada.

2. No entanto, todos os prejuízos causados por mau tempo que ocorra durante um trajecto marítimo são considerados como resultando de um único acidente.

3. Se uma avaria que não tenha sido reparada ou por outra forma ressarcida, for seguida por uma perda total, o segurado só tem direito a indemnização por perda total, sem prejuízo do direito ao reembolso das despesas feitas para evitar ou diminuir o prejuízo.

Artigo 175.º
(Casos de abandono ao segurador)

O objecto seguro considera-se abandonado ao segurador em caso de perda total efectiva e pode ser abandonado pelo segurado em caso de perda total construtiva.

Artigo 176.º
(Efeitos do abandono)

1. O abandono confere ao segurado o direito a indemnização por perda total independentemente de aceitação por parte do segurador.

2. O abandono desencadeia a transferência de todos os direitos e deveres relativos à coisa abandonada.

3. A transferência dos direitos e deveres referidos no número anterior fica sujeita à condição resolutiva de não aceitação do abandono por parte do segurador.

Artigo 177.º
(Declaração de abandono e declaração de não aceitação do abandono)

1. No caso de perda total construtiva, o segurado tem de declarar o abandono ao segurador. Se não declarar o abandono, o segurado tem direito a indemnização nos termos do número 2 ou do número 3 do artigo 173.º.

2. A declaração de abandono deve ser proferida, por escrito, no prazo de dois meses depois de recebida informação fidedigna da perda.

3. A declaração de abandono só é válida quando for incondicional e indique se a coisa abandonada é objecto de outros seguros ou de direitos, ónus ou encargos que a onerem.

4. A aceitação do abandono pode ser expressa ou tácita. Em qualquer caso, o abandono considera-se aceite se não for proferida declaração de não aceitação escrita no prazo de trinta dias a contar da recepção da declaração de abandono válida.

Artigo 178.º
(Obrigações do segurado)

1. São obrigações do segurado:
a) pagar o prémio estipulado;
b) garantir a licitude da expedição marítima e, até onde estiver sob o seu controlo, a sua realização de modo lícito;
c) participar o acidente ao segurador ou ao representante autorizado a celebrar o contrato, dentro de três dias a contar do seu conhecimento;
d) cooperar activamente com o armador, o comandante e restante tripulação e outros intervenientes na expedição marítima para evitar ou diminuir o prejuízo;
e) no seguro de mercadorias ou outros bens móveis, avisar o segurador sempre que haja mudança do navio por se tornar definitivamente impossível o prosseguimento da viagem.

2. O prémio deve ser pago contra a entrega da apólice.

3. O seguro é nulo se a expedição marítima for ilícita e torna-se ineficaz se, por culpa pessoal do segurado ou dos seus subordinados, for realizada de modo ilícito.

4. O incumprimento culposo dos deveres de participação e de cooperação torna o segurado responsável pelos prejuízos que daí decorram; o segurado só perde o direito a ser indemnizado pelo segurador quando tenha agido com dolo.

TÍTULO VI
DA AVARIA COMUM

Art. 179.º
(Noção de avaria comum)

1. É avaria comum o sacrifício ou despesa extraordinária feita, por forma intencional e razoável, com o fim de evitar um perigo real para a segurança comum do navio e da carga.

2. Considera-se ainda avaria comum a despesa incorrida por qualquer dos participantes na expedição marítima com respeito a salvamento, seja ou não ao abrigo de contrato, contanto que as operações de salvamento tenham sido realizadas com o fim de evitar um perigo real para a segurança comum do navio e da carga.

Art. 180.º
(Direito aplicável à avaria comum)

1. Aos pressupostos e efeitos da avaria comum é aplicável o Direito escolhido pelos participantes na expedição marítima.
2. A escolha do Direito aplicável pode ser posterior à ocorrência da avaria.
3. Na falta de escolha, é aplicável:
    a) aos pressupostos da avaria comum, o Direito do lugar onde o navio se encontra matriculado, salvo se a avaria ocorrer em porto, caso em que se aplica o Direito local;
    b) aos efeitos da avaria comum, o Direito do lugar onde a regulação é realizada.
4. Os critérios de interpretação dos preceitos negociais sobre avaria comum são os definidos pelo Direito escolhido nos termos do n.º 1 e, na sua falta, pelo Direito aplicável ao negócio jurídico. Quando se trate da interpretação de cláusulas gerais, serão sempre tidos em conta os sistemas jurídicos que exerceram influência sobre a sua elaboração e as práticas usuais dos reguladores de avarias.

Art. 181.º
(Supletividade)

1. A avaria comum é regulada pelos preceitos estipulados por todos os participantes na expedição marítima e, subsidiariamente, pelas regras contidas nos artigos seguintes.
2. O transportador é responsável, perante o participante com quem haja estipulado preceitos sobre avaria comum, pelos prejuízos que lhe possam advir da não estipulação dos mesmos preceitos com qualquer outro dos participantes.

Art. 182.º
(Compensação por prejuízos sofridos com a avaria comum)

1. São compensáveis os prejuízos causados directamente pelo acto de avaria comum a cada um dos participantes na expedição.
2. Não são compensáveis em avaria comum os prejuízos resultantes de:
    a) demora, perda de mercado, dano sofrido ou despesa incorrida por motivo de atraso quer na viagem quer subsequentemente;
    b) dano de pertenças não descritas no inventário;
    c) dano de mercadorias embarcadas sem conhecimento do armador ou do seu agente;
    d) dano de mercadorias que o carregador declarou conscientemente por forma inexacta;
    e) dano sofrido ou despesa incorrida com respeito a poluição.

3. O dano de mercadorias transportadas no convés só é compensável em avaria comum quando tal corresponda a um uso do tráfego ou tenha sido consentido por todos os participantes na expedição.

4. O dano de mercadorias que tenham sido declaradas, ao embarque, com valor inferior ao real só é compensável pelo valor declarado.

Art. 183.º
**(Compensação do transportador
por despesas extraordinárias. Regra geral)**

São compensáveis as despesas extraordinárias, realizadas pelo transportador, que constituem avaria comum, são a directa consequência do acto de avaria comum ou são feitas em sua substituição.

Art. 184.º
**(Compensação por despesas extraordinárias
incorridas em porto de refúgio)**

1. Quando o navio tiver de entrar num porto ou lugar de refúgio ou voltar ao porto ou lugar de carregamento em consequência de acidente, sacrifício ou outras circunstâncias extraordinárias que o tornem necessário para a segurança comum, são compensáveis as seguintes despesas:

a) despesas portuárias;

b) despesas de reparação do dano causado ao navio pelo acidente ou sacrifício;

c) despesas com operações de carga que sejam necessárias para a segurança comum ou para possibilitar a reparação do dano causado ao navio pelo acidente ou sacrifício, contanto que exigida para a continuação segura da viagem;

d) despesas com a armazenagem de carga cuja descarga tenha sido necessária nos termos da alínea anterior, bem como o respectivo seguro;

e) despesas de manuseamento a bordo, descarga, armazenagem e recarregamento de combustível e provisões que sejam necessários com vista a permitir a reparação do dano causado ao navio ou a reestiva da carga que tenha sofrido deslocação durante a viagem, contanto que exigida para a continuação segura da viagem;

f) despesas com vencimentos e manutenção do comandante e dos tripulantes, bem com o combustível e provisões consumidos durante o prolongamento da viagem e a permanência do navio no porto ou lugar do refúgio;

g) custo de quaisquer medidas tomadas para prevenir ou minorar danos ambientais que constituam condição de entrada, permanência ou saída do porto ou lugar de refúgio ou conectadas com as operações de carga e a armazenagem referidas nas alíneas anteriores;

2. Caso o navio seja declarado perdido, ou não prossiga com a viagem prevista, só são compensáveis as despesas portuárias, as despesas com a armazenagem, as despesas com vencimentos e manutenção do comandante e da tripulação e as despesas com combustível e provisões consumidos até à data da declaração de inavegabilidade ou do abandono da viagem ou até à data em que termina a descarga, se a declaração ou abandono for anterior.

3. Não é compensável o custo adicional de medidas tomadas para prevenir ou minorar danos ambientais em caso de derrame ou libertação de substâncias poluentes no porto ou lugar de refúgio.

Art. 185.º
(Compensação por despesas incorridas com respeito a salvamento)

1. As despesas referidas no n.º 2 do art. 179.º são compensáveis mesmo que consistam numa remuneração do salvamento que tome em consideração a habilidade e os esforços dos salvadores com vista a evitar ou minimizar danos ambientais nos termos do art. 13.º/1/b da Convenção de Londres sobre Salvamento, de 28/4/89.

2. Não é compensável a remuneração especial paga ao salvador ao abrigo do art. 14.º da Convenção referida no número anterior ou de disposição semelhante.

Art. 186.º
(Compensação por despesas incorridas com vista a prevenir ou minorar danos ambientais)

O custo de medidas tomadas para prevenir ou minorar danos ambientais é compensável, além dos casos previstos no art. 184.º, quando estas medidas façam parte de uma operação efectuada para a segurança comum que, se tivesse sido realizada por um dos participantes fora da expedição marítima comum, lhe teria conferido o direito a remuneração de salvamento.

Art. 187.º
(Limite à compensação de despesas substitutivas)

As despesas feitas em substituição de uma despesa que constituiria avaria comum só são compensáveis até ao valor da avaria comum evitada.

Art. 188.º
(Compensação por adiantamento de fundos)

1. É compensável uma comissão de dois por cento sobre as despesas de avaria comum, com excepção dos vencimentos e manutenção do comandante e tripulação e do combustível e provisões não substituídos durante a viagem.

2. É compensável a perda de capital sofrida pelos proprietários de bens vendidos com o fim de obter os fundos necessários para custear despesas de avaria comum.

3. É ainda compensável o prémio do seguro de despesas de avaria comum.

Art. 189.º
(Determinação do prejuízo compensável em caso de sacrifício da carga, do navio ou das suas pertenças. Regra geral)

1. O prejuízo sofrido com sacrifício da carga, do navio ou das suas pertenças é calculado com base no respectivo valor no momento e lugar em que a viagem termina.

2. Considera-se a viagem terminada no destino previsto ou no momento em que seja abandonada.

3. Se diferentes partidas tiverem destinos diversos atende-se ao valor de cada uma delas no momento que chega ao seu destino.

4. No caso referido no número anterior atende-se ao valor do navio no momento em que chega ao destino a última partida que se encontrava a bordo quando foi praticado o acto de avaria comum.

Art. 190.º
(Determinação do prejuízo compensável em caso de sacrifício da carga)

1. O valor da carga é determinado nos termos do art. 172.º/2/b.

2. Do valor referido no número anterior são deduzidos os danos sofridos pela carga anteriormente ao acto de avaria comum.

3. Se a carga danificada for vendida sem que o valor do dano tenha sido objecto de acordo, o prejuízo compensável corresponde à diferença entre valor calculado nos termos dos números anteriores e o resultado líquido da venda.

Art. 191.º
(Determinação do prejuízo compensável em caso de sacrifício do navio ou das suas pertenças)

1. Em caso de sacrifício do navio ou das suas pertenças o prejuízo compensável corresponde ao custo efectivo da reparação ou substituição.

2. Não sendo feita reparação ou substituição, o prejuízo é determinado com base na depreciação razoável resultante desse dano ou perda, contanto que não exceda o custo razoavelmente estimado das reparações.

3. Quando o navio constitua perda total efectiva ou construtiva, o prejuízo compensável corresponde à diferença entre o valor razoavelmente estimado do navio, caso não tivesse ocorrido a avaria comum, e o valor efectivo do navio.

4. Para efeitos do número anterior, o valor efectivo do navio é o do resultado líquido da venda, se esta ocorrer.

Art. 192.º
(Deduções ao prejuízo compensável em caso de sacrifício do navio ou das suas pertenças)

1. Em caso de utilização como combustível de provisões, pertenças ou materiais do navio, deve ser deduzido o custo estimado do combustível que teria sido consumido se não ocorresse a avaria comum.

2. Em caso de dano de navio com mais de quinze anos, deve ser deduzido, para a determinação do prejuízo compensável, um terço do valor das reparações. Para este efeito será tomada em conta, separadamente, a idade das baleeiras, dos aparelhos de navegação, dos aparelhos de telecomunicações, das máquinas e das caldeiras. Não há lugar a dedução com respeito a âncoras e correntes nem relativamente aos custos de deslocação e permanência na doca seca.

3. Os custos de limpeza, pintura ou revestimento do casco só são compensáveis se o casco tiver sido limpo, pintado ou revestido nos doze meses anteriores ao acto de avaria comum. Neste caso deve ser deduzida metade dos custos.

Art. 193.º
(Determinação do prejuízo compensável em caso de sacrifício do frete)

1. É compensável o frete bruto perdido em consequência de dano da carga causado por acto de avaria comum.

2. Em caso de perda de frete em risco para o transportador devem ser deduzidos do frete bruto os custos em que o transportador teria incorrido para obter tal frete e em que, devido ao sacrifício, não incorreu, bem como o frete obtido com as mercadorias carregadas em substituição.

Art. 194.º
(Juros)

1. Ao prejuízo compensável acrescem juros à taxa de juros legais fixada pelo Direito da moeda utilizada no regulamento da avaria comum, com a devida consideração de qualquer pagamento feito por conta da contribuição ou do fundo de depósito de avaria comum.

2. Se o Direito referido no número anterior não fixar a taxa de juros atender-se-á à taxa média aplicada pelos respectivos tribunais.

3. Os juros contam-se da data do pagamento no caso de despesas e sacrifícios que impliquem um desembolso efectivo em dinheiro e, nos restantes casos, do último dia da descarga.

Art. 195.º
(Obrigação de contribuir)

1. Estão obrigados a contribuir para a compensação da avaria comum todos os interessados nos bens que, encontrando-se a bordo do navio no momento do acto de avaria comum, cheguem em segurança ao destino previsto ou a qualquer lugar em que a viagem seja abandonada.

2. O destinatário está obrigado a contribuir quando seja o proprietário da mercadoria ou quando tal obrigação resulte do conhecimento de carga ou de compromisso por si assumido.

3. Estão igualmente obrigados a contribuir os interessados no frete que, encontrando-se em risco no momento do acto de avaria comum, seja preservado por este acto.

4. Não há lugar a contribuição com respeito ao correio, bagagem de passageiros, bens pessoais e veículos automóveis que acompanhem os passageiros.

Art. 196.º
(Determinação da contribuição. Regra geral)

1. A contribuição é devida em proporção ao valor efectivo dos bens referidos no artigo anterior no momento e lugar em que termina a viagem.

2. Do valor referido no número anterior devem ser deduzidos todos os custos que, tendo sido incorridos depois do acto de avaria comum, e não sendo compensáveis em avaria comum, teriam sido evitados caso os bens tivessem sido totalmente perdidos no momento do acto.

3. Não são deduzidas as despesas que resultem de uma decisão de compensação especial ao abrigo do art. 14.º da Convenção de Londres sobre Salvamento, de 28/4/89, ou de outra disposição semelhante.

4. Ao valor referido no número 1 deve ser somada a importância da compensação por sacrifícios, se não estiver já incluída.

Art. 197.º
(Determinação da contribuição devida pelos interesses na carga)

1. O valor da carga é determinado nos termos do art. 172.º/2/b, com dedução de qualquer dano, ocorrido antes ou durante a descarga, que não constitua sacrifício de avaria comum.

2. Quando a carga for vendida antes da chegada ao destino, o valor da carga é determinado com base no produto líquido efectivo da venda.

Art. 198.º
(Remessa da carga para o destino por outros meios)

1. Quando, no caso referido no n.º 1 do art. 184.º, a carga ou parte dela for remetida para o destino por outros meios, os direitos e obrigações resultantes da avaria comum devem, contanto que os interesses da carga sejam notificados se for praticável, permanecer tanto quanto possível os mesmos que existiriam na falta de tal remessa, como se a viagem prevista tivesse sido realizada.

2. Os interesses na carga devem contribuir com base no seu valor no momento da entrega no destino previsto, a menos que seja vendida ou de outro modo objecto de disposição antes da chegada ao destino, caso em que se aplica o disposto no n.º 2 do artigo anterior.

3. A obrigação de contribuição dos interesses na carga não deve exceder o custo que teria sido suportado se a carga tivesse sido expedida por sua conta.

4. O armador deve contribuir com base no valor efectivo líquido do navio no momento em que se completa a descarga.

Art. 199.º
(Perda da carga durante a continuação da viagem)

Se, depois de o navio ter incorrido em despesas de avaria comum no porto de refúgio, o navio e a carga se perderem durante a continuação da viagem, o armador não pode reclamar contribuição dos interessados na carga.

Art. 200.º
(Imputação do perigo a facto culposo de um dos participantes)

1. A imputação do perigo que fundamenta o acto de avaria comum a facto culposo de um dos participantes na expedição exonera os outros participantes da obrigação de contribuir para a compensação do prejuízo sofrido pelo participante culpado.

2. Só são exonerados da obrigação referida no número anterior os participantes que no momento do acto da avaria comum sejam titulares de uma pretensão, fundada no facto culposo, susceptível de realização coactiva contra o participante culpado.

3. O participante culpado fica obrigado a indemnizar os outros participantes pelas contribuições que sejam obrigados a fazer para compensar o prejuízo por eles sofrido em consequência do acto de avaria comum.

Art. 201.º
(Imputação do perigo a facto culposo de terceiro)

1. A imputação do perigo a facto culposo de terceiro não altera os direitos e obrigações resultantes da avaria comum.

2. Os participantes que contribuam para a compensação do prejuízo causado a outro participante pelo acto de avaria comum ficam sub-rogados nos seus direitos perante o terceiro responsável.

Art. 202.º
(Retenção das mercadorias até à obtenção do compromisso de avaria e das garantias usuais por parte dos destinatários)

1. O transportador deve exercer o direito de retenção das mercadorias transportadas até à prestação pelos respectivos destinatários:
a) do compromisso de pagamento das contribuições que sejam devidas, segundo o regulamento da avaria comum, pelos proprietários da carga;
b) das garantias usuais.
2. O transportador responde perante os outros participantes na expedição pelos prejuízos que sofram em consequência do incumprimento do dever estabelecido no número anterior.

Art. 203.º
(Depósitos em dinheiro)

1. Os depósitos em dinheiro feitos pelos interessados na carga como garantia do pagamento das respectivas contribuições devem passar imediatamente para uma conta bancária que só possa ser movimentada, conjuntamente, por um representante do armador e por um representante dos depositantes, em banco aprovado por ambos.
2. A importância assim depositada, juntamente com os juros que eventualmente lhe acresçam, deve ser mantida como garantia do pagamento.
3. Podem ser feitos pagamentos por conta ou restituições de depósitos mediante autorização escrita dos reguladores da avaria.
4. Os depósitos, pagamentos e restituições referidos nos números anteriores não prejudicam os direitos e obrigações resultantes da avaria comum.

Art. 204.º
(Regulação da avaria)

1. A regulação da avaria tem por finalidade determinar o valor das contribuições devidas pelos participantes e das compensações que lhes são atribuídas.
2. A regulação compreende as seguintes fases:
a) verificação dos pressupostos da avaria comum;
b) determinação dos prejuízos compensáveis que, juntamente com as despesas de regulação, formam a massa passiva;
c) determinação dos valores contribuintes que formam a massa activa;

d) determinação das contribuições, com base na quota da massa passiva que corresponde à proporção de cada valor contribuinte em relação à massa activa, contanto que não exceda o valor contribuinte;
e) determinação das compensações.

Art. 205.º
(Regulamento da avaria)

1. O regulamento da avaria é o parecer dos reguladores sobre as contribuições e compensações de avaria comum.
2. O regulamento deve ser feito na assunção que o perigo que fundamenta o acto de avaria comum não é imputável a facto culposo de qualquer dos participantes.
3. O regulamento tem a força vinculativa que resulta do estipulado entre os participantes na expedição, sem prejuízo da exoneração fundada no art. 200.º.

Art. 206.º
(Promoção da regulação da avaria)

A regulação da avaria comum pode ser promovida por qualquer participante na expedição e deve ser promovida pelo armador.

Art. 207.º
(Lugar da regulação da avaria)

A avaria comum é regulada no lugar onde a viagem termina.

Art. 208.º
(Dever de fornecer os elementos necessários para a regulação)

Todos os participantes estão obrigados a fornecer aos reguladores os elementos que, estando à sua disposição, sejam necessários para a regulação.

Art. 209.º
(Acção de regulação)

A acção de regulação pode ser instaurada por qualquer participante na expedição e deve ser instaurada pelo armador caso não haja acordo sobre a nomeação dos reguladores.

Art. 210.º
(Ónus da prova)

Ao participante que invoque um direito fundado em avaria comum cabe provar que o dano ou despesa são compensáveis nos termos dos artigos 182.º a 188.º.

Art. 211.º
(Recuperação dos bens sacrificados)

1. Em caso de recuperação total ou parcial dos bens sacrificados, por parte dos respectivos interessados, depois de apresentado o regulamento, mas antes da sua execução, será reaberta a regulação para ter em conta os valores dos bens recuperados após a dedução das eventuais despesas de recuperação.

2. Se o regulamento já foi executado, procede-se a regulação adicional, tendo por finalidade repartir o valor dos bens recuperados entre todos os contribuintes em proporção da sua contribuição.

TÍTULO VII
DA ABALROAÇÃO

Art. 212.º
(Noção de abalroação. Âmbito de aplicação)

1. Entende-se por abalroação a colisão de navios.

2. As disposições do presente título regulam a responsabilidade extracontratual por abalroação.

3. Estas disposições são ainda aplicáveis à responsabilidade extracontratual por danos que, por execução ou omissão de uma manobra, ou por inobservância de regulamentos, sejam causados a outro navio, ou às pessoas ou às coisas que se encontrem a bordo, posto que não tenha havido abalroação.

Art. 213.º
(Convenção de Bruxelas para a Unificação de Certas Regras em Matéria de Abalroação)

1. A responsabilidade por abalroação é regulada pelas disposições contidas na Convenção de Bruxelas para a Unificação de Certas Regras em Matéria de Abalroação, de 23/9/10, que se consideram incorporadas no Direito interno de Macau e, subsidiariamente, pelo Direito competente nos termos do artigo seguinte.

2. As disposições referidas no número anterior aplicam-se em caso de abalroação ocorrida entre quaisquer navios que se encontrem matriculados em Estados ou unidades territoriais em que vigore a Convenção de Bruxelas.

3. As disposições da Convenção de Bruxelas não serão aplicáveis pelos tribunais de Macau quando ambos os navios se encontrarem matriculados em Macau.

Art. 214.º
(Direito subsidiariamente aplicável à responsabilidade por abalroação)

1. A responsabilidade extracontratual por abalroação é regulada pelo Direito escolhido pelas partes.
2. Na falta de escolha, aplica-se o Direito do lugar onde os navios envolvidos se encontrem matriculados.
3. Quando os navios não se encontrem matriculados na mesma unidade territorial é aplicável o Direito vigente no lugar da abalroação ou, se a abalroação ocorrer no alto mar, o Direito do lugar onde se encontra matriculado o navio do armador culpado; se houver concorrência de culpas, a responsabilidade de cada armador é regulada pelo Direito do lugar onde se encontra matriculado o respectivo navio.
4. Na apreciação da ilicitude do facto que causou a abalroação são sempre aplicadas, conforme o lugar em que ocorra a abalroação, as normas internacionais ou locais que regulam a navegação.

Art. 215.º
(Abalroação devida a caso fortuito ou força maior)

Em caso de abalroação devida a caso fortuito ou a força maior, ou havendo dúvida sobre as suas causas, os danos serão suportados por aqueles que os tenham sofrido.

Art. 216.º
(Abalroação imputável a facto culposo da tripulação de um dos navios)

Sendo a abalroação causada por facto culposo da tripulação de um dos navios, o armador deste navio é obrigado a indemnizar os prejuízos.

Art. 217.º
(Abalroação imputável a facto culposo da tripulação de ambos os navios)

1. Sendo a abalroação causada por facto culposo da tripulação de ambos os navios, os armadores destes navios são obrigados a indemnizar os prejuízos, em proporção à gravidade da culpa de cada lado. Se as circunstâncias não permitirem estabelecer a proporção, os armadores são obrigados a indemnizar em partes iguais.
2. Os armadores referidos no número anterior só respondem solidariamente pelos danos resultantes de morte ou ofensa corporal das pessoas que se encontrem a bordo do navio.

Art. 218.º
(Abalroação imputável a facto culposo do piloto)

1. Para efeitos de responsabilidade por abalroação o facto culposo do piloto tomado a bordo é equiparado ao facto culposo da tripulação.
2. O armador tem direito de regresso contra o piloto.

Art. 219.º
(Obrigações de socorro e de informação em caso de abalroação)

1. Ocorrida uma abalroação entre navios, os respectivos comandantes são obrigados a prestar socorro ao outro navio, à sua tripulação e aos seus passageiros, contanto que tal não represente um perigo grave para o seu navio e para as pessoas que se encontram a bordo.
2. Cada um dos comandantes é igualmente obrigado, na medida do possível, a comunicar ao outro os elementos necessários à identificação do navio que comanda e do destino a que se dirige.

TÍTULO VIII
DA SALVAÇÃO

Art. 220.º
(Direito aplicável à salvação)

A salvação é regulada pelas disposições contidas na Convenção de Londres sobre Salvação, de 28/4/89, que se consideram incorporadas no Direito interno de Macau e, subsidiariamente, pelos Direitos estaduais competentes nos termos dos artigos seguintes.

Art. 221.º
(Direito aplicável ao contrato de salvação)

1. O contrato de salvação é regido pelo Direito escolhido pelas partes.
2. Na falta de escolha, o contrato é regulado pelo Direito da unidade territorial com a qual apresente uma conexão mais estreita.
3. Em caso de dúvida, entende-se que o contrato apresenta uma conexão mais estreita com a unidade territorial onde o salvador tem o seu estabelecimento ou, na falta de estabelecimento, a residência habitual no momento da celebração do contrato.

Art. 222.º
(Direito subsidiariamente aplicável à obrigação de remunerar)

1. Na falta de contrato de salvação, a obrigação de remunerar é regida pelo Direito do lugar em que os navios envolvidos se encontrem matriculados.

2. Quando os navios não se encontrem matriculados na mesma unidade territorial, é aplicável o Direito vigente no lugar da salvação ou, se a salvação ocorrer no alto mar, o Direito do lugar onde se encontra matriculado o navio salvado.

3. Se o salvamento tiver exclusivamente por objecto carga ou outros bens que não constituam um navio é aplicável o Direito do lugar da salvação ou, se a salvação ocorrer no alto mar, o Direito da residência habitual do proprietário destes bens.

Art. 223.º
(Direito aplicável à repartição da remuneração entre o armador, o comandante e a tripulação)

1. A repartição da remuneração entre o armador, o comandante e a tripulação de navio salvador é regulada pelo Direito do respectivo pavilhão.

2. Se no Estado do pavilhão vigorar uma pluralidade de sistemas jurídicos de base territorial será aplicável o Direito vigente na unidade territorial em que o navio esteja matriculado.

Art. 224.º
(Obrigação de remunerar)

1. Cada um dos interessados nos bens salvos é obrigado a comparticipar na remuneração nos termos do n.º 2 do art. 13.º da Convenção de Londres.

2. Caso a remuneração seja integralmente paga por um dos interessados, e constitua uma despesa de avaria comum nos termos do n.º 2 do art. 179.º, a comparticipação de cada um dos interessados é determinada segundo o regime aplicável à avaria comum, mas com base no valor dos bens salvos no momento e lugar em que termina o serviço de salvamento.

Art. 225.º
(Direito à remuneração)

1. Têm direito a remuneração de salvação todos os que voluntariamente prestem serviços de salvação com resultado útil, incluindo o armador, o comandante, a tripulação e outros auxiliares do armador que participem efectivamente na salvação.

2. O afretador só tem direito a compensação quando assuma a realização de um serviço de salvação, afretando uma embarcação para esse efeito. Na determinação da remuneração que lhe é devida será tomada em conta a responsabilidade que assumiu com o fretamento, o frete e outras despesas em que incorreu.

3. As autoridades públicas, bem como os respectivos agentes, só têm direito a remuneração quando prestarem um serviço de salvação que transcenda os seus normais deveres funcionais.

Art. 226.º
(Repartição da remuneração entre o armador,
o comandante e a tripulação)

1. O armador tem direito a receber o valor dos danos sofridos pelo navio e dos custos adicionais devidos à salvação; do restante, pertence metade ao armador, um quarto ao comandante e um quarto à tripulação.

2. A remuneração é repartida entre os tripulantes em proporção à retribuição base de cada um.

3. A repartição pode ser objecto de convenção das partes, sem prejuízo do direito do comandante e de cada tripulante a uma remuneração equitativa.

4. O resultado a que se chegue pela aplicação das regras contidas nos números anteriores pode ser corrigido pelo tribunal, segundo um critério de equidade, tendo em conta os danos sofridos pelo navio, os custos adicionais suportados pelo armador, os riscos envolvidos e o serviço efectivamente prestado por cada um.

5. O direito de remuneração do comandante e da tripulação não é prejudicado pela circunstância de o navio salvador e de o navio salvado terem o mesmo proprietário ou armador.

6. Não há lugar a repartição com o comandante e a tripulação quando o navio seja armado e equipado com o fim de prestar socorro.

Art. 227.º
(Acção de cumprimento)

1. O armador do navio salvador, que tenha direito a remuneração, pode exigir judicialmente a totalidade da remuneração.

2. A desistência ou transacção, na acção em que o armador exija a totalidade da remuneração, só produz efeitos em relação à quota da remuneração que lhe é devida.

3. Salvo no caso de ter sido instaurada a acção prevista nos números anteriores, o comandante ou os tripulantes podem exigir judicialmente a quota da remuneração que lhes é devida.

Art. 228.º
(Proibição da ocupação de bens salvos)

Não podem ser adquiridos por ocupação os bens salvos que entrem na posse do salvador nem os navios ou objectos naufragados que sejam arrojados a terra.

Art. 229.º
(Dever de entrega dos bens salvos)

1. O salvador ou achador deve entregar os bens salvos ou arrojados a terra ao seu proprietário contra pagamento da remuneração ou compensação devida ou a prestação de garantia satisfatória.

2. Caso o proprietário seja desconhecido ou não se apresente para receber os bens nas condições estabelecidas pelo número anterior, o salvador ou achador deve, no prazo de 15 dias, entregar os bens à autoridade competente do lugar mais próximo.

3. O prazo referido no número anterior conta-se da chegada do navio ou, tratando-se de salvação feita sem meios náuticos ou de bens arrojados a terra, do dia em que terminou a operação de salvação ou em que os bens foram achados.

4. O incumprimento do dever de entrega desencadeia a perda do direito de remuneração ou compensação.

Art. 230.º
(Atribuições da autoridade competente com respeito aos bens salvos)

1. Incumbe à autoridade competente receber os bens salvos ou achados que lhe sejam entregues nos termos do artigo anterior, proceder ao respectivo inventário e zelar pela sua conservação.

2. A autoridade competente pode proceder imediatamente à venda extrajudicial dos bens quando não seja possível ou útil a sua conservação.

3. A autoridade competente fixará um prazo ao proprietário dos bens para proceder ao seu levantamento, contra o pagamento da remuneração ou compensação devida ao salvador ou achador e das despesas incorridas.

4. Caso seja desconhecido o proprietário dos bens, a autoridade competente publicará um aviso, em que anunciará a salvação ou achamento, descreverá os bens salvos ou achados e convidará os interessados a fazer as suas reclamações.

5. Quando o proprietário não proceda ao levantamento dos bens dentro do prazo fixado ou não reclame os bens no prazo de três meses a contar da publicação do aviso, a autoridade procede à venda extrajudicial dos bens.

6. O produto da venda é depositado junto de um instituto de crédito público, depois de deduzidas as despesas incorridas e a remuneração ou compensação devida, que será entregue ao salvador ou achador.

7. Se dentro do prazo de dois anos a contar do depósito os interessados não tiverem feito valer os seus direitos, ou se os pedidos formulados tiverem sido rejeitados por sentença transitada em julgado, a importância depositada reverte a favor da fazenda pública.

8. No caso de litígio sobre a remuneração ou compensação, será mantida em depósito a importância reclamada pelo salvador ou achador até ao trânsito em julgado da sentença. A não propositura da acção no prazo de dois anos a contar do dia em que terminou a operação de salvação ou em que os bens foram achados desencadeia a perda do direito a remuneração ou compensação.

Art. 231.º
(Ressalva de legislação especial)

As disposições do presente título não prejudicam a legislação especial sobre operações de salvação ou remoção realizadas por ou sob o controlo de autoridades públicas, sobre objectos achados no mar e sobre património arqueológico subaquático.

ARRENDAMENTOS DE DURAÇÃO LIMITADA *

I. INTRODUÇÃO

1. Sistemática legal

Os contratos de arrendamento de duração limitada são objecto da subsecção I da secção VI (Da cessação do contrato) do capítulo II (Do arrendamento urbano para habitação) do Regime do Arrendamento Urbano (RAU). As normas desta subsecção integram o regime especial do arrendamento urbano para habitação.

Esta inserção sistemática é criticada, alegando-se que nem todas as disposições sobre os contratos de duração limitada dizem respeito à fase da cessação dos efeitos do contrato[1]. Este argumento não me parece procedente, porque todas as disposições referidas dizem respeito à duração do contrato ou à sua cessação.

Mas há um outro argumento contra a sistemática do RAU, que é o seguinte: a possibilidade de denúncia do arrendamento por parte do senhorio não é privativa dos arrendamentos urbanos para habitação, tendo sido consagrada pelo DL n.º 275/95, de 30/9, quer para os arrendamentos urbanos destinados ao exercício do comércio ou da indústria (art. 117.º RAU) quer para os arrendamentos destinados ao exercício de profissão liberal (art. 121.º) quer também para outros arrendamentos urbanos destinados a qualquer aplicação lícita, não habitacional, do prédio (art. 123.º).

---

* Texto da conferência proferida em 5 de Fevereiro de 2001 no âmbito do Curso sobre Arrendamento Urbano realizado na Faculdade de Direito de Lisboa, *in Estudos em Homenagem ao Professor Doutor Inocêncio Galvão Telles*, vol. III – *Direito do Arrendamento Urbano*, 391-405, Coimbra, 2002.

[1] JANUÁRIO GOMES [207], seguido por PIRES DE LIMA – ANTUNES VARELA [Art. 98.º RAU n. 2].

Verifica-se assim que a estipulação de uma "duração limitada" é em geral admitida para todos os arrendamentos urbanos e não somente para os arrendamentos urbanos para habitação. Razão por que seria tecnicamente preferível inserir no capítulo I do RAU as normas gerais sobre os arrendamentos de duração limitada, e integrar as normas privativas de cada modalidade de arrendamento urbano no respectivo capítulo especial.

2. Crítica da terminologia legal

Também se alega que a expressão "contratos de duração limitada" não é tecnicamente rigorosa, por duas razões:
- a todo o contrato de locação é aplicável o limite temporal máximo de duração estabelecido no art. 1025.º CC;
- não se trata de negócios de duração prévia e rigidamente determinada, mas apenas de contratos que podem ser denunciados por qualquer das partes a partir de certo prazo.

Estas razões são em grande parte de acolher.

É certo que o limite máximo de duração da locação, estabelecido pelo art. 1025.º CC (30 anos) não é, em regra, aplicável à duração do arrendamento urbano, visto que esta relação, através da renovação do contrato, imposta ao senhorio pelo art. 68.º/2 RAU, é prorrogada por força da lei[2]. Mas o limite máximo do art. 1025.º CC já é aplicável aos arrendamentos urbanos que não estão sujeitos às normas especiais sobre arrendamento urbano, referidos no art. 5.º/2 RAU.

É o caso:
- dos arrendamentos de prédios do Estado (a);
- dos arrendamentos para habitação não permanente em praias, termas ou outros lugares de vilegiatura, ou para outros fins especiais transitórios (b);
- dos arrendamentos de casa habitada pelo senhorio, por período correspondente à ausência temporária deste (c);
- dos subarrendamentos totais feitos por período correspondente à ausência temporária do arrendatário, nos termos da al. b) do n.º 64.º, e com autorização escrita do senhorio (d), e
- dos arrendamentos sujeitos a legislação especial.

---

[2] Cf. PIRES DE LIMA – ANTUNES VARELA [Art. 1025.º n. 4].

Acresce que para estes arrendamentos urbanos também não vale o princípio da renovação obrigatória. Por isso estes arrendamentos urbanos são de duração limitada.

A crítica também procede quando sublinha que os contratos ditos de duração limitada não têm uma duração prévia rigidamente determinada, uma vez que, nos termos do art. 100.º RAU, os contratos não caducam no fim do prazo, sendo renovados na falta de denúncia por qualquer das partes.

É com estas reservas que na exposição que se segue vou utilizar a expressão "arrendamentos de duração limitada".

II. CONSTITUIÇÃO DOS ARRENDAMENTOS DE DURAÇÃO LIMITADA PARA HABITAÇÃO

3. Arrendamentos de duração limitada por convenção das partes

Os arrendamentos de duração limitada para habitação podem ser constituídos de duas formas: por convenção das partes e em consequência do exercício do direito a novo arrendamento

Nos termos do art. 98.º/1 RAU as "partes podem estipular um prazo para a duração efectiva dos arrendamentos para habitação, desde que a respectiva cláusula seja inserida no texto escrito do contrato, assinado pelas partes".

O que a lei tem em vista não é a simples estipulação do prazo do contrato, mas o estabelecimento de um prazo de duração efectiva, incluindo pois o prazo inicial e posteriores renovações.

Não basta pois que as partes estipulem um prazo de arrendamento igual ou superior ao mínimo legalmente estabelecido pelo regime dos arrendamentos de duração limitada para que o arrendamento fique submetido a este regime.

Já seria excessivo exigir que o texto do contrato faça uma referência expressa ao regime do arrendamento de duração limitada[3].

---

[3] Como parece sugerir o ac. RPt 26/6/97, *in* base de dados da DGSI do Ministério da Justiça

Necessário é que o prazo estabelecido no contrato se refira expressamente à duração efectiva do arrendamento, sob pena de valer apenas como prazo contratual sujeito a renovação forçada.

A redacção do 98.º/1 não traduz claramente o sentido normativo, que é o de restabelecer a faculdade de denúncia do senhorio no fim de determinado prazo. Mediante a estipulação de um prazo de duração efectiva cessa a obrigatoriedade, para o senhorio, da renovação do contrato, que é estabelecida pelo art. 68.º/2 RAU como regra geral em matéria de arrendamento urbano.

Conforme esclarece o Preâmbulo do Decreto-Lei que aprovou o RAU, o legislador visa com esta medida a dinamização do mercado de habitação. Trata-se obviamente de tornar o arrendamento para habitação mais atractivo para os proprietários, aumentando, por esta via, a oferta de habitação, com vista a um maior equilíbrio no mercado.

4. Arrendamentos de duração limitada por força da lei

A segunda forma de constituição dos arrendamentos de duração limitada para habitação decorre do art. 92.º/1 RAU. Este preceito determina que aos contratos celebrados por força do exercício do direito a novo arrendamento aplica-se o regime do arrendamento de duração limitada. Este preceito foi pouco estudado, sendo diversas as dúvidas que suscita a aplicação do regime dos arrendamentos de duração limitada a estas relações. Na falta de estipulação das partes, qual é o prazo de duração efectiva destes contratos? Poderá porventura defender-se que é o prazo mínimo estabelecido pela lei.

III. PRAZO DE DURAÇÃO EFECTIVA DOS ARRENDAMENTOS DE DURAÇÃO LIMITADA PARA HABITAÇÃO

5. Prazos legais

O n.º 2 do art. 98.º RAU determina que o prazo de duração efectiva dos arrendamentos de duração limitada para habitação não pode ser inferior a 5 anos. Entendo que não há qualquer limite máximo ao prazo de duração efectiva[4], uma vez que não há limite legal à

---

[4] Cp. JANUÁRIO GOMES [209].

duração efectiva de um arrendamento urbano. Com efeito, já assinalei que o limite de duração máxima da locação fixado pelo art. 1025.º CC não é aplicável às prorrogações automáticas do arrendamento urbano.

O n.º 3 do art. 98.º vem admitir que as sociedades de gestão e investimento imobiliário e os fundos de investimento imobiliário possam celebrar contratos pelo prazo mínimo de 3 anos, "desde que se encontrem nas condições a definir para o efeito". A *ratio* deste preceito está, segundo PIRES DE LIMA – ANTUNES VARELA[5], num estímulo concedido a entidades capazes de contribuírem para uma forte revitalização do mercado imobiliário. Mas isto entra em contradição com a *ratio* do n.º 2. Se o n.º 2 visa proteger o interesse do arrendatário na estabilidade do arrendamento, é difícil de entender que o arrendatário seja mais ou menos protegido em função da qualidade do senhorio.

6. Irrelevância da transmissão de posições contratuais

O art. 99.º/1 RAU determina que nos "contratos previstos nesta subsecção, a transmissão de posições contratuais não implica a suspensão ou a interrupção do prazo, nem conduz a quaisquer alterações no conteúdo do contrato."

Daqui decorre que a modificação subjectiva operada na posição do arrendatário ou do senhorio não prejudica o limite de duração estabelecido inicialmente.

Esta modificação subjectiva também não conduz a alterações dos direitos e obrigações das partes, razão por que não terá aplicação aos arrendamentos de duração limitada o art. 87.º RAU que estabelece a aplicação do regime da renda condicionada em caso de transmissão por morte da posição do arrendatário[6].

Esta regra aplica-se tanto à transmissão da posição contratual *inter vivos* como *mortis causa*.

---

[5] Art. 98.º RAU n. 3
[6] Cf. JANUÁRIO GOMES [213]; cp. ARAGÃO SEIA [406 n. 1].

IV. REGIME APLICÁVEL AOS ARRENDAMENTOS DE DURAÇÃO LIMITADA PARA HABITAÇÃO – EM GERAL

7. Princípio geral

Os arrendamentos de duração limitada para habitação estão em princípio submetidos ao regime estabelecido para a generalidade dos arrendamentos para habitação.

8. Especialidades dos arrendamentos de duração limitada

Os arts. 99.º/2, 100.º e 101.º RAU introduzem, porém, algumas especialidades.

Por força do art. 99.º/2 RAU não se aplica aos contratos de duração limitada o disposto nos arts. 47.º a 49.º RAU (direito de preferência), 81.º-A RAU (actualização excepcional da renda baseada na relativa desnecessidade do prédio arrendado para as necessidades de habitação do arrendatário), 89.º-A a 89.º-C RAU (possibilidade de denúncia do arrendamento, por parte do senhorio, no caso de transmissão do contrato, por morte do arrendatário, para os descendentes ou ascendentes deste), 90.º a 97.º RAU (direito ao novo arrendamento e direito condicionado de preferência) e 102.º a 109.º RAU (direito ao diferimento da desocupação do imóvel, com base em certas razões sociais de carácter imperioso e limitações excepcionais à faculdade de renúncia do senhorio, fundada na necessidade do prédio para a sua habitação ou para a habitação dos seus descendentes em 1.º grau).

Nos contratos com prazo de duração efectiva inferior a 8 anos também não é aplicável o n.º 2 do art. 78.º RAU, que admite no regime da renda livre a estipulação pelas partes do regime de actualização anual das rendas. De resto aplica-se, quanto à renda, o regime geral do arrendamento urbano para habitação (arts. 77.º e segs. e 19.º e segs. RAU). A renda estipulada está sujeita às actualizações previstas na lei (arts. 30.º e segs. RAU), se outra coisa não resultar do contrato[7]. A interpretação do contrato pode suscitar dificuldades a

---

[7] Cf. RPt 25/2/98, *in* base dados da DGSI do Ministério da Justiça

este respeito, sendo conveniente que as partes contemplem expressamente o ponto no clausulado contratual.

Já se suscitou a questão da constitucionalidade do art. 99.º/2 na parte em que exclui o direito ao diferimento da desocupação, por representar uma desigualdade de tratamento relativamente aos arrendamentos submetidos ao regime geral. A Relação do Porto, no seu ac. de 9/12/96, entendeu que não há aqui violação do princípio constitucional da igualdade. Creio que com razão. Como observa ARAGÃO SEIA, os arrendamentos de duração limitada são uma realidade jurídica diferente dos arrendamentos sujeitos a renovação forçada[8]. Nestes o arrendatário pode contar com a renovação do arrendamento ao passo que naqueles sabe que o arrendamento é temporário. Há pois um fundamento material suficiente para a diferença de tratamento.

V. REGIME APLICÁVEL AOS ARRENDAMENTOS DE DURAÇÃO LIMITADA PARA HABITAÇÃO – CESSAÇÃO DO CONTRATO

9. Aspectos gerais

Os arrendamentos de duração limitada estão sujeitos ao regime geral de cessação dos arrendamentos urbanos (arts. 50.º e segs. RAU), com as especialidades constantes dos arts. 100.º e 101.º RAU.

Estas especialidades dizem respeito à denúncia no fim do prazo estipulado para a duração efectiva do arrendamento.

10. Renovação do contrato

O art. 100.º/1 RAU mantém o princípio da renovação automática do contrato, estabelecendo que o contrato se renova por períodos mínimos de 3 anos, "se outro não estiver especialmente previsto".

A formulação deste preceito não é feliz e suscita dúvidas de interpretação. Parece de entender que o período de renovação é o que for estipulado pelas partes, desde que não seja inferior a 3 anos.

---

[8] Art. 100.º RAU n. 5

Outro é o entendimento seguido por PAIS DE SOUSA[9] e PIRES DE LIMA – ANTUNES VARELA[10], segundo os quais o prazo convencionado pelas partes pode ser inferior a 3 anos, desde que seja superior ao prazo mínimo de antecedência com que a denúncia subsequente necessita de ser efectuada.

Não sigo este entendimento. Se as partes pudessem estipular um período de renovação inferior a 3 anos não faria sentido a referência legislativa a "períodos *mínimos* de três anos". O superlativo "mínimo" ficaria privado de qualquer sentido útil, como justamente assinala JANUÁRIO GOMES[11].

O período mínimo de renovação destina-se, como o prazo mínimo de duração estabelecido n.º 2 do art. 98.º RAU, a tutelar o interesse do arrendatário na estabilidade da relação e, como tal, deve ser tão imperativo quanto este. Por forma geral, as normas que visam a protecção da parte contratual mais fraca são imperativas.

11. Denúncia e revogação do contrato

O prazo a que se refere o art. 98.º RAU é o prazo dito de "duração efectiva" do contrato e não o prazo do contrato. Logo o art. 100.º deveria a meu ver distinguir a renovação do contrato da prorrogação deste prazo de duração efectiva.

O legislador parece supor que há coincidência entre o prazo do contrato e o prazo dito de duração efectiva do contrato. Ora esta coincidência não é necessária. As partes podem estipular um prazo dito de duração efectiva de 10 anos e nada disporem sobre o prazo do arrendamento, caso em que se deveria aplicar o prazo supletivamente fixado pela lei que é de 6 meses (art. 10.º RAU). O senhorio não poderia então opor-se à renovação automática do arrendamento até aos 10 anos, mas poderia denunciar o contrato no fim de cada período de 6 meses em casos excepcionais nos termos dos arts. 69.º e 70.º RAU. O arrendatário poderia denunciar o contrato no fim de cada período de 6 meses com antecedência mínima de 30 dias (art. 1055.º/1/c CC *ex vi* art. 68.º RAU).

---

[9] Art. 100.º RAU n. 1
[10] Art. 100.º RAU n. 3
[11] 217.

O legislador não afastou a aplicação destas disposições aos contratos de duração limitada no art. 99.º/2 RAU[12].
Será isto compatível com o art. 100.º RAU?
Vejamos os n.ºs 2 e 3 deste artigo relativos à denúncia pelo senhorio.
Nos termos do art. 100.º/2 RAU a denúncia deve ser feita pelo senhorio mediante notificação avulsa do inquilino, requerida com um ano de antecedência sobre o fim do prazo ou da sua renovação. Isto constitui um desvio ao regime geral dos contratos de arrendamento urbano, que exige que a denúncia pelo senhorio seja feita através de acção judicial (de despejo) (art. 70.º RAU).

A antecedência refere-se ao momento em que a notificação é requerida e não ao momento em que é feita. Admitindo a hipótese de um atraso anormal na notificação judicial diversos autores entendem que em qualquer caso deve ser respeitada a exigência formulada no art. 1055.º CC[13].

A denúncia pelo senhorio "nos termos desta disposição" não confere ao arrendatário o direito a qualquer indemnização (art. 100.º/3 RAU).

Estes preceitos não são incompatíveis com a aplicação do regime geral do arrendamento urbano com respeito à denúncia do contrato pelo senhorio, em casos excepcionais, no fim do prazo contratual quando este seja inferior ao prazo dito de duração efectiva estipulado pelas partes. O n.º 3, quando se refere à "denúncia efectuada pelo senhorio nos termos desta disposição" sugere precisamente que não está excluída a faculdade de o senhorio denunciar o contrato nos termos gerais.

Examine-se agora o n.º 4 relativo à denúncia e revogação do contrato pelo arrendatário. Este preceito determina que o arrendatário pode denunciar "nos termos referidos no n.º 1, bem como revogar o contrato, a todo o tempo, mediante comunicação escrita a enviar ao senhorio, com a antecedência mínima de 90 dias sobre a data em que operam os seus efeitos".

---

[12] Cp. PINTO FURTADO [865 e seg.].
[13] Cf. PIRES DE LIMA – ANTUNES VARELA [Art. 100.º RAU n. 4].

Esta distinção entre denúncia e revogação é criticada por PIRES DE LIMA – ANTUNES VARELA que entendem que esta revogação também é uma denúncia do contrato [14].

Creio que não têm razão, mesmo perante o conceito de denúncia adoptado por ANTUNES VARELA. Com efeito, ANTUNES VARELA entende por denúncia a declaração feita por um dos contraentes de que não quer a renovação ou a continuação do contrato renovável ou fixado por tempo indeterminado [15].

A revogação referida no n.º 4 do art. 100.º não é um caso de denúncia à luz deste conceito de denúncia.

Neste caso, confere-se ao arrendatário um poder de fazer cessar a relação contratual antes do decurso do prazo, que configura a meu ver um caso de revogação unilateral [16]. Com efeito, segundo INOCÊNCIO GALVÃO TELLES, a revogação é justamente a livre destruição dos efeitos de um acto jurídico pelo seu próprio autor ou autores e pode ser bilateral ou unilateral [17].

Oferece dúvida se a exigência formulada pela última parte do preceito (comunicação escrita com a antecedência mínima de 90 dias) se refere apenas à revogação ou também à denúncia.

PINTO FURTADO e MENEZES CORDEIRO – CASTRO FRAGA entendem que se refere também à denúncia [18]. JANUÁRIO GOMES é de opinião contrária e defende a aplicação do art. 100.º/2 à denúncia pelo arrendatário [19].

Por minha parte creio que a exigência formulada pela última parte do preceito se refere apenas à revogação. Mas não vejo qualquer apoio na letra ou no espírito da lei para sujeitar a denúncia pelo arrendatário ao regime estabelecido para a denúncia pelo senhorio. Faz mais sentido aplicar à denúncia pelo arrendatário o regime geral dos arts. 68.º e 53º RAU e 1055.º CC, uma vez que não se encontra fundamento para um desvio relativamente a este regime.

Ademais, nada justifica que o arrendatário tenha de esperar pelo fim do prazo de duração efectiva para denunciar o contrato. O arren-

---

[14] Art. 100.º RAU n. 6. No mesmo sentido MENEZES CORDEIRO - CASTRO FRAGA [Art. 100.º RAU n. 3].
[15] 270. Outro é o conceito de denúncia adoptado por MENEZES CORDEIRO [166].
[16] No mesmo sentido, PINTO FURTADO [665].
[17] 348.
[18] 864 e Art. 100.º n. 4, respectivamente.
[19] 216 e segs.

datário pode denunciar o contrato para o fim de qualquer prazo contratual. O que torna claro que o regime aplicável é o regime geral da denúncia.

A razão por que se confere uma faculdade de revogação ao arrendatário parece estar na suposição de que há coincidência entre o dito prazo de duração efectiva, que é necessariamente longo, e o prazo do contrato.

Com efeito, perante contratos sujeitos ao prazo supletivo de 6 meses esta faculdade não se afigura necessária. O arrendatário pode denunciar o contrato para o fim de cada período de seis meses.

Mas esta coincidência entre o prazo de duração efectiva e o prazo do contrato não é necessária.

Se as partes estipulam efectivamente um prazo contratual (e não apenas um prazo de duração efectiva) bastante longo, é muito discutível que se deva conferir a uma delas a faculdade de se desvincular a todo o tempo. Há aqui uma incoerência valorativa com regime dos arrendamentos comuns que não admite esta revogação unilateral.

O disposto no n.º 4 do art. 100.º não parece em todo o caso impedir a aplicação do regime geral à denúncia pelo arrendatário no fim do prazo contratual, quando este não coincida com o prazo dito de duração efectiva.

12. Execução forçada

De pouco valeria estabelecer que a denúncia pelo senhorio pode ser feita mediante notificação avulsa se o senhorio tivesse que propor uma acção declarativa antes de poder recorrer ao processo executivo. Daí que o art. 101.º/1 RAU determine que o contrato de duração limitada, em conjunto com a certidão da notificação judicial avulsa, constituem título executivo para efeitos de despejo do local arrendado.

VI. REGIME APLICÁVEL AOS ARRENDAMENTOS DE DURAÇÃO LIMITADA PARA COMÉRCIO OU INDÚSTRIA E PARA EXERCÍCIO DE PROFISSÃO LIBERAL

13. Arrendamentos para comércio ou indústria

Por força do art. 117.º/1 RAU nos arrendamentos para comércio ou indústria as partes também podem convencionar um prazo para a duração efectiva do arrendamento.

Neste caso exige-se que a respectiva cláusula "seja inequivocamente prevista no texto do contrato, assinado pelas partes". Terá algum significado a diferença de redacção relativamente ao art. 98.º/1 que exige que "a cláusula seja inserida no texto escrito do contrato, assinado pelas partes"? Parece que não. Como observa JANUÁRIO GOMES[20], também no domínio dos arrendamentos para habitação se deve entender, perante uma cláusula ambígua, que o arrendamento está sujeito ao regime comum.

Foi o DL n.º 257/95, de 30/9, que introduziu a admissibilidade de arrendamentos de duração limitada para comércio ou indústria, exercício de profissões liberais e outros fins não habitacionais. Também neste caso se invoca, no preâmbulo do diploma, a reanimação do mercado de arrendamento.

Os arrendamentos de duração limitada para comércio ou indústria estão submetidos às normas especiais estabelecidas para os arrendamentos de duração limitada para habitação (art. 117.º/2), com as especialidades introduzidas pelo art. 118.º RAU.

Estas especialidades são duas.

Em primeiro lugar, o contrato renova-se automaticamente, na falta de denúncia, por período igual ao inicialmente fixado, se outro não for expressamente estipulado. Neste caso, visto que a lei não estabelece um período mínimo de renovação, deve entender-se que o período de renovação estipulado pelas partes tanto pode ser superior como inferior ao período inicial de arrendamento[21]. O período estipulado pelas partes não pode em qualquer caso ser inferior à antecedência mínima exigida para a denúncia[22].

---

[20] 209.
[21] No mesmo sentido PIRES DE LIMA – ANTUNES VARELA [Art. 118.º RAU n. 3].
[22] Cp. ARAGÃO SEIA [Art. 118.º RAU n. 2].

Ao passo no arrendamento de duração limitada para habitação o período de renovação é de 3 anos, se as partes não estipularem um período mais longo.

Enquanto o art. 100.º/1 se refere à renovação "por períodos mínimos de três anos", o art. 118.º/1 menciona a renovação "por igual período". Isto leva ARAGÃO SEIA a defender que a renovação dos contratos de duração limitada para comércio e indústria apenas se pode verificar uma vez[23]. Creio que não tem razão, e que esta diferença de redacção é fortuita. A renovação automática por períodos sucessivos é uma regra geral em matéria de arrendamento (art. 1054.º/1 CC) não se vendo razão para abrir uma excepção para os contratos de arrendamento de duração limitada para comércio ou indústria.

Em segundo lugar, as partes podem convencionar um prazo para a denúncia do contrato pelo senhorio. A cláusula tem de ser reduzida a escrito. Através desta convenção as partes podem afastar o prazo de denúncia estabelecido no art. 100.º/2.

14. Arrendamentos para exercício de profissão liberais

O regime estabelecido para os arrendamentos de duração limitada para comércio ou indústria é estendido aos arrendamentos para o exercício de profissões liberais pelo art. 121.º RAU.

VII. REGIME APLICÁVEL AOS ARRENDAMENTOS DE DURAÇÃO LIMITADA PARA OUTRO FIM NÃO HABITACIONAL

15. Arrendamentos para outro fim não habitacional

Por força do art. 123.º/1 RAU, também podem ser celebrados arrendamentos de duração limitada para qualquer outra aplicação lícita, não habitacional, do prédio.

O regime é aplicável é, em princípio, o estabelecido para os arrendamentos de duração limitada para comércio ou indústria.

---

[23] Art. 118.º RAU n. 2.

No entanto, nos termos do n.º 2 do mesmo artigo, se o arrendamento se destinar ao exercício de uma actividade não lucrativa, as partes podem estipular a sujeição do contrato ao regime dos arts. 98.º a 101.º RAU (normas especiais sobre os arrendamentos de duração limitada para habitação). A estipulação deve ser expressa.

A *ratio* este preceito não é clara. A única consequência da sujeição ao regime do arrendamento de duração limitada para habitação é o afastamento das soluções contidas no art. 118.º RAU. Mas ao abrigo do art. 118.º as partes podem estabelecer um regime de renovação idêntico ao que vigora para o arrendamento de duração limitada. Então qual o sentido útil do art. 123.º/2?

Pode argumentar-se que o n.º 2 do art. 123.º deve ser entendido em conjunto com o n.º 1 que manda aplicar não só os arts. 117.º e 118.º, que são relativos aos arrendamentos de duração limitada, mas também os arts. 119.º e 120.º relativos à actualização de rendas e às obras[24]. O n.º 2 do art. 123.º teria o alcance de permitir às partes o afastamento destas regras. Mas isto também faz pouco sentido, uma vez que estes artigos contêm basicamente permissões de certo tipo de cláusulas, que basta às partes não estipular para alcançarem o mesmo resultado prático.

VIII. APLICAÇÃO NO TEMPO DAS NORMAS SOBRE ARRENDAMENTOS DE DURAÇÃO LIMITADA PARA COMÉRCIO OU INDÚSTRIA, EXERCÍCIO DE PROFISSÃO LIBERAL E OUTRO FIM NÃO HABITACIONAL

16. Aplicação no tempo

Para finalizar, importa assinalar que por força do art. 6.º do DL nº 257/95, de 30/9, os arts. 117º e 118.º, na sua actual redacção, bem como os arts. 121.º e 123.º RAU, só se aplicam aos contratos celebrados depois da sua entrada em vigor.

---

[24] As cláusulas sobre actualização de rendas só são admitidas pelo RAU para os arrendamentos para habitação, para comércio e indústria e para o exercício de profissões liberais; as cláusulas sobre obras só são admitidas par os arrendamentos para comércio e indústria e para o exercício de profissões liberais.

BIBLIOGRAFIA

CORDEIRO, António MENEZES
1980 – *Direito das Obrigações*, vol. II, Lisboa.
CORDEIRO, António MENEZES e Francisco CASTRO FRAGA
1990 – *Novo Regime do Arrendamento Urbano. Anotado*, Coimbra.
FURTADO, Jorge PINTO
1999 – *Manual do Arrendamento Urbano*, 2.ª ed., Coimbra.
GOMES, M. JANUÁRIO DA COSTA
1996 – *Arrendamentos para Habitação*, 2.ª ed., Coimbra.
LIMA, PIRES DE e ANTUNES VARELA
1997 – *Código Civil* Anotado, vol. II, 4.ª ed., Coimbra.
SEIA, Jorge ARAGÃO
2000 – *Arrendamento Urbano*, 5.ª ed., Coimbra.
SOUSA, António PAIS DE
1997 – *Anotações ao Regime do Arrendamento Urbano (R.A.U.)*, 5.ª ed., Lisboa.
TELLES, INOCÊNCIO GALVÃO
1965 – *Manual dos Contratos em Geral*, 3.ª ed., Lisboa.
VARELA, ANTUNES
1990 – *Das Obrigações em Geral*, vol. II, 4.ª ed., Coimbra.

O DIREITO COMERCIAL MARÍTIMO
DE MACAU REVISITADO *

INTRODUÇÃO

No número desta Revista de Dezembro de 2000 publiquei a versão original da nota justificativa, *memorandum* e Anteprojecto de Lei elaborados a solicitação do Governo de Macau, com vista à "localização" e adaptação do Direito Comercial Marítimo[1]. Este Anteprojecto esteve na base do DL n.º 109/99/M, de 13/12, que aprovou o regime jurídico do comércio marítimo vigente no ordenamento de Macau.

Como tive ocasião de sublinhar em Nota Prévia[2], este trabalho representa um esforço modesto de elaboração no domínio do Direito Comercial Marítimo e foi realizado tendo em conta as circunstâncias específicas de Macau. Só perante a *relativa* pobreza do panorama oferecido pelo Direito Comercial Marítimo português me pareceu que a sua publicação poderia ter um sentido útil para a evolução legislativa deste ramo do Direito.

Na mesma Nota Prévia formulei considerações muito críticas sobre a legislação de Direito Comercial Marítimo publicada em 1986/1987. O Dr. Mário Raposo, que era à data Ministro da Justiça, publicou no número de Dezembro de 2001 desta Revista um artigo em que dirige algumas críticas ao diploma acima referido e aos trabalhos preparatórios que estão na sua base[3].

---

* *ROA* 62 (2002) 425-438.
[1] "Contributo para a Reforma do Direito Comercial Marítimo", *ROA* 60 (2000) 1057-1210.
[2] 1058.
[3] "A nova lei marítima de Macau e os seus trabalhos preparatórios", *ROA* 61 (2001) 1163-1193.

Ao estimular a discussão crítica sobre estes temas considero que a publicação do meu trabalho já teve algum efeito útil. A circunstância de a disciplina de Direito Marítimo ter começado a ser leccionada, no ano lectivo 2001/2002, na Faculdade de Direito de Lisboa, é também um sinal auspicioso para a elaboração doutrinal neste domínio. Lamento que outros afazeres não me permitam ter um papel mais activo nesta elaboração doutrinal. Todavia, não posso deixar de esclarecer, com muita brevidade, algumas das questões suscitadas no artigo do Dr. Mário Raposo.

I. POLUIÇÃO POR HIDROCARBONETOS

O art. 12.º do Anteprojecto submete a responsabilidade por prejuízos causados por poluição, produzidos no território de Macau, às disposições contidas na Convenção de Bruxelas sobre a Responsabilidade Civil por Danos Devidos à Poluição por Hidrocarbonetos, de 29/11/69, alterada pelos Protocolos de Londres de 19/11/76 e de 27/11/92.

Contrariamente ao que afirma o Dr. Mário Raposo[4], o Protocolo de 1992 não é completamente autónomo relativamente à Convenção de 1969, nem a sua aprovação implica a denúncia desta Convenção.

Pelo contrário, as disposições do Protocolo introduzem emendas à Convenção de 1969 e têm de ser entendidas em conjugação com as disposições desta Convenção. Por isso, o art. 11.º/1 do Protocolo determina que "A Convenção de 1969 sobre a Responsabilidade e o presente Protocolo devem ser lidos e interpretados, entre as partes neste Protocolo, como constituindo um único instrumento".

Os Estados que aprovem o Protocolo têm a *opção* de denunciar a Convenção de 1969. Esta denúncia tem por efeito desvincular o Estado em causa das disposições da Convenção de 1969 nas relações com os Estados que só sejam partes nesta Convenção (art. 12.º/5). Mas nas relações com os Estados que sejam partes do Protocolo o Estado em causa continua vinculado às disposições da Convenção de 1969, modificada pelo Protocolo (art. 12.º/5 do Protocolo).

---

[4] Op. cit. 1168.

A formulação utilizada nos arts. 12.º/1 e 32.º/1 faz, portanto, todo o sentido.

A Convenção de 1969 confere o direito à limitação de responsabilidade do proprietário de um navio (art. 5.º). Por conseguinte, no Capítulo VI do Título I do Anteprojecto, relativo à limitação de responsabilidade, importava ressalvar a aplicação deste regime especial aplicável à limitação de responsabilidade por danos devidos à poluição por hidrocarbonetos. Esta ressalva é feita pelo art. 32.º do Anteprojecto que, como parece óbvio, não opera nenhuma "cisão" da Convenção de 1969.

O sentido da remissão feita pelos arts. 12.º e 32.º do Anteprojecto para a Convenção de 1969 nada tem que ver com a vinculação internacional de Macau a esta Convenção. A dúvida suscitada pelo Dr. Mário Raposo não tem razão de ser, uma vez que os arts. 12.º/2 e 32.º/2 expressamente determinam que as disposições desta Convenção se consideram incorporadas no Direito interno. A minha Nota Prévia explica que esta técnica de incorporação constituía uma solução de recurso perante as incertezas sobre o *treaty making power* do Território de Macau e que visava também a extensão do âmbito de aplicação de algumas destas convenções, técnica que não tem cabimento na ordem jurídica portuguesa[5].

Isto não significa, porém, que estas normas só sejam aplicáveis "aos danos causados por navios locais em águas locais"[6]. O Direito interno não é só aplicável a relações internas! O Direito interno também é aplicável a relações internacionais, fora do âmbito de aplicação de Convenções de Direito material unificado que vigorem na ordem interna, quando o Direito de Conflitos lhe atribua competência.

A mesma técnica de incorporação no Direito interno foi utilizada, no art. 29.º do Anteprojecto, com respeito à Convenção de Londres sobre a Limitação de Responsabilidade por Créditos Marítimos (1976).

Nada obsta a que o Direito interno atribua ao regime assim incorporado um âmbito material de aplicação mais vasto do que aquele que resultaria da própria Convenção. O art. 32.º/4 do Anteprojecto procede a um extensão deste tipo, quando determina que a

---
[5] 1059.
[6] MÁRIO RAPOSO, op. cit. 1169.

aplicação do regime da Convenção de 1969 à limitação de responsabilidade por danos devidos à poluição por hidrocarbonetos "não prejudica a aplicação das disposições da Convenção de Londres sobre a Limitação de Responsabilidade por Créditos Marítimos, de 19/11/76, quando for invocado um crédito resultante de dano devido a poluição contra uma pessoa que não seja o proprietário".

Esta extensão é inteiramente justificada, visto que a Convenção de 1969 só limita a responsabilidade do proprietário do navio e que a Convenção de 1976 exclui da limitação "os créditos por danos devidos à poluição por hidrocarbonetos no sentido da Convenção Internacional sobre a Responsabilidade Civil por Danos Devidos à Poluição por Hidrocarbonetos, de 29 de Novembro de 1969, ou de qualquer emenda ou protocolo a esta Convenção que esteja em vigor" (art. 3.º/b). Existia pois uma lacuna, com respeito à limitação de responsabilidade perante crédito resultante de dano devido a poluição contra uma pessoa que não seja o proprietário do navio, lacuna que o art. 32.º/4 do Anteprojecto veio suprir. Técnica semelhante foi aliás seguida pelo art. 486.º/3 do Código Comercial alemão, com a redacção dada em 1986 [7].

II. CONCEPÇÃO UNITÁRIA DO CONTRATO DE TRANSPORTE MARÍTIMO

Na nota justificativa pode ler-se que o Título II parte de uma noção de transporte marítimo de mercadorias que abrange tanto os casos em que uma das partes se obriga a deslocar mercadorias como aqueles em que se obriga a fornecer um navio para deslocar mercadorias [8].

Critica-se a concepção bipartida transporte/fretamento que inspirou a recente legislação portuguesa. Na verdade, o "armador" obriga-se pelo contrato de fretamento a prestar um serviço que tem por função a deslocação de mercadorias. Ou bem que o "armador" cede a utilização do navio ao afretador, e temos basicamente um contrato

---

[7] Ver, sobre este preceito, PRÜßMANN/RABE – *Seehandelsrecht*, 4.ª ed., Munique, 2000, Art. 486 n.ºs 4 e segs.

[8] N.º 10.

de aluguer, ou bem que é o "armador" a utilizar o navio, mas ao serviço doutrem. No fretamento à viagem é manifesto que a "viagem" que o "armador" se compromete realizar mais não é que o serviço de transporte. Mas também no fretamento a tempo se pode ainda falar da prestação de um serviço pelo "armador", que para tal afecta um determinado navio e respectiva tripulação. O fretamento a tempo não é um contrato de aluguer: o "armador" conserva a disponibilidade do navio e utiliza-o para prestar um serviço de transporte.

O Dr. Mário Raposo começa por insurgir-se contra a afirmação de que esta categoria contratual é designada, nos sistemas do *Common Law*, por *"contract of affreightment"*[9].

É certo que algumas obras relativamente recentes utilizam a expressão *"contract of affreightment"* para denominar um subtipo de contrato de transporte, que podemos designar por *contrato geral de transporte* [*contrat de tonnage, volume contract of affreightment*], em que um transportador se obriga a deslocar uma quantidade determinável de mercadorias durante certo período de tempo, efectuando para o efeito uma pluralidade de operações de transporte. Não é feliz esta utilização de uma expressão que tem tradicionalmente um significado genérico para designar uma modalidade específica de contrato de transporte. Também não corresponde à prática negocial, como o demonstra a circunstância de o modelo contratual predisposto pela BIMCO se designar VOLCOA, que é a sigla de *Standard Volume Contract of Affreightment*. O qualificativo *"volume"* torna claro que se trata de um subtipo do *"contract of affreightment"*.

A designação *"contract of affreightment"* é utilizada em obras particularmente importantes da literatura jurídica inglesa, designadamente em *Scrutton on Charterparties and Bills of Lading*[10]. Em todo o caso a questão terminológica é de somenos importância. O que na nota justificativa se sublinha é que os sistemas do *Common Law* e o Direito alemão partem de uma concepção unitária de contrato de transporte recusando a contraposição entre transporte e fretamento[11].

---

[9] Op. cit. 1170 e segs.
[10] 12.ª ed., por Stewart BOYD, Andrew BURROWS e David FOXTON, Londres, 1996, 1.
[11] Ver obra citada na nota anterior e PRÜßMANN/RABE, op. cit. Vor Art. 556 n.ºs 48 e segs. e Art. 556 n.ºs 1 e segs.

Da consagração, no Anteprojecto, desta concepção unitária, decorre que o Capítulo I do Título II, que tem precisamente a epígrafe "Disposições gerais", se aplica também aos contratos de fretamento, seguindo-se, nos Capítulos II e III, o regime especial aplicável a estes contratos. Causa certa perplexidade que esta sistemática de meridiana clareza possa suscitar dúvidas [12].

O art. 62.º do Anteprojecto, que inclui na noção de transporte marítimo o contrato em que uma das partes se obriga a fornecer um navio para deslocar mercadorias, não encerra nenhuma incongruência [13]. Naturalmente que há uma diferença entre o contrato em que o transportador se obriga apenas a deslocar mercadorias e aquele em que se obriga, além disso, a fazê-lo num determinado navio. Por isso se admite que são subtipos diferentes. Mas em ambos os casos uma das partes obriga-se a deslocar mercadorias e trata-se, por isso, de um contrato de transporte.

Regista-se que, para além desta alegada incongruência, os argumentos avançados na nota justificativa a favor da concepção unitária não são discutidos pelo Dr. Mário Raposo.

III. DENÚNCIA DA CONVENÇÃO DE BRUXELAS DE 1924

O n.º 7 do *Memorandum* recomenda que sejam postos em vigor em Macau os Protocolos de Bruxelas Modificativos da Convenção de Bruxelas para a Unificação de Certas Regras em Matéria de Conhecimento (1924), de 23/2/68 e de 21/12/79, e que seja denunciada, com relação a Macau, a Convenção de 1924.

Segundo o Dr. Mário Raposo tratar-se-ia de um lapso visível, visto que seria suficiente a ratificação dos Protocolos de 1968 e 1979 [14].

Isto é algo surpreendente, porque o *Memorandum* explica a razão para a denúncia da Convenção de 1924: evitar que nos transportes de um Estado que seja exclusivamente parte nesta Convenção para Macau sejam aplicáveis as disposições desta convenção, sem as alterações introduzidas pelos Protocolos modificativos.

---

[12] Cp. MÁRIO RAPOSO, op. cit. 1181.
[13] Cp. MÁRIO RAPOSO, op. cit. 1182.
[14] Op. cit. 1177 e seg.

Se Macau fosse vinculada internacionalmente tanto pelos Protocolos de 1968 e 1979 como pela Convenção de 1924 os seus tribunais teriam de aplicar as disposições desta convenção, sem as alterações introduzidas pelos Protocolos modificativos, aos transportes de um Estado que seja exclusivamente parte nesta Convenção[15].

Isto não é alterado pelo art. 5.º do Protocolo de 1968, quando modifica a redacção do art. 10.º da Convenção de 1924, por forma a que esta Convenção passa a ser aplicável, designadamente, quando o conhecimento for emitido num Estado contratante ou quando o transporte se inicie no porto de um Estado contratante[16]. Com efeito, segundo os princípios gerais de Direito dos Tratados, as modificações introduzidas pelo Protocolo só se aplicam nas relações com Estados que sejam partes no Protocolo e, por conseguinte, se o transporte se iniciou num Estado que seja exclusivamente parte na Convenção de 1924 aplica-se o disposto nesta Convenção sem as alterações introduzidas pelo Protocolo. Por esta razão, muitos dos Estados que ratificaram o Protocolo denunciaram a Convenção de 1924 (designadamente a Bélgica, a Dinamarca, a Finlândia, a França, a Itália, a Holanda, a Noruega, a Suécia, a Suíça, a Espanha e o Reino Unido)[17].

O lapso visível é do Dr. Mário Raposo.

IV. RISCO DE CONGESTIONAMENTO

No n.º 13 da nota justificativa pode ler-se que para "superar as dificuldades que se suscitaram na determinação da área onde o navio pode ser considerado como chegado em caso de congestionamento, quando o lugar contratualmente definido para realizar o embarque da carga for um porto, o art. 89.º determina que o navio se considera chegado quando se encontre no local usual de espera. Esta solução está de harmonia com a definição de porto contida nas *Charterparty Laytime Definitions 1980* (adoptadas conjuntamente pelo *General*

---

[15] Admitindo que, como é normal, o conhecimento é emitido no porto de carregamento.
[16] Ver designadamente Walter MULLER – "Problémes des champs d'application des Règles de la Haye e des Règles de Visby", *DMF* 354 (1978) 323-325, 324.
[17] Cf. PRÜßMANN/RABE, op. cit. Anh I Art. 663b n.º 2.

Council of British Shipping, pela *Federation of National Associations of Ship Brokers and Agents* e pela *Baltic and International Maritime Council*) e com o entendimento dominante na jurisprudência arbitral."

O Dr. Mário Raposo critica esta referência às *Charterparty Laytime Definitions 1980*, por à data da elaboração da nota justificativa já existir uma versão actualizada destas definições, designada *Voyage Charter Party Laytime Interpretation Rules 1993*. É certo, mas não é menos certo que a definição de porto contida nesta versão actualizada só vem reforçar o sentido da definição contida na versão de 1980, por forma que justifica inteiramente o disposto no art. 89.º do Anteprojecto.

Com efeito a versão de 1993 estabelece que "'PORT' shall mean an area, within which vessels load or discharge cargo whether at berths, anchorages, buoys, or the like, and shall also include the usual places where vessels wait for their turn or are ordered or obliged to wait for their turn no matter the distance from that area. If the word 'PORT' is not used, but the port is (or is to be) identified by its name, this definition shall still apply".

Portanto, se o lugar contratualmente definido for um porto, o transportador cumpre a sua obrigação com a colocação do navio no lugar usual de espera e o afretador suporta o risco de congestionamento. Diversamente, se o lugar contratualmente definido for um cais ou um fundeadouro determinado o transportador só cumpre com a colocação do navio no cais ou no fundeadouro e, portanto, suporta o risco do congestionamento (a menos que se estipule o contrário, como é óbvio).

Isto converge com a distinção entre "port charterparties" e "berth charterparties" traçada pela jurisprudência inglesa e com os diferentes regimes de imputação do risco de congestionamento que lhe são associados[18].

O Dr. Mário Raposo parece confundir este problema (do risco de congestionamento) com o da garantia da segurança do porto, a que se refere o art. 87.º do Anteprojecto. A este respeito a nota justificativa não faz qualquer referência às *Charterparty Laytime*

---

[18] Ver Michael SUMMERSKILL – *Laytime*, 4.ª ed., Londres, 1989, 63 e segs.

Definitions 1980 e, por conseguinte, é irrelevante que a versão de 1993 não contenha as definições de "safe port" e de "safe berth". Neste ponto não há pois, na nota justificativa, nenhuma "ideia susceptível de ser actualizada".

De resto nenhuma crítica é dirigida ao regime do art. 87.º do Anteprojecto, que se afigura ser o regime mais adequado e equilibrado e que se inspira nas soluções desenvolvidas pela jurisprudência inglesa[19].

V. PRAZOS DE PRESCRIÇÃO

Admite-se que o Anteprojecto se afasta de alguns dos principais sistemas quando, em regra, renuncia a estabelecer prazos especiais de prescrição ou de caducidade, ressalvados os que resultam da incorporação no Direito interno de convenções internacionais.

A razão de ser desta opção prende-se com a preocupação, enunciada no n.º 1 da nota justificativa, de respeitar, tanto quanto possível, os princípios jurídicos que dominam o Direito Civil, só admitindo os desvios que são impostos pela especificidade do comércio marítimo. Entendi, designadamente, que a especificidade dos contratos de transporte marítimo não justificava um desvio às regras gerais de prescrição aplicáveis aos créditos emergentes de outros contratos de prestação de serviços.

Porventura os prazos decorrentes das regras gerais poderão afigurar-se demasiado longos. A resposta não estará porventura em intervenções pontuais e assistemáticas, mediante a consagração de prazos mais curtos para certas modalidades contratuais, que não são justificados pela sua especificidade, mas por uma alteração ou diferenciação das regras gerais[20]. De outro modo coloca-se em risco a unidade e coerência do sistema, com a introdução de contradições valorativas entre os diversos regimes.

---

[19] Cf. *Scrutton...*, cit. 127.

[20] A necessidade de uma alteração das regras gerais conduziu recentemente, na Alemanha, à reforma do regime da prescrição contido no Código Civil, pela *Gesetz zur Modernisierung des Schuldrechts*, de 2001 – ver, sobre esta reforma, MENEZES CORDEIRO – "A modernização do Direito das Obrigações", *ROA* 62 (2002) 91-110, 99 e segs.

Em todo o caso, as regras gerais a ter em conta não são as do Código Civil português[21], mas as do Código Civil de Macau, que não correspondem inteiramente às do Código Civil português.

O argumento exposto já não é extensível aos prazos de prescrição ou de caducidade contidos em convenções internacionais, uma vez que se trata neste caso de uma unificação do regime aplicável nos diferentes Estados, havendo que preservar a uniformidade internacional de soluções nesta matéria.

A justificação para o recurso à técnica de incorporação no Direito interno das disposições de convenções internacionais já foi anteriormente apresentada (I), não se compreendendo por que razão o Dr. Mário Raposo entende que é uma solução "arbitrária" e de "duvidosa eficácia"[22].

VI. ALUGUER DO NAVIO

No n.º 5 da nota justificativa assinala-se que a doutrina francesa entende que o fretamento em casco nu não é locação porque tem em vista a utilização do navio para fins de navegação marítima e que esta doutrina parece inspirar o DL n.º 186/87, de 29/4. Este entendimento é de rejeitar: sendo a navegação marítima a função normal do navio, a locação do navio terá normalmente em vista esse fim.

A qualificação do contrato como locação representa, assim, um imperativo de sistemática jurídica e não uma "opção quase que terminológica"[23].

No mesmo lugar afirma-se que o DL n.º 186/87 se baseia numa noção de fretamento em casco nu que não encontra qualquer correspondência na prática negocial. Para o Dr. Mário Raposo trata-se de um "mero caprichismo semântico"[24]. Caberá aos operadores do comércio marítimo e aos juristas que acompanham esta actividade ajuizar quem tem razão.

---

[21] Cp. MÁRIO RAPOSO, op. cit. 1185.
[22] Op. cit. 1184.
[23] Cp. MÁRIO RAPOSO, op. cit. 1186.
[24] Op. cit. 1186.

VII. AVARIA COMUM

Nesta matéria as críticas do Dr. Mário Raposo incidem apenas sobre dois preceitos do Anteprojecto – o art. 39.º/3 e o art. 182.º/3 – que são, em sua opinião, de "duvidosas pertinência e formulação" e "darão campo livre a abusos e confusões".

O n.º 3 do art. 39.º determina que se aplica ao alijamento, com as devidas adaptações, o disposto no n.º 4 do art. 36.º. Este preceito estabelece que o "proprietário da mercadoria tem direito a ser indemnizado pelo armador do prejuízo sofrido com a utilização, venda ou oneração, salvo quando se verifique uma avaria comum". A remissão tem o alcance inequívoco de conferir ao proprietário da mercadoria o direito a ser indemnizado pelo armador do prejuízo sofrido com o alijamento, salvo quando este constitua um acto de avaria comum. Não entendo onde está o vício de formulação ou a dificuldade de interpretação.

Por seu turno, o art. 182.º/3 determina que o "dano de mercadorias transportadas no convés só é compensável em avaria comum quando tal corresponda a um uso do tráfego ou tenha sido consentido por todos os participantes na expedição".

Uma vez que o transporte no convés envolve especiais perigos, entende-se geralmente que os outros participantes na expedição só devem ser obrigados a contribuir para o dano de mercadorias transportadas no convés quando este transporte seja feito em conformidade com um uso do tráfego ou com o consentimento de todos os participantes na expedição.

É a doutrina desenvolvida pela jurisprudência inglesa[25], e que foi parcialmente acolhida na Regra I das Regras Iorque/Antuérpia.

Um uso do tráfego marítimo é uma prática reiterada observada no transporte marítimo de um determinado tipo de mercadorias e/ou numa determinada rota. A observância da prática deve ser geral, por forma que todos os carregadores nesse tráfego devam ter conhecimento de que as suas mercadorias serão ou poderão ser carregadas no convés[26]. O apelo aos usos do tráfego é uma constante do Direito

---

[25] Ver *Lowndes and Rudolf – The Law of General Average and The York-Antwerp Rules*, 11.ª ed. por D. WILSON e J. COOKE, Londres, 1990, 200 e segs. e *Scrutton...*, cit. 275 e seg.
[26] Cf. *Lowndes and Rudolf*, cit. 203.

Comercial Marítimo e, mais amplamente, do Direito Comercial Internacional, não se vendo que a referência que lhes é feita neste contexto possa suscitar especiais dúvidas.

Caso haja acordo entre o proprietário da carga e o transportador para o carregamento no convés, mas tal não corresponda a um uso, importa distinguir conforme há ou não outros proprietários da carga.

Se há outros proprietários da carga, o proprietário da carga que autorizou o carregamento no convés não tem direito a contribuição por avaria comum tanto perante os outros proprietários da carga como perante o transportador ou a pessoa com direito ao frete, a menos que todos os proprietários tenham consentido no carregamento no convés. Se todos os proprietários da carga tiverem autorizado o transporte da sua carga no convés, o proprietário lesado tem direito a contribuição por avaria comum. Esta autorização pode resultar, por exemplo, de uma cláusula do conhecimento de carga segundo a qual "O transportador tem a liberdade de transportar a carga no convés".

Caso se trate de um único proprietário da carga, parece que este deve ter direito a contribuição do navio e do frete.

Em suma, o preceito contido no art. 182.º/3 está formulado com clareza e precisão e o regime que estabelece, seguindo padrões internacionalmente reconhecidos, não deixa espaço para quaisquer "abusos" ou "confusões".

VIII. QUESTÕES TERMINOLÓGICAS

Alega o Dr. Mário Raposo que a expressão "fretamento à viagem" é um "francesismo" e que se deveria dizer "fretamento por viagem"[27]. A verdade é que na vida jurídica se utiliza a expressão "fretamento à viagem" e não "fretamento por viagem". Também no Direito italiano se usa a expressão *"noleggio a viaggio"* e não consta que ninguém a considere um galicismo[28].

---

[27] Op. cit. 1174.
[28] Cf. LEFEBVRE D'OVIDIO/PESCATORE/TULLIO – *Manuale di diritto della navigazione*, 8.ª ed., Milão, 1996, 460.

O mesmo autor critica o uso da palavra "comandante" em lugar de "capitão"[29]. A palavra "capitão" caiu em desuso na marinha mercante. Tem uma conotação militar que se ajusta mal a uma função inteiramente civil. Para designar a pessoa que comanda o navio mostra-se mais adequada a palavra "comandante". O emprego desta designação permite harmonizar a linguagem jurídica com os usos linguísticos gerais.

Uma vez que os contratos de fretamento à viagem e a tempo são contratos de transporte não há razão alguma para evitar que a parte que se obriga a fornecer um navio seja designada "transportador"[30]. As alternativas seriam a designação "armador", que é incorrecta, porque a parte que se obriga a fornecer um navio pode não ser um armador, ou a designação "fretador" que se presta facilmente a confusões com a da parte contrária (afretador).

IX. CONSIDERAÇÕES FINAIS

A discussão crítica é essencial para o avanço de qualquer ciência e, também assim, para o avanço da ciência jurídica.

As críticas dirigidas ao diploma de Macau e aos trabalhos preparatórios pelo Dr. Mário Raposo dizem sobretudo respeito a algumas questões de pormenor e, salvo com respeito à concepção unitária de transporte marítimo, não põem em causa as opções de fundo. Um exame sério e desapaixonado destas críticas revela que nenhuma delas é procedente.

Um aprofundamento da discussão sobre a reforma do Direito Comercial marítimo português é sem dúvida desejável. Esta discussão poderá passar por uma comparação entre as soluções consagradas e as técnicas utilizadas na legislação portuguesa e na legislação de Macau. Espero que os trabalhos preparatórios da legislação de Macau possam constituir um instrumento útil para o efeito.

---

[29] Op. cit. 1174 e seg.
[30] Cp. MÁRIO RAPOSO, op. cit. 1179.

BREVES CONSIDERAÇÕES SOBRE A RESPONSABILIDADE DOS CONSORCIADOS PERANTE TERCEIROS *

INTRODUÇÃO

O Professor Raúl Ventura foi autor do primeiro estudo dedicado ao contrato de consórcio na literatura jurídica portuguesa[1]. O DL n.º 231/81, de 28/7, acabara de ser publicado, o que demonstra o interesse que o tema despertava no ilustre mestre.

A importância prática do tema é evidente. Como tive ocasião de escrever na minha dissertação de doutoramento, o "desenvolvimento de relações de cooperação entre empresas é um dos traços mais marcantes da actual vida económica. A todo o momento se ouve falar de *joint ventures*, consórcios, agrupamentos de empresas, acordos de cooperação e alianças estratégicas"[2].

O interesse juscientífico do tema é indiscutível. A complexidade dos problemas de regulação jurídica suscitados pelos contratos de empreendimento comum e a própria configuração desta categoria contratual constituem desafios a que só muito recentemente se começou a dar resposta quer entre nós quer no estrangeiro.

Na minha dissertação, centrada no Direito Internacional Privado, procurei dar um contributo para a sistematização dos contratos de cooperação de empresas e para a comparação de Direitos com respeito à conformação dos contratos de empreendimento comum. Muitas

---

* In *Estudos em Homenagem ao Prof. Doutor Raúl Ventura*, vol. II, 165-179, Coimbra, 2003.

[1] "Primeiras notas sobre o contrato de consórcio", *ROA* 41 (1981) 609-690.

[2] *Contrato de Empreendimento Comum (Joint Venture) em Direito Internacional Privado*, Cosmos, Lisboa, 1998, 25.

questões de Direito material ficaram por tratar, designadamente quanto ao regime aplicável a estes contratos.

O presente estudo ocupa-se de um problema muito específico suscitado pelo regime português do consórcio: a responsabilidade dos consorciados perante terceiros. É um contributo modesto, mas que julgo ser particularmente apropriado numa homenagem ao Professor Raúl Ventura.

Principiarei por algumas considerações gerais sobre o contrato de consórcio, que dão o enquadramento e a base para o desenvolvimento do tema (I). Quanto à responsabilidade perante terceiros (II), começarei por examinar o regime geral aplicável (a), procurando em seguida concretizá-lo em diferentes modalidades de consórcio (b e c). Terminarei com algumas considerações finais (III).

I. O CONTRATO DE CONSÓRCIO EM GERAL

O consórcio é um tipo legal de contrato que se encontra regulado no DL n.º 231/81, de 28/7. Posteriormente, foram adoptadas algumas normas especiais sobre os consórcios constituídos em certos ramos de actividade[3].

Segundo o art. 1.º deste diploma, "Consórcio é o contrato pelo qual duas ou mais pessoas, singulares ou colectivas, que exercem uma actividade económica, se obrigam entre si a, de forma concertada, realizar certa actividade ou efectuar certa contribuição com o fim de prosseguir qualquer dos objectos referidos no artigo seguinte".

O consórcio destina-se, em primeira linha, a estruturar juridicamente relações de cooperação interempresarial na realização de um empreendimento comum[4]. Poderão consorciar-se empresas individuais ou colectivas, como expressamente decorre da lei[5].

---

[3] Quanto aos consórcios constituídos para a realização de empreitadas de obras públicas ou particulares, ver art. 19.º do DL n.º 61/99, de 2/3; no que se refere aos consórcios para a assistência ou colocação de valores mobiliários, ver arts. 136.º/g, 150.º/c e 341.º C. Val. Mob.; quanto ao co-seguro, ver arts. 132.º e segs. do DL n.º 94-B/98, de 27/4.

[4] RAÚL VENTURA (n. 1) 634 toma "actividade económica" por sinónimo de "actividade de empresa". A ser assim, as partes serão empresários e o consórcio será uma estrutura de cooperação de empresas – cf. OLIVEIRA ASCENSÃO – *Direito Comercial*, vol. I – *Institutos*

O Direito italiano contém uma figura com designação semelhante – o *consorzio* – que também visa relações entre empresários. Esta figura é regulada pelos arts. 2602.º e segs. CC it., que estão inseridos no Cap. II (*Dei consorzi per il coordinamento della produzione e degli scambi*) do Tít. X (*Disciplina della concorrenza e dei consorzi*) do Código Civil italiano[6]. Com as L n.º 374, de 30/4/76, e n.º 377, de 10/5/76, o legislador ampliou a noção de *consorzio*, tornando-o um contrato *adaptado a todas as formas de colaboração entre empresários* e eliminando as dúvidas sobre a sua utilização para outros fins que não a disciplina da concorrência[7]. O consórcio é agora definido como o contrato em que "vários empresários instituem uma organização comum para a disciplina ou para o desenvolvimento de determinadas fases das respectivas empresas" (art. 2602.º/1 CC it.).

Esta definição torna claro que o *consorzio* tem um campo de aplicação muito mais vasto que o consórcio de Direito português. Entre as duas figuras registam-se profundas diferenças de conformação e regime. Desde logo, o consórcio da lei portuguesa é sempre um tipo de cooperação na realização de empreendimento comum, ao passo que o *consorzio* pode ter como objecto único a disciplina da concorrência[8].

Geralmente, procura-se distinguir o consórcio da sociedade pelo seu objecto, contrapondo-se exercício em comum de uma actividade a exercício separado mas concertado de actividades individuais[9]. O fim

---

Gerais, Lisboa, 1998/1999, 439; o que não é o mesmo que dizer que é uma estrutura jurídica de empresa – ver Id. [op. cit. 446 e seg.]. Todavia, a noção do art. 1.º não permite, por si, afastar outras actividades económicas (por exemplo, as realizadas por profissionais independentes). Sobre o conceito de empreendimento comum ver LIMA PINHEIRO (n. 2) 141 e segs.

[5] Cp., porém, n.º 2 do preâmbulo do DL n.º 262/86, de 2/9, que aprovou o C. Soc. Com., onde agrupamento complementar de empresas, consórcio e associação em participação são referidos como "institutos" de sociedades comerciais.

[6] Modificados pelas L n.º 374, de 30/4/76, n.º 377, de 10/5/76, n.º 240, de 21/5/81 (consórcios entre pequenas e médias empresas), n.º 72, de 19/3/83, e n.º 83, de 21/2/89 (releva ainda o § 1.º do art. 6.º da L n.º 80, de 17/2/87).

[7] Ver Luigi PAOLUCCI – "I consorzi per il coordinamento della produzione e degli scambi", in *Trattato di diritto privato*, org. RESCIGNO, vol. VIII, t. IV (reimpressão (1990), Turim, 1983, 419 e segs., com desenvolvidas referências doutrinais.

[8] Ver também MENEZES CORDEIRO – *Manual de Direito Comercial*, vol. I, Coimbra, 2001, 453 e seg., com mais referências.

[9] Cf. preâmbulo do DL n.º 231/81; FERRER CORREIA – *Lições de Direito Comercial*, vol. II, Coimbra, 1968, 19 e 20 n. 2 (na esteira da doutrina italiana da época este autor

comum é prosseguido por cada consorciado mediante a realização de prestações individuais coordenadas entre si. Os meios pessoais e materiais utilizados para o efeito são próprios; mesmo quando se prevê, em alternativa à obrigação de realizar certa actividade, a obrigação de o contraente efectuar certa contribuição, esta não se destina à constituição de um património comum "que materialmente suporte a actividade comum", uma vez que a constituição de um fundo comum é proibida pelo n.º 1 do art. 20.º do DL n.º 231/81 [10].

A noção legal de consórcio e o regime que lhe foi fixado parecem excluir completamente a possibilidade de lhe corresponder uma empresa comum, i.e., uma unidade de acção económica organizada comparticipada por duas ou mais empresas [11]. O consórcio também não pode ter por objecto uma actividade de mera fruição de bens comuns [12].

O elemento organizativo, que o Direito italiano coloca em primeiro plano, é subalternizado na lei portuguesa. O legislador procurou evitar todos os elementos que pudessem fundamentar a personificação do consórcio e, designadamente, a configuração de relações de representação orgânica. Isto não obsta à existência de uma organização comum – ainda que tendencialmente menos estável e complexa que no *consorzio* – que frequentemente terá a seu cargo a realização de tarefas acessórias ou complementares por conta do conjunto dos consorciados. Mas esta "actividade comum" é não só meramente acessória ou complementar das actividades realizadas pelas empresas

---

encarava o consórcio como um cartel, i.e., como um acordo tendo por objecto regular a concorrência – cf. 19); RAÚL VENTURA (n. 1) 638 e seg. e 641; OLIVEIRA ASCENSÃO (n. 4) 440; HELENA BRITO – *O contrato de concessão comercial*, Coimbra, 1990, 297; SOUSA DE VASCONCELOS – *O Contrato de Consórcio no Âmbito dos Contratos de Cooperação entre Empresas*, Coimbra, 1999, 67 e segs. Ver também MENEZES CORDEIRO (n. 8) 455 e seg. O mesmo distinguiria o contrato de consórcio do Agrupamento Complementar de Empresas – cf. RAÚL VENTURA (n. 1) 643. Este último autor começa por afirmar que a distinção se traça em função do objecto e do fim (n. 1) 639, mas no desenvolvimento parece vir a recusar autonomia à diferença de fim [cf. 641].

[10] Quanto aos meios pessoais, pode invocar-se o art. 14.º/1/f *a contrario*; quanto aos materiais, os arts. 4.º/2 e 20.º. Ver RAÚL VENTURA (n. 1) 767.

[11] Sobre o conceito de empresa e empresa comum, ver LIMA PINHEIRO (n. 2) 27 e segs. e 147 e segs.

[12] Já assim, antes da regulação legal do consórcio, FERRER CORREIA (n. 9) 18.

de cada um dos consorciados, como também só em casos bem delimitados assumirá importância suficiente para poder constituir o objecto de uma empresa autónoma.

As principais dificuldades colocadas pela lei à constituição de uma empresa consorcial residem na proibição do fundo comum e do modo como estão limitados e enquadrados os poderes dos órgãos do consórcio. Com respeito ao fundo comum, a divergência de regimes é radical: prescrito pela lei italiana com respeito ao *consorzio* com actividade externa (art. 2614.º CC it.), proibido pela lei portuguesa (art. 20.º). No que concerne à administração do consórcio, verifica-se que o DL n.º 231/81 não confere ao "chefe do consórcio" nem ao "conselho de orientação e fiscalização" poderes de gerência e representação idênticos aos dos administradores das sociedades ou associações [13].

Com a exclusão da empresa consorcial, não deve dar-se por resolvido o problema da delimitação entre consórcio e sociedade. Com efeito, nem sempre é possível contrapor a "actividade concertada" à "actividade comum". Nas formas ditas "mais integradas" de realização de empreendimentos mediante concertação de prestações individuais verificam-se aquelas notas que caracterizam o exercício em comum de uma actividade no quadro societário (assunção em comum do risco económico e controlo conjunto da actividade) [14].

É certo que este problema não ganha consistência prática, porque não pode ser qualificada como consórcio a associação de empresas que prossiga a sua actividade em termos de gerar, no seu património, lucros susceptíveis de distribuição, nem como sociedade aquela em que esta nota não se encontre preenchida. Ao disciplinar o consórcio, o legislador não excluiu somente a constituição de um património comum, como também, com respeito ao consórcio externo, a partilha

---

[13] Em sentido contrário, porém, OLIVEIRA ASCENSÃO (n. 4) 446 e seg., afirma que "havendo consórcio podemos falar de uma empresa, a que este corresponde" e que nos casos normais "o consórcio se sobrepõe a uma empresa". Mas o autor parte de um diferente conceito de empresa – ver (n. 4) 147 e seg.

[14] Ver LIMA PINHEIRO (n. 2) 204 e segs. No sentido de que a actividade concertada é uma forma de exercício comum, PINTO FURTADO – *Curso de Direito das Sociedades*, 3.ª ed., Coimbra, 2000, 119; também AMORIM PEREIRA – "O contrato de ´Joint Venture`", *ROA* 48 (1988) 845-881, com apelo ao critério do efectivo controlo da vida social.

de resultados líquidos (arts. 16.º e 17.º)[15]. Mas tal significa que, em última análise, o consórcio se distingue da sociedade em atenção ao dito "fim lucrativo", e nem sempre pelo seu objecto.

Com o consórcio, as partes podem prosseguir qualquer finalidade económica interessada, mas não podem fazê-lo mediante a realização de lucros susceptíveis de distribuição. O fim comum do contrato de consórcio consiste, normalmente, na obtenção da contrapartida de um fornecimento de mercadorias ou de uma prestação de serviços ou dos bens extraídos ou manufacturados[16].

O DL n.º 231/81 também parece confinar o consórcio aos objectos indicados no art. 2.º. A figura surge assim estritamente delimitada, pela impossibilidade da sua utilização para a constituição e exploração de um empresa comum, pelos traços típicos que se inferem do seu regime, e ainda, por uma tipificação das actividades que podem constituir o seu objecto[17]:

---

[15] Sobre este ponto cp. ainda FERREIRA DE ALMEIDA – *Texto e enunciado na teoria do negócio jurídico*, 2 vols., Coimbra, 1992, 536, MANUEL PITA – "Contrato de consórcio (DL. n.º 231/81, de 28 de Junho)", *RDES* 30 (1988) 189-235, 200, 202-203 e 220 e seg. e AMORIM PEREIRA (n. 14) 880. A questão não pode resolver-se simplesmente com base na proibição do fundo comum, uma vez que são frequentes os casos em que as receitas são comuns (sempre que o crédito sobre o beneficiário do fornecimento da mercadoria ou a prestação de serviços for comum). O carácter interno do consórcio não parece obstar à natureza comum do crédito, assim como o carácter interno de uma sociedade não obsta necessariamente ao surgimento de créditos e dívidas comuns. Mas cp. RAÚL VENTURA (n. 1) 641-643. O art. 18.º não se refere textualmente à partilha de resultados, mas à "participação em lucros e perdas", expressão que tanto pode ser usada em sinonímia, como significar a participação em resultados doutrem. Segundo RAÚL VENTURA (n. 1) 654 e seg. e 684 e seg., o art. 18.º refere-se apenas à modalidade de consórcio interno em que só um dos membros do consórcio estabelece relações com terceiros (5.º/1/a). Nesta modalidade, cada parte receberá o produto da sua actividade, "apenas com a diferença de esse produto passar pelo outro contraente". A estipulação de uma "partilha de resultados" tem especial importância neste caso, em que as receitas da actividade do consórcio são realizadas por um dos membros, havendo depois que partilhá-las com os outros, designadamente quando o valor da actividade do "fornecedor" for avaliada em função do resultado global – cf. RAÚL VENTURA (n. 1) 656.

[16] Cp., porém, RAÚL VENTURA (n. 1) 639: "Para além daquilo que a lei chama objecto não há outro fim contratual"; a identificação do fim com estes "objectos" parece adiante confirmada [643]; aparentemente no mesmo sentido HELENA BRITO (n. 9) 207. Em certas hipóteses especiais, a assunção em comum do risco é inteiramente excluída, razão por que o fim comum se deixa de reportar a um resultado económico unitário. Tratar-se-á ainda de um contrato de cooperação económica, mas "de mera coordenação" – ver LIMA PINHEIRO (n. 2) 156 e segs. Ainda neste caso, contudo, o fim é autonomizável relativamente ao objecto.

[17] Sobre estes objectos, ver RAÚL VENTURA (n. 1) 643 e segs.

- realização de actos materiais ou jurídicos, preparatórios quer de um determinado empreendimento, quer de uma actividade contínua;
- execução de determinado empreendimento;
- fornecimento a terceiros de bens, iguais ou complementares entre si, produzidos por cada um dos membros do consórcio;
- pesquisa ou exploração de recursos naturais;
- produção de bens que possam ser repartidos, em espécie, entre os membros do consórcio.

Há uma intenção restritiva da lei que não permite considerar esta tipicidade exemplificativa. Esta intenção restritiva pode até certo ponto explicar-se pela circunstância de a qualificação do contrato como consórcio desencadear a aplicação de um regime de responsabilidade dos consorciados perante terceiros mais favorável (*infra* II). O legislador terá entendido que este benefício só se justifica em relação a certos empreendimentos comuns.

Mas tão-pouco se vê razão que imponha o carácter taxativo desta tipologia. As razões que justificam um regime especial relativamente aos contratos de cooperação com certo "objecto" podem também verificar-se em casos não previstos. O que leva a admitir uma tipicidade delimitativa, que não exclui a aplicação analógica do regime do consórcio a contratos de empreendimento comum que, embora preenchendo a noção do art. 1.º, tenham por objecto uma actividade que não consta da enumeração feita no art. 2.º[18]. Necessário é que haja analogia entre o "objecto" do contrato e um dos "objectos" referidos nesta disposição.

O "objecto" é um elemento necessário do tipo legal de consórcio. Um contrato que não tenha um dos "objectos" descritos não pode, em princípio, ser qualificado como consórcio, i.e., não se encontra

---

[18] Cf. OLIVEIRA ASCENSÃO (n. 4) 440. Cp. art. 4.º e considerações de RAÚL VENTURA (n. 1) 650 e seg.; contrariamente ao afirmado pelo autor parece tratar-se de uma tipologia delimitativa e não taxativa. A admissibilidade de uma aplicação analógica do regime do consórcio a contratos atípicos é expressamente referida pelo autor (n. 1) 647. Não é admissível uma extensão a todos os contratos que correspondam à noção legal pois, neste caso, não haveria uma tipologia delimitativa. Mas não fica precludida a extensão analógica a contratos de empreendimento comum com outros "objectos", com base em analogia com uma das alíneas do art. 2.º, embora a dificuldade em apreender o sentido da sua exclusão possa criar alguma incerteza.

submetido, ao menos directamente, ao regime estabelecido para o consórcio.

A circunstância de um contrato de empreendimento comum[19], e mesmo de um contrato auto-intitulado de "consórcio", ter um "objecto" que não conste da referida tipologia, em nada é indiciadora de invalidade do negócio, razão por que a tipificação não contende com a liberdade contratual[20]. Tudo dependerá do regime que por via da sua qualificação lhe for fixado.

Um aspecto comum aos consórcios de Direito italiano e português é a grande liberdade que é concedida às partes na sua conformação estrutural, designadamente o carácter "interno" ou "externo" e a estrutura orgânica. É importante salientar que, nos consórcios de fornecimento de mercadorias ou de prestação de serviços a terceiros, a concreta conformação do consórcio é fortemente cunhada pelo conteúdo das relações com estes estabelecidas. Por exemplo, o carácter comum do contrato celebrado com terceiro[21], ou a celebração de um contrato entre ele e cada um dos consorciados, e, na primeira hipótese, a natureza conjunta ou solidária das obrigações contraídas pelos consorciados, têm especial repercussão sobre as características do consórcio e sobre o seu regime.

É sobre este ponto que a nossa atenção se centrará nas linhas que se seguem.

II. RESPONSABILIDADE PERANTE TERCEIROS

a) Aspectos gerais

Relativamente à sociedade, o Código Civil estabelece a regra da responsabilidade pessoal, solidária e ilimitada dos sócios pelas obrigações resultantes da actividade social (arts. 997.º/1 e 998.º/2). A socie-

---

[19] Sobre o conceito de contrato de empreendimento comum, ver LIMA PINHEIRO (n. 2) 194 e segs.
[20] Ver também MENEZES CORDEIRO (n. 8) 458.
[21] Contrato comum é aquele em que duas ou mais pessoas contratam, como uma só parte, com outrem. Sobre o contrato comum ver VAZ SERRA – "Pluralidade de devedores ou de credores", *BMJ* 69 (1957) 37-352 e 70 (1957) 5-240, 69: 87 e segs.

dade constitui o paradigma dos contratos de cooperação económica e, por isso, as normas que a regem têm uma certa vocação para serem aplicadas analogicamente a outros contratos de cooperação económica.

Os contratos para a realização por forma concertada de empreendimentos comuns são contratos de cooperação económica que, em alguns casos poderiam ser qualificados como sociedades e, noutros casos, na falta de um tipo legal de consórcio, constituiriam contratos atípicos [22]. Da aplicação directa ou analógica das normas reguladoras da sociedade decorreria que as partes do contrato responderiam pessoal, solidária e ilimitadamente pelas obrigações resultantes da actividade consorcial.

Pode conceber-se que em formas "menos integradas" de cooperação a analogia com a sociedade pudesse ser posta em causa, e que o regime de responsabilidade tivesse que ser definido noutra base. As dúvidas que o ponto suscita, porém, poderiam criar uma indesejável incerteza.

O legislador do DL n.º 231/81 quis evitar este resultado relativamente àqueles contratos para a realização por forma concertada de empreendimentos comuns que são qualificáveis como consórcio.

O legislador proibiu a constituição de fundos comuns em qualquer consórcio (art. 20.º/1) [23]. As importâncias entregues ao chefe do consórcio ou retidas por este com autorização do interessado considerar-se-iam fornecidas pelos consorciados para a execução do mandato (art. 20.º/2 e art. 1167.º/1 CC). Não haveria, portanto, um património comum que pudesse responder pelas obrigações resultantes da actividade consorcial. Daí que o legislador tenha partido do princípio que só estava em causa a natureza solidária ou conjunta das obrigações contraídas pelos consorciados.

---

[22] Abstrai-se aqui dos problemas que a qualificação de certos contratos de cooperação interempresarial como sociedades poderia colocar, designadamente em ligação com o tema das sociedades "irregulares".

[23] Ver RAÚL VENTURA (n. 1) 688 e segs. O autor afirma que "Aos olhos da lei, o fundo comum levaria a uma sociedade e eliminaria a autonomia conceitual do contrato de consórcio". Segundo um entendimento, o art. 20.º deveria ser interpretado no sentido de proibir apenas a constituição de "fundos comuns" por meio de contribuições directas dos parceiros – cp. OLIVEIRA ASCENSÃO (n. 4) 445. Em sentido convergente, MANUEL PITA (n. 15) defende que este preceito significa apenas que o consórcio não tem capital próprio.

A este respeito, porém, há um claro desfasamento entre o tipo legal de consórcio e a realidade jurídica. Normalmente, as importâncias entregues pelos consorciados ao chefe do consórcio para a realização da actividade consorcial não se destinam apenas à execução de um mandato (prática de actos jurídicos por conta dos consorciados), mas à realização de actos materiais, à aquisição de bens e serviços comuns e à gestão destes meios. Os créditos resultantes de contratos comuns celebrados com terceiros destinatários de bens e serviços também integram um património comum. Por estas razões, designadamente, na grande maioria dos contratos de consórcio constitui-se à partida ou na sequência do desenvolvimento da actividade conjunta um património comum. Para quem veja na inexistência de fundo comum uma nota essencial do consórcio, esta realidade pode conduzir a uma "desqualificação" de muito consórcios, e, porventura, à sua sujeição ao regime da sociedade.

Não tenho esta conclusão por inevitável. A nota essencial que distingue o consórcio da sociedade não é, em minha opinião, o fundo comum, mas o fim lucrativo (*supra* I).

Por esta razão, poderá colocar-se a questão de saber se os consorciados que forem chamados ao pagamento de obrigações resultantes da actividade consorcial podem exigir a prévia excussão do património comum. Na omissão do regime aplicável ao consórcio parece que esta questão deve ser respondida negativamente.

Para afastar o regime da sociedade, o legislador começou por não atribuir ao chefe do consórcio externo poderes de representação orgânica. O chefe do consórcio não actua como órgão, mas como procurador[24]. Os contratos celebrados com terceiros pelo chefe do consórcio só vinculam os consorciados que lhe tiverem conferido poderes para o efeito, mediante procuração especial (art. 14.º/2 do DL n.º 231/81)[25].

---

[24] Cf. OLIVEIRA ASCENSÃO (n. 4) 444 e ac. STJ 24/2/1999 [*CJ/STJ* (1999-I) 124].

[25] Todavia, em princípio, não é necessária qualquer declaração de vontade ou qualquer instrumento autónomo (salvo se a forma do contrato não for suficiente para o negócio a celebrar pelo chefe do consórcio). A existência de procuração pode inferir-se de uma cláusula do contrato de consórcio (cf. JANUÁRIO GOMES – "Contrato de mandato", *in Direito das Obrigações,* vol. III, org. por MENEZES CORDEIRO, Lisboa, 1991, 302). Mas aparentemente, devido à exigência de procuração especial, a cláusula tem de referir especificamente

Em segundo lugar, o n.º 1 do art. 19.º do DL n.º 231/81 determina que "Nas relações dos membros do consórcio externo com terceiros não se presume solidariedade activa ou passiva entre aqueles membros"[26].

Parece que este preceito só se refere às obrigações contratuais[27]. Com efeito, a obrigação de indemnizar fundada em responsabilidade extracontratual é
visada pelo n.º 3 do art. 19.º[28].

Nos termos do art. 19.º/3 "A obrigação de indemnizar terceiros por facto constitutivo de responsabilidade civil é restrita àquele dos membros do consórcio externo a que, por lei, essa responsabilidade for imputável, sem prejuízo de estipulações internas quanto à distribuição desse encargo."

Aparentemente, o legislador considerou que o problema da responsabilidade colectiva perante terceiros não se colocaria no consórcio interno. Segundo o art. 5.º, o consórcio será interno quando as "actividades ou os bens são fornecidos a um dos membros do consórcio e só este estabelece relações com terceiros" e quando as "actividades ou os bens são fornecidos directamente a terceiros por cada um dos membros do consórcio, sem expressa invocação dessa qualidade". Se os terceiros que são destinatários da prestação de serviços ou do fornecimento de bens só contratam com um consorciado, ou contratam separadamente com cada um dos consorciados, não há, relativamente a esses terceiros, uma situação de pluralidade de devedores.

Mas isto não leva em conta que nos consórcios internos os consorciados podem celebrar contratos comuns, necessários à realização da actividade consorcial, com outros terceiros, que não os beneficiários da prestação de serviços ou do fornecimento de bens.

---

os actos cobertos pela procuração. Cp. RAÚL VENTURA (n. 1) 677, no sentido de a *ratio* deste preceito ser a de exigir uma forma especial. Não é claro a que "forma especial" se refere o autor, uma vez que a procuração para celebrar contratos com terceiros só se reveste de forma especial se o negócio o exigir (art. 262.º/2 CC).

[26] A estipulação em contratos com terceiros de multas ou outras cláusulas penais a cargo de todos os membros do consórcio não faz presumir solidariedade destes quanto a outras obrigações (art. 19.º/2).

[27] Cf. RAÚL VENTURA (n. 1) 686 e 688.

[28] Cp. acs. RCb 19/1/1995 [*CJ* (1995-II) 48] e STJ [*CJ/STJ* (1996-II) 262] em que os n.ºs 1 e 3 do art. 19.º são aplicados à obrigação de indemnizar fundada em acidente de trabalho.

Além disso, o critério legal de distinção entre consórcio interno e consórcio externo, consagrado no art. 5.º, não é aplicável a todos os consórcios, mas somente aos consórcios para o "fornecimento de actividades ou bens" a terceiros. Isto suscita dificuldades, que não é possível aprofundar nesta sede.

Certo é que a presunção de solidariedade decorre, em situações de pluralidade de devedores, do carácter comercial da dívida (art. 100.º C. Com.), quer tenha havido ou não uma apresentação externa do consórcio.

A esta luz, a determinação do sentido normativo do n.º 1 do art. 19.º suscita uma questão fundamental: pretende-se excluir a solidariedade, quando ela resulta das regras gerais, ou, tão-somente, afastar a presunção de solidariedade que de outro modo poderia decorrer da aplicação directa ou analógica do regime da sociedade?

A doutrina dominante adopta o primeiro entendimento[29]. A seguir-se esta doutrina, o art. 19.º/1 afastaria a presunção de solidariedade estabelecida pelo art. 100.º C. Com. relativamente às obrigações comerciais contraídas com terceiros[30].

Em minha opinião, a interpretação mais conforme ao sistema é a de que o art. 19.º/1 não obsta a que a solidariedade dos consorciados resulte das regras gerais e, designadamente, do art. 100.º C. Com.

Porque razão a vinculação dos devedores a um contrato de consórcio viria afastar a solidariedade estabelecida pelo regime da dívida contraída perante terceiros? Não vislumbro nenhuma. O reforço do crédito mercantil justifica a presunção de solidariedade dos devedores de obrigações comerciais independentemente das relações que entre si estabeleçam. A circunstância de os condevedores estarem vinculados por um contrato de cooperação e realizarem, em sua execução, uma actividade conjunta, se justificasse uma alteração da

---

[29] Cf. RAÚL VENTURA (n. 1) 686 e seg.; MANUEL PITA (n. 15) 222; ALMEIDA COSTA – *Direito das Obrigações*, 5.ª ed., Coimbra, 1991 541 e seg., n. 1; SOUSA DE VASCONCELOS (n. 9) 129 e seg. Ver também OLIVEIRA ASCENSÃO (n. 4) 446 n. 250. Este entendimento foi seguido pela REv. no ac. 25/6/1998 [*CJ* (1998-III) 278], em que erradamente se afasta a aplicação dos arts. 497.º e 500.º CC, e, em *obita*, pelo STJ no ac. 24/2/1999 [*CJ/STJ* (1999-I) 124].

[30] Observe-se que o art. 100.º C. Com. liga a presunção de solidariedade ao carácter comercial da obrigação contraída com terceiro e não à comercialidade do próprio contrato de consórcio, que é irrelevante para o regime das relações estabelecidas com terceiros.

natureza da obrigação, seria sempre no sentido do estabelecimento da solidariedade e nunca o contrário. Na falta de disposição em contrário, a aplicação directa ou analógica do regime do contrato de sociedade levaria precisamente a este resultado.

O sentido do art. 19.º/1 é apenas o de estabelecer a irrelevância do consórcio para a determinação do regime aplicável à dívida dos consorciados perante terceiro.

Assim, se os consorciados contraem uma obrigação perante um credor, e a solidariedade ou a conjunção forem estipuladas, a existência do consórcio é irrelevante para a natureza da obrigação; se nada convencionarem, a natureza da obrigação pode resultar da lei: em regra, é conjunta se for civil e solidária se for comercial. É no caso de a obrigação ser civil que poderia surgir o problema da relevância do consórcio, colocando-se a questão de saber se os consorciados responderiam solidariamente. O art. 19.º/1 dá uma resposta negativa a esta questão.

Já se assinalou que, contrariamente ao pressuposto de que, aparentemente, partiu o legislador, este problema também se pode colocar relativamente ao consórcio interno. O art. 19.º/1 parece neste caso aplicável por maioria de razão: se um consórcio externamente relevante não desencadeia uma responsabilidade solidária perante terceiros, um consórcio meramente interno também não a pode desencadear.

O n.º 3 do art. 19.º, consagra, em matéria de responsabilidade extracontratual, a mesma ideia: o consórcio é irrelevante para a determinação do regime aplicável à responsabilidade perante terceiros.

Do n.º 3 decorre, em primeiro lugar, que o consórcio não implica, por si, que a obrigação de indemnizar imputável segundo as regras gerais a um dos consorciados seja imputada colectivamente aos restantes. O que, porém, não obsta a que segundo as regras gerais da responsabilidade civil esta responsabilidade possa ser colectiva, nem que o contrato de consórcio ou a sua apresentação externa possam constituir um facto relevante à face destas regras. A responsabilidade extracontratual dos consorciados, se for colectiva, é solidária, por força do art. 497.º/1 CC.

Em segundo lugar, decorre do art. 19.º/3 que as cláusulas do contrato de consórcio sobre distribuição interna (e imputação) de encargos com o cumprimento da obrigação de indemnizar são válidas, embora não tenham relevância externa.

Este preceito também é aplicável por maioria de razão à responsabilidade extracontratual dos consorciados em consórcio interno.

Um caso em que o contrato de consórcio tem relevância face às regras gerais da responsabilidade civil é o da responsabilidade dos consorciados pelos danos que o chefe do consórcio causar a terceiros no exercício da função que lhe foi confiada pelos consorciados. Uma vez que o chefe do consórcio é configurado, pela própria lei (art. 14.º do DL n.º 231/81), como um procurador ou mandatário dos consorciados, não suscita dúvidas que existe comissão no sentido do art. 500.º/1 CC. Com efeito o termo "comissão" não é aqui empregue em sentido técnico, mas no sentido amplo de actividade realizada por conta e sob a "direcção" de outrem, como é o caso do procurador e do mandatário[31]. Neste caso, se o chefe do consórcio for obrigado a indemnizar, os consorciados são colectiva e objectivamente responsáveis (art. 500.º/1 e /2 CC)[32].

O art. 15.º/2 do DL n.º 231/81 consagra um desvio à regra do art. 19.º/3, estabelecendo a responsabilidade solidária dos consorciados pelos danos resultantes da adopção ou uso de denominações do consórcio susceptíveis de criar confusão com outras existentes.

Importa agora concretizar estes princípios de solução distinguindo entre consórcios com fornecimento de bens e serviços a terceiros (consórcio externo e interno) e consórcio sem fornecimento de bens e serviços (consórcio com fim mutualista ou cooperativo e consórcio que inclui apenas a produção ou extracção de bens que cada parceiro comercializa fora do âmbito do consórcio).

---

[31] Cf. PIRES DE LIMA/ANTUNES VARELA – *Código Civil Anotado*, vol. I, 3.ª ed., Coimbra, 1982, n. 2 ao art. 500.º; ANTUNES VARELA – *Das Obrigações em geral*, vol. I, 7.ª ed., Coimbra, 1993, 634 e seg.; MENEZES CORDEIRO – *Direito das Obrigações*, vol. II, Lisboa, 1980, 371; MENEZES LEITÃO – *Direito das Obrigações*, vol. I, Coimbra, 2000, 323 e seg. Em sentido contrário, REv. 25/6/1998 [*CJ* (1998-III) 278] e SOUSA DE VASCONCELOS (n. 9) 133.

[32] Ver também MANUEL PITA (n. 15) 224.

b) Consórcio sem fornecimento de bens e serviços a terceiro

A circunstância de o consórcio não gerar responsabilidades por fornecimento de bens e serviços a terceiros não impede, naturalmente, a existência de responsabilidade contratual perante terceiros, designadamente perante os trabalhadores e perante todos aqueles que forneçam bens e serviços para a actividade do consórcio. Quando os contratos sejam comuns ou sejam celebrados por um dos consorciados com expressa invocação do consórcio, o problema da relevância do consórcio para a determinação da natureza da obrigação não pode deixar de se colocar.

Também no caso de consórcio entre os concessionários de direitos de prospecção e exploração de recursos naturais que integrem o domínio público se pode verificar uma responsabilidade contratual perante o Estado.

A actividade destes consórcios pode igualmente dar origem a responsabilidade extracontratual.

Por conseguinte, esta modalidade de consórcio pode ter uma relevância externa muito ampla, embora não seja um consórcio externo no sentido do art. 5.º do DL n.º 231/81, e coloca problemas de responsabilidade perante terceiros.

Na falta de norma especial em contrário, deve entender-se que o art. 19.º consagra uma regra geral extensível a todas as modalidades de consórcio: a existência do consórcio é irrelevante para a determinação da natureza da obrigação contraída com terceiro. Pertence exclusivamente ao regime aplicável à obrigação contraída perante terceiro determinar se a obrigação é conjunta ou solidária.

c) Consórcio com fornecimento de bens e serviços a terceiro

Antes do mais, deve sublinhar-se que estes consórcios, qualquer que seja a relevância que tenham para os terceiros que deles recebam bens ou serviços, podem ter relevância externa para outros terceiros, designadamente perante os trabalhadores e perante todos aqueles que forneçam bens e serviços para a actividade do consórcio.

Mesmo que o consórcio tenha relevância externa perante os destinatários de bens ou serviços, os contratos celebrados com outros terceiros podem ser individuais, caso em que só responde o consorciado que contratou com o terceiro em causa[33].

O consórcio com fornecimento de bens e serviços a terceiro pode ser interno ou externo. Do ponto de vista técnico-jurídico, porém, o mais importante não é se o consórcio é invocado perante terceiros, mas sim qual a configuração das obrigações assumidas pelos consorciados perante o destinatário dos bens ou serviços. Estas obrigações são configuradas pelos negócios celebrados com os terceiros em causa e pelas normas jurídicas que lhes forem aplicáveis, razão por que se compreende que não seja no regime legal do contrato de consórcio que se há-de encontrar tal configuração.

É frequente que os contratos de consórcio incluam cláusulas que afastam a responsabilidade solidária dos consorciados perante terceiros, mas é claro que estas cláusulas são irrelevantes para a determinação da natureza das obrigações contraídas com terceiros[34].

A primeira distinção a traçar é consoante há ou não uma pluralidade de consorciados que contraem obrigações de fornecimento de bens e serviços a terceiros.

No consórcio interno em que apenas um dos consorciados contraia obrigações de fornecimento de bens ou serviços a terceiro não está em causa qualquer responsabilidade contratual dos outros membros do consórcio perante este terceiro.

Em presença de uma pluralidade de consorciados que contrai obrigações de fornecimento de bens ou serviços a terceiros importa distinguir conforme estas obrigações são individuais ou colectivas. Se cada um dos consorciados contrai uma obrigação individual, a responsabilidade perante o terceiro é individual; tratando-se de um contrato bilateral também só o consorciado sujeito da relação pode exigir do terceiro o crédito correspectivo da sua prestação. O contrato de consórcio é irrelevante para o regime desta obrigação, mesmo que o consórcio seja apresentado externamente.

---

[33] Ver neste sentido acs. RCb 19/1/1995 [*CJ* (1995-II) 48] e STJ 22/5/1996 [*CJ/STJ* (1996-II) 262] relativamente a um contrato de trabalho. A solução adoptada nestas decisões não é, porém, isenta de dúvidas, porque não se qualificou a responsabilidade (como contratual ou extracontratual) nem se averiguou se o acidente de trabalho era imputável ao chefe do consórcio no exercício das funções que lhe foram confiadas por ambos os consorciados.

[34] Cf. RAÚL VENTURA (n. 1) 686.

Se a obrigação for contraída colectivamente, cabe indagar se é solidária ou conjunta. Geralmente os consorciados são comerciantes que actuam no exercício da sua actividade comercial, razão por que as obrigações por si contraídas, mesmo que não resultem de actos de comércio objectivos, são comerciais (art. 2.º C. Com.)[35]. Por força da presunção de solidariedade das dívidas comerciais, as obrigações contraídas pelo conjunto dos consorciados são, em regra, solidárias.

Além disso, a solidariedade é legalmente prescrita nos consórcios formados para realizar empreitadas de obras públicas ou obras particulares, que são necessariamente consórcios externos (art. 19.º do DL n.º 61/99, de 2/3).

A distinção entre consórcio interno e externo releva, a este respeito, no que toca à imputação aos consorciados dos actos praticados pelo chefe do consórcio no exercício dos poderes de representação que lhe foram conferidos (art. 14.º/3 do DL n.º 231/81). Por força do art. 14.º/3, nos consórcios externos, as obrigações contraídas pelo chefe do consórcio no exercício dos poderes de representação que lhe foram conferidos são, em princípio, da responsabilidade colectiva de todos os consorciados.

Se atendermos às conformações que os contratos de empreendimento comum geralmente assumem no tráfico negocial, pese embora o grande desfasamento entre o tipo legal e estas conformações, não oferecerá grande margem para dúvida que ao consórcio externo tenderão a corresponder obrigações colectivas, normalmente solidárias, de fornecimento de bens e serviços a terceiros, e que, no consórcio interno, a não invocação do consórcio perante o terceiro está normalmente associada ao carácter individual das obrigações contraídas.

III. CONSIDERAÇÕES FINAIS

O regime do contrato de consórcio afasta-se das conformações que os contratos de empreendimento geralmente assumem no tráfico negocial, procurando estabelecer uma linha de demarcação clara entre consórcio e sociedade.

---

[35] Sobre a qualificação dos actos de comércio, ver FERRER CORREIA – *Lições de Direito Comercial*, vol. I, Coimbra, 1973, 55 e segs., OLIVEIRA ASCENSÃO (n. 4) 53 e segs. e MENEZES CORDEIRO (n. 8) 147 e segs.

Este objectivo não é, porém, alcançado. Em especial, os consórcios que dispõem de uma organização externa tendem inevitavelmente a esbater as diferenças entre consórcio e sociedade.

Quanto à responsabilidade perante terceiros, verifica-se que nos consórcios externos com fornecimento de bens e serviços a terceiros as obrigações contraídas perante estes terceiros são, normalmente, solidárias. Também no que toca à responsabilidade extracontratual, sempre que o chefe do consórcio incorra em responsabilidade civil no exercício da função que lhe foi confiada os consorciados respondem solidariamente.

O afastamento do regime aplicável às sociedades não tem, a este respeito, alcance prático e causa dificuldades, designadamente perante o surgimento, na grande maioria dos casos inevitável, de um património comum.

A organização comum do consórcio, normal no consórcio externo, ainda que não constitua uma nova empresa comum, tenderá a limitar a autonomia de cada consorciado na realização da actividade do consórcio. A subordinação das actividades de cada consorciado a uma gestão comum tenderá a ser acentuada quando houver uma obrigação solidária perante terceiro, o que é a regra nos consórcios externos. O limiar da fronteira traçada entre consórcio e sociedade será nestes casos facilmente transposto.

Mesmo nos casos em que existe uma diferença importante entre o consórcio e a sociedade, designadamente uma clara separação das actividades próprias, oferece muita dúvida que tal diferença justifique uma diversidade de regimes tão radical. O regime do consórcio apresenta-se, em vários aspectos, como estabelecendo soluções de sentido inverso às regras gerais que poderiam abranger esta modalidade contratual e, por conseguinte, marcado por uma certa excepcionalidade. Não é este o caminho geralmente apontado para o enquadramento jurídico das figuras de transição.

INCOTERMS – INTRODUÇÃO E TRAÇOS FUNDAMENTAIS *

INTRODUÇÃO

As partes dos contratos comerciais internacionais são confrontadas com problemas específicos de regulação jurídica das suas relações e com as dificuldades suscitadas pelas divergências entre os sistemas jurídicos nacionais em presença. Para fazer face a estes problemas e a estas dificuldades as partes recorrem frequentemente a uma extensa auto-regulação negocial. Este recurso, porém, nem sempre é compatível com a celeridade e relativa informalidade que caracteriza certo tipo de transacções internacionais.

O Direito autónomo do comércio internacional (ou *lex mercatoria*) também não oferece ainda uma regulação sistemática dos contratos comerciais internacionais[1]. Em matéria de venda internacional de mercadorias, designadamente, são apenas assinalados usos de âmbito sectorial e um número limitado de regras de costume jurisprudencial arbitral. Além disso, este Direito Transnacional só é aplicável independentemente da mediação de uma ordem jurídica estadual quando as partes estipulam uma convenção de arbitragem adequada[2].

Têm sido desenvolvidos esforços no sentido de unificar internacionalmente o Direito aplicável aos contratos comerciais interna-

---

* O presente estudo foi elaborado, em 2005, com vista ao Livro de Homenagem ao Prof. Doutor Manuel Henrique Mesquita.

[1] Ver LIMA PINHEIRO – *Contrato de Empreendimento Comum (Joint Venture) em Direito Internacional Privado*, Almedina, Coimbra, 1998, 879 e segs., e *Arbitragem Transnacional. A Determinação do Estatuto da Arbitragem*, Almedina, Coimbra, 2005, 392 e segs.

[2] Ver LIMA PINHEIRO (n. 1 [2005]) 417.

cionais[3]. No que toca aos contratos de venda internacional de mercadorias, é de salientar a Convenção de Viena sobre a Venda Internacional de Mercadorias (1980) que encontrou vasto acolhimento na comunidade internacional. São partes na Convenção um elevadíssimo número de Estados europeus (32) e um número significativo de Estados extra-europeus (29). Tendo em conta a lentidão com que muitos Estados ratificam as convenções internacionais, é de esperar que o número de Estados contratantes continue a aumentar a bom ritmo. Sem razão aparente, Portugal ainda não ratificou esta Convenção, mas espera-se que tal venha a verificar-se a breve trecho. Não obstante, a unificação internacional tem limites quanto às matérias reguladas e aos Estados vinculados pelas regras unificadas e não pode atender às particularidades dos diferentes sectores e tráfegos do comércio internacional nem à multiplicidade de situações típicas de interesses aí existente.

Neste quadro, a elaboração por organizações internacionais (não-governamentais ou intergovernamentais) de modelos de regulação que são propostos às partes para incorporação nos contratos comerciais internacionais assume grande importância. Noutros lugares ocupei-me do significado dos Princípios do UNIDROIT dos contratos comerciais internacionais[4]. Proponho-me agora proceder a uma breve introdução aos *Incoterms* publicados pela Câmara do Comércio Internacional (I) e referir os traços fundamentais das suas regras de interpretação e integração (II).

I. NOÇÃO E NATUREZA

A) Noção

A palavra "*Incoterms*" é uma abreviatura da expressão "*International commercial terms*" [termos comerciais internacionais].

---

[3] Ver LIMA PINHEIRO – *A Venda com Reserva da Propriedade em Direito Internacional Privado*, McGraw-Hill, Lisboa et al., 77 e segs., e "Venda marítima internacional – alguns aspectos fundamentais da sua regulação jurídica", *Boletim da Faculdade de Direito de Bissau* 5 (1998) 173-225, 185 e seg.

[4] N. 1 [1998] 898 e segs. e [2005] 399 e segs.

Os *Incoterms* são termos normalizados que designam cláusulas da venda à distância de mercadorias (i.e., da venda que implica um transporte da mercadoria) e que são acompanhados de regras uniformes de interpretação e integração. Por exemplo, *free on board* e *cost, insurance and freight*. Estes termos normalizados são frequentemente substituídos pelas respectivas siglas (nos exemplos dados, FOB e CIF).

Os *Incoterms* destinam-se principalmente à venda internacional, mas também podem ser utilizados em vendas internas à distância, caso em que certas regras de interpretação e integração, específicas da venda internacional, não são aplicáveis [5].

As regras de interpretação e integração dos *Incoterms* são publicadas pela Câmara de Comércio Internacional desde 1936. Nos tempos mais recentes estas regras foram revistas com intervalos de dez anos (*Incoterms* 1980, 1990 e 2000).

Estas regras de interpretação e integração devem ser aplicadas quando as partes fazem referência aos *Incoterms* no seu contrato. Esta referência aos *Incoterms* é aconselhável, uma vez que o mesmo termo – por exemplo, o termo FOB – é objecto de usos locais ou normas legais interpretativas largamente divergentes entre si [6].

Como há várias versões dos *Incoterms* as partes devem sempre referir a versão que têm em conta, normalmente a versão mais recente. Esta referência pode ser feita pelo simples aditamento do ano da versão relevante, por exemplo, "*FOB Incoterms* 2000".

B) Natureza

Os *Incoterms* designam cláusulas frequentemente utilizadas no comércio internacional. Estas cláusulas, bem como as respectivas regras de interpretação e integração, podem ser incorporadas no contrato mediante uma referência apropriada [7]. Porquanto contêm regras

---

[5] Cf. *Incoterms 2000*, 130.

[6] Ver, por exemplo, o art. 2-319 (1) do *Uniform Commercial Code* dos EUA. Ver ainda Aldo FRIGNANI – *Il contratto internazionale, in Trattato di diritto commerciale e di diritto pubblico dell'economia*, vol. XII, Pádua, 1990, 337, e *Schmitthoff's Export Trade – The Law and Practice of International Trade*, 10.ª ed. por Leo D'ARCY, Carole MURRAY e Barbara CLEAVE, Londres, 2000, 16 e seg.

[7] Os *Incoterms* não devem ser qualificados como cláusulas contratuais gerais para efeitos de aplicação do regime estabelecido por alguns sistemas, como o português, uma vez

de interpretação e integração formuladas por uma organização profissional transnacional que são colocadas à disposição dos sujeitos do comércio internacional, os *Incoterms* são, pelo menos, um *modelo de regulação*.

Quando o contrato não contém uma referência aos *Incoterms*, assume consistência prática a questão de saber se os *Incoterms* constituem costume do comércio internacional ou, pelo menos, usos do comércio internacional[8]. Não é possível responder genericamente a esta questão. Será necessário examinar individualizadamente cada um dos termos normalizados e atender ao espaço geográfico em causa[9].

Uma parte das regras de interpretação e integração dos *Incoterms* constitui, pelo menos, usos da venda internacional que formam o conteúdo característico de tipos do tráfico negocial. É isto que se verifica com as principais regras de interpretação e integração dos termos específicos da venda marítima.

---

que não se trata de cláusulas pré-elaboradas que as partes se limitem a propor ou a aceitar, mas de termos normalizados que se referem a cláusulas típicas do tráfico negocial; as partes podem escolher entre os diferentes termos e modelar o conteúdo das cláusulas que designam, não sendo, portanto, confrontadas com a alternativa entre adesão e desistência do negócio – ver, sobre o conceito de cláusulas contratuais gerais, MOTA PINTO/PINTO MONTEIRO/MOTA PINTO – *Teoria Geral do Direito* Civil, 4.ª ed., Coimbra, 2005, 113 e segs. e 654 e segs; MENEZES CORDEIRO – *Tratado de Direito Civil Português*, vol. I – *Parte Geral*, tomo I, 3.ª ed., Coimbra, 2005, 598 e segs.; ALMEIDA COSTA – *Direito das Obrigações*, 9.ª ed., Coimbra, 2005, 220 e segs.; OLIVEIRA ASCENSÃO – *Direito Civil. Teoria Geral*, vol. II – *Acções e Factos Jurídicos*, Coimbra, 1999, 394 e segs.; INOCÊNCIO GALVÃO TELLES – *Manual dos Contratos em Geral*, 4.ª ed., Coimbra, 2002, 318 e segs.; ALMENO DE SÁ – *Cláusulas Contratuais Gerais e Directiva Sobra Cláusulas Abusivas*, Coimbra, 1999, 55 e segs. Em sentido algo diferente, perante o Direito alemão, Ingo KOLLER – "Incoterms 2000", *in HGB Staub Großkommentar*, org. por Claus-Wilhelm CANARIS e Peter ULMER, 4.ª ed., 2001, § 346 n.º 287, mas concedendo que não são aplicáveis as regras de interpretação estabelecidas para as cláusulas contratuais gerais.

[8] Neste último sentido, perante o art. 9.º/2 da Convenção de Viena, SCHLECHTRIEM/SCHWENZER/HUBER/WIDMER – *Kommentar zum Einheitlichen UN-Kaufrecht*, 4.ª ed., Munique, 2004, Art. 30 n.º 3.

[9] Cf. Hans SONNENBERGER – *Verkehrssitten im Schuldvertrag*, Munique, 1970, 78 e segs., com mais referências; Jürgen BASEDOW – "Die Incoterms und der Container oder wie man kodifizierte Usancen reformiert", *RabelsZ*. 43 (1979) 116-146, 125 e segs. e 129 e segs., com mais referências; REITHMANN/MARTINY/MARTINY – *Internationales Vertragsrecht. Das internationale Privatrecht der Schuldverträge*, 6.ª ed., 2004, n.ºs 764 e seg.; PHILIPPE KAHN – "La lex mercatoria: point de vue français après quarante ans de controverses", *McGill Law J*. 37 (1992) 413-427, 417; LIMA PINHEIRO (n. 3 [1998]) 189 e seg.

Se à face da ordem jurídica reguladora do contrato os usos do comércio internacional aplicáveis integrarem o contrato, as regras dos *Incoterms* que corresponderem a usos observados no sector e na área em causa farão parte do conteúdo do contrato. Isto poderá resultar do art. 9.º/2 da Convenção de Viena sobre a Venda Internacional de Mercadorias, se esta Convenção vigorar na ordem jurídica reguladora do contrato e for aplicável ao caso. A partir do momento que a Convenção de Viena entre em vigor na ordem jurídica portuguesa, esta integração no conteúdo do contrato das regras usuais dos *Incoterms* deixará de depender da *lex contractus* (i.e., da lei estadual designada pelo Direito de Conflitos para reger o contrato).

Outra parte das regras dos *Incoterms* refere-se a cláusulas menos usuais ou, apesar de se reportar a cláusulas tradicionais, constitui um domínio periférico com carácter inovador ou que não corresponde a práticas reiteradas dos operadores do comércio internacional. Estas regras não constituem usos pela simples circunstância de serem incluídas numa nova versão dos *Incoterms*. Este carácter inovador foi reforçado pela revisão de 1990 com a regulação de problemas complexos suscitados pela crescente utilização de sistemas informáticos de comunicação e pela evolução das técnicas de transporte.

Independentemente de constituírem usos do comércio, os *Incoterms* podem relevar para a interpretação do contrato no quadro dos critérios de interpretação definidos pela *lex contractus*. O problema desta relevância interpretativa coloca-se quando o contrato, apesar de não referir os *Incoterms*, utiliza um termo normalizado. A este respeito, alguns autores assinalam que mesmo quando não constituem usos do comércio as regras dos *Incoterms* correspondem em vasta medida às representações dos círculos participantes do comércio internacional [10].

---

[10] Cf. Marco LOPEZ DE GONZALO – "Fob", in *Dig. priv. comm.*, vol VI, 1991, n.º 1; Karsten SCHMIDT – *Handelsrecht*, 5.ª ed., Colónia et al., 1999, 843; perante o art. 8.º/2 da Convenção de Viena, BIANCA/BONELL/BONELL – *Commentary on tthe International Sales Law. The 1980 Vienna Sales Convention*, Milão, 1987, Art. 9 an. 3.5., sugerindo mesmo que não será difícil estabelecer uma referência implícita às regras de interpretação dos *Incoterms* nos termos do art. 9.º/1 da Convenção; SCHLECHTRIEM/SCHWENZER/HUBER/WIDMER (n. 8) Art. 30 n.º 3, ressalvando a hipótese de as representações gerais divergirem em determinado ponto dos *Incoterms*, por forma concordante, nos países do vendedor e do comprador.

Em qualquer caso são de sublinhar dois pontos. Primeiro, como resulta evidentemente das regras de interpretação e integração que acompanham os termos, não se trata apenas de "cláusulas relativas às despesas", que imputem custos a cada uma das partes [11], mas da regulação da maior parte dos efeitos obrigacionais do contrato, incluindo o que diz respeito à obrigação de entrega da mercadoria e à passagem do risco [12]. Segundo, as estipulações do contrato prevalecem sobre as cláusulas referidas e respectivas regras de interpretação.

Não é raro que as partes utilizem um termo normalizado mas façam inserir no contrato cláusulas que modificam completamente o seu normal significado [13]. Isto tem por consequência que as regras de interpretação e integração elaboradas pela CCI vêm a sua aplicação a este contrato limitada, ou até excluída, com todos os inconvenientes que daí resultam, designadamente a incerteza originada pelas dificuldades de interpretação. As partes devem avaliar cuidadosamente se este é a via que mais lhes convém, ou se existe um outro *Incoterm* mais ajustado ao seu programa contratual.

II. TRAÇOS FUNDAMENTAIS

A) Termo "na fábrica"

Há uma diferença básica entre os termos do grupo D, em que o vendedor tem de entregar a mercadoria no país de destino, e os restantes termos em que o vendedor cumpre a obrigação de entrega no país em que está estabelecido. Fala-se, no primeiro caso, de "contratos de chegada" [*arrival contracts*] ou "vendas com expedição qualificada". Os contratos de venda em que o vendedor assume a obrigação de entregar a mercadoria ao transportador principal são designados "contratos de embarque" [*shipment contracts*], "de partida" ou de "venda com expedição simples".

---

[11] Cp., porém, Giorgina BOI – "Cif", in *Dig. priv. comm.*, vol. III, 1988, n.º 4 e jurisprudência italiana aí referida.

[12] Cf. LOPEZ DE GONZALO (n. 10) n.º 2.

[13] Só neste caso é que os termos podem ser utilizados para designar meras "cláusulas de despesas".

O termo "na fábrica" (*EXW – Ex works*) representa o mínimo de obrigações para o vendedor.

O vendedor cumpre a *obrigação de entrega* com a colocação da mercadoria à disposição do comprador nas suas instalações ou noutro lugar designado sem ter a seu cargo quer o cumprimento das formalidades de exportação quer o carregamento em qualquer veículo de recolha da mercadoria.

Num contrato "na fábrica" o carregamento e *o transporte da mercadoria* são realizados por conta e risco do comprador[14]. No entanto, é compatível com este termo a estipulação de que o carregamento no veículo de recolha é feito por conta e risco do vendedor. Isto pode ser feito com o aditamento da expressão "carregado no veículo de recolha" [*"loaded upon departing vehicle"*]. Tal estipulação é especialmente recomendável quando o vendedor disponha de meios para o carregamento e seja muito onerosa para o comprador a realização desta operação.

Quanto ao *risco do preço*, o princípio comum subjacente aos diferentes *Incoterms* é o da passagem do risco com o cumprimento da obrigação de entrega[15].

Assim, no termo "na fábrica" o *risco do preço* transfere-se com a entrega da mercadoria ou a partir da data acordada para o levantamento da mercadoria ou da data em que expire o prazo estipulado para o efeito desde que a mercadoria esteja devidamente afecta ao contrato, ou seja, claramente separada ou identificada de qualquer outra forma como sendo a mercadoria objecto do contrato.

Esta solução corresponde à que se encontra consagrada na Convenção de Viena (art. 69.º/1). Já o Direito português liga a passagem do risco à transferência da propriedade (art. 796.º/1 CC).

Os *Incoterms* nada dispõem sobre o *pagamento do preço*. A este respeito haverá que atender às estipulações contratuais e, na sua falta, às regras supletivas contidas na *lex contractus*. À face da Convenção de Viena o preço deve ser pago, nesta modalidade de venda, quando o vendedor põe a mercadoria à disposição do comprador

---

[14] Ver ainda *Schmitthoff's Export Trade* (n. 6) 9 e seg.
[15] Cf. *Incoterms 2000*, 137. Em rigor, porém, no que toca às vendas CFR e CIF, o momento relevante é o da realização do primeiro acto de cumprimento da obrigação de entrega.

(art. 58.º/1). Perante o Direito português, o preço deve ser pago no momento da entrega da coisa vendida, salvo uso em contrário (art. 885.º/1 e /2 CC).

B) Termos do grupo F

Nos termos do grupo F o vendedor tem de entregar a mercadoria a um transportador no lugar estipulado no contrato. Os contratos que utilizam estes termos constituem vendas com expedição.

Este grupo compreende três termos: o termo FCA (*free carrier*) [franco transportador], que pode ser utilizado relativamente a qualquer modo de transporte ou a transporte multimodal, e os termos FAS (*free alongside ship*) [franco ao longo do navio] e FOB (*free on board*) [franco a bordo], que se destinam à venda acompanhada do transporte da mercadoria por via marítima (venda marítima) ou por vias navegáveis interiores [16].

O termo FCA deve ser utilizado nas vendas marítimas em que se pretenda que a entrega ao transportador se realize num lugar que não seja ao longo do navio (como no termo FAS) ou com a passagem da amurada do navio (como no termo FOB). É o que se verifica quando o vendedor se obriga a entregar a mercadoria num terminal de carga antes da chegada do navio. Este termo também é preferível no caso de tráfego *roll-on/roll-off* ou de contentores, em que a amurada do navio não assume significado prático.

Nos termos deste grupo o *transporte principal* é, em princípio, contratado pelo comprador. No entanto, admite-se que, com base em cláusula contratual, em solicitação do comprador ou em uso do comércio que não seja contrariado por convenção das partes ou por instruções do comprador, o transporte principal seja contratado pelo vendedor por conta do comprador.

Embora o transporte seja contratado pelo comprador, o vendedor FOB é obrigado a colocar a mercadoria dentro do navio, só correndo por conta do comprador as operações subsequentes, tais como a estiva [17]. Não raramente as partes estipulam que a estiva ou a

---

[16] Sobre a venda marítima ver LIMA PINHEIRO (n. 3 [1998]).

[17] Segundo Ingo KOLLER – "Der Überseekauf", in *HGB Staub Großkommentar*, org. por Claus-Wilhelm CANARIS e Peter ULMER, 4.ª ed., 1985, n.º 107, o carregamento por meio

estiva e o nivelamento correm por conta do vendedor, designadamente por meio das estipulações *"f.o.b. stowed"*, *"f.o.b. stowed and trimmed"* ou *"free in"* [18].

São frequentes *variações da venda FOB* pelas quais cabe ao vendedor a celebração do contrato de transporte por conta do comprador ou, até, por conta própria. Neste segundo caso, a venda FOB assume uma feição específica, que só se distingue da venda CIF por ser o comprador a suportar os custos do transporte [19]. Isto pode relacionar-se com o pagamento do preço contra entrega de documentos ao banco indicado pelo comprador, que caracteriza a "venda FOB documentária". Mas esta prática também se verifica quando o transporte é contratado pelo comprador, ou por conta do comprador [20]. Na "venda FOB documentária", à semelhança do que se verifica na venda CIF, o vendedor obriga-se a fornecer um conhecimento de carga. Todas estas variações são igualmente concebíveis na venda FAS.

O vendedor não tem qualquer obrigação relativamente ao *seguro da mercadoria* [21].

---

de gruas do navio já está incluído no frete devido pelo comprador. *HGB Staub Kommentar/*KOLLER (n. 7) § 346 n.º 355 sustenta que o vendedor não é obrigado a colocar a mercadoria dentro do navio quando segundo o uso do porto a mercadoria deve ser recebida pelo navio em terra. A meu ver impõe-se a solução contrária: o *Incoterm* estipulado afasta qualquer uso desta natureza.

[18] Ver Jan RAMBERG – *ICC Guide to Incoterms 2000*, Paris, 1999, 99. Sendo o sentido destas cláusulas o de incluir, entre as operações que ao vendedor incumbe realizar, a estiva, parece claro que as avarias na carga causadas pela estiva são da responsabilidade do vendedor. Cp. ac. STJ 18/2/1982 [*BMJ* 314: 288] em que supôs ser outro o entendimento generalizado neste sector do comércio internacional.

[19] Ver *HGB Staub Kommentar/*KOLLER (n. 17) n.ºs 131 e segs.

[20] Contrariamente ao entendimento seguido em Inglaterra, à face do Direito português só parece admissível que o transportador contratado pelo comprador entregue um conhecimento de carga ao vendedor quando tal resulte expressa ou implicitamente do contrato ou quando o comprador dê instruções nesse sentido. Cp. G. H. TREITEL – "C.I.F. Contracts", "F.O.B. Contracts", "Other Special Terms and Conditions in Overseas Sales", in *Benjamin's Sale of Goods*, 4.ª ed., Londres, 2002, n.º 20-026, e *Schmitthoff's Export Trade* (n. 6) 20, dando conta que, no Direito inglês, se distingue entre o *f.o.b. contract (buyer contracting with carrier)* em que o contrato de transporte é *ab initio* celebrado com o comprador e o *classic f.o.b. contract* em que o contrato de transporte é celebrado com o vendedor, por conta do comprador, mas normalmente em seu próprio nome, devendo o conhecimento de carga ser entregue pelo transportador ao vendedor que posteriormente o transmite ao comprador.

[21] O que não obsta a que o vendedor possa contratar o seguro por conta do comprador, como se verifica, em Inglaterra, com o *f.o.b. contract with additional services* – cf. *Schmitthoff's Export Trade* (n. 6) 21.

No termo FCA o vendedor *obriga-se a entregar* a mercadoria ao transportador nomeado pelo comprador no lugar estipulado e a cumprir as formalidades exigidas para a exportação. Se a entrega ocorrer nas instalações do vendedor, o vendedor será responsável pelo carregamento no meio de transporte fornecido pelo comprador. Se for estipulado outro lugar de entrega, o vendedor não é responsável pela descarga.

Nos termos FAS e FOB o vendedor obriga-se a entregar a mercadoria ao transportador principal e, por isso, tem de realizar por sua conta e risco o pré-transporte da mercadoria até ao lugar fixado para a entrega ao transportador principal.

Segundo o termo FAS, o vendedor cumpre a *obrigação de entrega da mercadoria* com a sua colocação ao longo do navio no porto de embarque estipulado, de acordo com os usos do porto. As formalidades de exportação devem ser cumpridas pelo vendedor.

Quando o navio atraca num cais, a mercadoria tem de ser aí colocada junto do navio. Quando o navio tem de carregar num fundeadouro, o vendedor deve assegurar a colocação da mercadoria no fundeadouro, em barcaças, a menos que as partes estipulem que a entrega deve ser feita "*free on lighter*", caso em que o vendedor cumpre a obrigação de entrega com a transposição da amurada da barcaça [22].

Segundo o termo FOB, o vendedor cumpre a obrigação de entrega da mercadoria quando esta tiver transposto a amurada do navio no porto de embarque combinado, de acordo com os usos do porto [23].

---

[22] Cf. *Schmitthoff's Export Trade* (n. 6) 12.

[23] Claro é, na generalidade das vendas "F" e "C", que para certos efeitos a mercadoria só se considera entregue ao comprador no momento em que é colocada à sua disposição no porto de destino – designadamente quanto à contagem dos prazos de reclamação por vício da coisa ou ao direito de rescisão por desconformidade da mercadoria com o estipulado no contrato – cf. art. 38.º/2 da Convenção de Viena e art. 922.º CC e, na doutrina, Domenico RUBINO – *La compravendita*, 2.ª ed., in *Tratatto di diritto civile e commerciale* org. por Antonio CICU e Francesco MESSINEO, vol. XXIII, Milão, 1971, 526 e seg., 529 e segs. e 544; Paolo GRECO e Gastone COTTINO – *Della vendita*, in *Commentario del codice civile*, org. por Antonio SCIALOJA e Giuseppe BRANCA, l. IV, Bolonha e Roma, 1964, 378; Marco LOPEZ DE GONZALO – "La consegna documentale", *Diritto del commercio* internazionale, 7.1. (1993) 29-59, 32 e segs. Ver também ac. STJ 23/4/1992 [*BMJ* 416: 656].

Quanto ao *risco do preço*, de acordo com a regra geral da transferência do risco com o cumprimento da obrigação de entrega, o risco passa na venda FCA com a entrega no lugar estipulado, na venda FAS com a colocação da mercadoria ao longo do navio e na venda FOB com a transposição da amurada do navio[24].

Pareceria mais adequado que a passagem do risco na venda FOB se desse só no momento em que a mercadoria é depositada em segurança a bordo do navio, uma vez que incumbe ao vendedor realizar a operação de carregamento da mercadoria[25].

A solução consagrada pelos *Incoterms* converge com o regime estabelecido pela Convenção de Viena (art. 67.º/1/2.ª parte), e também pelo Direito português (art. 796.º/1 CC) uma vez que neste Direito o risco passa com a transferência da propriedade e que o momento da transferência da propriedade *tende* a coincidir com o momento do cumprimento pelo vendedor da obrigação de entrega (ou da realização do primeiro acto de cumprimento da obrigação de entrega)[26].

Os *Incoterms* nada dispõem sobre o *pagamento do preço*. As estipulações mais comuns são as de pagamento do preço logo que a mercadoria seja embarcada ou logo que o vendedor entregue os documentos relativos à mercadoria ao comprador ou ao banco indicado pelo comprador.

Na omissão das partes, a mesma solução decorre da Convenção de Viena: o preço deve ser pago quando o vendedor põe à disposição do comprador quer a mercadoria quer os documentos representativos da mercadoria (art. 58.º/1). O momento relevante só será o da entrega dos documentos (e não o da entrega da mercadoria ao transportador) quando se trate de uma venda sobre documentos[27]. Perante o Direito português, como já se assinalou, o preço deve ser pago no momento da entrega da coisa vendida, salvo uso em contrário (art.

---

[24] No supracit. ac. STJ 23/4/1992 afirma-se, algo surpreendentemente, que a cláusula FOB nada tem a ver com a questão de saber quem suporta o risco de perda ou deterioração da coisa desde o momento do embarque.

[25] Cf. *Schmitthoff's Export Trade* (n. 6) 25, aparentemente mesmo *de iure constituto*, e LOPEZ DE GONZALO (n. 10) n.º 6.

[26] Ver LIMA PINHEIRO (n. 3 [1998]) 218 e segs.

[27] Cp. Vincent HEUZÉ – *La vente internationale de marchandises. Droit uniforme*, Paris, 1992, 270.

885.º/1 e /2 CC). Na venda sobre documentos o momento a considerar para o efeito será o da entrega dos documentos [28].

C) Termos do grupo C

Os contratos que utilizam termos do grupo C também são *vendas com expedição* em que entrega da mercadoria deve ser cumprida num local diferente do lugar de destino e em que o vendedor não assume o risco do preço depois do embarque ou da expedição. Mas estas vendas distinguem-se das vendas com termos do grupo F, porque o vendedor se obriga a contratar, por sua conta, o transporte para o lugar de destino.

O lugar até onde o vendedor terá de pagar os custos do transporte deve ser indicado no contrato, indicação que normalmente é feita após a referência ao respectivo termo C (por exemplo, CIF Lisboa).

Este grupo é integrado por quatro termos: CFR (*cost and freight*) [custo e frete], CIF (*cost, insurance and freight*) [custo, seguro e frete], CPT (*carriage paid to*) [porte pago até] e CIP (*carriage and insurance paid to*) [porte e seguros pagos até].

As principais diferenças entre estes termos dizem respeito ao modo de transporte envolvido e à assunção pelo vendedor da obrigação de segurar a mercadoria.

Os termos CFR e CIF destinam-se especificamente a vendas marítimas (em sentido amplo que abrange as vendas que envolvam transporte por vias navegáveis interiores). Os termos CPT e CIP podem ser utilizados com qualquer modo de transporte, incluindo transporte multimodal.

Nas vendas CIF e CIP o vendedor está obrigado a *segurar a mercadoria* com o mínimo de cobertura, por forma a permitir que o comprador, ou qualquer pessoa interessada no seguro da mercadoria, possa apresentar uma reclamação directamente ao segurador. Nos principais tráfegos há usos sobre o tipo de cobertura que o vendedor deve obter. Não obstante, como estes usos podem ter um âmbito

---

[28] A solução encontra-se consagrada expressamente no art. 1528.º/1 CC italiano. Em sentido convergente, ELISEU FIGUEIRA – "Venda de praça a praça, venda com expedição e venda com transporte. Cláusulas ´FOB` e ´CIF´", *Tribuna da Justiça* 45/46 (1988) 16-25, 22.

local ou regional e se podem suscitar difíceis problemas de interpretação ou integração do contrato, é aconselhável que as partes estipulem o tipo de cobertura [29].

O vendedor não tem a obrigação de segurar a mercadoria nas vendas CFR e CPT.

Nos termos CFR e CIF, como no termo FOB, a mercadoria deve ser entregue ao transportador a bordo do navio. Se for estipulada a entrega da mercadoria antes do embarque deverão ser utilizados os termos CPT ou CIP. Estes termos também são preferíveis no tráfego *roll-on/roll-off* ou por contentores, em que a amurada do navio não assume significado prático e, mais em geral, sempre que a entrega não deva ser feita directamente a um navio.

Nos termos CPT e CIP o vendedor deve entregar a mercadoria ao transportador contratado ou, se houver transportadores sucessivos, ao primeiro transportador.

O vendedor obriga-se não só a entregar a mercadoria ao transportador, mas também a contratar, por sua conta [30], o *transporte*, respondendo pelos seus custos normais [31].

No entanto, o transportador não é auxiliar de cumprimento do vendedor, porque, passando o risco com a entrega ao transportador, o vendedor não é responsável pelos actos do transportador (cf. art. 800.º/1 CC). À face do Direito português (bem como do Direito alemão) o vendedor só responde pelo cuidado exigível na escolha da pessoa encarregada do transporte e pelas instruções por ele dadas [32].

É o vendedor quem inicialmente é parte no contrato de transporte. O comprador só passa a ser parte no contrato de transporte quando o vendedor lhe transmite a sua posição contratual, o que normalmente se verifica com a transmissão do conhecimento de carga [33].

---

[29] Cf. *Schmitthoff's Export Trade* (n. 6) 34.

[30] Cf. *Incoterms 2000*, 198, 190, 206 e 214. Andou mal o STJ quando no seu ac. 20/5/1988 [sumário na *Tribuna da Justiça* 45/46 (1988) 16] entendeu que na venda CIF o vendedor celebra o contrato de transporte como mandatário do comprador, como justamente assinala Eliseu Figueira (n. 28) 17 e 24.

[31] Se o frete for pagável contra entrega da mercadoria no destino, o seu montante será deduzido do preço da venda.

[32] Cf. Karl Larenz – *Lehrbuch des Schuldrechts*, vol. II/tomo I, 13.ª ed., Munique, 1986, 101 e Vaz Serra – An. STJ 6/11/1973, *RLJ* 107 (1974/1975) n.º 3530, n.º 6.

[33] Cf. *Schmitthoff's Export Trade* (n. 6) 39.

Segundo as regras de interpretação dos *Incoterms*, os custos adicionais que resultem de acontecimentos ocorridos após o embarque ou a expedição já são de conta do comprador.

As regras de interpretação dos *Incoterms* são ambíguas quanto ao pagamento dos *custos de descarregamento*. O comprador responde pelos custos do descarregamento, a menos que tais custos "sejam da responsabilidade do vendedor nos termos do contrato de transporte"[34]. O sentido desta regra é obscuro, uma vez que o contrato de transporte imputa os custos do descarregamento ao transportador (caso em que estes custos estão incluídos no frete) ou ao carregador; o vendedor intervém no contrato de transporte na qualidade de carregador, e transfere a sua posição ao comprador. Como não faz sentido que no contrato de transporte haja uma imputação de custos ao vendedor distinta da imputação feita ao carregador, parece de depreender que o vendedor responde por todos os custos de descarregamento que sejam imputados ao carregador pelo contrato de transporte.

Seja como for, é duvidoso que uma imputação ao comprador de parte dos custos de transporte corresponda a uma cláusula usual[35]. Se, de acordo com os usos do tráfego em causa, for de contar com a inclusão dos custos de descarregamento no frete, parece que o contrato de venda deve ser interpretado no sentido de estes custos correrem por conta do vendedor, quer estejam ou não efectivamente incluídos no frete[36].

Para evitar quaisquer dúvidas a este respeito, é conveniente que as partes disponham expressamente sobre a imputação dos custos de descarregamento. Se este pagamento incumbir ao vendedor será aconselhável, no caso dos termos CFR ou CIF o aditamento da palavra "desembarcado" [*landed*][37]. Tem o mesmo sentido a estipulação de transporte em *"liner terms"* [linha regular][38].

As vendas CFR e CIF são normalmente *vendas sobre documentos*, em que o vendedor tem a obrigação de entregar ao transportador um

---

[34] Cf. *Incoterms 2000*, 193, 201, 209 e 217.
[35] Cf. *HGB Staub Kommentar*/KOLLER (n. 17) n.ºs 29 e segs. Cp. *Schmitthoff's Export Trade* (n. 6) 32.
[36] Cf. HEUZÉ (n. 27) 260.
[37] Cf. *Schmitthoff's Export Trade* (n. 6) 32.
[38] Cf. *Incoterms 1990*, 141.

documento representativo da mercadoria (que é, no caso da venda marítima, o conhecimento de carga). As partes podem, no entanto, estipular que é suficiente a entrega de um documento de transporte não negociável.

Nas vendas CPT e CIP o vendedor só tem o dever de entregar um documento de transporte se houver uso neste sentido e é, em princípio, suficiente a entrega de um documento não negociável.

Nas vendas CFR e CIF a *entrega da mercadoria* realiza-se em duas fases, por meio de dois actos distintos [39]. Primeiro, o vendedor entrega a mercadoria ao transportador. Segundo, a posse da mercadoria é transmitida pelo vendedor ao comprador mediante a entrega do documento representativo da mercadoria [40].

À semelhança do que se verifica com a venda FOB, o *risco do preço* passa, nas vendas CFR e CIF, no momento em que a mercadoria transpõe a amurada do navio no porto de embarque. Nas vendas CPT e CIP o risco transfere-se com a entrega da mercadoria ao transportador. Portanto, a perda ou deterioração da mercadoria durante o transporte marítimo não prejudica o direito do vendedor a receber o preço da mercadoria.

A solução coincide com a dada pela Convenção de Viena (art. 67.º/1/2.ª parte) e pelo Direito português (art. 797.º CC), que estabelece que na *venda com expedição simples* o risco passa com a entrega ao transportador ou expedidor.

A venda CFR ou CIF poderá ter por objecto mercadorias que se encontram em curso de transporte marítimo, como sucede frequentemente nas transacções em bolsa de mercadorias. Neste caso é habitual que se adicione a palavra "*afloat*" [embarcado] ao termo comercial [41].

---

[39] Cf. *HGB Staub Kommentar*/KOLLER (n. 17) n.º 42.

[40] Portanto, em minha opinião, na venda CIF há dois lugares de cumprimento a ter em conta. O lugar de cumprimento da obrigação de entrega material da mercadoria situa-se no porto de embarque – mas cp. ANTUNES VARELA – *Das Obrigações em Geral*, vol. II, 7.ª ed., Coimbra, 1997, 88. O lugar de cumprimento da obrigação de entrega do conhecimento de carga é normalmente aquele onde situa o estabelecimento bancário em que os documentos relativos à carga devem ser apresentados.

[41] Inversamente, o contrato pode indicar que a mercadoria deve ser embarcada [*shipped*] num determinado porto. Na omissão do contrato, entende-se, à face ao Direito inglês, que o vendedor tem a opção de fornecer uma mercadoria que se encontra em curso de transporte marítimo – cf. *Schmitthoff's Export Trade* (n. 6) 42 e seg.

Suscita-se então a questão de saber se o comprador assume retroactivamente o risco desde o embarque da mercadoria ou se o risco só passa com a celebração do contrato de venda. É um ponto que as partes deverão esclarecer no contrato; na sua omissão suscita-se um problema de interpretação ou integração do contrato que terá de ser resolvido segundo os critérios fixados pela *lex contractus*.

A Convenção de Viena adoptou, neste ponto, uma solução de compromisso (art. 68.º): a regra geral, com respeito à venda de mercadoria em trânsito, é a passagem do risco no momento da celebração do contrato. No entanto, as partes podem convencionar que o risco se considere transferido desde a entrega ao transportador e esta convenção tanto pode ser expressa como inferida das circunstâncias. Uma convenção neste sentido pode, em especial, ser inferida de ter sido celebrado pelo vendedor um seguro da mercadoria e de a respectiva apólice ter sido transferida para o comprador, como sucede na venda CIF [42].

O Direito português só contempla a hipótese de venda de coisa em viagem em que figurar entre os documentos entregues a apólice de seguro contra riscos de transporte, caso em que o risco se transfere, em princípio, com a entrega ao transportador (art. 938.º/1/a e /b CC) [43]. Se o vendedor estiver de má fé, porém, o risco só passa à data da compra (art. 938.º/1/c e 2 CC).

O *preço* é exigível no momento fixado no contrato. Nas vendas sobre documentos – como são normalmente as vendas CFR e CIF – este momento é habitualmente aquele em que o vendedor apresenta ao comprador, ou ao banco indicado pelo comprador, os documentos relativos à mercadoria. Na omissão do contrato, os usos aplicáveis também apontam geralmente neste sentido.

---

[42] Cf. Peter SCHLECHTRIEM – *Uniform Sales Law. The UN-Convention for the International Sale of Goods*, Viena, 1986, 90; BIANCA/BONELL/NICHOLAS (n. 10) Art. 68 an. 2.2.; Bernard AUDIT – *La vente internationale de marchandises. Convention des Nations-Unies du 11 avril 1980*, Paris, 1990, 91; John HONNOLD – *Uniform Law for International Sales under the 1980 United Nations Convention*, 2.ª ed., Deventer e Boston, 1991, Art. 68 n.º 372.2; Carlo ANGELICI – "Art. 68" in *Convenzione di Vienna sui contratti di vendita internazionale di beni mobili*, org. por C. BIANCA, Milão, 1992, 282; SCHLECHTRIEM/SCHWENZER/HAGER (n. 8) Art. 68 n.º 4.

[43] Cp. 938.º/1/c CC e, na doutrina, BENTO SOARES/MOURA RAMOS – *Contratos Internacionais*, Coimbra, 1986, 180 e seg., e PIRES DE LIMA/ANTUNES VARELA – *Código Civil Anotado*, vol. II, 4.ª ed., Coimbra, 1997, Art. 938.º an. 2.

A mesma solução decorre da Convenção de Viena (art. 58.º/1) e do Direito português (arts. 885.º/1 e 937.º CC)[44].

Nas vendas com termos do grupo C, que não sejam vendas sobre documentos, o preço é supletivamente exigível no momento da entrega da mercadoria, nos termos atrás expostos.

D) Termos do grupo D

Nas vendas com termos do grupo D o vendedor obriga-se a entregar a mercadoria no lugar do destino (na fronteira ou no território do país de importação). Trata-se pois de vendas com expedição qualificada. O vendedor suporta todos os custos e o risco inerentes ao transporte da mercadoria até ao país do destino.

Também relativamente a este grupo é de algum modo possível diferenciar os termos em função dos modos de transporte envolvidos. Os termos DES (*delivered ex ship*) [entregue no barco] e DEQ (*delivered ex quay, duty paid*) [entregue no cais, direitos pagos] destinam-se às vendas marítimas (em sentido amplo) ou em que ocorre um transporte multimodal que termina com um transporte marítimo, em que a entrega da mercadoria deve ter lugar no porto de destino a bordo do navio ou no cais.

Os termos DDU (*delivered duty unpaid*) [entregue sem direitos pagos] e DDP (*delivered duty paid*) [entregue com direitos pagos] podem ser utilizados independentemente do modo de transporte, salvo quando a entrega da mercadoria tiver lugar no porto de destino a bordo do navio ou no cais.

O termo DAF (*delivered at frontier*) [entregue na fronteira] pode ser utilizado independentemente do modo de transporte, mas só quando a mercadoria se destine a ser entregue numa fronteira terrestre. Na prática este termo é usado principalmente quando a venda é acompanhada de transporte ferroviário.

O vendedor está obrigado a contratar, por sua conta, *o transporte da mercadoria*. No entanto, nas vendas DAF e DES é expressamente determinado que o comprador suporta os custos de descarregamento. Nas vendas DDU e DDP o ponto não se encontra expressamente regulado, mas o mesmo decorre, em princípio, da circunstância de o

---

[44] Ver LIMA PINHEIRO (n. 3 [1998]) 212, com mais referências.

comprador responder pelos custos incorridos com a mercadoria a partir da entrega, que tem lugar no meio de transporte[45].

A *obrigação de entrega* é cumprida pelo vendedor, na venda DES, com a colocação da mercadoria à disposição do comprador a bordo do navio no porto de destino acordado e, na venda DEQ, com a colocação da mercadoria à disposição do comprador no cais ou fundeadouro do porto de destino estipulado.

Na venda DAF o vendedor cumpre a obrigação de entrega com a colocação da mercadoria à disposição do comprador no meio de transporte, no lugar designado para a entrega na fronteira. É frequente que se estipule que o vendedor cumpra, por conta do comprador, as formalidades de importação e que assegure, por conta e risco do comprador, o transporte da mercadoria até ao destino final.

Nas vendas DDU e DDP o vendedor deve colocar a mercadoria à disposição do comprador no meio de transporte no lugar de destino designado.

A diferença entre os termos DDU e DDP consiste principalmente em que os "direitos exigíveis na importação" – i.e., os custos e riscos envolvidos no cumprimento das formalidades aduaneiras, os direitos aduaneiros, taxas e outros encargos decorrentes da passagem da mercadoria pela alfândega – são suportados, na venda DDU, pelo comprador, e, na venda DDP, pelo vendedor.

Aliás, de entre as vendas que utilizam termos do grupo D, só na venda DDP é que o vendedor tem de cumprir as formalidades exigidas para a importação da mercadoria.

O *risco do preço* transfere-se no momento em que o vendedor cumpre a sua obrigação de entrega no porto de destino (nas vendas DES e DEQ). Nas vendas DAF, DDU e DDP o risco também se transfere com a entrega da mercadoria.

Esta solução coincide com a que resultaria da Convenção de Viena (art. 69.º), bem como, em minha opinião, do Direito português. Com efeito, o art. 797.º CC, aplicável à venda com expedição simples, exclui a hipótese em que o contrato de venda envolve um transporte da mercadoria e em que o vendedor se obriga a entregar a mercadoria no lugar de destino (venda com expedição qualificada). Por argu-

---

[45] Cf. *HGB Staub Kommentar*/KOLLER (n. 7) § 346 n.ºs 532, 543 e 553.

mento de maioria de razão, esta hipótese não pode ficar sujeita à regra geral do art. 796.º CC, devendo entender-se que a transferência do risco só se opera com a entrega da coisa[46].

Uma vez que o vendedor suporta o risco durante o transporte, embora não esteja obrigado a *segurar* a mercadoria, tem todo o interesse em fazê-lo.

O *preço* deve ser pago no momento estipulado pelas partes, normalmente contra a entrega da mercadoria ao comprador. Se o preço foi pago antes da entrega – por exemplo, contra a apresentação de documentos – e a mercadoria se perdeu ou foi danificada durante o transporte, o comprador tem direito à restituição integral ou parcial do preço[47]. Na omissão das partes, a mesma solução decorre, a meu ver, das atrás referidas regras da Convenção de Viena e do Direito português[48].

---

[46] Cf. PIRES DE LIMA/ANTUNES VARELA (n. 43) Art. 797.º an. 2; RAÚL VENTURA – "O contrato de compra e venda no Código Civil", *ROA* 40 (1980) 305-348, 336; *de iure condendo*, BENTO SOARES/MOURA RAMOS (n. 43) 176.

[47] Cf. TREITEL (n. 20) n.º 21-018.

[48] Observe-se que o momento relevante, perante estas regras, é sempre o da entrega da mercadoria ao comprador no porto de destino, porquanto, mesmo que tenha sido emitido um título representativo da mercadoria, não se trata de uma venda sobre documentos.

THE CONFLUENCE OF TRANSNATIONAL RULES AND NATIONAL DIRECTIVES AS THE LEGAL FRAMEWORK OF TRANSNATIONAL ARBITRATION *

SUMMARY

INTRODUCTION
I. NATIONAL REGULATION OF TRANSNATIONAL ARBITRATION
   A) Sources and methods of national regulation of arbitration
   B) Forms of national control of arbitration
   C) Main models of national regulation and control of arbitration
II. TRANSNATIONAL REGULATION OF TRANSNATIONAL ARBITRATION
   A) Concept, legal force and sources of the Transnational Law of Arbitration
   B) Legal foundation of transnational arbitration
III. DETERMINATION OF THE LEGAL FRAMEWORK OF ARBITRATION BY THE ARBITRATORS
   A) Traditional views on the determination of the legal framework of arbitration (seat of arbitration and autonomy of the parties)
   B) Arbitrators as addressees of Transnational Law of Arbitration as well as of national and supranational directives
   C) Solution of conflicts of national directives
   D) Coordination of the Transnational Law of Arbitration with national directives
BIBLIOGRAPHY

INTRODUCTION

I. Transnational arbitration is, in a *broad sense*, every arbitration that gives rise to problems of determination of its legal framework[1].

---

* 2005.

[1] I have in view exclusively the voluntary arbitration, method of jurisdictional dispute resolution in which, based upon the parties will, the decision is entrusted to a third party. To this purpose a third party is a private person distinct from any of the disputing parties and that does not act on his behalf. For a convergent view see JARROSSON [1987: 367 et seq., maxime 372 e 2001: 19 et seq.], PIERRE LALIVE/GAILLARD [1989: 911 et seq.] and LALIVE/POUDRET/REYMOND [1989: 271].

By legal framework of arbitration it is understood the set of standards (rules and principles) primarily applicable by an arbitration tribunal. The legal framework of the arbitration comprises the standards applicable to all the issues, either procedural or substantive, of the arbitration process, namely the validity of the arbitration agreement, the constitution, jurisdiction and operation of the arbitration tribunal, the determination of the substantive applicable law and the prerequisites of the arbitration award.

These standards can be either "substantive" (material) or "conflictual", i.e., they may either directly regulate the arbitration or refer that regulation to another normative body [2].

For example, Art. 1496 of the French Civil Procedure Code (NCPC), which contains a rule on the law applicable to merits, is a "conflictual" (choice of law) rule. Most of the statutory rules applicable to transnational arbitration, however, are "substantive" (material) rules that directly regulate all the transnational arbitrations that fall under their scope of application.

Arbitration gives rise to problems of determination of its legal framework whenever the *disputed relationship* or the *arbitration itself* has relevant legal connections to more than one country. Thus, the arbitration will be deemed transnational, first of all, where the dispute arises from a transnational relationship, i.e., a relationship that gives rise to a choice of law problem [3]. Where the relationship is domestic, the arbitration will still be deemed transnational if the procedure has a legal relevant connection with more than one country, mainly when the arbitration is held in another country.

Domestic arbitration is the opposite of transnational arbitration. Domestic arbitration is wholly contained in the interior of a national legal order and, therefore, the legal framework of domestic arbitration is defined entirely by such a national legal order [4]. Domestic arbitration does not give rise to problems of determination of its legal framework.

---

[2] For the distinction between substantive rules and choice of law rules see LIMA PINHEIRO [2001: 31 et seq.], with more references.

[3] On the notion of transnational relationship see LIMA PINHEIRO [2001: 18 et seq.].

[4] Without excluding, however, the operation of infranational autonomous sources of law. See also GOLDMAN [1963: 374 et seq.].

Public courts are genetically and organically linked to a country [5]: they are created by the law of a country and are part of its political organization. The law of this country defines their legal framework and establishes their *lex fori*. The standards that form this framework are applied by professional judges, who are subject to a public law code of rules.

Tribunals of domestic arbitration are not created by the law of the country where they are seated, nor are generally envisaged as State authorities either, but they are wholly contained in the social sphere of that country and, therefore, they are wholly submitted to the law of that country [6].

Transnational arbitration tribunals are in a different position: besides not being created by the law of a country nor being part of its political organization, they have relevant legal connections to more than one country and, therefore, no country holds exclusive jurisdiction to define their *legal framework*. Consequently, these tribunals do not have a *lex fori* as the public courts do and are not governed by a singular national system of Conflict of Laws [7].

---

[5] In a federal State the federal courts are linked to the union and the State courts are linked to the respective State of the union.

[6] See also OPPETIT [1998: 84 et seq.].

[7] This is the largely prevailing opinion in the arbitration case law – cf., namely, *ad hoc* in the case *BP v. Libya* (1973) [*ILR* 53 (1979) 297], VII/1, e CCI n.º 1512 [*Clunet* (1974) 904 with approving annotation of DERAINS] – and among the authors – cf. BALLADORE PALLIERI [1935: 302 et seq. and 340]; KLEIN [1955: 205 et seq.]; BATIFFOL [1957: 111, 1973a: 325 et seq. and 1973b: 26]; CURRIE [1963: 785]; FOUCHARD [1965: 366 and 378 et seq.]; GENTINETTA [1973: 74 et seq.]; DEBY-GÉRARD [1973: 199 et seq.]; PIERRE LALIVE [1976: 159 et seq., 1977: 156 and 305 et seq. and 1991: 44]; EISEMANN [1977]; SCHNITZER [1977: 298 et seq.]; JULIAN LEW [1978: 535] apparently approved in this point by LAGARDE [1981: 220]; VON MEHREN [1982: 222-223 e 226-227]; LOQUIN [1983: 298]; JACQUET [1983: 113]; MAYER [1982: 214 and 1992: 276]; DERAINS [1984: 75]; FERRER CORREIA [1984/1985: 27 et seq. and 1989: 204 et seq.]; FUMAGALLI [1985: 467]; DROBNIG [1987: 98-99 and 106]; BASEDOW [1987: 16]; CHRISTIAN VON BAR/MANKOWSKI [2003: 84] keeping the opinion defended in the previous edition; BUCHER [1987: 214 and 1996: 48 et seq.]; RIGAUX [1988: 310]; LIPSTEIN [1988: 177]; SCHLOSSER [1989: 162 et seq.]; LALIVE/POUDRET/REYMOND [1989: 395 et seq.]; BONELL [1993 n.º 3]; BATIFFOL/LAGARDE [1983: 577-578]; STEIN [1995: 71 et seq. and 122 et seq.]; FOUCHARD/GAILLARD/GOLDMAN [1996: 654]; BENEDETTELLI [1997: 913]; LIMA PINHEIRO [1998: 572 et seq.]; RECHSTEINER [2001: 92]; OPPETIT [1998: 30 e 85]; BERNARDINI [2000: 198], GRIGERA NAÓN [2001: 221 et seq.]; BERGER [2001: 41]; RUBINO-SAMMARTANO [2002: 500 and 995]; FERNÁNDEZ ROZAS [2002: 46], although defending that the

The fact that transnational arbitrations are held in the territory of given countries is not irrelevant but has a limited significance. The place where an arbitration takes place is determined by the parties or, in their omission, by the arbitrator frequently upon considerations of convenience and opportunity. Often the choice falls upon a "neutral" country, which has no connection with the disputed relationship. Furthermore, in some cases an arbitration is conducted in more than one country and, in principle, it is even possible an arbitration by correspondence or videoconference, in which the parties or the arbitrators never actually meet in a given place.

By denying that the transnational arbitration tribunals have a *lex fori* which, *a priori*, may define their legal framework, I do not dispute that the countries with a significant relationship with the arbitration hold concurrent jurisdiction to regulate as well as to control the arbitration.

Transnational arbitration is in further contact with standards that are formed in the community of international trade operators and may be faced with claims of applicability of supranational standards (either international or from a regional community).

Therefore, transnational arbitration unavoidably gives rise to *problems of determination of its legal framework*.

II. In the course of transnational arbitration, or in connection therein, it is necessary to determine the law applicable to certain issues, *maxime* to the aspects of the *arbitration agreement* that are not directly regulated and to the *merits of the dispute*.

Either the arbitrators or, in given circumstances, the public courts in the exercise of their functions of assistance and of control

---

arbitration is always linked to the law of the country where it seats. See further BENTO SOARES/MOURA RAMOS [1986: 386] and BOTELHO DA SILVA [2004: 15 et seq.]. This doctrine was adopted by the Geneva Convention on the International Commercial Arbitration (1961) – Art. 7/1 –, by the UNCITRAL Model Law (Art. 28/2) and by the Arbitration Rules of UNCITRAL (Art. 15/1), CCI (Arts. and 17/1) and AAA (Arts. 16/1 and 28/1). Also the US Supreme Court, in the judgment rendered in the case *Mitsubishi Motors* (1985) [473 U.S. 614], held that "*the international arbitral tribunal owes no prior allegiance to the legal norms of particular states*". See also JUENGER [1990: 214] and VON MEHREN/JIMÉNEZ DE ARÉCHAGA [1989a: 107 et seq.]. The contrary view is sustained by some of the supporters of the seat theory (*infra* III. A) – see, namely, MANN [1967: 160].

of the arbitration or at the stage of enforcement of the arbitration award may be faced with issues related to the formation, validity, effects and interpretation of the arbitration agreement. Many of these issues are regulated directly through substantive rules or principles[8]. Where, however, this does not occur, and unless the arbitration agreement is merely a domestic one, it becomes necessary to choose the applicable law.

In order to decide the dispute that is subject to arbitration, transnational arbitration tribunals have first to choose the law (or the non-normative criteria of decision) applicable.

The problem of the determination of the legal framework of arbitration arises autonomously in a logically previous moment in relation to the choice of the law applicable to the arbitration agreement and to the merits. In fact, the conflict standards (rules and principles) that shall be used in the choice of the applicable law belong to the legal framework of the arbitration. Before choosing the law applicable to these issues it is necessary to determine the conflict standards that guide that choice.

III. The problem of determination of the legal framework of the arbitration is not the object of a *unitary approach* in many works devoted to the transnational arbitration. Frequently, this problem is let us say diluted in the chapter on the law applicable to the arbitration agreement, the "law governing the procedure" and the law applicable to the merits of the dispute. This approach shall not be approved, due to several reasons.

Firstly, this approach leads to confusion between the moment of the determination of the relevant conflict law and the moment of the choice of the applicable substantive law (which is the result of the operation of that conflict law). It would be otherwise if the arbitrators were not bound by any conflict standards in the choice of the "substantive" (material) applicable law. Nevertheless, this is not my understanding[9].

---

[8] See LIMA PINHEIRO [2005 §§ 7 and 8, 21-23].
[9] See LIMA PINHEIRO [2005 §§ 21 e 25].

Secondly, according to the main national systems, as well as before the standards developed by the arbitration case law and by rules of arbitration centers, there is no place for a choice of the "law governing the procedure". The national and transnational sources delegate to the parties and, in their omission, to the arbitrators, the shaping of the governing procedural rules within the limits drawn by a few fundamental principles [10]. To embrace, under such a formula, the whole problem of determination of the legal framework of the arbitration is misleading, because there are rules and principles at stake other than procedural and because, as I will try to demonstrate later (*infra* III A), this problem cannot be solved through the choice of a law based upon a multilateral choice of law rule [11].

Lastly, the problem of the determination of the legal framework of the arbitration is common not only to these aspects but also to others (such as, for example, the prerequisites of the arbitration award) and shall be envisaged from a unitary point of view, since the ideas and the criteria put forward to deal with it are, in principle, applicable to all of its aspects.

From the point of view adopted in the present article, the determination of the legal framework of transnational arbitration requires the consideration of certain national directives emanated from the countries that hold jurisdiction to regulate the arbitration. The legal framework of arbitration is formed by legal standards and, therefore, are the normative directives which are at stake here.

This feature of the determination of the arbitration's legal framework displays some parallel with the subject of relevance of judgments rendered by public courts to the transnational arbitration tribunals, namely the binding of the arbitration tribunals by the res *judicata* formed by judgments and by injunctions pursuing the prevention, suspension or cessation of the arbitration process. The present article does not deal with this subject, which does not concern the determination of the legal framework of the arbitration. The same shall be said regarding the less frequent case of public administrative acts concerning the arbitration.

---

[10] See LIMA PINHEIRO [2005 § 24].

[11] I.e., a choice of law rule that may refer either to the law of the forum or to a foreign law.

IV. The determination of the legal framework of the transnational arbitration is marked by an irreducible relativism. The determination of the legal standards that shall be applied by the arbitration tribunal may be envisaged from the point of view of each one of the national legal orders that have a significant relationship with the arbitration, from the point of view of a Transnational Law of Arbitration (shaped by standards which are formed independently from the action of national and supranational authorities) and, still, from the perspective of the arbitration tribunal itself.

The global comprehension of the issues related to the determination of the legal framework of the arbitration demands a reflection from the different perspectives that correspond to the national legal orders with a significant relationship with the arbitration, to the Arbitration Transnational Law and to the arbitration tribunal [12]. The attempts to solve the problem in absolute and universally valid terms frequently resemble the attempt to square the circle.

Thus, the present article is organized around three axes: national regulation of arbitration (I), transnational regulation of arbitration (II) and determination of the legal framework of the arbitration by the arbitrators (III). It shall be stressed that the point of view of the arbitration tribunal is the most important for this article, since it is from this point of view the most complex and pressing issues on the determination of the legal framework of the arbitration arise. For this reason the III Part, dealing with the determination of the legal framework of the arbitration by the arbitrators, has a conclusive character, converging in it the elements gathered in the two first parts.

The present article summarizes the points of view advanced in my book "Arbitragem Transnacional – A Determinação do Estatuto da Arbitragem" [13].

---

[12] The relativism, which postulates the recognition of a plurality of points of view equally relevant, and the pluralism, which demands the participation of a plurality of subjects in the scientific knowledge and in the obtaining of solutions for the social problems are by KAUFMANN [1997: 297 et seq.] raised to basic concepts of the Philosophy of Law in the modern democratic societies.

[13] Editora Almedina, Coimbra, 2005.

I. NATIONAL REGULATION OF TRANSNATIONAL ARBITRATION

A) Sources and methods of national regulation of arbitration

In the main national legal orders the arbitration is regulated by supranational, national, infranational and transnational sources.

The *supranational sources* are essentially *international conventions,* which may be of universal or of regional scope.

The main international convention of *universal scope* is the New York Convention on the Recognition and Enforcement of Foreign Arbitral Awards (1958). More than 50 countries are parties, including the most influential in the field of arbitration. The Convention regulates only the recognition of the arbitration agreement and the recognition and enforcement of foreign arbitration awards.

It shall be emphasized that, according to the best understanding, this Convention obliges the Contracting States to recognize "foreign" arbitration awards even where the arbitration has not been organized under a national legal order and even where the arbitrators have not applied national law to the merits of the dispute [14]. It is so, unless the award has been set aside or suspended in the country in which, or under the law of which, it was made (Art. 5/e).

Among the conventions of *regional scope* shall be mentioned the European Convention on International Commercial Arbitration (Geneva, 1961), the Inter-American Convention on International Commercial Arbitration (Panama, 1975), the *Acordo sobre Arbitragem Comercial Internacional do Mercosul* (Buenos Aires, 1998) and the twin agreement among the *Mercosul,* Bolivia and Chile (Buenos Aires, 1998) [15].

The *European Convention* results from the work carried out by the European Commission for Europe of the United Nations (ECE/UN) and had originally in view to further the arbitration in East-West relations [16]. Are admitted as parties to the Convention the member countries of the ECE/UN as well as the countries admitted to the Commission in a consultive capacity. On 24 October 2002, 26 coun-

---

[14] See LIMA PINHEIRO [2005 § 30], with more references.
[15] See ZANETTI [2002: 637 et seq.] and FERNÁNDEZ ARROYO (org.) [2003: 217 et seq.].
[16] See KLEIN [1962: 624].

tries were parties to the Convention, including Germany, France and Italy. The Convention systematically regulates the arbitration, with exception of the recognition and enforcement of foreign decisions. A working group of the ECE/UN is studying the possibility of revision of the Convention.

The *Inter-American Convention on International Commercial Arbitration* has been approved in the first Inter-American Specialized Conference of Private International Law, held in Panama, in 1975. The Convention has been ratified by the majority of American countries, including the USA and Brazil, although it has been said that its practical meaning is limited[17]. As far as I have notice Portugal was the sole Non-American country to have accessed to this Convention.

The Inter-American Convention regulates the recognition of the arbitration agreement; delegates to the arbitration parties the regulation of the constitution and operation of the arbitration tribunal, referring, in their omission, to the rules of procedure of the Inter-American Commercial Arbitration Commission (IACAC)[18]; provides for the legal force of the arbitration award and regulates the recognition and enforcement of the "foreign" awards in terms similar to the New York Convention.

At the level of *national sources* it has been acknowledged that since the nineteen sixties there has been a strong harmonizing tendency, furthered by the international conventions that have just been mentioned and by the Model Law on International Commercial Arbitration adopted by UNCITRAL in 1985[19]. The United Nations General Assembly, meeting on 11 December 1985, recommended to all the Member States that they have this model in mind in the elaboration or revision of their arbitration statutes. This Model Law inspired, until 16 April 2004, the statutes of 49 States and autonomous territories, and, among them, the statutes of Australia, Canada, Germany,

---

[17] Cf. SAMTLEBEN [1980: 266 et seq.].

[18] The "rules of procedure" of the IACAC are based, since 1978, in the UNCITRAL Arbitration Rules, adopted by the Resolution no. 31/98, of the United Nations General Assembly (1976) – see MONTOYA ALBERTI [1999: 83 et seq.]. The version of the IACAC Rules presently in force has been adopted in 2000 – see Adriana POLANIA – "Inter-American Commercial Arbitration Commission", *Yb. Comm. Arb.* 27 (2002) 331.

[19] See SANDERS [1995].

Greece, Hong-Kong, Ireland, Macao, the Russian Federation, Scotland, Spain and some US States [20].

We are thus witnessing a *process of globalization* of basic notions, techniques and fundamental principles of transnational arbitration. Already in 1992 BLESSING stressed that while in the fifties an arbitration held in London was substantially different from one held in New York, Tokyo, Paris or Zurich, it was possible to assert that, at the time, the basic parameters have become similar if not, to a large extent, almost identical [21]. Notwithstanding, the same author pointed out a certain deviation of developing or semi-developing countries in relation to some of these basic parameters [22]. In the following years globalization has moved forward, relying upon a change of attitude from many of these countries.

In the main national systems the most important *national source* is the statutes.

Most of these systems have recent [23] or relatively recent [24] statutes on voluntary arbitration. A few of these systems, however, have older statutes [25].

Although the English and US legal orders, as members of the *Common Law* family, adopt the system of *stare decisis* (binding precedent), thus assigning a specially important role to court decisions as a source of law, it is a fact that statutes are today the main national source of Arbitration Law. This does not prevent the case law of national courts from playing an important role not only in matters that are not regulated by the arbitration acts but also within the scope of these acts.

---

[20] See http://www.uncitral.org/en-index.htm.
[21] 81-82 and 88.
[22] 82 et seq.
[23] Namely Arts. 806-840 of the Italian Civil Procedure Code, with the redaction given in 1994; "English" Arbitration Act of 1996; Brazilian Arbitration Act from 1996; Arts. 1025-1062 German Civil Procedure Code, with the redaction given in 1997.
[24] Namely Arts. 1442-1069 of the French Civil Procedure Code of 1981; Portuguese Arbitration Act of 1986, with minor modifications from 2003; Arts. 1, 7 and 176-194 of the Switzerland Federal Act of Private International Law of 1987.
[25] Namely, in the US, the *Federal Arbitration Act* of 1925, with amendments of 1970 and 1990, and the statutes of the States of the Union. In Switzerland, in respect of domestic arbitration, it is in force the *Concordat sur l'arbitrage* of 1969.

Infranational and *transnational sources* are autonomous sources in relation to the national and supranational authorities, mainly the rules of the arbitration centers and the custom based upon arbitration case law. The distinction between these two sources can be drawn with reference to the social sphere of a country: infranational sources are contained within this sphere, transnational sources go beyond this sphere.

The custom based upon arbitration case law and the rules of the arbitration centers are the main transnational sources of Arbitration Law [26]. In fact, the rules created by these processes are recognized as binding standards of conduct in the arbitration circles or within the scope of the arbitration center that has enacted them and are applicable by the arbitration courts independently from the point of view taken by a singular national legal order [27]. Transnational arbitration tribunals even apply primarily standards from transnational source.

These sources operate mainly on an autonomous plane in relation to the national legal orders, embodying a Transnational Law of Arbitration (*infra* II. A). Nonetheless, it shall not be excluded that legal national orders may give relevance to these sources and that, consequently, the rules thereby created may be applied by national courts when dealing with arbitration issues. This is particularly obvious in respect to the rules of arbitration centers: in the decision of many arbitration issues the national courts must take into consideration the rules of the center chosen by the parties.

The rules of arbitration centers are sources of contractual provisions since, through a suitable reference made by the parties, their rules may be incorporated in the arbitration agreement [28].

Furthermore, the rules of arbitration centers are sources of law too [29]. The provisions therein contained are characterized by the generality, inasmuch as their addressees are indeterminable at the time of

---

[26] The recognition of these transnational sources is due, in first place, to FOUCHARD [1965: 41 et seq.]. See also FOUCHARD/GAILLARD/GOLDMAN [1996: 169 et seq.].

[27] See, for example, CCI no. 8938 (1996) [*Yb. Comm. Arb.* 24 (1999) 174], in which it was clearly held that the provision of the CCI Arbitration Rules at stake is an "independent rule of International Arbitration Law".

[28] See MAYER [1989: 389] and BERGER [1993: 485 et seq.].

[29] For a convergent view, see MARRELLA [2003: 579 and 722 et seq.]. VON HOFFMANN [1976: 4], BÖCKSTIEGEL [1982: 706] and BERGER [1993: 488-489] hold the contrary opinion.

the adoption of the rules. These addressees are not only the arbitrators but also the parties themselves. These rules are applied by the arbitration court that operates within the scope of the respective center independently from a reference made in the arbitration agreement. Their applicability results automatically from the submission of the dispute to the respective arbitration center. Therefore, they are not a mere model of regulation that only binds through an incorporation in the arbitration agreement or in other agreement concluded between the parties, between the parties and the arbitrators or between the arbitrators and the entity which administrates the arbitration center [30].

The rules of arbitration centers are created by private institutions and are applied by the tribunals that operate within their scope independently of the relevance assigned to them by a singular national legal order. They are, for all these reasons, transnational other infranational sources of Arbitration Law.

Among many rules of arbitration mentioned shall be made of the Arbitration Rules of the International Chamber of Commerce (CCI, 1998), the Rules of the *London Court of International Arbitration* (LCIA, 1998), the Arbitration Rules of the *American Arbitration Association* (AAA, 2003) and the Arbitration Rules of the World Intellectual Property Organization (WIPO, 2002). A further mention shall be made of the UNCITRAL Arbitration Rules (1976), that are adopted in many *ad hoc* arbitrations [31].

---

[30] According to one understanding, the submission to autonomous provisions, namely the acceptation of the articles of association by the new members, would have always a contractual character – see MEYER-CORDING [1971: 75, 97 et seq. and 131 et seq.]. This understanding, however, is challenged by other authors: FLUME [1983: 315 et seq.] sustains that the binding force of the articles of association to the new members derives from the quality of member, not from an autonomous act of "submission". In any case, neither the delimitation of the addressees within the personal scope of the institution nor the possible contractual source of the provisions excludes its characterization as legal rules – cf. MEYER-CORDING [1971: 83 et seq. and 97 et seq.].

[31] The adoption of these rules by agreement of the parties of international contracts has been recommended by a resolution of the United Nations General Assembly adopted on 15 December 1976.

B) Forms of national control of arbitration

The national control of arbitration is the necessary counterpart for the concession of jurisdictional effects to the arbitration award[32].

As a matter of fact, in the present stage of the organization of the international community, in which there is no international court with jurisdiction to control the transnational arbitration, the national legal orders are only willing to assign jurisdictional effects to a decision rendered by private persons under the condition of being allowed to exercise some control over the arbitration or, at least, over the jurisdictional effects of the award[33]. This control is mainly designed to assure that the jurisdiction of the arbitrators is based upon a valid arbitration agreement, that a few fundamental principles regarding the procedure are respected and that the decision is compatible with some fundamental standards of the forum legal order.

Before the main systems this control is made mainly at three stages:
- at the stage of court reviewing of the "national" arbitration award;
- at the stage of ordering the enforcement of the "national" arbitration award;
- at the stage of recognition of the "foreign" arbitration award.

The clearly prevailing tendency to abolish the need of a recognition procedure or of homologation of "national" arbitration awards is to a larger extent justified by the policy of promoting the arbitration and avoiding additional costs and delays. This tendency gives rise, however, to two questions.

On the one hand, it could be asked if the criterion adopted for the distinction between "national" and "foreign" awards is functionally appropriate to the difference of treatment arising therefrom[34].

On the other hand, arbitration tribunals are not national authorities and, therefore, the awards they render are always decisions external to the national legal order. In light of this, it seems that whenever the arbitration award is invoked before a national court a control of

---

[32] In general, on the national control of arbitration, see DEBY-GÉRARD [1973: 199 et seq.], DASSER [1989: 299 et seq.], GOTTWALD [1987: 59] and PARK [1997: 156 et seq.].
[33] See also PETER BEHRENS [1993: 15 et seq.] and BERNARDINI [2000: 7].
[34] On this topic see LIMA PINHEIRO [2005 §§ 35-36 and §§ 29 et seq.].

the conformity of the arbitration with some fundamental standards should be possible. The generality of the systems establishes this control in what concerns the enforcement of the arbitration award. It would be conceivable that this control also took place where the *res judicata* effect of the "national" arbitration award is raised incidentally in a suit brought in a national court.

The methods of national control of the arbitration in the main national systems are to a large extent based upon the model established by the New York Convention. According to this Convention the national control of arbitration is assured by a primary jurisdiction – the jurisdiction from the country in which, or under the law of which, the award was made – and a secondary jurisdiction – the jurisdiction from the recognition country [35].

The primary jurisdiction has the power of reviewing the "national" arbitration award (in principle under the request of one of the parties) and the secondary jurisdiction is in charge of the recognition of the "foreign" arbitration award. The setting aside of the award in the primary jurisdiction deprives the award of effects both in the forum country and in all the countries that do not recognize awards nullified by the primary jurisdiction. The control exercised by the secondary jurisdiction is confined to effects of the award in the legal order of the recognition country.

Nevertheless, the Convention does not exclude that the Contracting States, based upon their domestic law, recognize awards nullified in the country of origin [36]. Some national courts have taken advantage of this possibility.

According to a more radical proposal, the court reviewing should even be abolished [37]. The arbitration awards might no longer be set aside in the country of origin and would only be subject to national control in the country where their recognition or enforcement was sought [38].

---

[35] See REISMAN [1992: 113-114].

[36] See LIMA PINHEIRO [2005 § 30], with more references.

[37] See FOUCHARD [1997: 351 et seq.] and GIRSBERBER [1999: 255 e 260].

[38] This solution has been enacted in Belgium (Art. 1717/4 of the *Code judiciaire*), in 1985, regarding the arbitrations between parties without a personal link with Belgium, but partially waived in 1998 – Art. 1717/4 of the *Code judiciaire* only allows that parties

In favor of the control of the arbitration award in the country of origin, however, there is a decisive reason: the losing party shall be entitled to see the validity of the award ruled definitively in a sole national jurisdiction[39]. Otherwise, the party who has obtained a favorable award may attempt to recognize and enforce an award successively in several countries, compelling the other party to comply with a flawed award or to bear the costs of an opposition to the enforcement in all these countries. The legitimate interest of the losing party in a definitive judicial ruling on the validity of the award is reinforced by the risk of incurring serious "social" sanctions for non-compliance which do not depend on the intervention of a court[40].

C) Main models of national regulation and control of arbitration

The position taken by a national legal order regarding the regulation and control of arbitration may correspond to four main models: a non-recognition system, a non-intervention system, an assimilation system and a framing system

The *non-recognition system* is opposed to all the other systems which are founded on the principle of recognition of arbitration as a method of jurisdictional dispute resolution. This system denies the procedural effect of the arbitration agreement and the jurisdictional effects of the arbitration award.

This system was to some extent adopted by the "socialist" countries which did not allow the arbitration or only allowed it in external

---

without a personal link with Belgium waive the resort to an annulment action by agreement. This last solution is inspired by Art. 192 of the Switzerland Federal Act of Private International Law – see HORSMANS [1997: 500 et seq.].

[39] See VAN DEN BERG [1981: 355-356], PARK [1983: 30-31, 1999: 818-819 and 2001: 599-600], REMIRO BROTÓNS [1984: 236-237], REISMAN [1992: 117], POUDRET [2000: 775 et seq.], GOODE [2000: 262] and POUDRET/BESSON [2002: 904-905 and 963-964].

Since this primary jurisdiction is founded, in first line, in the interest of the parties, it shall be honored, in its determination, the parties will – see also REISMAN [1992: 117]. This points in the direction of the primary jurisdiction being , in principle, the country of the *conventional seat of the arbitration* fixed by the parties or, in their omission, by the arbitrators, even if the proceedings are held in another country – see LIMA PINHEIRO [2005 § 35].

[40] See LIMA PINHEIRO [2005 Introduction I]. Exceptionally, it shall be allowed the recognition of decisions nullified in the country of origin, when the annulment in the country of origin is contrary to the public policy of the recognition country.

relations[41]. Thus, until 1987, in the countries of Eastern Europe, arbitration was only allowed in respect of disputes arising from "private relationships" between legal persons from different countries in matters of international trade or of other international economic, scientific or technological relationships[42]. These arbitrations were carried out by permanent arbitration tribunals which operated in the frame of the Chambers of External Commerce of these countries[43].

The reconversion of these "socialist" countries in market economies has generally been joined by an evolution in the direction of acceptance of the arbitration and of adoption of a framing system[44].

As *systems of recognition* of the arbitration, the non-intervention system and the assimilation system represent opposite poles in the national regulation and control of arbitration.

The national legal order which adopts the *non-intervention system* declines to define or even to frame the legal framework of the arbitration, confining itself to the definition of the conditions under which the arbitration agreement may exclude the judgment of the case by a court and the arbitration award may produce its effects as a jurisdictional act in the domestic sphere.

Close to this non-intervention system are those legal orders that exclude the court reviewing of awards rendered in arbitrations that are conducted within its sphere, as well as, although more loosely, those that allow the waiving of the annulment action by agreement of the parties. I have previously stated the reasons why I do not advocate this solution (*supra* I. B).

In the opposite extreme, a legal order that follows the *assimilation system* puts the legal framework of arbitration and of national courts as far as possible on the same footing. The jurisdiction of the arbitration tribunal still depends on the conclusion of an arbitration agreement, but the national order endeavors to systematically regulate the organization of the tribunal and the arbitration process; and, in principle, the national order directs the arbitration tribunal to determine the law governing the merits of the dispute according to the conflicts law applicable by the national courts.

---

[41] Cf. RENÉ DAVID [1987: 113 et seq.].
[42] See SANDERS [1996 no. 61].
[43] See SANDERS [1996 nos. 61 et seq.].
[44] See SANDERS [1996 no. 65].

The traditional attitude in some systems favored a certain assimilation of arbitration tribunals seated in the territory of one country with its courts. An expression of this attitude could be found, for instance, in the understanding that the arbitration courts should apply the general conflicts law in force in the legal order of this country. This was the conception that prevailed in the resolution approved by the *International Law Institute* in its sessions of Amsterdam, 1957, and Neuchâtel, 1959[45]. It was also, basically, the position of the English law regarding the tribunals seated in English territory, notwithstanding the possibility of choice by the parties of the national law applicable to the arbitration agreement, as well as to the arbitral procedure, based upon the English choice of law rules[46]. Nonetheless, the evolution operated by the "English" Acts of 1979 and 1996 has clearly lead to a framing system.

Among the main motives for resorting to arbitration is the search for a justice that is quick and appropriate to the case. The interest for the arbitration as an alternative method of dispute resolution would be greatly impaired if the arbitration tribunals were subject to the same procedural rules (and in the transnational arbitration, to the same conflicts law) than the national courts[47].

Considering that the transnational arbitration is subject to concurrent jurisdictions of regulation and control of a plurality of countries, the national regulation, even if endeavoring to honor the specificity of the arbitration, is a potential source of conflict of national directives and of other difficulties for the operation of the arbitration[48].

By respecting a wide sphere of action of the parties and the arbitrators, the countries allow them to formulate the solutions most appropriate to the nature and circumstances of the case and ease the development of transnational rules based upon the arbitration case law and rules of the arbitration centers.

---

[45] In the same direction see the reports of SAUSER-HALL.

[46] Cf. MANN [1967: 160 et seq., 1968: 363-364 and 1984: 197-198], *Dicey & Morris* [12.ª ed., 574 et seq.] and REDFERN/HUNTER/SMITH [2.ª ed., 75 et seq. and 91 et seq.]. See, for a critical view, PIERRE LALIVE [1977: 305 et seq.].

[47] See VON MEHREN [1982: 220 et seq.].

[48] See also the considerations of STEIN [1995: 76 et seq.].

Therefore, the countries shall not seek the systematic regulation of transnational arbitration according to an ideal and technically perfect model; the guiding ideas of their normative action shall rather be the definition of the best possible framing of the parties and the arbitrators autonomy and the respect for the operation of the transnational arbitration rules within certain basic limits that they cannot give up.

We are thus lead to a *framing system*, which represents a compromise between the aforementioned extreme positions. According to this system, the legal framework of the arbitration is outlined by the arbitration law in force in the internal order, which delegates to the parties and to the arbitrators the determination of the greater part of the rules that will shape this legal framework.

The main national legal orders have adopted this system. The Geneva Convention from 1961 and UNCITRAL Model Law have given a substantial contribution to the wide acceptance of this framing system.

The framing system honors the specificity and the autonomy of the transnational arbitration, without giving up some fundamental requirements of procedural justice, the establishment of some rules that are normally important for the good operation of the arbitration and of the general criteria on the determination of the law applicable to the merits.

II. TRANSNATIONAL REGULATION OF TRANSNATIONAL ARBITRATION

A) Concept, legal force and sources of the Transnational Law of Arbitration

By *Transnational Law of Arbitration* it is understood the set of standards (rules and principles) applicable by the arbitration tribunal and that are formed independently from the action of national and supranational authorities.

It has been aforesaid that transnational arbitration, although not immunized before the jurisdiction to prescribe of the countries that have a significant relationship with the arbitration, enjoys a large autonomy in relation to the singular national legal orders. This autonomy allows that its legal framework be in first line defined by transnational law [49].

The existence of a Transnational Law of Arbitration was pointed out, already in 1965, by FOUCHARD, who refers to the birth and development of a "law of the practicians of international commercial arbitration", created by "international community of merchants" [50]. VON MEHREN advocates also resorting to "anational" procedural rules and autonomous choice of law rules [51]. The possibility of the formation of autonomous standards is recognized by other authors in what concerns this second aspect [52]. The aforementioned (*supra* I. A) globalization of basic notions, techniques and fundamental principles of the arbitration favors considerably this development.

The processes generally recognized in the arbitration circles as suitable for the creation of legal standards applicable to the transnational arbitration are *custom* and *regulation by arbitration centers* [53].

When speaking of custom, I have mainly in mind the *custom based upon arbitration case law*, which results from the integration in the legal conscience of the arbitration circles of solutions developed by a uniform and steady arbitration case law. Transnational Law of Arbitration is a favorable ground for the development of custom based upon arbitration case law, thanks to the self-limitation

---

[49] See STEIN [1995: 94-95] and LIMA PINHEIRO [1998 § 11 C].

[50] 1965: 41. See also FOUCHARD/GAILLARD/GOLDMAN [1996: 169 et seq.]. Compare DASSER [1989: 70-71] and POUDRET/BESSON [2002: 100].

[51] 1982: 220 et seq.

[52] See GOLDMAN [1963: 366, 380 et seq. and 415 et seq.]; HELLWIG [1984: 421]; LOUSSOUARN/BREDIN [1969: 43-44], DERAINS [1972: 99 et seq.], VON MEHREN [1982: 224 et seq.], PIERRE LALIVE [1982] and BUCHER [1987: 214 et seq.]. As emphasized by STEIN [1995: 142 et seq.], in what concerns the determination of the applicable law one shall not expect the development of a autonomous conflict system based on fast choice of law rules, since the prevailing tendencies shown in the arbitration case law, in the cases where the parties did not provide on the applicable law, point otherwise; nonetheless, this does not mean the impossibility of development of standards on the determination of the law most appropriated to the case. See further the references made by ISABEL VAZ [1990: 166, footnote 228 and 205-206] and by MARQUES DOS SANTOS [1991: 685 e 689-690].

[53] The recognition of these transnational sources of arbitration law is due, in first place, to FOUCHARD [1965: 41 et seq.].

that characterizes the national and supranational regulation of arbitration, to the arbitration tribunal non-submission to a singular national legal order and to the fact that normally the parties do not define the applicable procedural rules[54].

The reasons why the *rules of arbitration centers* shall be deemed sources of law were aforementioned (*supra* I. A).

The transnational arbitration tribunals apply, primarily, standards from transnational sources. Certainly the binding effect of Transnational Law of Arbitration is limited by the need of taking into consideration some directives emanated from the countries that have a significant relationship with the arbitration or in whose courts the enforcement of the award may be sought. Notwithstanding, as far as possible, arbitrators shall honor the claim for applicability of Transnational Law of Arbitration standards[55].

Having in mind this set of sources it becomes clear that the *institutional arbitration* is on quite a different footing from the *ad hoc arbitration* in what concerns the transnational regulation. The institutional arbitration is systematically regulated by the rules of arbitration center and, consequently, is subject to a developed set of transnational rules[56], while the autonomous standards that are part of the legal framework of *ad hoc* tribunals are essentially from customary arbitration law, are in limited number and, in most cases, display a high degree of indetermination.

The inventory of the standards of customary law of transnational arbitration is still to be done. It seems unquestionable that in transnational arbitration the arbitrators regard themselves as bound by some rules and principles concerning the validity of the arbitration agree-

---

[54] See also SMIT [1997: 110].

[55] For a convergent view, see GOLDMAN [1963: 363 et seq. and 413 and 1964: 189]; FOUCHARD [1965: 378 et seq.]; LOUSSOUARN/BREDIN [1969: 43-44]; DERAINS [1972: 99 et seq.]; VON MEHREN [1982: 224 et seq.]; PIERRE LALIVE [1982]; BUCHER [1987: 214 et seq.]; and STEIN [1995: 84 et seq.]. See still the references made by ISABEL VAZ [1990: 166, footnote 228 e 205 et seq.], MARQUES DOS SANTOS [1991: 685 e 689 et seq.], BERGER [1993: 544 et seq.], SCHWARTZ in *Transnational Rules in International Commercial Arbitration, ICC Institute of International Business Law and Practice*, Paris, 1993, 59 and GAILLARD [1995: 15-16].

[56] The point has been already pointed out by FOUCHARD [1965: 303 et seq.].

ment, the parties freedom to choose the law applicable to the merits of the dispute and the relevance of trade usages[57].

Furthermore, some fundamental procedural principles shall be deemed part of Transnational Law of Arbitration, which are common to a large majority of national systems, such as the "adversary principle" and the "equality of the parties principle" (due process)[58].

The development of the Transnational Law of Arbitration is also desirable from a *legal policy* point of view[59].

First of all, the rules of Transnational Law of Arbitration are created in the arbitration *milieu*; this assures their appropriation to the specificity of transnational arbitration.

As international uniform rules they offer the best possible solution, at the present stage of the organization of the international community, to the regulation problems of transnational arbitration.

The legal force of these rules does not prevent the applicability of mandatory rules of national law, insofar as this legal force does not interfere, in principle, with the duty to take into consideration some national directives (*infra* III. B).

Lastly, the requirement of conformity with general principles of law and fundamental principles accepted in the international community assures that the arbitrators and the parties are not bound by solutions contrary to the internationally prevailing concepts of justice.

B) Legal foundation of transnational arbitration

With the recognition of a Transnational Law of Arbitration autonomous in relation to national legal orders one has still not answered the question about the legal foundation of transnational arbitration, i.e., the source of the jurisdiction of the arbitration tribunal, of the legal effects of procedural acts done by the arbitrators and the parties and of the jurisdictional effects of the arbitration award.

---

[57] See LIMA PINHEIRO [2005 §§ 44 et seq.]. The *Central – Transnational Law Data Base* [no. XIV.2 *in* www.tldb.de], with more references to case law and literature, suggests that already is part of the Arbitration Transnational Law the rule according to which the arbitration process is not interrupted in case of being declared the bankruptcy of one of the parties.

[58] Cf. GOLDMAN [*in Colloque de Bâle sur la loi régissant les obligations contractuelles* (cit.), 1983: 193] and PIERRE LALIVE [1986 nos. 47 et seq.].

[59] Compare POUDRET/BESSON [2002: 100] and SMIT [1997: 97].

According to the traditional view, which still prevails in Common Law systems and in Germany, every arbitration has its roots in a legal order, that is its *base legal order* [*ordre juridique de base*], to employ an expression that has arisen in the context of the State contracts[60]. As well as the arbitration of International Law (mainly between States and/or international organizations) is rooted in the international legal order, every domestic or transnational arbitration would be rooted in a national legal order[61]. The legal framework of every transnational arbitration would be defined by a national legal order – the "law of arbitration" – which would be the foundation [*Grundnorm*] of the effects of the arbitration agreement and of the arbitration award[62].

In this direction a reference may be made to the often cited metaphor formulated by RAAPE: the "arbitration tribunal is not lifted over the land, does not soar in the air, it shall in any place land, in any place be ´connected to the ground`"[63].

This doctrine denies the existence of an autonomous legal order of the international trade in which the transnational arbitration may be founded, and alleges that, albeit the arbitration is grounded in the parties autonomy, this autonomy is not an original legal power, but derived from a delegation or permission of the national legal order.

It is further argued that any transnational arbitration, either domestic or transnational, may occasion the intervention of national courts, either at the stage of court reviewing of the arbitration award or at the stage of its recognition.

Nonetheless, from the fact that arbitration is subject to national jurisdictions to prescribe and to adjudicate does not result necessarily that it is founded in a national legal order.

---

[60] See LIMA PINHEIRO [1998 § 15 B and 1999].

[61] See, namely, SAUSER-HALL [1952: 531]; RAAPE [1961: 557]; MANN [1967: 159 et seq.]; VON HOFFMANN [1970: 110]; MÜNZBERG [1970: 37 and 63-64]; NAGEL [1978: 50-51]; SMIT [1997: 95 et seq.]; SCHWAB/WALTER [2000: 428-429]; REDFERN/HUNTER [1999: 76-77]; SCHLOSSER [1989: 143 and 163 et seq.]; SANDERS [1999: 248]; SANDROCK [2001: 685]; BERNARDINI [2000: 8-9 and 31-32]; GOODE [2000: 256-257].

[62] For this view see POUDRET/BESSON [2002: 83].

[63] 1961: 557. In the German original, which I have translated freely, "*Das Schiedsgericht thront nicht über der Erde, es schwebt nicht in der Luft, es muß irgendwo landen, irgendwo ´erden`*".

Three main theories are advocated as an alternative to this traditional view:
- the legal foundation of transnational arbitration is based exclusively on the parties autonomy;
- transnational arbitration has legal foundation on the whole of national legal orders in which the award may produce effects;
- transnational arbitration is founded on a Transnational Law autonomous in relation to national legal orders.

Let us examine summarily each one of these views.

The theory that founds transnational arbitration exclusively on the parties' autonomy, exercised in the arbitration agreement, is mainly supported in French legal literature, but is echoed in other circles[64]. This theory presupposes that party autonomy is an original source of legal effects, i.e., that it produces legal effects independently from the operation of rules or principles of law[65].

The point is quite controversial[66]. In my opinion party autonomy could only produce legal effects directly, without the mediation of law, if private persons were holders of an "original" or "constitutional" legal power, in the sense of a source of law which is not, itself, regulated by law. It seems to me equivocal to speak of an "autonomous order" in respect of the contractual regulation. A legal order is a normative structure of a society[67]. A contractual relationship, even if multi-party, cannot be a society in the sociological sense and, correlatively, it is not conceivable a legal order formed exclusively by contractual provisions[68].

By denying that contractual parties form a society governed by its own law, it is further denied the chance of envisaging the contract conclusion as the exercise of a "constitutional" power[69]. Conse-

---

[64] See an embryonary form of this view in HOLLEAUX [1956: 179] and CARABIBER [1961: 180], and the development made by VON MEHREN [1982: 215-216], MAYER [1982] and LUZZATTO [1987 nos. 2 and 3].

[65] See MÜNZBERG [1970: 136].

[66] See references in LIMA PINHEIRO [2005 § 43].

[67] Or, in other words, a subsystem of the global social system.

[68] For a convergent view see CURTI GIALDINO [1972: 796-797].

[69] In any case it would be impossible to derive the legal force of an act from the regulation in itself established.

quently, it is the law that assigns legal effects to the contract [70]. Since there is still no world society governed by a global legal system, the legal relevance of a contract has to be based upon a national, supranational or transnational law.

In the context of transnational arbitration, I believe that the jurisdiction of the arbitration tribunal and the legal effects of procedural acts and of the arbitration award have to be founded in the law. In the expression of FRAGISTAS, transnational arbitration cannot be "suspended in the air" [71].

The fact that, as it is generally accepted [72], the invalidity of the arbitration does not hinder the jurisdiction of the arbitration tribunal to decide on its jurisdiction, evidences that the jurisdiction of the arbitration tribunal is not founded exclusively on the arbitration agreement [73].

The concept of a transnational arbitration exclusively founded on the parties' autonomy is thereby refuted. Nevertheless, the law on which the transnational arbitration may be founded is not necessarily a singular national law.

These considerations lead us to the examination of the theories that found the transnational arbitration on the whole of the national legal orders in which the award may produce effects and on transnational law.

The idea that arbitration is not necessarily subject to the legal order of the country where it seats, has led some authors to look for the legal foundation of the arbitration in the *whole of the legal orders in which is sought the production of legal effects by the arbitration award* [74].

---

[70] See arbitration awards in the cases *Aramco* (*ad hoc*, 1958) [*ILR* 27: 117], *Mobil Oil* (Iran-U.S Claims Tribunal, 1987) [*Iran-U.S. Claims Trib. Rep.* 16 (1987) 3] and *Texaco* (*ad hoc*, 1977) [*ILR* 53: 389]. Among the authors see, namely, BATTIFOL [1964] and GIARDINA [1984: 52 et seq.].

[71] 1960: 14. See also RIGAUX [1982: 263].

[72] See LIMA PINHEIRO [2005 § 12], with more references.

[73] See LIMA PINHEIRO [2005 § 9].

[74] This idea was outlined by PAULSSON [1983] who, in a first moment [1981], still follows a line of reasoning close to the aforementioned conception; BUCHER has also appointed in a convergent direction [1989: 91]. The clearest formulation of this conception can be found in FOUCHARD/GAILLARD/GOLDMAN [1996: 654]. See also SERAGLINI [2001: 60 et seq. and 280 et seq.]. This conception has found echo in the arbitration case law – see CCI no. 10623 (2001) [*ASA Bulletin* 21/1 (2003) 82].

It is my understanding that this theory does not provide a satisfactory explanation for the legal relevance of transnational arbitration either.

The jurisdiction of the arbitration tribunal is a legal effect of the arbitration agreement that, according to the aforesaid, has to be based upon the law. The legal effects of the acts done by the arbitrator and the parties in the arbitration process have also to be derived from the law. At the time of the constitution of the tribunal and during the arbitration process, however, the legal orders in which the legal effects of the arbitration award will be sought cannot be forseeable.

It is equally conceivable that the legal orders that may be foreseeable *fora* of recognition and enforcement disagree among each other on the validity of the arbitration agreement or the arbitrators' powers.

Therefore, often the arbitrators and the parties cannot find guidance in the whole of the legal orders in which the legal effects of the arbitration award are sought.

This theory, then, is either a mere variation of the view previously discussed, in which transnational arbitration is exclusively founded on the autonomy of the parties, albeit the legal effects of the award are controlled by the legal orders of the countries of recognition and/or enforcement, or postulates resorting to a rule or principle whose legal force is autonomous insofar as it does not depend on the concurrence of the legal orders of all of the countries of recognition and/or enforcement.

Transnational arbitration practice suggests precisely that arbitrators and parties rely on a transnational principle that allows the jurisdictional resolution of disputes arising from transnational relationships by private persons, based upon the will of the parties, independently of the position taken, in the particular case, by this or that national legal order.

We are thereby led to the theory that founds transnational arbitration in *transnational law autonomous* in relation to the national legal orders.

This theory is naturally advocated by the supporters of the *lex mercatoria* doctrine, especially those that assert the existence of an autonomous order of international trade. Already FOUCHARD, in his treaty on International Commercial Arbitration published in 1965[75], admitted this possibility, although pointing out limits to the complete "internationalization" of the arbitration. A few years later, it was the turn of GENTINETTA to essay a construction that founds transnational arbitration in a combination of autonomy of the parties and "general principles of law"[76]. More recently, this theory has found an improved formulation in authors that hold a view of transnational law dissociated from an autonomous legal order of international trade, namely RIGAUX[77] and the later VON MEHREN[78].

In my view, transnational arbitration is not, as a whole, inserted in an autonomous legal order of international trade, since this legal order has not yet been formed[79].

This assertion, however, does not exclude the possibility of an *institutional insertion of the arbitration in a sectorial autonomous order*[80]. This possibility deserves serious examination in case of institutional arbitrations that operate in the frame of professional organizations of sectorial and/or regional scope. In this case, the legal force of the arbitration agreement and of the procedural acts done by the arbitrators and by the parties is founded on the respective autonomous order.

In the more common cases, in which the arbitration is not inserted in a sectorial autonomous order, I deem defensible that the Transnational Law of Arbitration may be to a certain extent the legal foundation of transnational arbitration.

The foundation of voluntary arbitration is a concretization of the principle of autonomy of the parties: *the subprinciple of autonomous resolution of disputes*[81].

This principle has a different standing at the level of domestic arbitration and at the level of transnational arbitration.

---

[75] 24 et seq.

[76] 1973: 108 et seq. See also EISEMANN [1977: 191 et seq.].

[77] 1987: 142 et seq., 1989: 242-243 and 1993: 1435. In the same line of reasoning see FAZZALARI [1997: 4-5].

[78] 1990: 57-58.

[79] See LIMA PINHEIRO [1998 § 18 D and 2005 § 41], with more references.

[80] See also BENEDETTELLI [1997: 911].

[81] For a convergent view see HABSCHEID [1959: 114], VON MEHREN [1980 no. 56] and PETER BEHRENS [1993: 14 et seq.].

In domestic arbitration the principle is in force as an element of the national legal order, and is mainly materialized in the statutory regulation that allows the voluntary arbitration. It is the national legal order that assigns jurisdictional power to the arbitration tribunal.

In transnational arbitration the principle is in force as an element of Transnational Law of Arbitration. Its legal force is derived from its integration in the legal conscience of the arbitration circles as a constitutional principle of arbitration (custom based upon the arbitration case law) and from the rules of the arbitration centers[82].

National legal orders, or at least those that adopt framing or non-intervention systems (*supra* II. C), recognize transnational arbitration as an autonomous legal institution, based upon the principles of autonomous resolution of disputes and to a large extent self-ruled by the parties and the arbitrators.

The legal order of the recognition country, for instance, can not presuppose that the arbitrators exercised powers allocated by its domestic rules. By recognizing and/or enforcing awards rendered in transnational arbitrations, even where these were entirely based on autonomous standards, a national legal order is at the same time recognizing the legal force of that transnational law.

Nevertheless, it does not seem that the legal foundation of transnational arbitration lies only on the Transnational Law of Arbitration.

It seems true that the validity and the legal force of the arbitration agreement are founded in the first place on the transnational principle of autonomous resolution of disputes. From the same principle is derived the "obligatory" effect of the arbitration award, which explains why under the New York Convention (Art. 5/1/e) the binding nature of the award does not depend, according to the best understanding, on the legal order of the country of origin[83].

---

[82] See also VON MEHREN/JIMÉNEZ DE ARÉCHAGA [1989b no. 13], sustaining that the jurisdiction power does not emanate necessarily from the State and that the constrains and pressings that result from social and economical groups – namely the community of the actors of international trade – may shape a jurisdictional process even without the support of political power.

[83] See LIMA PINHEIRO [2005 § 30], with more references.

The jurisdictional effects of the arbitration agreement and of the arbitrators' rulings, however, are also the result of the position taken by the countries which have a significant relationship with the arbitration. The jurisdictional power of the arbitrators is mainly based upon national recognition: depend on the national legal orders the relevance of the arbitration agreement before the national courts (namely as a procedural defence), the enforcement of procedural decisions, the *res judicata* effect of the arbitration award before national courts and the enforcement of the arbitration award.

In conclusion, *the jurisdiction of the arbitration tribunal has a complex foundation*: the transnational principle of autonomous resolution of disputes, which underlies all the transnational arbitration, and the recognition of one or more of the countries which have a significant relationship with the arbitration [84].

III. DETERMINATION OF THE LEGAL FRAMEWORK OF ARBITRATION BY THE ARBITRATORS

A) Traditional views on the determination of the legal framework of arbitration (seat of arbitration and autonomy of the parties)

It has been seen that, according to the traditional view, every transnational arbitration has its foundation on a national legal order (*supra* II. A). It is derived therein that the legal framework of the arbitration would be defined by a national legal order – the *law of the arbitration* – designated by a connecting factor [85].

Thus, to follow the traditional view, the arbitration tribunal shall determine the legal framework of the arbitration based upon a choice of law rule which designates the national law governing the arbitration.

---

[84] It shall be pointed out a partial convergence with FOUCHARD/GAILLARD/GOLDMAN [1996: 414] when they sustain that the rule jurisdiction-jurisdiction is founded on the law of the whole of countries willing to recognize the decision made by the arbitrators on their own jurisdiction.

[85] See, namely, MANN [1967: 159 et seq.]; VON HOFFMANN [1970: 110 et seq.]; SCHLOSSER [1989: 163 et seq.]; REDFERN/HUNTER [1999: 76 et seq.]; SCHWAB/WALTER [2000: 428-429]; POUDRET/BESSON [2002: 83].

This view is shared by the traditional theories on the determination of the legal framework of the arbitration which, however, disagree on the choice of the national legal order that shall define this legal framework.

Among the theories on the determination of the legal framework of the arbitration the most current is the one that postulates the application of the *law of the tribunal's seat*. It was the prevailing view until the end of the fifties[86], having been adopted by the aforementioned Resolution of the International Law Institute on the Arbitration in Private International Law (sessions of Amsterdam, 1957, and Neuchâtel, 1959)[87].

This view has arisen as the projection in the plane of the determination of the legal framework of the transnational of the *jurisdictional conception* of the arbitration (so in PILLET, NIBOYET and, substantially, in SAUSER-HALL)[88]. According to this theory, it is by virtue of the law of the arbitration's seat that the arbitrators perform a jurisdictional function and, therefore, transnational arbitration is necessarily subject to this law[89].

Among the supporters of the seat theory shall be mentioned MANN[90]. MANN argues that arbitrators are unavoidably subject to the "jurisdiction to prescribe" of the country where the tribunal functions and that it is the law of the arbitration's seat which decides if and under which conditions the arbitration is permitted. Only the country of the arbitration's seat has such a complete and effective control over the arbitration tribunal. Therefore, the country of the arbitration's seat is the only one which is in position to create the *lex arbitri*[91].

The first criticism that is moved against the seat theory concerns its theoretic foundation, which lies in the jurisdictional concept of

---

[86] See BERNARDINI [2000: 198] and BLESSING [2000 no. 633].

[87] Cf. Arts. 1, 2, 8, 9, 11 and 12.

[88] See GOLDMAN [1963: 367-368] and FOUCHARD [1965: 364 et seq.].

[89] Cf. PILLET [1924: 533 et seq.] and NIBOYET [1950: 135]. See also BARTIN [1930: 608-609], MANN [*in Ann. Inst. dr. int.* 63-I (1989) 170-171] and REISMAN [1992: 1]. On the legal nature of arbitration see LIMA PINHEIRO [2005 § 18].

[90] 1967: 160 et seq. See also SCHNITZER [1958: 884-885], PARK [1983] and GOODE [2000: 250 et seq. and 256 et seq.]; further bibliographic references may be found in SANDROCK [1992 footnotes 5-10].

[91] 1967: 161 and 1985: 219.

arbitration. It is based upon an assimilation of the transnational arbitration tribunals to the national courts that the theory under scrutiny deems the arbitration process inserted in the legal order of the country of the tribunal's seat [92].

KLEIN and FRAGISTAS correctly pointed out that the arbitrators do not exercise a public function and, consequently, the arbitration process is not necessarily subject to the law of the country where it is conducted [93]. Albeit the arbitrators are entrusted with a jurisdictional power, this does not mean that they exercise, by delegation, a public function [94]. By holding its sessions within the territory of a country, the arbitration tribunal does not exercise public powers of this country [95]. It is beyond doubt that transnational arbitration tribunals are not part of the judicial organization of the country where they seat.

It is often cited, in this context, the award rendered in the case CCI no. 2321 (1976), in an arbitration held in Sweden, in which before the allegation, rose by one party, of the interdependency of national courts and arbitration tribunals under Swedish law, the arbitrator stated: "As arbitrator I am myself no representative or organ of any State. My authority as arbitrator rests upon an agreement between the parties to the dispute..." [96].

In the second place – and this objection applies especially against the arguments put forward by MANN – the country where the arbitration process takes place has no exclusive jurisdiction to regulate and control the arbitration; this jurisdiction is concurrent with the jurisdiction of other countries [97]. In case of conflict of national claims to regulate or control the arbitration there is no *a priori* reason to give preference to the claim of the country where the arbitration process takes place.

Therefore, no compelling reason, namely of International Law, obliges the arbitrators to apply the law of the arbitration seat [98].

---

[92] See GOLDMAN [1963: 373], FOUCHARD [1965: 364 et seq.], PIERRE LALIVE [1976: 168 et seq.] and BATIFFOL/LAGARDE [1983 no. 724 n. 1].

[93] 1958: 281 et seq. and 1960: 8, respectively.

[94] See LIMA PINHEIRO [2005 § 18].

[95] See also GOLDMAN [1963: 373-374], FOUCHARD [1965: 366 et seq.], SCHLOSSER [1989: 38] and CRAIG/PARK/PAULSSON [2000: 322].

[96] *Yb. Comm. Arb.* (1976) 133.

[97] See LIMA PINHEIRO [2005 § 34].

[98] See also GOLDMAN [1963: 376] and PIERRE LALIVE [1976: 168 et seq.].

A third critical consideration is both of pragmatic nature and of legal policy. Often the place of the arbitration has no significant connection with the disputed relationship, being chosen for reasons of convenience or of opportunity, or even because it is a "neutral" ground (*supra* Introduction II).

In these cases, on the one hand, the country where the arbitration takes place has not, in principle, an interest in the regulation of the disputed relationship, either through its "substantive" law or through its conflicts law. The parties interest in the compliance with the law in force in the place of the arbitration also much depend on the circumstances of the particular case, namely on the probability of the enforcement of the award being sought in the local country or on the enforcement in another forum being blocked by the nullifying in the local country.

On the other hand, as FOUCHARD has emphasized[99], it does not make sense to impose on the arbitrators the application of the conflicts law of the arbitration place, where nor the parties or the arbitrators are familiarized with this law and there is not any significant relationship between the country of the arbitration place and the disputed relationship. In principle, the conflicts law of a country is only applicable to the relationships that have significant contacts with this country. In case of the arbitration seat being fixed by the arbitrators in a country that does not have significant contacts with the disputed relationship, the choice of law rule of this country may not have steered the conduct of the parties and, consequently, the resolution of the dispute based upon the law applicable by virtue of that choice of law rule would mean a kind of "legal roulette"[100].

Lastly, seat theory may raise insurmountable practical difficulties within its conceptual frame. The arbitration may not have a single material seat, because the proceedings ate held in different countries, or may even not have any material seat, because it is conducted entirely through correspondence or modern communication tools, such as the *Internet*[101].

---

[99] 1965: 375.
[100] See also LEW [1978: 253 et seq.].
[101] As pointed out by BATIFFOL/LAGARDE [1983: 578] and VON MEHREN/JIMÉNEZ DE ARÉCHAGA [1989a: 108]. Naturally, if one adopts a purely conventional concept of seat, the

When understood in this sense, the seat theory is in manifest contradiction with the largely prevailing tendencies in the arbitration case law [102], in the rules of the main arbitration centers, in the unification of the Law of Transnational Arbitration and in the national laws that adopt systems of framing or of non-intervention in matter of transnational arbitration [103]. This is the reason why one may read, in the writings of the most acclaimed authors, that this theory is today "completely surpassed" [104].

The Geneva Convention of 1961 has been a milestone in ruling out this theory, by establishing a special choice of law rule for the transnational arbitration which, in lack of a choice by the parties, allows the arbitrators to resort to the choice of law rule that "they deem applicable" (Art. 7/1). This understanding has been reinforced by the UNCITRAL Arbitration Rules (Art. 33/1) and Model Law (Art. 28/1 and 2).

Notwithstanding, the seat theory is still advocated by a significant number of authors, in a formulation that is more flexible and more adjusted to the framing system prevailing in the main national legal orders. According to this formulation, arbitrators shall apply mandatory rules of the seat country, but the common procedural law

---

parties might, through the choice of the seat, determine the legal framework of the arbitration, even if the arbitration is entirely conducted elsewhere. The seat theory will than come close to the autonomy of the parties theory. In the text we presuppose that the arbitration seat is not understood in a purely conventional sense.

[102] See, in matter of State contracts, the awards in the cases *Aramco* (1958) [*ILR* 27: 117]; *Sapphire* (1963) [*ILR* 35: 136], in part; *Texaco* (1977) [*ILR* 53: 389]; *Liamco* (1977) [*ILR* 62: 140 and *R. arb.* (1980) 132]; and *Aminoil* (1982) [*Clunet* 109 (1982) 869]; among CCI arbitrations, for example, awards rendered in the cases nos.1434 (1975) [*Coll. ICC* (1974-1985, 262], 3043 (1978) [*Clunet* 106 (1979) 1000], 4381 (1986) [*Coll. ICC* (1986-1990) 263] (see, on this award, DERAINS [1994: 269]) and 6294 (1991) [*Coll. ICC* (1991-1995) III 405 an. HASCHER], in which the arbitrator stated clearly that "Un principe incontesté de la doctrine dominante établit que, contrairement au juge étatique, l'arbitre international n'est pas tenu de respecter les règles du droit international privé de son siège".

[103] Cf. LALIVE/POUDRET/REYMOND [1989: 397], SCHWAB/WALTER [2000: 539] and BERNARDINI [2000: 198-199 footnote 39]. LEW [1978: 252] points out that this theory never had widespread acceptance. The issue is disputed in Germany – see MARTINY [1999: 535 et seq.] and JUNKER [2000: 445 et seq.], who favor, in relation to conflicts law, the view expressed in the main text.

[104] Cf. PIERRE LALIVE [1991: 42]; see also BLESSING [2000 no. 633].

and the general conflicts law are not, in principle, mandatory applicable in the arbitration [105].

Most of these authors no more justify this theory on the jurisdictional concept of arbitration or in the exclusive jurisdiction of the country where the arbitration tribunal seats. In favor of the application of law in force in the country where the tribunal seats is now argued that it is this country which has the closest connection with the arbitration and that the decision has, for the purpose of recognition and enforcement, the "nationality" of this country [106].

In the arbitration case law, even recent, the awards that follow seat theory, understood in this way, to determine the "law applicable to the arbitration", are not rare [107].

Even when understood in this way the seat theory is wrong.

From a conceptual point of view, the seat theory is logically flawed. This theory postulates that the arbitrators are subject to the law of the seat in virtue of a choice of law rule that adopts this connecting factor. Since this rule does not belong to the Transnational Law of Arbitration, reality that the supporters of this theory generally deny, its source could only be national and, apparently, it will be the legal order of the seat country. Thus, the conclusion is introduced on the premises: one cannot say that the arbitrators are subject to the legal order of the

---

[105] May be understood in this sense the comment to the Art. 220 of the *Second Restatement, Conflict of Laws* [c], stating that the arbitration is governed by the local law of the State to which it has its most significant relationship, which is, as a rule, the State where the arbitration hearings were conducted and the award rendered. See also PARK [1983: 22 et seq.]; SANDROCK [1992: 789 et seq. and 2001: 675, 677-678 and 680], BERGER [1993: 89 et seq. and 478 et seq.], SANDERS [1996 no. 158 compare 1977 no. 10.2]; REDFERN/HUNTER [1999: 92-93]; SCHWAB/WALTER [2000: 485], FERNÁNDEZ ROZAS [2002: 23, 46, 51 and 200]; POUDRET/BESSON [2002: 85 and 608 et seq.]; BLESSING [2000 n.° 625 et seq.], but sustaining that the rules of the national arbitration laws are, in principle, non-mandatory.

[106] Among the rules of the main arbitration centers only the WIPO rules (2002) seem adopt this theory (Arts. 3 and 59/b). A few arbitration rules reserve the application of mandatory rules of the "law applicable to the arbitration" without specifying this law (for example, Art. 1/2 of the UNCITRAL arbitration rules).

[107] See namely, award in the case *BP* v. *Libya* (1973) [*ILR* 53 (1979) 297], III/2; preliminary decision CCI no. 7929 (1995) [*Yb. Comm. Arb.* 25 (2000) 312]; partial award CCI no. 8420 (1996) [*Yb. Comm. Arb.* 25 (2000) 328]; award *Hamburg Friendly Arbitration* de 29/12/1998 [*Yb. Comm. Arb.* 24 (1999) 13]; award no. 1930 *Netherlands Arbitration Institute* (1999) [*Yb. Comm. Arb.* 25 (2000) 13].

arbitration seat without presupposing that the arbitrators are bound by a choice of law rule of this order.

Second, it has been emphasized that, from the perspective of the parties and the arbitrators, no national legal order has an exclusive claim of applicability [108].

Arbitrators have to pay attention to the directives that are emanated from the countries that have a significant relationship with the arbitration or in which the enforcement of the award may be sought, and not only to the directives of the country where the arbitration takes place. For this purpose, what matters is the scope of application *claimed* by national systems, not the applicability derived from any multilateral choice of law rule [109].

Furthermore, as already emphasized, often the dispute does not have a close connection with the country where the arbitration tribunal seats, namely in all the cases in which parties or arbitrators choose a "neutral" country. The mere circumstance of the arbitration being conducted in the territory of a country does not constitute, by itself, a sufficient connection to justify a prevailing interest of this country in the regulation of the arbitration. The interest of the parties in the compliance with the directives emanated from the country where the arbitration is held also depends to a large extent on the circumstances of the case. For these reasons, the arbitrators are not compelled to give preference to the directives coming from the country where the arbitration tribunal seats [110].

The *theory of the autonomy of the parties* in the determination of the legal framework of the arbitration has arisen as an expression of the *contractual conception of the arbitration* in the plane of transnational arbitration. This theory has found an early defender in BALLADORE PALLIERI. This author infers from the "contractual character of arbitration" that all the acts that integrate the arbitration shall be regulated by the same law which regulates the arbitration agreement. This law is designated by the choice of law rule applicable to other contracts, namely the law chosen by the parties [111].

---

[108] *Supra* Introduction I. See further LOQUIN [1983: 299 et seq.], SCHLOSSER [1989: 163 et seq.] and BENEDETTELI [1997: 914 et seq.].

[109] Cf. SCHLOSSER [2002 § 1025 no. 4].

[110] See award CCI n.º 10623 (2001) [*ASA Bulletin* 21/1 (2003) 82], *maxime* no. 127.

[111] 1935: 340 et seq.

The autonomy theory is widely accepted in the USA[112], prevailed in Germany until the reform of 1997 and is advocated by many authors in other countries[113]. English authors also affirm generally that the parties may choose the law applicable to the arbitration[114], however, since they do not distinguish between the perspective of the English legal order – which limits the scope of such a "choice"[115] –, and the point of view of the arbitration tribunal, it is far from clear that it is truly a choice of law.

Autonomy theory displays, in relation to the seat theory, the advantage of taking into consideration the interests of the parties, and contains a certain degree of truth. As a matter of fact, it is clear that the real will of the parties in respect of compliance with directives of a given country shall be honored, without meaning, however, that the parties may completely exclude the relevance of other countries directives.

Nevertheless, the appeal to the "contractual character of the arbitration" is equivocal, insofar as, in the main systems, arbitration has

---

[112] Cf. *Splosna Plovba of Piran* v. *Agrelak Steamship Corp.* (1974) [381 F.Supp. 1368] USDC S.D. New York; *Remy Amerique* v. *Touzet Distribution* (1993) [816 F.Supp. 213] USDC S.D. New York; DOMKE/WILNER [1984: 393 et seq. and 1998: 161 et seq.]; VARADY/BARCELÓ III/VON MEHREN [2003: 552-553]; BORN [2001: 413-414 and 428 et seq.]. In this sense also points, although summarily, comment *b* to Art. 218 of the *Second Restatement, Conflict of Laws*. See further HIRSCH [1979: 45-46].

The tendency to admit the choice of the law applicable to the arbitration has found some projection in the Supreme Court case law regarding the relations between federal law and state law – see *Volt Information Sciences Inc.* v. *Board of Trustees of Leland Stanford Junior University* (1985) [489 U.S.] and *Mastrobuono Et Al.* v. *Shearson Lehman Hutton, Inc., Et Al.* (1995) [514 U.S. 52] and, on these cases, BORN [2001: 358-359 and 373 et seq.]. Nonetheless, it is not well established the practical scope of the autonomy theory in the federal law – see BORN [2001: 429 e 723 et seq.] and MACNEIL/SPEIDEL/STIPANOWICH [1995 § 44.40.1].

[113] See KLEIN [1955: 212 et seq. and 223 et seq., 1958: 266 et seq. and 1967: 93 et seq.]; MEZGER [1960: 281 et seq.]; FRAGISTAS [1960: 7 et seq.]; SANDERS [1977 no. 10.2, compare 1996 no. 158]; BATIFFOL/LAGARDE [1983: 578]; LUZZATTO *in* TARZIA/LUZZATTO/RICCI [1995 Art. 24 no. 4] and Id. [1994: 261]; NYGH [1997: 6-7]. See further MOURA VICENTE [1990: 91 et seq.].

[114] Cf. JONATHAN HILL [1997: 288 et seq.]; NORTH/FAWCETT [1999: 521], sustaining that the arbitration process, in lack of a choice of the applicable law, is regulated by the law of the place of the arbitration; *Dicey & Morris* [2000: 603]; SUTTON/GILL [2003: 71].

[115] Art. 2/1 of the "English" Arbitration Act of 1996.

a mixed nature contractual-jurisdictional, constituting a jurisdictional activity and leading to a decision with jurisdictional legal force[116].

As a criterion for the determination by the arbitrators of the legal framework of the arbitration this theory is not only limited but also not useful.

Limited, because this theory only gives a solution where the parties have chosen the law applicable to the merits of the dispute or (which is rare) the law applicable to the arbitration[117].

Not useful, due to the two reasons previously stated regarding the theory seat.

First, the logical argument. The submission of the arbitration to the law chosen by the parties presupposes that the arbitrators are bound by a choice of law rule that adopts the autonomy theory. But which is the source of this rule? In case it is a choice of law rule in force in the legal order chosen by the parties, its applicability presupposes, in its turn, the submission of the arbitration to the law chosen by the parties. And the circle is closed.

Second, this theory fails when it postulates the exclusive submission of the transnational arbitration to the law of a given country. It has been previously pointed out that there is not for the parties and the arbitrators a singular national legal order that claims exclusive applicability and that the arbitrators have to take into consideration directives potentially emanated from different countries, as well as to the scope of application that national systems claim instead of any multilateral choice of law rule that designates a given national system.

In conclusion, to determine the legal framework of the arbitration arbitrators may have to pay attention to directives emanated from different countries, as well as to supranational directives and to Transnational Law of Arbitration.

B) Arbitrators as addressees of Transnational Law of Arbitration as well as of national and supranational directives

The *binding of the arbitrators by the directives emanated from the countries* that have significant contact with the arbitration shall be

---

[116] See LIMA PINHEIRO [2005 § 18], with more references.
[117] See GOLDMAN [1963: 378-379] and PIERRE LALIVE [1976: 164 et seq.].

understood in the light of the legal foundation of the arbitration and of the submission of the arbitration to the jurisdiction to prescribe of a plurality of countries. On the one hand, transnational arbitration may neither exclude the jurisdiction of (or the exercise of the jurisdiction by) national courts nor lead to an award with full jurisdictional effects without recognition by a national legal order. On the other hand, transnational arbitrations are embraced by the normative and institutional spheres of the countries that have a significant relationship with the arbitration.

Arbitrators must rather take into consideration the *concrete claims of applicability* of the law of the interested countries, than apply any multilateral choice of law rule (such as the ones that adopted the seat theory or the autonomy theory).

The activity of the arbitrators is further embraced by *supranational powers of regulation*, namely the powers exercised by international organizations of universal and regional scope. It derives therefrom that the arbitrators have to pay attention to the directives of these organizations.

Arbitrators shall always comply with the directives emanated from *international organizations of universal scope*. Arbitrators shall also comply with the directives from *regional organizations* (such as the European Communities), whenever the disputed relationship is entirely inserted within its social sphere. Thus, the authors have been asserting that Resolutions of the United Nations Security Council that (at least in part) have normative character (for example, sanctions imposed against Iraq and ex-Yugoslavia) shall be respected by the arbitrators[118]. The same shall be said about the application of the Community Competition Law even if the law applicable to the merits of the dispute is the law of a third country and the parties do not raise the issue[119].

---

[118] See, for a convergent view, LANDY-OSMAN [1991: 609 e 618], HANS VAN HOUTTE [1997: 168] and GRIGERA NAÓN [2001: 323 footnote 357], referring to a non-published CCI award.

[119] See, in favor of the *ex officio* application of the Community Competition Law, MELLO [1982: 362-363], AVILLEZ PEREIRA [1994: 331-332], HANOTIAU [1997: 48], DERAINS [1997: 76-77], PHILIP [2002: 530] and DOLMANS/GRIERSON [2003: 44 e 46].

Differently, the arbitrator shall have a margin of discretion, or shall I rather say a margin of evaluation, of the directives emanated from regional organizations where the disputed relationship displays at least one significant connection with a third country. This margin of evaluation allows the taking into consideration the legitimate interests of the parties and of the countries at stake [120].

The exercise of *national powers of regulation* of the arbitration has been characterized by self-restraint; the main systems confine themselves to *outline the legal framework of the arbitration* and to *delegate to the parties and to the arbitrators* the determination of most of the rules that shall integrate that legal framework.

The chance of contradictory directives emanated from different countries and the fact that transnational arbitration is not legally founded in a single national legal order confer to the arbitrator a *margin of evaluation* of these directives that is not compatible with an absolute submission to the law of a given country.

Arbitrators are not also, in principle, directly bound by *international conventions of unification* [121]. Arbitrators are not, in principle, subjects of International Law or, even if one admits a limited international subjectivity of individuals and legal persons of national law [122], are not subjects of the obligations created by international conventions of unification in the light of their text, purpose and system of sanctions. Arbitrators shall take into account the unified rules applicable to or in the arbitration on the same footing that rules of domestic source in force in the legal order of the Contracting States.

Supranational directives applicable to the arbitration are also scarce and generally have as object short ranging issues related to the merits of the dispute.

---

[120] See BLESSING [2000 no.764], LIMA PINHEIRO [2005 § 58] and the award CCI no.6475 (1994) [*ICC International Court of Arbitration Bull.* 6/1 (1995) 52].

[121] Cf. MAYER [1992: 276 et seq.]; KASSIS [1993: 516 et seq.]; LIMA PINHEIRO [1998 § 11 D and 2005 §§ 51 et seq.]; *Zürcher Komm*/HEINI [2004 Art. 187 nos. 3 and seq.]; and, regarding the unified conflicts law, also MARTINY [1999: 533], JUNKER [2000: 454 et seq.] and KROPHOLLER [2004: 50]. Compare MOURA VICENTE [2002: 401 and 406].

[122] See, namely, NGUYEN QUOC /DAILLIER/PELLET [2002: 648 et seq.], SEIDL-HOHENVELDERN/STEIN [2000: 177 et seq.], BROWNLIE [2003: 529 et seq.], JORGE MIRANDA [2004: 208 et seq.] and ANDRÉ GONÇALVES PEREIRA/FAUSTO DE QUADROS [1993: 378 et seq.].

These factors result in transnational arbitration tribunals enjoying a *wide autonomy*. This wide autonomy allows, from the point of view of the parties and of the arbitrators, the legal framework of the arbitration to be in first line defined by *contractual self-regulation* and by the Transnational Law of Arbitration (*supra* II)[123].

Arbitrators shall apply this Transnational Law of Arbitration, albeit this duty is limited by the need of taking into consideration some national and supranational directives. Therefrom also results a margin of evaluation of transnational directives.

From the point of view of the parties and of the arbitrators, transnational arbitration may be primarily envisaged as an *autonomous method of dispute resolution*, which, *a posteriori*, is susceptible to a rather limited control by national courts, namely by the court holding jurisdiction to the award review, to the recognition of a "foreign" arbitration award and to the enforcement[124].

The legal framework of arbitration results then from the *confluence of sources* which operate in different legal orders and normative planes. The determination of the legal standards primarily applicable by the arbitration tribunal demands, to a large extent, a mediating activity of the arbitrators who, for this purpose, shall inquire about the content of these sources and evaluate the directives thereby contained.

In particular, arbitrators have to determine the *relevant national directives* and to resolve cases of *conflict of directives* emanated from different countries or of national directives with Transnational Law of Arbitration.

When performing these tasks, arbitrators shall not act arbitrarily, but according to suitable criteria, which conform themselves with the legal concepts that are shared in the international community and that allow a fair evaluation of the interests, policies and goals at stake.

The determination of the national directives that the arbitrators shall apply requires a *balancing of these interests, goals and values*[125].

---

[123] See STEIN [1995: 94 et seq.] and LIMA PINHEIRO [1998 § 11 D].

[124] See, for a general view, PIERRE LALIVE [1977: 63 et seq.] and VON MEHREN/JIMÉNEZ DE ARÉCHAGA [1989b no. 13].

[125] The resort to a *Rule of Reason* has also been proposed by SCHNYDER [1995: 303-304], but solely with respect to the applicability of singular mandatory rules by the arbitration tribunal.

This balancing is also needed for the resolution of conflicts that may occur between national directives.

Following this line of reasoning, the *method for the determination of the relevant directives* is the balancing of typical and legitimate interests of the parties, of legitimate and reasonable interests of the countries, of goals of the world society in course of formation and of values of transnational public policy. This method is able to lead to the formulation of guiding criteria for the balance of these values, which are characterized by the flexibility and by a high degree of indetermination, in order to allow the taking into account of all the circumstances of the case.

Parties have a *typical interest* in the performance of the arbitration agreement, which shall lead to the resolution of the disputes by the arbitrators. Furthermore, parties are normally interested in a valid award, which will not be set aside and that will be enforceable. This consideration leads us to take into account, in the first place, the directives of the country where the enforcement of the award may be sought, insofar as compliance with them is a condition of enforceability[126]. Where the enforcement may be prevented by the setting aside of the award in another country, this criterion also justifies the consideration of the directives of this other country[127].

Thus, it is widely accepted that the commands of the country where the enforcement of the award may be sought shall be taken into consideration[128]. Some rules of the arbitration centers also point to a certain extent in this direction (Art. 35 CCI and Art. 32/2 LCIA)[129].

The above said does not mean, however, that the arbitrators shall comply with national directives whenever non-compliance may jeopardize the enforceability of the award. Arbitrators have to balance the interest in a valid and enforceable award with other parties' interests and with the interests of countries at stake.

---

[126] See, for a convergent view, PIERRE LALIVE [1967: 650, 1976: 162 and 1991: 51], LALIVE/POUDRET/REYMOND [1989: 396], BUCHER [1989: 95], NYGH [1997: 6] and CLAY [2000: 637-639]; BOTELHO DA SILVA [1999 *passim* and 2004: 30], with exclusion of the directives of any other country. Compare POUDRET/BESSON [2002: 648].

[127] See also RAESCHKE-KESSLER/BERGER [1999: 123].

[128] Compare BLESSING [2000 no. 799-800].

[129] On Art. 35 of CCI rules see analysis done by LIMA PINHEIRO [2005 § 55].

Bearing in mind the high rate of *voluntary performance* of arbitral awards it is easily understandable that parties' interest in the resolution of the dispute by the arbitrators may be to a certain extent independent from the enforceability of the award.

This interest may justify, for example, that the arbitration tribunal does not apply the rule of the country where it seats determining the non-arbitrability of the dispute, where the resolution of the dispute by the arbitrator is compatible with the principles of Transnational Law of Arbitration [130], even if that non-application brings the risk of annulment of the award by the courts of the arbitration seat and, therefore, jeopardizes the enforceability of the award in another country.

It is not possible to formulate a more determinated criterion in this respect, a case by case evaluation being unavoidable.

Furthermore, frequently it is not foreseeable in which country the enforcement of the award may be sought. Before the chance of enforcement in several countries, the interest in obtaining an enforceable award does not justify, by itself, the compliance with the directives emanated from just one of those countries [131].

This has been recognized in some awards rendered in CCI arbitration [132].

In the arbitration of disputes arising from *State contacts*, between a State and a private person national from another State, there are often strong reasons for the non-application of some mandatory rules either of the "enforcement country" or of the country where the tribunal seats, even if such non-application constitutes a ground for refusal of recognition and enforcement of the award [133].

As a matter of fact, in the arbitrations started by the private party the "enforcement country" is, in first line, the defendant State and this State may eventually raise the immunity of enforcement regarding its assets located in other countries. Therefore, the enforcement of an award rendered against the State party can be, *a priori*, excluded,

---

[130] See LIMA PINHEIRO [2005 § 23].

[131] See also GRIGERA NAÓN [2002b: 140-141].

[132] See, namely, CCI no. 6379 (1990) [*Coll. ICC* III 134] and no. 10623 (2001) [*ASA Bulletin* 21/1 (2003) 82-111].

[133] See PAULSSON [1981: 376 et seq.] and LIPSTEIN [1988: 192].

being then irrelevant, from the enforceability point of view, the application or non-application of such mandatory rules by the arbitration tribunal. In these circumstances, the arbitration tribunal shall be exclusively guided by considerations of justice.

The protection of the parties' interests also justifies the taking into consideration of the parties will in respect to the compliance with directives from a given country. Thus, where the parties express their will regarding the application to the arbitration of rules emanated from a given country, these rules shall be applied as far as they are compatible with the transnational public policy of arbitration and their application does not conflict with directives from another country that shall prevail.

The consideration of national policies postulates that the directives of the countries having a *legitimate and reasonable interest* in the regulation of the arbitration or of a part of it shall be honored.

The *interest is legitimate* where it is founded in an internationally valid jurisdiction ground [134], deserves protection in the light of International Law and derives from the pursuance of social policies. The countries with a legitimate interest in regulating the arbitration or a part of it are mainly the country where the arbitration is conducted or is conventionally seated, the country where both parties have their seat, habitual residence or relevant place of business and, in what concerns specifically the merits of the dispute, the countries that have a significant relationship with the disputed relationship.

The *reasonableness of the interest* takes into account the value standards prevailing in the international community [135]. The international community is here understood in a broad sense which embraces the whole of social relationships, in the sense of world society, although still in a formative stage.

It is namely reasonable the interest of a country in the application of its *competition law* to practices that occur in its territory or

---

[134] See also HANS VAN HOUTTE [1997: 168], BLESSING [2000 no.807] and GRIGERA NAÓN [2001: 323-324 and 338-339].

[135] For a convergent view, see BLESSING [2000 nos. 808 et seq.] speaking about a criterion of *"application-worthiness"*, and GRIGERA NAÓN [2001: 336-337], with resort to the "functional methodologies" developed by North American authors. FOUCHARD/GAILLARD/ GOLDMAN [1996: 866 et seq.] also appeal to values widely accepted in the international community, but have essentially in view only the moral values.

produce effects in its market, provided that it expresses policies in conformity with the value standards prevailing in the international community [136]. The same may be said about the interest of a country in the compliance with its *exchange rules*, where these pursue goals generally recognized by the international community [137]. Albeit the point is more controversial [138], I believe that the interest in the application of *embargo or boycott statutes* may be legitimate if it is in conformity with the International Law and may be reasonable if it pursues goals generally recognized by the international community.

The issue of the reasonableness of the interest has been frequently raised regarding *anti-corruption statutes*. The fight against corruption is a legitimate goal widely recognized in the international community, but the means employed are not always reasonable [139].

Even where a legitimate and reasonable interest underlies the national directive, its relevance to the arbitration tribunal may be excluded by *transnational public policy* [140]. The arbitration tribunal is not bound by national directives, either in matters of procedure or in relation to the merits of the dispute, that are contrary to transnational public policy [141].

In most cases, a directive contrary to transnational public policy is also contrary to the value standards prevailing in the international community, thus excluding the reasonableness of the interest. There-

---

[136] DROBNIG [1987: 116] asserts the existence of a wide agreement in this respect. See, in particular, judgment of the US Supreme Court in the aforementioned case *Mitsubishi Motors Corporation* v. *Soler Chrysler-Plymouth, Inc.* (1985).

[137] This is the case of the exchange rules kept or enacted in conformity with the Agreement for the International Monetary Fund, which are object of special choice of law rule contained in paragraph b of section 2 of Art. VIII of this Agreement. See BERGER [1997: 113 et seq.]. On this rule see LANDO [1984: 398], MOURA RAMOS [1991: 706-707 footnote 702], LIMA PINHEIRO [1998 § 20 H] and BERGER [1997: 118 et seq.].

[138] See RACINE [1999: 341-342].

[139] See, in respect to the case *Hilmarton*, award CCI no.5622 (1988) [*R. arb.* (1993) 327], and judgments of the Court of the Canton of Geneva 17/11/1989 [*R. arb.* (1993) 342] and of the Swiss Federal Court 23/6/1992 [*R. arb.* (1993) 691]; see further judgment *USCA Ninth Circuit*, in the case *Northrop Corporation* v. *Triad International Marketing* (1987) [811 *F.2d* 1265].

[140] Cf. FOUCHARD/GAILLARD/GOLDMAN [1996: 662, 667 and 875-876], SERAGLINI [2001: 322-323 and 417-418] and GRIGERA NAÓN [2001: 323 and 2002a: 614-615].

[141] On transnational public policy see LIMA PINHEIRO [2005 § 47], with more references.

fore, the arbitration tribunal shall not apply rules that establish a "racial" or religious discrimination, even if they are in force at the seat of the arbitration and claim applicability [142].

Notwithstanding, there are conceivable cases in which the transnational public policy constitutes an autonomous ground of irrelevance of national directives. This may be the case of some measures of State intervention on contracts concluded by autonomous public entities that are devoted to benefiting theses public entities to the detriment of the foreign party [143].

C) Solution of conflicts of national directives

It follows from the above, that arbitrators shall, in principle, comply with relevant national directives.

From the absence of international rules of coordination of national systems results the possibility of concurrence of national claims of regulation of the same transnational arbitration or of lack of claim to regulate a transnational arbitration.

National regulation claims of a transnational arbitration may be *compatible among each other*. That's what happens in most cases. In other cases, however, the directives are *contradictory*, i.e., they establish duties and/or permissions of conduct of arbitrators or of parties in the context of the arbitration that are incompatible. The concurrence of claims of regulation leads then to a *directives conflict*.

When faced with *conflicts of national directives* arbitrators shall perform a balancing of interests of the parties, policies and interests of the countries involved and the goals of the world society in formation [144].

For this purpose, the arbitration tribunal shall, first of all, inquire into the policies underlying the competing national directives. At the second stage, the arbitration tribunal shall determine the interests that will be satisfied by complying with each of the national directives. After determining these interests, the arbitration tribunal shall analyze its relative weight.

---

[142] Cf. FOUCHARD/GAILLARD/GOLDMAN [1996: 876].

[143] See LIMA PINHEIRO [2005 § 57], with more references.

[144] A convergent suggestion, in respect to the concurrence of overriding rules [*Eingriffsnormen*] of different countries, is already found in SCHNYDER [1995: 307].

In some cases it will not be possible to rank the national interests at an abstract level. But even if it is possible to assign a greater weight to a given interest in detriment to another, the *balance decision* shall always be taken having in mind all the circumstances of the case.

Depending on the circumstances of the case, the balance may lead to the complete sacrifice of the interests in the application of a directive in favor of the interests in the application of another directive, as much as point to a *harmonization of these interests*, which postulates reciprocal adjustments of both directives or the unilateral adjustment of one of them.

In the second case, one shall follow the *proportionality principle* (in broad sense) as applied in cases of conflicts of fundamental rights and of contradiction of principles: the restriction of a directive shall confine itself to the strictly necessary and shall be materially adjusted to the benefit that is obtained with the compliance with the other directive.

D) Coordination of the Transnational Law of Arbitration with national directives

The application of *Transnational Law of the Arbitration* in conformity with national directives does not raise any problem. The arbitration tribunal shall also apply the Transnational Law of Arbitration that goes beyond national directives, since arbitrators have the duty to comply, as far as possible, with transnational standards applicable to the arbitration.

In case of *conflict of Transnational Law of Arbitration with relevant national directives* it is not possible to rank at an abstract level these sources. One may say that, in principle, Transnational Law of Arbitration shall not be applied against relevant national directives. Nonetheless, it is conceivable that, in exceptional circumstances, it may be justified to apply Transnational Law of the Arbitration against directives, in principle relevant, of one of the countries in contact with the arbitration. This possibility arises where the parties do not have an interest in the compliance with these directives and the interest of the country at stake, although reasonable, is neither common to the other countries involved nor results from an especially significant relationship with the arbitration.

BIBLIOGRAPHY

ALBERTI, Ulises MONTOYA
    1999 – "Las Convenciones Interamericanas de Arbitraje: Convención de Panama de 1975. Convención de Montevideo de 1979", *Revista de Derecho y Ciencia Política* 56: 61-97.

ARROYO, Diego FERNÁNDEZ (org.)
    2003 – *Derecho Internacional Privado de los Estados del Mercosur*, Buenos Aires.

BAR, CHRISTIAN VON e Peter MANKOWSKI
    2003 – *Internationales Privatrecht*, vol. I, 2.ª ed., Munique.

BARTIN, E.
    1930 – *Principes de droit international privé*, vol. I, Paris.

BASEDOW, Jürgen
    1987 – "Vertragsstatut und Arbitrage nach neuen IPR", *in Jahrbuch für die Praxis der Schiedsgerichtsbarkeit*, vol. I: 3-22.

BATIFFOL, Henri e Paul LAGARDE
    1983 – *Droit international privé*, vol. II – 7.ª ed., Paris.

BATIFFOL, Henri
    1957 – "L'arbitrage et les conflits de lois", *R. arb.*: 110-112.
    1973a – "L'avenir du droit international privé", *in Choix d'articles* (cit.), 315-331.
    1973b – "L' état du droit international privé en France et dans l'europe continentale de l'ouest", *in Choix d'articles* (cit.), 11-31.
    1976 – *Choix d'articles rassemblés par ses amis*, Paris.

BEHRENS, PETER
    1993 – "Arbitration as an Instrument of Conflict Resolution in International Trade: Its Basis and Limits", *in Conflict Resolution in International Trade*, org. por Daniel FRIEDMANN e Ernst-Joachim MESTMÄCKER, 13-38, Baden-Baden.

BENEDETTELLI, Massimo
    1997 – "L'arbitrato commerciale internazionale tra autonomia privata e coordinamento di sistemi giuridici: riflessioni in margine al nuovo regolamento di arbitrato della Camera di commercio internazionale", *RDIPP* 33: 899-918.

BERGER, Klaus Peter
    1993 – *International Economic Arbitration*, Deventer e Boston.
    1997 – "Acts of State and Arbitration: Exchange Control Regulations", *in Acts of State and Arbitration*, org. por Karl-Heinz Böckstiegel, 99-125, Colónia et al.
    2001 – "The German Arbitration Law of 1998. First Experiences", *in Law of International Business and Dispute Settlement in the 21st Century. FS Karl-Heinz Böckstiegel*, 31-49, Colónia et al.

BERNARDINI, Piero
    2000 – *L'arbitrato commerciale internazionale*, Milão.

BLESSING, Mark
    1992 – "Globalization (and Harmonization?) of Arbitration", *J. Int. Arb.* 9: 79-89.
    2000 – "Introduction to Arbitration – Swiss and International Perspectives", *in International Arbitration in Switzerland*, org. por Stephen Berti, Heinrich Honsell, Nedim Vogt e Anton Schnyder, Basileia et al.

BÖCKSTIEGEL, Karl-Heinz
1982 – "Die UNCITRAL-Verfahrensordnung für Wirtschaftsschiedsgerichtsbarkeit und das anwendbare nationale Recht", *RIW* 28: 706-712.
BONELL, Michael
1993 – "Lex mercatoria", *in Dig. priv. comm.*, vol. IX.
BORN, Gary
2001 – *International Commercial Arbitration: Commentary and Materials*, 2.ª ed., A Haia.
BROTÓNS, Antonio REMIRO
1984 – "La reconnaissance et l'exécution des sentences arbitrales étrangères", *RCADI* 184: 169-354.
BROWNLIE, Ian
2003 – *Principles of Public International Law*, 6.ª ed., Oxford.
BUCHER, Andreas
1987 – "Das Kapitel 11 des IPR-Gesetzes über die internationale Schiedsgerichtsbarkeit", *in FS Rudolf Moser* (cit. *Beiträge zum neuen IPR des Sachen –, Schuld- und Gesellschaftsrechts*), 193-233.
1989 – *Die neue internationale Schiedsgerichtsbarkeit in der Schweiz*, Basileia e Francoforte-sobre-o-Meno.
1996 – "Le for de raisonnement", *in E Pluribus Unum. Liber Amicorum Georges Droz*, 41-50, Boston e Londres.
CARABIBER, Charles
1961 – "L'évolution de la jurisprudence en matière d'exécution des jugements étrangers et des sentences arbitrales étrangères et internationales", *R. arb.*: 168-185.
CLAY, Thomas
2000 – *L'arbitre*, Paris.
CORREIA, António FERRER
1984/1985 – "Da arbitragem comercial internacional", *RDE* 10/11: 3-51.
1989 – "Da arbitragem comercial internacional", *in Temas de Direito Comercial. Arbitragem Comercial Internacional. Reconhecimento de Sentenças Estrangeiras. Conflitos de Leis*, 173-229, Coimbra.
CRAIG, Laurence, William PARK e Jan PAULSSON
2000 – *International Chamber of Commerce Arbitration*, 3.ª ed., Dobbs Ferry, N.Y.
CURRIE, Brainerd
1963 – "The Desinterested Third State", *Law and Contemporary Problems* 28: 754-794.
DASSER, Felix
1989 – *Internationales Schiedsgerichte und Lex mercatoria. Rechtsvergleichender Beitrag zur Diskussion über ein nicht-staatliches Handelsrecht* (Schweizerischen Studien zum Internationales Recht vol. 59.º), Zurique.
DAVID, RENÉ
1987 – *Le droit du commerce international. Réflexions d'un comparatiste sur le droit international privé*, Paris.
DEBY-GÉRARD, France
1973 – *Le rôle de la règle de conflit dans le règlement des rapports internationaux*, Paris.

DERAINS, Yves
    1972 – "L' application cumulative par l'arbitre des systèmes de conflit de lois intéressés au litige", *R. arb.*: 99-121.
    1984 – "Sources et domaine d'application du droit français de l'arbitrage international", in *Droit et pratique de l'arbitrage international en France*, org. por DERAINS et al. (cit.), 1-10.
    1994 – An. decisão arbitral CCI n.º 4381, in *Collection of ICC Arbitral Awards 1986-1990*, 268-274.
    1997 – "L'application du droit européen par les arbitres - analyse de la jurisprudence", in *L'Arbitrage et le Droit européen*, org. por Robert Briner, 65-80, Bruxelas.
Dicey and Morris on the Conflict of Laws
    2000/2003 – 13.ª ed. por Lawrence COLLINS (ed. geral), Adrian BRIGGS, Jonathan HILL, J. McCLEAN e C. MORSE (2000), Second Suppl. (2002) e Third Suppl. (2003), Londres.
DOLMANS, Maurits e Jacob GRIERSON
    2003 – "Arbitration and the Modernization of EC Antitrust Law: New Opportunities and New Responsibilities", *ICC International Court of Arbitration Bulletin* 14/2: 37-77.
DROBNIG, Ulrich
    1987 – "Internationale Schiedsgerichtsbarkeit und wirtschaftsrechtliche Eingriffsnormen", in *FS Gerhard Kegel II*, 95-118, Estugarda.
Droit international et droit communautaire
    1991 – Actes du colloque. Paris 5 et 6 avril 1990 (Fundação Calouste Gulbenkian, Centro Cultural Português), Paris.
FAZZALARI, Elio
    1997 – *L'arbitrato*, Turim.
FLUME, Werner
    1983 – *Allgemeiner Teil des Bürgerlichen Rechts*, vol. I, t. II – *Die juristische Person*, Berlim et. al.
FOUCHARD, Ph., E. GAILLARD e B. GOLDMAN
    1996 – *Traité de l'arbitrage commercial international*, Paris.
FOUCHARD, Philippe
    1965 – *L'arbitrage commercial international*, Paris.
    1997 – "La portée internationale de l'annulation de la sentence arbitrale dans son pays d'origine", *R. arb.* 329-352.
FRAGISTAS, Ch.
    1960 – "Arbitrage étranger et arbitrage international en droit privé", *R. crit.* 49: 1-20
FUMAGALLI, Luigi
    1985 – "La legge applicabile al merito della controversia nell'arbitrato commerciale internazionale", *RDIPP* 21: 465-492.
GAILLARD, Emmanuel
    1995 – "Trente ans de Lex Mercatoria. Pour une application sélective de la méthode des principes généraux du droit", *Clunet* 122: 5-30.
GENTINETTA, Jörg
    1973 – *Die lex fori internationaler Handelsschiedsgerichte*, Berna.
GIALDINO, A. CURTI
    1972 – "La volonté des parties en droit international privé", *RCADI* 137: 743-921.

GIARDINA, Andrea
　1984 – "Diritto interno e diritto internazionale nella disciplina dei contratti fra Stati e privati stranieri", *in Studi Giuseppe Sperduti*, 41-76.

GIRSBERGER, Daniel
　1999 – "Entstaatlichung der friedlichen Konfliktregelung zwischen nichtstaatlichen Wirkungseinheiten: Umfang und Grenzen. Das Beispiel der internationalen Wirtschftsschiedgerichtsbarkeit", *in Völkerrecht und Internationales Privatrecht in einem sich globalisierenden internationalen System* (Berichte der Deutschen Gesellschaft für Völkerrecht, vol. 39), 231-263.

GOLDMAN, Berthold
　1963 – "Les conflits de lois dans l'arbitrage international de droit privé", *RCADI* 109: 347-485.
　1964 – "Frontières du droit et 'lex mercatoria,'", *Archives de philosophie du droit* 9: 177-192.

GOODE, Roy
　2000 – "The Role of the Lex Loci Arbitri in International Commercial Arbitration", *in Lex Mercatoria: Essays on International Commercial Law in Honour of Francis Reynolds*, 245-268, Londres.

GOTTWALD, Peter
　1987 – "Die sachliche Kontrolle internationaler Schiedssprüche durch staatliche Gerichte", *in FS Heinrich Nagel*, 54-69, Münster.

HABSCHEID, Walter
　1959 – "Schiedsgerichtsbarkeit und Staatsaufsicht", *Konkurs, Treuhand-Schiedsgerichtswesen* 20: 113-120

HANOTIAU, Bernard
　1997 – "L'arbitrage et le droit européen de la concurrence", *in L'Arbitrage et le Droit européen*, org. por Robert Briner, 31-64, Bruxelas.

HELLWIG, Hans-Jürgen
　1984 – "Nationale und internationale Schiedsgerichtsbarkeit", *RIW*: 421-429.

HILL, JONATHAN
　1997 – "Some Private International Law Aspects of the Arbitration Act 1996", *Int. Comp. L. Q.* 46: 274-308.

HIRSCH, ALAIN
　1979 – "The Place of arbitration and the Lex Arbitri", *The Arbitration Journal* 34/3: 43-48.

HOFFMANN, Bernd von
　1970 – *Internationale Handelsschiedsgerichtsbarkeit. Die Bestimmung des maßgeblichen Rechts*, Francoforte-sobre-o-Meno.
　1976 – "UNCITRAL Rules für internationale Schiedsverfahren", *RIW* 22: 1-7.

HOLLEAUX, G.
　1956 – Recensão a KLEIN [1955], *R. crit.* 45: 177-181.

HORSMANS, Guy
　1999 – "La loi belge du 19 mai 1998 sur l'arbitrage", *R. arb.*: 475-539.

JARROSSON, Charles
　1987 – *La notion d'arbitrage*, Paris.
　2001 – "Les frontières de l'arbitrage", *R. arb.*: 5-41.

JUENGER, Friedrich
1990 – "Afterword. The Lex Mercatoria and the Conflict Laws", in *Lex Mercatoria and Arbitration: A Discussion of the New Merchant Law*, org. por Thomas CARBONNEAU, 213-224, Yonkers, N.Y.

JUNKER, A.
2000 – "Deutsche Schiedsgerichte und Internationales Privatrecht", in *FS Otto Sandrock*, 443-464, Heildelberga.

KASSIS, Antoine
1993 – *Le nouveau droit européen des contrats internationaux*, Paris.

KAUFMANN, Arthur
1997 – *Rechtsphilosophie*, 2.ª ed., Munique.

KLEIN, Frédéric-Edouard
1955 – *Considérations sur l'arbitrage en droit international privé*, Basileia.
1958 – "Autonomie de la volonté et arbitrage", *R. crit.* 255-284 e 479-494.
1962 – "La Convention européenne sur l'arbitrage commercial international", *R. crit.* 51: 621-640.
1967 – "Internationale Schiedsverfahren und nationale Rechtsordnungen", *Schw. Yb. Int. R.* 24: 87-118.

KROPHOLLER, Jan
2004 – *Internationales Privatrecht*, 5.ª ed., Tubinga.

LAGARDE, Paul
1982 – "Approche critique de la lex mercatoria", in *Études Berthold Goldman*, 125-150.

LALIVE, PIERRE e Emmanuel GAILLARD
1989 – "Le nouveau droit de l'arbitrage international en Suisse", *Clunet* 116: 905-957.

LALIVE, PIERRE
1967 – "Problèmes relatifs à l'arbitrage international commercial", *RCADI* 120: 569-714.
1976 – "Les règles de conflit de lois appliquées au fond du litige par l'arbitre international siégeant en Suisse", *R. arb.*: 155-185.
1977 – "Tendences et méthodes en droit international privé", *RCADI* 155: 1-425.
1982 – "Codification et arbitrage international", in *Études Berthold Goldman*, 152-166, Paris.
1986 – "Ordre public transnational (ou réellement international) et arbitrage international", *R. arb.* 329-374.
1991 – "Le droit applicable au fond par l'arbitre international", in *Droit international et droit communautaire* (cit.), 33-53.

LALIVE, PIERRE, Jean-François POUDRET e Claude REYMOND
1989 – *Le droit de l'arbitrage interne et international en Suisse*, Lausana.

LANDO, Ole
1984 – "The Conflict of Laws of Contracts. General Principles", *RCADI* 189: 223-447.

LANDY-OSMAN, Laurence
1991 – "L'embargo des Nations Unies contre l'Irak et l'exécution des contrats internationaux", *Droit et pratique du commerce international* 17: 597-633.

LEW, Julian
1978 – *Applicable Law in International Commercial Arbitration*, Nova Iorque.

LIPSTEIN, Kurt
1988 – "International Arbitration Between Individuals and Governments and the Conflict of Laws", *in Contemporary Problems of International Law. Essays in Honour of Georg Schwarzenberger*, org. por Bin Cheng e E. Brown, 177-195, Londres.
LOQUIN, Eric
1983 – "Les pouvoirs des arbitres internationaux à la lumière de l'évolution récente du droit de l'arbitrage international", *Clunet* 110: 293-345.
LOUSSOUARN, Yvon e Jean-Denis BREDIN
1969 – *Droit du commerce international*, Paris.
LUZZATTO, Riccardo
1987 – "Arbitrato commerciale internazionale", *in Dig. priv. comm.*, vol. I.
1994 – "L'arbitrato internazionale e i lodi stranieri nella nuova disciplina legislativa italiana", *RDIPP* 30: 257-280.
Ver TARZIA, Giuseppe, Riccardo LUZZATTO e Edoardo RICCI (orgs.)
MACNEIL, Ian, Richard SPEIDEL e Thomas STIPANOWICH
1995 – *Federal Arbitration Law*, Boston et al.
MANN, Frederick A.
1967 – "Lex Facit Arbitrum", *in International Arbitration – Liber Amicorum for Martin Domke*, 157-183, A Haia.
1968 – "Internationale Schiedsgerichte und nationale Rechtsordnung", *ZHR* 130: 97-129.
1984 – "England rejects 'delocalised' contracts and arbitration", *Int. Comp. L. Q.* 33: 193-199.
1985 – "Zur Nationalität des Schiedsspruchs", *in FS Walter Oppenhoff*, 215-226, Munique.
MARRELLA, Fabrizio
2003 – *La nuova lex mercatoria, in Trattato di diritto commerciale e di diritto pubblico dell'economia*, org. por Francesco Galgano, vol. XXX, Pádua.
MARTINY, Dieter
1999 – "Die Bestimmung des anwendbaren Sachrechts durch das Schiedsgericht", *in Wege zur Globalisierung des Rechts. FS Rolf A. Schütze*, 529-542, Munique.
Ver *Münchener Kommentar zum Bürgerlichen Gesetzbuch*
MAYER, Pierre
1982 – "Le mythe de l'ordre juridique de base, (ou Grundlegung)", *in Études Berthold Goldman*, 199-215, Paris.
1989 – "L'autonomie de l'arbitre dans l'appréciation de sa propre compétence", *RCADI* 217: 319-454.
1992 – "L'application par l'arbitre des conventions internationales de droit privé", *in Mélanges Yvon Loussouarn*, 275-291.
MEHREN, Arthur VON
1980 – *A General View of Contract, in IECL*, vol. VII, cap. 1.
1982 – "To What Extent is International Commercial Arbitration Autonomous?", *in Études Berthold Goldman*, 217-227, Paris.
1990 – "Arbitration Between States and Foreign Enterprises: The Significance of the Institute of International Law's Santiago de Compostela Resolution", *ICSID Rev.* 5: 54-64.

MEHREN, Arthur VON e Eduardo JIMÉNEZ DE ARÉCHAGA
  1989a – "Arbitration between States and Foreign Enterprises. Draft Report", *Ann. Int. dr. int.* 63/I: 100-140.
  1989b – "Arbitration between States and Foreign Enterprises. Final Report", *Ann. Int. dr. int.* 63/I: 191-201.
MELLO, Xavier de
  1982 – "Arbitrage et droit communautaire", *R. arb.*: 349-403.
MEYER-CORDING, Ulrich
  1971 – *Die Rechtsnormen*, Tubinga.
MEZGER, Ernst
  1960 – "La Jurisprudence française relative aux Sentences arbitrales étrangères et la Doctrine de l'Autonomie de la Volonté en Matière d'Arbitrage international de Droit privé", *in Mélanges Jacques Maury*, vol. I, 273-291, Paris.
MIRANDA, JORGE
  2004 – *Curso de Direito Internacional Público*, 2.ª ed., Cascais.
MÜNZBERG, Reinhard
  1970 – *Der Schranken der Parteivereinbarungen in der privaten internationalen Schiedsgerichtsbarkeit*, 1970.
NAGEL, Heinrich
  1978 – *Durchsetzung von Vertragsansprüchen im Auslandsgeschäft*, Berlim.
NAÓN, Horacio GRIGERA
  2001 – "Choice-of law Problems in International Commercial Arbitration", *RCADI* 289: 9-396.
  2002a – "Los arbitros internacionales, pueden o deben aplicar las leyes de policia?", *Avances del Derecho Internacional Privado en América Latina. Liber amicorum Jürgen Samtleben*, 599-616, Montevideu.
  2002b – "International Commercial Arbitration: Identifying and Implementing the 'Right' Policies", *in Law and Justice in a Multistate World* (cit.), 137-150.
NGUYEN QUOC, Dinh, Patrick DAILLIER e Alain PELLET
  2002 – *Droit international public*, 7.ª ed., Paris.
NIBOYET, J.-P.
  950 – *Traité de droit international privé français*, vol. VI/2 – *Conflit de juridictions*, Paris.
NORTH, Peter e J. FAWCETT
  1999 – *Cheshire and North's Private International Law*, 13.ª ed. Londres.
NYGH, Peter
  1997 – "Choice of Forum and Laws in International Commercial Arbitration", *Forum Internationale*, n.º 24.
OPPETIT, Bruno
  1998 – *Théorie de l'arbitrage*, Paris.
PALLIERI, Georgio BALLADORE
  1935 – "L'arbitrage privé dans les rapports internationaux", *RCADI* 51: 291-403.
PARK, William
  1983 – "The Lex Loci Arbitri and International Commercial Arbitration", *Int. Comp. L. Q.* 32: 21-52.
  1997 – "Control Mechanisms in the Development of a Modern Lex Mercatoria", *in Lex Mercatoria and Arbitration: a Discussion of the New Law Merchant* (cit.), 143-172.

1999 – "Duty and Discretion in Commercial Arbitration", *Am. J. Int. L.* 93: 805-823.
2001 – "Why Courts Review Arbitral Awards", *in Law of International Business and Dispute Settlement in the 21st Century. FS Karl-Heinz Böckstiegel*, 595-606, Colónia et al.

PAULSSON, Jan
1981 – "Arbitration unbound: award detached from the law of its country of origin", *Int. Comp. L. Q.* 30: 358-359.
1983 – "Delocalisation of International Commercial Arbitration: When and Why it Matters", *Int. Comp. L. Q.* 32: 53-61.

PEREIRA, ANDRÉ GONGALVES e FAUSTO DE QUADROS
1993 – *Manual de Direito Internacional Público*, 3.ª ed., Coimbra.

PEREIRA, AVILLEZ
1994 – "Arbitration Issues in EC Law", *DDC/BMJ* 57/58: 325-346.

PHILIP, Allan
2002 – "The Eco Swiss Judgment and International Arbitration", *in Law and Justice in a Multistate World. Essays in Honor of Arthur T. von Mehren*, 527-530, Ardsley, Nova Iorque.

PILLET, Antoine
1924 – *Traité pratique de droit international privé*, vol. II, Paris.

PINHEIRO, Luís de LIMA
1998 – *Contrato de Empreendimento Comum (Joint Venture) em Direito Internacional Privado*, Almedina, Lisboa.
2001 – *Direito Internacional Privado*, vol. I – *Introdução e Direito de Conflitos. Parte Geral*, Almedina, Lisboa.
2005 – *Arbitragem Transnacional. A Determinação do Estatuto da Arbitragem*, Almedina, Coimbra.

POUDRET, Jean-François e Sebastien BESSON
2002 – *Droit comparé de l'arbitrage international*, Zurique.

POUDRET, Jean-François
2000 – "Conflits entre juridicitons etatiques en matière d'arbitrage international ou les lacunes des Conventions de Bruxelles et Lugano", *in FS Otto Sandrock*, 761-780, Heidelberga.

RAAPE, Leo
1961 – *Internationales Privatrecht*, 5.ª ed., Berlim e Francoforte.

RACINE, Jean-Baptiste
1999 – *L'arbitrage commercial international et l'ordre public*, Paris.

RAESCHKE-KESSLER, Hilmar e Klaus Peter BERGER
1999 – *Recht und Praxis des Schiedsverfahrens*, 3.ª ed., Colónia.

RAMOS, Rui MOURA
1991 – *Da Lei Aplicável ao Contrato de Trabalho Internacional*, Coimbra.
Ver SOARES, Maria Ângela BENTO

RECHSTEINER, Beat Walter
2001 – *Arbitragem Privada Internacional no Brasil*, 2.ª ed., São Paulo.

REDFERN, Alan e Martin HUNTER
1999 – *Law and Practice of International Commercial Arbitration*, 3.ª ed., Londres.

REISMAN, Michael
1992 – *Systems of Control in International Adjudication and Arbitration*, Durham e Londres.

RIGAUX, François
: 1982 – "Souveraineté des États et arbitrage transnational", *in Études Berthold Goldman*, 261-279, Paris.
: 1987 – *Droit international privé*, vol. I, 2.ª ed., Bruxelas.
: 1988 – "Examen de quelques questions laissées ouvertes par la convention de Rome sur la loi applicable aux obligations contractuelles", *Cahiers de Droit Européen* 24: 306-321.
: 1989 – "Les situations juridiques individuelles dans un système de relativité générale", *RCADI* 213: 7-407.
: 1993 – "Le pluralisme en droit international privé", *in Hacia un nuevo orden internacional y europeo, Estudios Manuel Díez Velasco*, 1419-1436, Madrid.

ROZAS, FERNÁNDEZ
: 2002 – "Le rôle des juridictions Étatiques devant l'arbitrage commercial international", *RCADI* 290: 9-224.

RUBINO-SAMMARTANO, Mauro
: 2002 – *Il diritto dell'arbitrato*, 3.ª ed., Pádua.

SAMTLEBEN, Jürgen
: 1980 – "Die interamerikanischen Spezialkonferenzen für internationales Privatrecht", *RabelsZ.* 44: 257-320.

SANDERS, Pieter
: 1977 – "Commentary on UNCITRAL Arbitration Rules", *Yb. Comm. Arb.* 2: 172-223.
: 1995 – "Unity and Diversity in the Adoption of the Model Law", *Arb. Int.* 1: 1-37.
: 1996 – "Arbitration", *in IECL* vol. XVI, cap.12.
: 1999 – *Quo Vadis Arbitration? A Comparative Study*, A Haia.

SANDROCK, Otto
: 1992 – "Welches Kollisionsrecht hat ein Internationales Schiedsgericht anzuwenden", *RIW* 38: 785-795.
: 2001 – "Neue Lehren zur internationalen Schiedsgerichtsbarkeit und das klassische Internationale Privat- und Prozeßrecht", *in FS Hans Stoll*, 661-689, Tubinga.

SANTOS, António MARQUES DOS
: 1991 – *As Normas de Aplicação Imediata no Direito Internacional Privado. Esboço de Uma Teoria Geral*, 2 vols., Coimbra.

SAUSER-HALL, M. G.
: 1952 – "L' arbitrage en droit international privé. Rapport et projet de Résolutions ", *in Ann. Inst. dr. int.* 44-I: 469-613.

SCHLOSSER, Peter
: 1989 – *Das Recht der internationalen privaten Schiedsgerichtsbarkeit*, 2.ª ed., Tubinga.
: 2002 – "10. Buch. Schiedsrichterliches Verfahren", *in Stein/Jonas ZPO*, 22.ª ed., vol. IX, Tubinga.

SCHNITZER, Adolf F.
: 1957/1958 – *Handbuch des internationalen Privatrechts*, 4.ª ed., 2 vols., Basileia.
: 1977 – "Die Einordnung der internationalen Sachverhalte in das Rechtssystem", *in FS F. A. Mann* (cit. *Internationales Recht und Wirtschaftsordnung. International Law and Economic Order*), 289-305.

SCHNYDER, Anton
: 1995 – "Anwendung ausländischer Eingriffsnormen durch Schiedsgerichte", *RabelsZ.* 59: 293-308.

SCHWAB, Karl Heinz e Gerhard WALTER
2000 – *Schiedsgerichtsbarkeit. Kommentar*, 6.ª ed., Munique.
SEIDL-HOHENVELDERN, Ignaz e Torsten STEIN
2000 – *Völkerrecht*, 10.ª ed., Colónia et al.
SERAGLINI, Christophe
2001 – *Lois de police et justice arbitrale internationale*, Paris.
SILVA, Manuel BOTELHO DA
1999 – *Relatividade da Posição do Árbitro perante o Direito de Conflitos de Fonte Estatal*, 2 vols. (diss. de mestrado policopiada), Lisboa.
2004 – *Arbitragem Voluntária. A Hipótese da Relatividade da Posição do Árbitro Perante o Direito de Conflitos de Fonte Estatal*, Coimbra.
SMIT, Hans
1997 – "Proper Choice of Law and the Lex Mercatoria Arbitralis", *in Lex Mercatoria and Arbitration: a Discussion of the New Law Merchant* (cit.), 93-110.
SOARES, Maria ÂNGELA BENTO e Rui MOURA RAMOS
1986 – *Contratos Internacionais. Compra e Venda. Cláusulas Penais. Arbitragem*, Coimbra.
STEIN, Ursula
1995 – *Lex mercatoria, Realität und Theorie*, Francoforte-sobre-o-Meno.
SUTTON, St John e Judith GILL
2002 – *Russell on Arbitration*, 22.ª ed., Londres.
TARZIA, Giuseppe, Riccardo LUZZATTO e Edoardo RICCI (orgs.)
1995 – *Legge 5 gennaio 1994, n. 25. Nuove dispozioni in materia di arbitrato e disciplina dell'arbitrato internazionale*, Pádua.
VAN DEN BERG, A.
1981 – *The New York Arbitration Convention of 1958. Towards a Uniform Judicial Interpretation*, Deventer et. al.
VAN HOUTTE, HANS
1993 – "Changed circumstances and pacta sunt servanda", *in Transnational Rules in International Commercial Arbitration*, org. por Emmanuel GAILLARD, 105-123, Paris.
1997 – "Trade Sanctions and Arbitration", *Int. Bus. Lawyer* (April 1997) 166-170.
VÁRADY, Tibor, John BARCELÓ e Arthur VON MEHREN
2003 – *International Commercial Arbitration: A Transnational Perspective*, 2.ª ed., St. Paul, Minn.
VAZ, ISABEL
1990 – *Direito Internacional Público e Lex Mercatoria na disciplina dos contratos internacionais* (dissertação de mestrado policopiada), Lisboa.
VICENTE, Dário MOURA
1990 – *Da arbitragem comercial internacional. Direito aplicável ao mérito da causa*, Coimbra.
2002 – "Resolução extrajudicial de conflitos de consumo com carácter transfronteiriço", *in Direito Internacional Privado. Ensaios*, vol. I, 393-414.
ZANETTI, Alicia
2002 – "Arbitraje comercial internacional en el Mercosur", *in Avances del Derecho Internacional Privado en América Latina. Liber Amicorm Jürgen Samtleben*, 633-666, Montevideu.

Zürcher Kommentar zum IPRG
   2004 – *Kommentar zum Bundesgesetz über das Internationale Privatrecht (IPRG) vom 18. Dezember 1987*, 2.ª ed., org. por Daniel GIRSBERGER, Anton HEINI, Max KELLER, Jolanta KREN KOSTKIEWICZ, Kurt SIEHR, Frank VISCHER e Paul VOLKEN, Zurique, Basileia e Genebra (cit. *Zürcher Komm.*/colaborador).

O DIREITO AUTÓNOMO DO COMÉRCIO INTERNACIONAL EM TRANSIÇÃO: A ADOLESCÊNCIA DE UMA NOVA *LEX MERCATORIA* *

SUMÁRIO

Introdução. **I. Teses favoráveis ao Direito autónomo do comercial internacional.** A) A tese de SCHMITTHOFF. B) A tese de GOLDMAN. **II. Significado real da *lex mercatoria* na regulação das relações comerciais internacionais. Os princípios do UNIDROIT e os princípios de Direito Europeu dos Contratos.** A) Aspectos gerais. B) O significado da jurisprudência arbitral para o desenvolvimento da *lex mercatoria*. C) Os princípios do UNIDROIT e os princípios de Direito Europeu dos Contratos. **III. Apreciação das teses favoráveis ao Direito autónomo do comércio internacional e posição adoptada.** A) A crítica da "doutrina tradicional". B) Posição adoptada. **IV. Considerações finais. Bibliografia.**

INTRODUÇÃO

A formação, no seio de grupos sociais formados por pessoas que se dedicam profissionalmente a actividades económicas, de regras e princípios reguladores das relações que estabelecem entre si [1], é uma constante na história do Direito Comercial e, mais em geral, do Direito relativo ao tráfico de bens e serviços. Este fenómeno verifica-se tanto no comércio local como nas relações transfronteiriças: já nos tempos mais recuados o comércio marítimo deu origem a regras mercantis autónomas [2].

---

* O presente trabalho foi elaborado, em 2005, com vista aos Estudos em Memória do Professor António de Sousa Franco.

[1] Observe-se que, pelo menos historicamente, estas regras e princípios foram por vezes aplicáveis mesmo nas relações com outros sujeitos.

[2] Cf. TETLEY [1997: 43 e segs.].

Na Baixa Idade Média, o complexo normativo formado seja pelos estatutos das corporações mercantis, seja pelos costumes mercantis, seja ainda pela jurisprudência dos tribunais de mercadores desempenha um papel especialmente importante em diversos países europeus, designadamente a Itália, a Catalunha, a França e a Inglaterra. Este complexo normativo apresenta-se então como Direito que se forma com *autonomia* relativamente ao poder político. Os comentadores italianos designaram este complexo normativo como "*ius mercatorum*" ou "*lex mercatoria*", expressões que vieram a generalizar-se em toda a Europa[3].

A partir do séc. XVI, a importância da *lex mercatoria* declina e as fontes estaduais do Direito relativo ao tráfico de bens e serviços tendem a ganhar primazia. As regras e princípios reguladores do comércio deixam de ser encaradas como Direito autónomo para passarem a constituir Direito estadual.

O "renascimento" da *lex mercatoria* no séc. XX surge ligado especificamente ao desenvolvimento do comércio internacional. A nova *lex mercatoria* afirma-se então como um Direito autónomo do comércio internacional.

Por *Direito autónomo do comércio internacional* entendo aquelas regras e princípios aplicáveis às relações do comércio internacional que se formam independentemente da acção dos órgãos estaduais e supraestaduais.

Naturalmente que estas regras e princípios podem ser relevantes na ordem jurídica estadual. À semelhança do que se verifica com o Direito Internacional Público, o Direito autónomo do comércio internacional pode ser objecto de uma recepção na ordem jurídica interna. Também é concebível que normas de conflitos vigentes na ordem jurídica interna remetam a regulação de certas questões para Direito autónomo do comércio internacional.

Os modos de relevância da *lex mercatoria* na ordem jurídica estadual foram por mim examinados examinados noutro lugar[4]. O

---

[3] Ver GALGANO [2001: 35 e segs. e 38]. Entre nós, ver OLIVEIRA ASCENSÃO [1998/1999: 10 e segs.], COUTINHO DE ABREU [2003: 1 e segs.] e MENEZES CORDEIRO [2001: 28 e segs.]. Sobre o papel desempenhado pela *Law Merchant* em Inglaterra, ver VON BAR/MANKOWSKI [2003: 30 e segs.]. Ver ainda FERNÁNDEZ DE LA GÁNDARA/CALVO CARAVACA [1995: 29 e segs.].

[4] LIMA PINHEIRO [2005b § 43].

presente estudo incide sobre a regulação directa e imediata de situações transnacionais pelo Direito autónomo do comércio internacional, i.e., independentemente da mediação de uma ordem jurídica estadual.

As ideias básicas que inspiram as concepções favoráveis à *lex mercatoria* encontram-se já nos estudos sobre o Direito "corporativo" ou "autónomo" do comércio publicados, em 1928, por ISHIZAKI, em 1933, por GROSSMANN-DOERTH e, em especial, na obra sobre o Direito dos "cartéis internacionais" da autoria de REINHOLD WOLFF (1929)[5] e na obra sobre a venda de mercadorias publicada por RABEL em 1936[6]. Indicações que apontam claramente no sentido da tese da ordem jurídica autónoma do comércio internacional encontram-se também, alguns anos mais tarde, em ALFONSIN (1950)[7].

Mas é a partir dos anos sessenta que estas concepções são apresentadas de forma mais estruturada, mormente por SCHMITTHOFF e GOLDMAN, vindo suscitar um vivo debate doutrinal.

O Professor SOUSA FRANCO não permaneceu alheio a este debate doutrinal, assumindo uma posição de abertura a estas concepções nas suas *Noções de Direito da Economia*[8], publicadas em 1983, e na prelecção sobre "Contratos internacionais de financiamento" que apresentou, em 24 de Janeiro de 1990, no Curso sobre Contratos Internacionais organizado pela Faculdade de Direito de Lisboa. Esta atitude, pioneira entre nós, contribuiu muito para desencadear uma reflexão que me conduziu às posições que actualmente defendo nesta matéria. Ao dedicar o presente estudo à memória do Professor SOUSA FRANCO é minha intenção render homenagem à vastíssima cultura, à abertura de espírito e ao sentido de justiça do saudoso Mestre e Amigo.

Começarei por examinar as principais teses favoráveis ao Direito autónomo do comércio internacional (I), indagarei em seguida do significado real da *lex mercatoria* na regulação das relações comerciais internacionais (II), passando depois à apreciação crítica destas teses (III) para concluir com algumas considerações finais (IV).

---

[5] 39 e segs.
[6] 1936: 36.
[7] 1950: 174 e segs. Ver ainda a alusão à *lex mercatoria* feita por TIMBERG [1947: 585].
[8] 1982/1983: 23

I. TESES FAVORÁVEIS AO DIREITO AUTÓNOMO DO COMERCIAL INTERNACIONAL

A) A tese de SCHMITTHOFF

Para uma primeira tese, que se deve sobretudo a SCHMITTHOFF, a *lex mercatoria* é encarada essencialmente como Direito material especial do comércio internacional dotado de um certo grau de uniformidade internacional [9].

Este Direito material especial uniforme baseia-se em convenções internacionais, em regras criadas por "entidades reguladoras" (designadamente leis-modelo, modelos contratuais, cláusulas contratuais gerais, termos normalizados e condições gerais) e, embora em segundo plano, costumes e usos do comércio internacional.

Assim, SCHMITTHOFF invoca a falta de flexibilidade dos mecanismos legislativos estaduais e interestaduais e alega que o Direito de Conflitos constitui uma "barreira artificial criada pelo homem à condução dos negócios e à resolução de dificuldades de um modo prático". Perante estes óbices, o moderno comércio reclamaria um Direito Comercial Internacional autónomo, fundado em regras uniformes aceites em todos os países, em suma, uma nova *lex mercatoria* [10].

Esta nova *lex mercatoria* apresentaria duas diferenças principais relativamente à *lex mercatoria* medieval [11]. Primeiro, o seu carácter

---

[9] Ver SCHMITTHOFF [1964: 58 e segs. e 68 e segs., 1981: 18 e segs. e 1982]. Ver também HORN [1982: 12 e segs.]. Para uma exposição mais pormenorizada desta tese ver LIMA PINHEIRO [1998 § 18 A]. Ver ainda KRONSTEIN [1973: 159 e seg., 169 e segs. e 198 e segs.], RENÉ DAVID [1977: 10 e segs.], LOWENFELD [1990: 144 e seg.] e DASSER [1991: 301 segs.].

[10] A criação da CNUDCI, pelas Nações Unidas, é pelo autor considerada como pleno reconhecimento internacional deste ponto de vista. Em sentido convergente ao exposto no texto, RENÉ DAVID [1977: 10 e segs.] e DASSER [1991: 303 e 306 e seg.]. Também para PHILIPPE KAHN [1992: 418], as legislações nacionais têm dificuldade em acompanhar a rápida evolução de tecnologias e das modalidades contratuais empregues em certos sectores.

Na doutrina portuguesa, esta concepção encontra certo eco em SOUSA FRANCO [1982/1983: 23], que defende "um Direito Comercial internacionalmente harmonizado (Direito do Comércio Internacional) tanto no plano da criação normativa como no recurso à arbitragem internacional para criar soluções materiais comuns – ou, pelo menos, harmonizadas – que facilitem a segurança jurídica e a confiança nas transacções privadas internacionais". Ver ainda ISABEL JALLES [1975].

[11] Cf. SCHMITTHOFF [1981: 21 e segs.].

internacional careceria de ser reconciliado com o conceito de soberania nacional no qual a ordem mundial ainda se funda[12]. Segundo, enquanto o desenvolvimento da *lex mercatoria* medieval se operou ao sabor das circunstâncias e por forma não planeada, a *lex mercatoria* moderna seria criada deliberadamente por "entidades reguladoras" e seria revelada em convenções internacionais, leis-modelo ou noutros documentos publicados por organizações privadas, tais como a CCI.

Exemplos importantes[13] são os oferecidos:
– pelos *Incoterms*, termos normalizados da venda à distância de mercadorias, e pelas Regras e Usos Uniformes relativos aos Créditos Documentários, ambos editados pela CCI;
– pelos modelos contratuais da *Grain and Feed Trade Association* (GAFTA) para a venda de cereais e da *Fédération Internationale des Ingénieurs Conseils* (FIDIC) para as empreitadas de construção civil e para a realização de conjuntos industriais;
– pelas "condições gerais" da ECE/UN, por exemplo, sobre o fornecimento e a montagem de bens instrumentais à importação e à exportação e sobre a venda para a importação e exportação de bens de consumo duradouros e de outros produtos industriais;
– pelas Regras de Iorque/Antuérpia, adoptadas pelo Comité Marítimo Internacional, que se propõem regular certos aspectos das relações entre o armador, o titular da mercadoria, o afretador e as seguradoras, em caso de avaria grossa.

A soberania nacional não se oporá a que, no âmbito da liberdade contratual, as partes possam desenvolver um Direito autónomo do comércio internacional, contanto que este Direito respeite, na esfera de cada Estado, os limites impostos pela ordem pública.

Segundo a concepção de SCHMITTHOFF, a *lex mercatoria* não é um Direito Internacional ou Supranacional, por dever a sua autonomia à permissão e à autorização dos Estados. O autor defende mesmo que, em última instância, este Direito Transnacional – como prefere designá-lo – se funda nos Direitos nacionais, ainda que se desenvolva numa

---

[12] Ver também RENÉ DAVID [op. cit. 18].
[13] Mais desenvolvidamente, ver BONELL [1976: 24 e segs. e 64 e segs.], BOGGIANO [1981: 17 e segs.] e KLECKNER [1991].

área que, em princípio, não interessa aos Estados. Por conseguinte, em última análise o Direito Transnacional fundamentar-se-ia no reconhecimento directo ou indirecto pelos Estados [14].

Nesta visão das coisas, a *lex mercatoria* não é concebida como uma ordem jurídica autónoma, na qual os contratos internacionais se encontrem radicados. Tão-pouco é caracterizada por processos específicos de formação de normas jurídicas, visto que, pelo menos as Convenções internacionais, são simultaneamente fontes do Direito Transnacional e do Direito Internacional Público [15]. A *lex mercatoria* desempenha essencialmente uma função interpretativa e integrativa do negócio jurídico, e, eventualmente, o papel de fonte subsidiária da ordem jurídica estadual [16].

B) A tese de GOLDMAN

A concepção que vê na *lex mercatoria* uma ordem jurídica autónoma do comércio internacional, ou, pelo menos, uma ordem jurídica em formação, é a que tem suscitado maior polémica. O seu principal impulsionador é GOLDMAN.

Para a tese ora em exame [17], a *lex mercatoria* é a ordem jurídica da *societas mercatorum*: um "conjunto de princípios gerais e regras costumeiras espontaneamente referidas ou elaboradas no quadro do comércio internacional, sem referência a um particular sistema jurídico nacional", que exprime concepções jurídicas partilhadas pela comunidade dos sujeitos do comércio internacional [18].

Também esta concepção encontra pontos de apoio no reconhecimento da autonomia dos operadores do comércio internacional e na regulação autónoma por eles operada a nível das relações indivi-

---

[14] Cf. DASSER [1991: 301]. Ver também LANDO [1985: 752].
[15] Ver BONELL [1993 n.º 1].
[16] Ver também as observações feitas por BERMAN/DASSER [1997: 58].
[17] Cf. GOLDSTAJN [1961 e 1990], GOLDMAN [1964: 178 segs. e 1993: 248 e segs.], PHILIPPE KAHN [1961: 365 e seg.] e FOUCHARD [1965: 401 e segs.]. Para uma exposição pormenorizada desta tese, com mais referências doutrinais, ver LIMA PINHEIRO [2005a § 39]. Indicações que apontam no sentido desta tese encontram-se já em RABEL [1936: 36] e ALFONSIN [1950: 174 e segs.].
[18] Cf. GOLDMAN [1987: 116], PHILIPPE KAHN [1961: 17 e segs. e 263 e 1975: 173 e segs.] e BERMAN/DASSER [1997: 53].

duais ou por via de organizações que prosseguem os seus fins colectivos. Mas atribui mais importância às fontes "espontâneas" do Direito que a doutrina representada por SCHMITTHOFF [19].

Com efeito, sobretudo numa primeira fase, GOLDMAN e os seus seguidores mais próximos colocam em primeiro lugar, no elenco dos elementos da *lex mercatoria*, as regras consuetudinárias, usos, cláusulas contratuais gerais e modelos contratuais. Numa posição secundária surgem os "princípios gerais de Direito" – encarados como fonte subsidiária, a que é atribuída uma função integrativa das lacunas deixadas pelas "fontes" anteriormente mencionadas – e as regras desenvolvidas pela jurisprudência arbitral.

As contribuições mais recentes, porém, tendem a acentuar a natureza pretoriana da *lex mercatoria*. Os "princípios gerais de Direito" e os "princípios comuns" aos sistemas nacionais envolvidos surgem como elementos primordiais desta ordem autónoma [20] e a jurisprudência arbitral é elevada à categoria das principais fontes da *lex mercatoria*, se não considerada a fonte mais importante [21].

Na verdade, verifica-se que as regras e princípios que são atribuídos à *lex mercatoria* resultam principalmente do apuramento e da

---

[19] Cf. GOLDMAN [1987: 114] e DASSER [1991: 302]. Ver ainda a análise feita por MOURA RAMOS [1991: 499 e segs.], MARQUES DOS SANTOS [1991: 656 e segs.], LIMA PINHEIRO [1998 § 18 A], HELENA BRITO [2004: 111 e segs.] e ISABEL VAZ [1990: 179 e segs.], com mais referências.

[20] Cf. GOLDMAN [1987: 116], PHILIPPE KAHN [1989: 318 e segs.], DASSER [1991: 310] e GAILLARD [1995 e 2001].

[21] Cf. GOLDMAN [1993: 242]; mas cp. FOUCHARD [1965: 401 e seg.]; para uma primazia da jurisprudência arbitral entre as fontes da *lex mercatoria*, aponta PHILIPPE KAHN [1992: 423] e CARBONNEAU [1997]. Segundo PIERRE LALIVE [1994: 14; ver também 1967: 598 e seg. e 649 e segs.], a arbitragem internacional constitui – apesar dos limites colocados pela confidencialidade – um dos modos de "constatação-criação" de um Direito espontâneo, de origem em parte pretoriana, frequentemente mais apto a reger as relações internacionais privadas que os Direitos estaduais que foram concebidos e pensados para as situações internas. Pouco importando a terminologia utilizada – "Direito transnacional", princípios gerais deduzidos do Direito comparado, *lex mercatoria*, ou outra designação – "há aí uma manifestação de um Direito Internacional Privado, vivo, substancial, por forma alguma restrito aos métodos 'conflituais' clássicos e à aplicação exclusiva das leis estaduais". Ver também ISABEL JALLES [1975: 79 e seg.], LANDO [1985: 752 e segs.], LOWENFELD [1990: 145, 147 e 149], JUENGER [1990: 215] e GIARDINA [1991: 42]. Cp. SCHMITTHOFF [1964: 72 e segs.], KEGEL [1985 n.ºs 32 e seg. e 1964: 262], BATIFFOL [1973a: 325 e seg. e 1973b: 26], KROPHOLLER [1975: 147 e segs.] e RENÉ DAVID [1987: 135 e seg.].

concretização, pela arbitragem transnacional, de princípios gerais de Direito e de "princípios comuns" aos sistemas nacionais em presença. Assume especial importância o recurso aos "princípios comuns", que se traduz numa análise comparativa dos sistemas em presença com vista à aplicação da regra mais amplamente aceite [22].

Esta tendência de evolução não deixa de suscitar algumas interrogações sobre o sentido global da tese e quanto à própria coerência interna da construção.

A adesão à arbitragem como modo normal de resolução jurisdicional dos litígios do comércio internacional e a observância das suas decisões por parte dos sujeitos do comércio internacional, aliadas à autonomia que lhe é reconhecida por grande número de sistemas nacionais, constituem, por assim dizer, a espinha dorsal da tese em exame.

Os tribunais da arbitragem transnacional desempenhariam uma dupla função. Por um lado, a função de dirimir os litígios emergentes das relações do comércio internacional segundo as regras e princípios transnacionais (órgãos de aplicação da *lex mercatoria*). Por outro, a de contribuir para a sua revelação e desenvolvimento (fonte da *lex mercatoria*) [23].

O valor jurídico de alguns dos elementos atribuídos à *lex mercatoria* suscitou, desde o início, alguma controvérsia. GOLDMAN defende que se trata de regras jurídicas, pois apresentam as características da "acessibilidade", generalidade e previsibilidade; emanam, pelo menos em parte, de uma autoridade (profissional) [24]; enfim, são sancionadas pelo próprio meio profissional, pelas jurisdições arbitrais e pelas jurisdições estaduais [25].

Os partidários desta tese concedem que a *lex mercatoria* não constitui uma "ordem jurídica completa", i.e., de uma ordem que regule, no seu conjunto, as relações do comércio internacional.

---

[22] Ver GAILLARD [1995 e 2001].
[23] Ver GOLDMAN [1964: 183 e seg.], FOUCHARD [1965: 445 e seg.], RENÉ DAVID [1977: 15 e segs.], LANDO [1985: 752] e MARRELLA [2003: 249 e segs.]. Sobre as modulações apresentadas pela doutrina a este respeito ver STEIN [1995: 149 e segs.].
[24] O autor observa que esta não constitui uma condição de "juridicidade", como demonstram os sistemas passados e presentes de Direito consuetudinário.
[25] 1964: 187 segs., 1979: 499 e segs. e 1993: 248.

Primeiro, a *lex mercatoria* limita-se às questões de natureza "contratual", na acepção ampla retida na arbitragem transnacional[26]. Trata-se, na verdade, de um Direito autónomo dos contratos do comércio internacional. O âmbito de regulação da *lex mercatoria* apresenta-se assim mais restrito que o da arbitragem transnacional, pois o comércio internacional suscita questões, arbitráveis, a que não pode ser atribuída "natureza contratual".

Segundo, as questões relativas aos pressupostos de formação do consentimento, aos requisitos de validade do objecto e do fim do contrato e ao poder de representação não são, em geral, reguladas pela *lex mercatoria*[27].

A ideia segundo a qual cada situação seria atribuída a uma ordem jurídica, operando-se assim uma repartição de situações entre as diferentes ordens jurídicas, legada por SAVIGNY e até certo ponto mantida na moderna doutrina internacionalprivatista francesa, não encontra pois correspondência nesta concepção de *lex mercatoria*. As relações do comércio internacional são susceptíveis de relevar simultaneamente perante esta ordem autónoma e o Direito estadual ou "interestadual". Assim, aspectos essenciais das relações do comércio internacional continuam a ser regulados pela lei estadual designada pelo Direito de Conflitos[28].

Estes limites materiais não obstam, segundo esta doutrina, a que a *lex mercatoria* desempenhe as funções que são normalmente atribuídas a uma ordem jurídica[29]. Vem antes a colocar o problema dos nexos da *lex mercatoria* com as ordens jurídicas nacionais e supraestaduais na regulação de uma concreta relação da vida.

Estas relações entre a *lex mercatoria* e a ordem jurídica estadual são entendidas segundo duas ideias fundamentais: por um lado, uma

---

[26] E não, por conseguinte, no sentido estrito de questões relativas a contratos obrigacionais – cf. GOLDMAN [1987: 118]. Ver também as considerações formuladas por MUSTILL [1987: 165 e seg.] e KLEIN [1983: 633 e seg.].

[27] Cf. GOLDMAN [1964: 189 e 1993: 249 e seg.], admitindo, porém, que a *lex mercatoria* venha futuramente a absorver pelo menos parte destas questões.

[28] Cf. GOLDMAN [1987: 116 e seg.] e BERMAN/DASSER [1997: 63 e seg.].

[29] Ver GOLDMAN [1964: 177 e segs. e 1979: 475 e segs.], defendendo que a *lex mercatoria* preenche bem a função senão de um sistema completo, pelo menos de uma "colecção" de regras jurídicas. A ordem jurídica é por GOLDMAN concebida, aparentemente, como conjunto de regras jurídicas – cf. LAGARDE [1982: 127].

certa primazia de princípio da ordem jurídica estadual; por outro lado, uma sobrelevância prática da *lex mercatoria*, em virtude do recurso à arbitragem transnacional e da contenção dos Estados no exercício das suas competências normativas.

Quando se verifique um ponto de contacto entre a *lex mercatoria* e a ordem jurídica estadual – designadamente quando seja necessário o recurso aos tribunais estaduais ou perante a acção administrativa em matéria de comércio externo – é a ordem jurídica estadual que impõe o seu ponto de vista [30].

Na arbitragem transnacional, o Direito imperativo estadual não prevaleceria necessariamente sobre a *lex mercatoria*.

Com efeito, segundo GOLDMAN, a *lex mercatoria* é aplicável, como qualquer outro Direito, por força de uma regra de conflitos [31]. O chamamento da *lex mercatoria* afastaria a aplicação do Direito estadual que de outro modo seria competente por força da norma de conflitos do foro, incluindo o seu Direito imperativo. Só não seria assim quando se trate de norma de aplicação necessária [*loi de police*] que o tribunal estadual deva aplicar nos termos do art. 7.º da Convenção de Roma sobre a Lei Aplicável às Obrigações Contratuais ou que o árbitro deva respeitar por se revestir do carácter de "ordem pública transnacional" [32].

Ao abrigo desta regra de conflitos a *lex mercatoria* poderia ser escolhida pelas partes. Também seria permitido aos árbitros, na omissão das partes, o recurso à *lex mercatoria*. A este respeito, GOLDMAN faz valer que a *lex mercatoria* não se apresenta como uma mera

---

[30] Cf. PHILIPPE KAHN [1983: 107]. Também é reconhecido à ordem jurídica internacional um primado relativo sobre a *lex mercatoria*. Mas também neste caso o primado tem um limitado alcance prático. Com efeito, a prevalência da ordem jurídica internacional confinase, em princípio, a um círculo muito restrito de princípios e regras de carácter imperativo [*ibidem*]. Acresce que, segundo GOLDMAN [1993: 251 e seg.], aqueles princípios e regras de *ius cogens* internacional que verdadeiramente são de "ordem pública transnacional" (designadamente em matéria de direitos fundamentais), integram a própria *lex mercatoria*; e o autor exclui que um "tribunal arbitral internacional" tenha a obrigação de *aplicar* regras e princípios internacionais que não sejam de *ius cogens* internacional.

[31] Cf. GOLDMAN [1993: 252 e seg.]. Isto, ainda que o mecanismo conflitual fique implícito nos casos em que o árbitro possa escolher o Direito apropriado sem invocar uma regra de conflitos.

[32] 1993: 252 e seg.

opção adicional de escolha, a par dos sistemas nacionais, devido à sua maior aptidão para satisfazer as necessidades específicas das relações económicas internacionais [33].

II. SIGNIFICADO REAL DA *LEX MERCATORIA* NA REGULAÇÃO DAS RELAÇÕES COMERCIAIS INTERNACIONAIS. OS PRINCÍPIOS DO UNIDROIT E OS PRINCÍPIOS DE DIREITO EUROPEU DOS CONTRATOS

A) Aspectos gerais

As opiniões sobre a importância prática da *lex mercatoria* são as mais díspares. A este respeito, CRAIG/PARK/PAULSSON escrevem que os defensores da *lex mercatoria* "têm o desconcertante hábito de anunciar a existência de um planeta inteiro com base em pouco mais do que ecos no ecrã de um radar, ao passo que os seus detractores adoptam aquilo que se pode chamar uma atitude de agressiva ignorância" [34].

Com efeito, a seguir-se as posições mais extremas, o estudo do regime aplicável a qualquer categoria de contratos internacionais deveria ou centrar-se no Direito autónomo do comércio internacional ou, praticamente, ignorá-lo. Enquanto para a tese anteriormente exposta os contratos internacionais tendem a ser regulados principalmente por Direito autónomo do comércio internacional, para os seus principais oponentes a *lex mercatoria* mais não é que uma fantasia dos primeiros, e não passa, na melhor das hipóteses, de uma soma de usos sectoriais e fragmentários cuja relevância depende inteiramente do Direito estadual designado pela norma de conflitos.

Onde está a razão?

Há um vasto consenso sobre a existência de ramos de actividade económica marcados por um elevado grau de internacionalização, de

---

[33] Cf. GOLDMAN [1979: 482 e segs., 1987: 117 e seg. e 1993: 250 e segs.]. Ver ainda SANDERS [1975: 243 e 261 e segs.], que se manifesta a favor da aplicabilidade directa dos costumes do comércio e princípios de Direito geralmente aceites, bem como do carácter subsidiário da escolha do Direito estadual; AGUILAR NAVARRO [1976: 463 e seg.]; BERGER [1993: 556]. Cp. LOUSSOUARN/BREDIN [1969: 46 e segs. e 51 e seg.]. .

[34] 2000: 623 e seg.

padronização do conteúdo negocial dos contratos e de recurso à arbitragem para resolução dos litígios deles emergentes [35].

São exemplos, os "contratos bancários" internacionais, a venda internacional de mercadorias [36], o resseguro e o co-seguro internacionais [37], as "concessões de prospecção e exploração de petróleo [38], os contratos internacionais de construção e os contratos de transporte marítimo [39].

Já a averiguação do grau de desenvolvimento da *lex mercatoria* à escala mundial tem conduzido a resultados em certa medida contraditórios.

A maioria dos estudos assinala que os usos do comércio internacional se formam, em princípio, no âmbito de cada um dos sectores do comércio internacional e que, por vezes, se revestem igualmente de carácter regional. Afirma-se que raramente os usos obtêm um reconhecimento à escala mundial [40].

Com respeito a certas cláusulas dos contratos internacionais são referidas tendências uniformizadoras que não se limitam a um ramo de actividade ou a um determinado espaço geográfico. Assim, alega-se que a partir das cláusulas de *force majeure* e *hardship* se teriam formado usos do comércio internacional de alcance geral [41] e mesmo

---

[35] Ver, em especial, SCHMITTHOFF [1968] e BONELL [1993 n.º 4].

[36] Em especial a venda de cereais, oleaginosas e açúcar a granel – ver MARRELLA [2003: 98 e segs.].

[37] Ver LANDO [1997: 569 e seg.].

[38] Ver BISHOP [1998].

[39] Ver TETLEY [1997].

[40] Cf. DASSER [1989: 90 e segs.] e RIGAUX [1989: 256 e segs.], referindo as práticas particulares próprias ao mercado financeiro, banca, seguros, indústria de diamantes, comércio de matérias-primas e concessões de exploração de jazidas petrolíferas; BONELL [1993 n.º 4]. Ver também CARRILLO SALCEDO [1985: 24 e segs.]; MUSTILL [1987: 156 e seg.]; STRENGER [1991: 261 e segs.]; MOURA RAMOS [1980: 95 e 1991: 511] aludindo ao "carácter limitado e imperfeito" da ordenação substantiva da *lex mercatoria*; segundo MARQUES DOS SANTOS [1991: 680 e segs.] parece "incontestável que os usos do comércio internacional são fragmentários, diversificados, têm carácter especializado e sectorial (...) não podendo, pois falar-se, a este respeito, de um sistema homogéneo e completo" nem "sustentar-se a existência de uma *única New Law Merchant*" "devendo-se antes considerá-lo como um dos terrenos, por excelência, do pluralismo jurídico"; ISABEL VAZ [1990: 272].

[41] Ver, relativamente à cláusula de *hardship*, DERAINS [1976], GOLDMAN [1979: 493 e segs.] e KAHN [1981: 21], defendendo que a adaptação dos contratos à alteração de circunstâncias constituiria um "princípio interpretativo".

regras e institutos autónomos sobre a impossibilidade ou especial onerosidade de cumprimento, diferentes dos existentes nas ordens jurídicas estaduais[42]. Por conseguinte, os árbitros deveriam considerar estas cláusulas incluídas nos contratos internacionais independentemente de uma estipulação das partes nesse sentido. Mas a favor desta alegação os autores apoiam-se principalmente em princípios gerais de Direito ou em "princípios comuns" aos Direitos nacionais.

Em rigor, até ao momento a jurisprudência arbitral parece apenas ter dado corpo a regras interpretativas das cláusulas de força maior estipuladas pelas partes[43]. Esta jurisprudência tende a excluir que uma parte possa rescindir o contrato ou exigir a sua adaptação, devido a uma alteração das condições económicas, senão quando essas faculdades estejam expressamente previstas no contrato ou se tenha criado uma situação reconduzível à *frustration* do contrato[44]. Acresce que a cláusula de *hardship*, designadamente, não se encontra generalizada nos contratos internacionais e tende a assumir conformações bastante variadas nos diferentes sectores económicos, razão por que não se verifica uma prática negocial reiterada que seja susceptível de constituir um uso de alcance geral.

B) O significado da jurisprudência arbitral para o desenvolvimento da *lex mercatoria*

Quanto ao significado da jurisprudência arbitral para o desenvolvimento da *lex mercatoria*, são de assinalar algumas limitações intrínsecas.

Primeiro, esta jurisprudência só dá conta da patologia das relações do comércio internacional e é condicionada por fenómenos conjunturais de carácter económico ou político[45].

---

[42] Ver RIVKIN [1993: 206 e seg.]. Ver ainda DELAUME [1989/1990 § 5.06] e, especificamente sobre os "acordos de desenvolvimento económico" [op. cit. § 5.10 e segs.].

[43] Cf. CRAIG/PARK/PAULSSON [1998: 651 e segs.].

[44] Cf. KASSIS [1984: 363 e segs.], RIVKIN [1993: 202 e segs.] e BORTOLOTTI [2001: 138 e seg.]. Ver ainda VAN HOUTTE [1993: 109].

[45] Tais como a vaga nacionalizadora verificada a partir dos anos cinquenta, que deu origem aos litígios dirimidos pelas mais famosas arbitragens em matéria de concessões petrolíferas, e a crise energética de 1973.

Segundo, muitas decisões arbitrais incidem sobre questões que se revestem de carácter processual ou que se suscitam a título prejudicial [46].

Terceiro, é frequente que os diferendos digam respeito à interpretação do contrato ou à avaliação dos prejuízos causados pelo seu incumprimento, e estas questões são muitas vezes encaradas pelos tribunais arbitrais como se fossem meras questões de facto e resolvidas sem invocação de Direito objectivo.

Daí que, numa primeira fase, as soluções autónomas desenvolvidas pela jurisprudência arbitral tenham incidido principalmente sobre questões de carácter processual ou que se suscitam a título prejudicial, à determinação do Direito aplicável e à relevância dos usos do comércio internacional [47]. Assim, nesta primeira fase a jurisprudência arbitral contribuiu mais para o desenvolvimento do Direito Transnacional da Arbitragem do que para a formação de um Direito material conformador e regulador dos contratos internacionais [48].

Nos últimos anos, porém, o acervo de soluções autónomas formuladas pela jurisprudência arbitral tem crescido consideravelmente.

Já em 1996, BERGER apresentou uma lista de mais de sessenta "princípios, regras e institutos" da *lex mercatoria* [49]. Este autor apresentou em 1999 uma nova e impressiva compilação [50] e impulsionou uma base de dados acessível na *Internet (Central – Transnational Law Database)* [51], sobre a *lex mercatoria*, fundada principalmente em obras doutrinais e na jurisprudência arbitral.

É certo que se trata de uma compilação heterogénea e que grande parte dos seus elementos apresenta elevado grau de generalidade, correspondendo a princípios comuns aos sistemas jurídicos dos países desenvolvidos com economia de mercado [52]. É igualmente certo que

---

[46] Por exemplo, as questões relativas à validade da convenção de arbitragem, à capacidade compromissória do Estado ou à arbitrabilidade de litígios emergentes de relações com sujeitos públicos e à plurilateralidade da arbitragem.

[47] Ver STEIN [1995: 107 e segs.] e CRAIG/PARK/PAULSSON [2000: 640 e segs.].

[48] Sobre o Direito Transnacional da Arbitragem ver LIMA PINHEIRO [2005a §§ 42 e segs.], com mais referências.

[49] 1996: 217 e segs.

[50] 1999.

[51] http://www.tldb.de/.

[52] Ver também as observações críticas de WERNER LORENZ [1985: 428] e VON BREITENSTEIN [2000: 121 e seg. e 132].

nem todas as soluções apresentadas foram formuladas pelos tribunais arbitrais numa base autónoma relativamente aos Direitos estaduais. Mas não é menos certo que o levantamento feito por CRAIG/PARK/ PAULSSON[53], seguindo um critério mais estrito e com base em extensa jurisprudência arbitral, assinala igualmente um número significativo de soluções autónomas[54].

Em todo o caso, é importante sublinhar que a jurisprudência arbitral não constitui de per si uma fonte do Direito autónomo do comércio internacional em sentido técnico-jurídico. As decisões arbitrais não constituem precedente vinculativo, i.e., os tribunais arbitrais não estão formalmente vinculados a decidir em conformidade com as decisões arbitrais anteriormente proferidas em casos semelhantes[55]. A decisão arbitral só tem importância imediata para o caso concreto a resolver.

As soluções desenvolvidas pela jurisprudência arbitral só se positivam, só ganham validade normativa, quando integram um costume jurisprudencial[56]. Para o efeito, é necessário que se forme uma convicção geral, no círculo dos interessados, de que essas soluções são juridicamente vinculantes[57].

Ora, o assinalado progresso da *lex mercatoria* na regulação dos contratos internacionais traduz-se principalmente no desenvolvimento de soluções arbitrais baseadas na concretização de princípios gerais e de "princípios" comuns aos sistemas nacionais e em modelos de regulação (um "Direito jurisprudencial")[58]. Nesta base, a jurisprudência arbitral formulou soluções ou princípios de solução para os

---

[53] 2000: 642 e segs.

[54] Ver também STEIN [1995: 156 e segs.] e LANDO [1997: 576].

[55] Ver, em sentido convergente, KASSIS [1984: 508], SCHÜTZE [1994: 333] e CARBONNEAU [2002 n.º 189]. Cp. GIRSBERBER [1999: 261], que defende a posição contrária relativamente às decisões proferidas no quadro da mesma instituição arbitral.

[56] Em sentido convergente, FIKENTSCHER [1983 I: 67]; BETTEMS [1989: 145] assinalando que os princípios gerais comuns não podem ser impostos aos membros da comunidade mercantil enquanto não forem transformados em regras costumeiras; ver ainda BATIFFOL/ LAGARDE [1983: 286 e segs.].

[57] Ver REHBINDER [1988: 13], LARENZ [1991: 433], LARENZ/CANARIS [1995: 258 e seg.] e OLIVEIRA ASCENSÃO [2005: 324]. Cp. STEIN [1995: 162 e segs. e 175 e seg.] e CARBONNEAU [1997: 13 e segs.].

[58] Em sentido convergente, BERGER [1993: 539 e seg.], STEIN [1995: 171] e MERTENS [1996: 865].

casos que mais assiduamente são submetidos à arbitragem transnacional. Mas a maior parte destas soluções ainda não integra um costume jurisprudencial. A importância do costume jurisprudencial arbitral como fonte de Direito autónomo do comércio internacional é por agora limitada.

As soluções a que os tribunais arbitrais chegam, mediante a concretização de princípios gerais de Direito, o recurso a "princípios comuns" aos sistemas em presença ou a referência a modelos de regulação não resultam da aplicação de regras de Direito objectivo, não garantem a previsibilidade e a certeza jurídica pressupostas pela norma jurídica como critério social de conduta[59].

É importante sublinhar que a questão da vigência das regras e princípios atribuídos à *lex mercatoria* não pode ser confundida com a sua "aplicabilidade" na decisão de litígios pelos árbitros transnacionais[60].

C) OS PRINCÍPIOS DO UNIDROIT E OS PRINCÍPIOS DE DIREITO EUROPEU DOS CONTRATOS

Dois passos de grande importância para a evolução da *lex mercatoria* são os representados pela publicação dos Princípios Relativos aos Contratos do Comércio Internacional do UNIDROIT e dos Princípios de Direito Europeu dos Contratos, a cargo de uma comissão *ad hoc* (Comissão sobre o Direito Europeu dos Contratos) que se formou sob o impulso de LANDO, com o apoio da Comissão CE e de particulares[61].

A primeira edição dos *Princípios Relativos aos Contratos do Comércio Internacional* foi aprovada pelo Conselho de Direcção do UNIDROIT em 1994, e continha, a par de disposições gerais, regras

---

[59] Segundo VERDROSS [1965: 130 e seg.] os "princípios" comuns obtidos mediante uma comparação dos sistemas nacionais não formam, por si, um sistema jurídico e, portanto, o contrato regido por estes princípios não é submetido a uma ordem jurídica, mas a um "ordenamento *ad hoc*", i.e., a um regime individual construído pelos árbitros a partir de princípios gerais de Direito e de uma comparação dos sistemas nacionais com vista a determinar "princípios" comuns. Ver, sobre esta doutrina, LIMA PINHEIRO [1998 § 15 B].

[60] Ver também KASSIS [1984: 507 e segs.] e GAILLARD [2001].

[61] Ver LANDO [1992 e 2000], LANDO/BEALE [1995: ix e segs] e LANDO (org.) [2000].

sobre a formação do contrato, a validade, a interpretação, o conteúdo, o cumprimento e o incumprimento. A segunda edição foi aprovada em 2004, e oferece cinco capítulos adicionais sobre representação; contrato a favor de terceiro; compensação; cessão de créditos; assunção de dívidas; e transmissão da posição contratual e prescrição [62].

Os Princípios Relativos aos Contratos do Comércio Internacional não são um elenco de verdadeiros "princípios gerais", nem uma codificação de usos e costumes do comércio internacional. Trata-se antes de um conjunto sistematizado de soluções, que um vasto grupo de especialistas provenientes de diferentes culturas jurídicas considerou serem comuns aos principais sistemas nacionais e (ou) mais adequadas aos contratos internacionais [63].

Na concepção seguida pelo UNIDROIT, as soluções aí contidas são aplicáveis quando as "partes de um contrato aceitam que este lhes seja submetido", e podem ser aplicadas, designadamente, "quando as partes aceitem que o seu contrato seja regido pelos princípios gerais de Direito, a *lex mercatoria* ou outra fórmula similar" ou quando seja "impossível estabelecer a regra pertinente da lei aplicável".

Na realidade, tem-se em primeira linha em mira a aplicação destes "princípios" pelos tribunais arbitrais [64].

Sugere-se ainda que podem constituir meios de interpretação e integração de convenções internacionais do Direito material unificado e do Direito material interno e que oferecem um modelo em que o legislador nacional ou internacional se pode basear [65].

Quanto aos *Princípios de Direito Europeu dos Contratos*, foram adoptados pela Comissão sobre o Direito Europeu dos Contratos em 1990. Em 1995, foi publicada a Parte I que contém os "princípios" relativos à execução, inexecução e meios de defesa [*remedies*]. Em 1999, foram publicadas a Parte I (revista) e a Parte II, cobrindo a formação do contrato, a representação, a validade, interpretação, conteúdo, execução, inexecução e meios de defesa [*remedies*]. Por último, em 2003, foi publicada a Parte III relativa à pluralidade de partes,

---

[62] Ver BONELL [2004].
[63] Cf. Comentário ao Preâmbulo [n.º 4a].
[64] Cf. BONELL [1992: 629 e seg.].
[65] Cf. Preâmbulo e respectivo Comentário [n.ºs 5 e segs.].

cessão de créditos, transmissão da posição contratual, compensação, prescrição, ilegalidade, condições e capitalização de juros.

Também os Princípios de Direito Europeu dos Contratos não são princípios jurídicos gerais. Mas apresentam uma base comparativa mais marcada que os "princípios" do UNIDROIT. Os "princípios" europeus procuram reflectir um fundo comum aos sistemas jurídicos dos Estados da União Europeia, embora pretendam simultaneamente ser "progressivos"[66].

O principal objectivo dos Princípios de Direito Europeu dos Contratos é o de constituírem um sistema geral de regras de Direito dos Contratos na União Europeia baseado nos Direitos nacionais dos seus Estados-Membros (art. 1.101 (1))[67]. Enquanto tal, os "princípios" poderão servir como base de um futuro Código Europeu dos Contratos e para a criação de uma "infraestrutura" para a legislação comunitária sobre contratos[68].

Os Princípios de Direito Europeu dos Contratos destinam-se ainda a ser aplicados quando as partes o convencionem e podem ser aplicados quando as partes estipulem que o seu contrato será regido pelos "princípios gerais de Direito", pela *lex mercatoria* ou utilizem uma "expressão similar" e quando as partes não escolham o sistema ou as regras jurídicas que devem reger o seu contrato (art. 1.101 (2) e (3)). Os "princípios" podem ainda auxiliar a obtenção da solução em caso de lacuna do sistema ou das regras jurídicas aplicáveis (art. 1.101 (4)).

Estas indicações sobre a aplicabilidade dos "princípios" são ambíguas e podem induzir em erro sobre o seu valor jurídico. Os "princípios" não são, *de per si*, Direito objectivo aplicável a contratos internacionais[69]. Os "princípios" também não são uma codificação de usos que vinculem as partes por força de norma interna, convencional ou transnacional que atribua valor integrativo aos usos[70].

---

[66] Cf. LANDO/BEALE [1995: xvi].
[67] Cf. LANDO/BEALE [1995: xvii]; Comentário ao art. 1.101 [B].
[68] Cf. LANDO/BEALE [1995: xvi e seg.].
[69] Cf. LIMA PINHEIRO [1998 § 18 C], CANARIS [2000: 13 e segs.] assinalando que os princípios não são "fonte de vigência do Direito" [*Rechtsgeltungsquelle*] quer perante uma concepção positivista quer numa perspectiva não-positivista, e VON BAR/MANKOWSKI [2003: 81].
[70] Cf. CCI n.º 8873 (1997) [ICC International Court of Arbitration Bulletin 10/2 (1999) 78].

Os "princípios" são meros *modelos de regulação* que podem ser incorporados no contrato, com o valor de cláusulas contratuais, ou podem ser recebidos no conteúdo de normas materiais de um Direito estadual ou de uma Convenção internacional[71]. Também é concebível que uma norma jurídica atribua aos "princípios" o valor de Direito objectivo – à semelhança do que frequentemente se verifica com os usos do comércio. Não tenho, porém, notícia de que algum sistema nacional o tenha feito.

Claro que, independentemente da sua positivação, os "princípios" podem ser fonte de critérios de decisão de um caso concreto. Resta saber se o Direito de Conflitos aplicável admite uma referência a esta fonte.

As partes podem, face ao Direito Transnacional da Arbitragem e a diversos sistemas nacionais, estipular que os árbitros decidam o mérito da causa com base nesses "princípios"[72]. Os árbitros transnacionais autorizados a julgarem segundo a equidade podem basear a sua decisão nesses "princípios" na medida em que as suas soluções não sejam manifestamente iníquas perante o conjunto das circunstâncias do caso concreto. A referência das partes à *lex mercatoria*, a "princípios comerciais internacionais" ou a fórmula congénere pode geralmente ser interpretada no sentido de permitir a aplicação pelos árbitros dos "princípios" do UNIDROIT na falta de normas e princípios de Direito objectivo[73].

Isto não significa, porém, que os "princípios" do UNIDROIT constituam uma "codificação privada" da *lex mercatoria* ou algo de comparável aos *Restatement* estadounidenses, como por vezes tem sido afirmado[74].

Com efeito, os especialistas que elaboraram os "princípios" não se basearam nas regras e princípios autónomos vigentes, mas na

---

[71] Cf. LIMA PINHEIRO [1998 § 18 C]. Parece duvidoso que se possa falar de "recepção material" a respeito da incorporação dos ditos "princípios" no Direito estadual, uma vez que não se trata de regras ou princípios que vigorem por força própria no exterior da ordem que opera a incorporação.

[72] Ver LIMA PINHEIRO [2005a § 99], com mais referências.

[73] Ver também BONELL [1997: 211 e segs.].

[74] Cf. BONELL [1997: *maxime* 7 e segs. e 33 e segs], LANDO [1997: 572], DROBNIG [1998: 385] e DE LY [2000: 188].

comparação dos principais sistemas nacionais e em considerações de política jurídica.

Os *Restatement* são tradicionalmente concebidos como consolidações de Direito jurisprudencial (num sistema em que a jurisprudência era tradicionalmente a principal fonte do Direito e ainda é hoje uma fonte muito importante)[75]. Numa visão mais moderna e realista, os *Restatement* não se limitam a sistematizar o Direito jurisprudencial, devendo antes ser vistos como "a opinião qualificada de alguns dos mais eminentes académicos sobre o Direito que deve ser aplicado actualmente por um tribunal esclarecido"[76].

Ora, os "princípios" do UNIDROIT não se baseiam na jurisprudência arbitral e, por acréscimo, a jurisprudência arbitral não é, de per si, fonte do Direito; os "princípios" também não podem ser encarados como uma "opinião qualificada" sobre o Direito que os tribunais arbitrais devem aplicar.

Os "princípios" do UNIDROIT tão-pouco podem ser vistos com uma "codificação privada" ou *Restatement* do Direito dos Contratos à escala mundial, uma vez que a pluralidade de sistemas jurídicos nacionais é incompatível com uma consolidação universal. Com efeito, estes sistemas não têm uma base comum, são completamente independentes entre si e comportam soluções frequentemente divergentes. Acresce que em matéria de contratos do comércio internacional também vigoram regras e princípios autónomos de Direito Transnacional que podem divergir, em maior ou menor medida, das soluções nacionais.

A aplicação dos "princípios" quando as partes se tenham referido à *lex mercatoria* ou a fórmula congénere há-de basear-se sempre na interpretação da cláusula de designação do Direito aplicável[77]. Assim, designadamente, é de esperar que um operador do comércio internacional atribua a esta referência o sentido de abranger não só os usos e costumes do comércio internacional e as regras criadas por organizações profissionais a que esteja vinculado mas também,

---

[75] Cf. HAY [2002: 14]. Sobre o conceito de consolidação ver OLIVEIRA ASCENSÃO [2005: 366].

[76] Cf. FARNSWORTH [1996: 88].

[77] Ver também CANARIS [2000: 27] que sublinha tratar-se sempre de um problema de interpretação do contrato.

subsidiariamente, modelos de regulação dos contratos internacionais emanados de organizações internacionalmente reconhecidas e que obtiveram vasto acolhimento internacional.

Os "princípios" relevam nestes casos como mera fonte de critérios de decisão e não como Direito objectivo[78].

Com isto não se pretende negar o contributo dos "Princípios" para o desenvolvimento da *lex mercatoria*. Este contributo é efectivo e realiza-se ao nível das práticas negociais e ao nível da jurisprudência arbitral.

A incorporação dos "Princípios" nos contratos internacionais conduz à sua padronização e, por essa via, facilita a formação de usos do comércio internacional e mesmo, eventualmente, de costume comercial internacional.

O efeito mais imediato e visível produz-se, porém, ao nível da jurisprudência arbitral. Os árbitros passam a dispor de modelos de regulação sistemáticos, que oferecem especial crédito por terem sido elaborados por especialistas de reconhecido mérito sob a égide de uma organização intergovernamental (o UNIDROIT) ou com o apoio de órgãos comunitários (a Comissão CE) e que têm tido bom acolhimento na comunidade jurídica. Quando autorizados pelas partes, os árbitros podem basear as suas decisões nestes modelos de regulação. Esta prática favorece a uniformidade e a constância da jurisprudência arbitral que constitui a base para a formação de costume jurisprudencial.

III. APRECIAÇÃO DAS TESES FAVORÁVEIS AO DIREITO AUTÓNOMO DO COMÉRCIO INTERNACIONAL E POSIÇÃO ADOPTADA

A) A crítica da "doutrina tradicional"

As teses favoráveis ao Direito autónomo do comércio internacional têm deparado com a oposição da "doutrina tradicional", i.e., daqueles autores para quem as situações transnacionais são sempre

---

[78] CANARIS [2000: 16 e seg.] fala, a este respeito, de "fonte de obtenção do Direito" [*Rechtsgewinnungsquelle*].

reguladas ao nível da ordem jurídica estadual por meio da remissão para um Direito estadual [79].

Assim, a opinião dominante na Alemanha encara a *lex mercatoria* como um "fenómeno sociológico".

As cláusulas contratuais gerais, os usos do comércio e a jurisprudência arbitral são realidades sociais, mas estas realidades só relevariam juridicamente mediante a sua "recepção" pelo Direito de Conflitos ou pelo Direito material dos sistemas nacionais individualmente considerados (designadamente KEGEL, SCHLOSSER, CHRISTIAN VON BAR, SONNENBERGER e GOTTWALD) [80].

A crítica movida à *lex mercatoria* pela "doutrina tradicional" assenta em dois postulados.

Primeiro, as situações transnacionais só relevariam directa e imediatamente perante as ordens jurídicas estaduais.

---

[79] Para uma análise mais desenvolvida ver LIMA PINHEIRO [2005a § 40].

[80] KEGEL [1964: 261 e seg.], se bem que encare a *New Law Merchant* como "um interessante desenvolvimento de Direito material", só parece considerar a sua relevância no quadro das ordens jurídicas estaduais, o que é confirmado pela negação do costume comercial internacional como fonte autónoma de Direito [1985 n.ºs 32 e seg.], ver também KEGEL/SCHURIG [2004: 127 e seg.]; CURTI GIALDINO [1972: 795]; SCHLOSSER [1989: 49 e seg.]; VON BAR/MANKOWSKI [2003: 77 e segs.]; *MünchKomm.*/SONNENBERGER [1998 Einleitung IPR n.º 232]; ROZAS/LORENZO [1996: 183 e segs.], que embora reconheçam o extraordinário interesse da *lex mercatoria* para o Direito Internacional Privado, centram a sua atenção nos casos em que estas regras "cobram juridicidade ao ser objecto de recepção pelos Estados mediante mecanismos internos e internacionais"; GOTTWALD [1997: 155 e seg.], afirmando que a autonomia das partes só tem a relevância que lhe for atribuída por uma ordem jurídica nacional; só os Estados e as uniões de Estados (no quadro da delegação de poderes) são titulares de poder legislativo soberano; os costumes e práticas comerciais só poderiam ser desenvolvidos legitimamente dentro dos limites traçados pelo Direito nacional; o autor admite que os tribunais arbitrais dão um contributo para o Direito jurisprudencial [*case law*] e para o desenvolvimento de novas regras jurídicas no domínio do comércio internacional, mas entende que eles não podem ser investidos na liberdade e no poder de formular regras independentes ou soluções completamente livres; SPICKHOFF [1992: 131 e segs.]; SCHURIG [1999: 1100]; VON BREITENSTEIN [2000: 131]; CALVO CARAVACA/CARRASCOZA GONZÁLEZ [2004: 53 e segs.]; RECHSTEINER [2003: 69 e segs.]; entre nós, MOURA VICENTE [2005: 18 e seg,]. Partindo de pressupostos diferentes, MONACO [1994: 1263] conclui que a *lex mercatoria*, enquanto "ordenamento jurídico privado particular", "deve sempre ser reconduzível ao ordenamento geral do Estado e encontrar neste último os seus limites"; nesta ordem de ideias o conteúdo normativo da *lex mercatoria* consistiria nos usos e costumes que encontram reconhecimento nos ordenamentos estaduais.

Segundo, a criação de Direito por particulares dependeria da permissão do legislador estadual.

Estes postulados são, em minha opinião, equivocados[81].

Desde logo, não é exacto que as situações transnacionais sejam apenas conformadas e reguladas no seio das ordens jurídicas estaduais. Como procurei demonstrar noutros lugares[82], há, no mínimo, um determinado círculo de contratos do comércio internacional que são directa e imediatamente regulados na ordem jurídica internacional e na ordem jurídica comunitária.

Para além disso, a doutrina tradicional dá por adquirido que não pode haver uma ou várias ordens transnacionais intermédias entre o Direitos supraestaduais e os Direitos estaduais. Com base neste pressuposto, conclui que as fontes da *lex mercatoria* só podem ter a relevância que lhes for concedida pela ordem jurídica estadual que se tome por referência. O que constitui uma petição de princípio, uma vez que a conclusão já foi introduzida nas premissas.

Será de excluir a possibilidade de ordens jurídicas paraestaduais fora do Direito Internacional Público e dos Direitos Comunitários? Razões para esta exclusão podemos de novo encontrá-las em determinadas concepções de Direito ou, então, numa visão da ordem jurídica internacional que nela inclua todo o Direito Internacional Privado ou todas as fontes paraestaduais de Direito privado.

Para quem encare o Direito simplesmente como uma imposição do poder político, não poderá haver uma ordem autónoma do comércio internacional, enquanto não houver órgãos legislativos e jurisdicionais transnacionais com competência executiva[83]. Mas tal conceito de Direito levaria a excluir igualmente a positividade do Direito Internacional Público.

A mesma objecção procede contra aquela concepção que vê no Direito um conjunto de normas injuntivas que são susceptíveis de realização coactiva mediante o emprego de meios de coerção material.

---

[81] Os partidários da *lex mercatoria* são criticados pela deficiência da concepção sociológica de Direito que está na sua base – cf. VON BAR/MANKOWSKI [2003 n. 387]. Mas a base juscientífica em que assenta a crítica da doutrina "tradicional" à *lex mercatoria* também é insatisfatória.

[82] LIMA PINHEIRO [1998 § 15 C, 2001: 71 e segs. e 2005b § 33].

[83] Ver também MANIRUZZAMAN [1999: 697 e segs.].

Numa variante atenuada desta concepção, que permite de algum modo evitar a objecção, e é compatível com o reconhecimento de outras categorias de normas e com a existência de normas injuntivas desprovidas de sanção[84], a coercibilidade caracterizaria uma ordem jurídica no seu conjunto, e não cada uma das normas que a integram. Mas se a coercibilidade, entendida como susceptibilidade de emprego de meios de coerção material, é um traço característico das modernas ordens jurídicas estaduais, já não parece que este tipo de coercibilidade constitua uma característica essencial de toda a ordem jurídica.

Os Direitos arcaicos não assentavam sempre neste tipo de coercibilidade. A comunidade internacional de Estados, bem como certas instituições sociais supraestaduais, paraestaduais ou infraestaduais e determinados círculos comerciais, conhecem formas "não organizadas" de sancionar a conduta contrária à norma que não são menos eficazes[85], e que, pelo menos no caso dos Direitos arcaicos e do Direito Internacional Público, não são necessariamente encaradas como meras sanções sociais estranhas ao Direito. O que à partida está vedado aos particulares é utilizar directamente a coerção material, excepto nos casos excepcionais em que tal seja permitido. Mas, em princípio, podem aplicar outro tipo de sanções directas, que se traduzam no exercício de poderes ou faculdades jurídicas ou na actuação jurídica ou material dentro de espaços de autonomia privada. Estão no primeiro caso a suspensão ou expulsão de uma associação, a

---

[84] Ver LIMA PINHEIRO [1991: 110 e seg.] e referências aí contidas [ns. 24 e segs.]; acrescente-se BAPTISTA MACHADO [1970: 128 e segs.].

[85] O ponto, já assinalado, com respeito à *lex mercatoria*, por REINHOLD WOLFF [1929], é reiterado por PHILIPPE KAHN [1961: 41 e segs.]; GOLDMAN [1964: 191 e segs.]; FOUCHARD [1965: 466 e segs.]; KRONSTEIN [1973: 168 e segs.]; DE VRIES [1978: 120 e segs.]. A este ponto é também atribuída importância decisiva para a vigência das regras da *lex mercatoria* por BATIFFOL [1971: 225]. Precisando esta doutrina, OPPETIT [1982: 48 e segs.] entende que "sob a condição de serem suficientemente precisas, efectivas e comummente admitidas no seu meio de aplicação, não está excluído, em princípio, e sob reserva da verificação das suas características, que certas normas que brotam espontaneamente de um meio profissional para as necessidades do comércio internacional sejam consideradas como verdadeiras regras jurídicas". Ver também RIGAUX [1989: 66]; WENGLER [1987: 414 e segs. e 1993: 640 e segs. e 650 e segs.]; e, sobre a efectividade das decisões arbitrais independentemente de execução coerciva, LIMA PINHEIRO [2005a Introdução I]. Sobre as formas de sanção não juridicamente organizada nas relações comerciais e a sua eficácia, ver CHARNY [1990: 391 e segs. e 407 e segs.].

exoneração de uma sociedade, a exigência do cumprimento de uma obrigação cujo retardamento havia sido tolerado e a publicação do nome da parte faltosa. São exemplo da segunda hipótese a recusa em celebrar um contrato, em conceder ou renovar uma vantagem.

Em qualquer caso, a partir do momento em que os Estados aceitam reconhecer e/ou executar decisões proferidas em arbitragens que se basearam na *lex mercatoria*, como é o caso dos principais sistemas, esta passa a gozar da referida coercibilidade. Num estudo relativamente recente, LANDO assinala que não encontrou nenhuma decisão judicial que tenha anulado ou recusado o reconhecimento de uma decisão arbitral com fundamento na aplicação da *lex mercatoria* [86].

A possibilidade de a *lex mercatoria* constituir um ou vários ordenamentos autónomos só poderá então ser excluída, com base nesse critério, caso se entenda que esta autonomia não é compatível com a necessidade de colaboração dos órgãos estaduais para a aplicação coerciva de sanções [87].

Para quem encontre o fundamento do Direito no próprio processo de institucionalização e estabilização que é constitutivo de uma sociedade, nos fins que lhe cabe prosseguir e na aptidão do seu conteúdo – perante a consciência da generalidade ou da maioria dos sujeitos jurídicos – para a realização destes fins, não poderá ser esse o aspecto decisivo. À ordem jurídica estadual corresponde a sociedade perfeita que integra, na sua globalidade, a vida social e apresenta um elevado nível de institucionalização e de auto-suficiência [88]. Mas a institucionalização de grupos sociais que prosseguem fins limitados a uma certa esfera de vida (sociedades imperfeitas ou de fins específicos) também pressupõe a existência de complexos normativos [89].

---

[86] 1997: 576.

[87] Ver, designadamente, BONELL [1976: 185 e segs.], KLEIN [1983: 632 e seg.] e SCHLOSSER [1989: 149]. A seguir-se esta linha de pensamento, não existiriam ordenamentos autónomos, mas tão-somente fontes "autónomas" da ordem jurídica estadual.

[88] Ver PARSONS [1971: 8 e seg.].

[89] Ver MARCELO CAETANO/MIGUEL GALVÃO TELES [1972: 1 e segs. e 6 e segs.]; OLIVEIRA ASCENSÃO [2005: 28 e seg., 287 e segs. e 582 e seg.]; MARCELO REBELO DE SOUSA [1998: 15 e seg.]; e, CASTANHEIRA NEVES [1976: 119 e segs. e 1984 n.ºs 3 e 4]. Ver, em sentido convergente mas com diferentes perspectivas ou enquadramentos, BOBBIO [1960: 188 e segs. e 196 e segs.]; COING [1985: 281 e segs.]; HUSSERL [1925: 2 e segs.]; JHERING [1877: 318 e segs.]; LUHMANN [1987: 141 e 256 e segs.]; MEYER-CORDING [1971: 3 e segs., 7 e 39 e seg.];

Este processo de criação normativa autónoma verifica-se quer na constituição das sociedades de fins específicos infraestaduais, quer na constituição das sociedades paraestaduais, que transcendem a esfera social de um Estado. Por conseguinte, a constituição de uma ou várias sociedades constituídas por operadores do comércio internacional é necessariamente acompanhada – e possibilitada – pela formação de complexos normativos. Mas chegados aqui deparamos com o segundo dos postulados em que assenta a crítica à tese da ordem jurídica autónoma do comércio internacional. Como a criação de Direito por particulares dependeria da permissão do legislador estadual, estes complexos normativos só seriam jurídicos na medida em que fossem criados ou recebidos pela ordem jurídica estadual. Razão por que não dariam corpo a ordenamentos autónomos.

Assim, MANN afirma que "todo o direito e todo o poder jurídico de um particular se baseia num sistema jurídico privado", e que todo o contrato deve estar sujeito a um, e a só um, sistema jurídico definido[90]. VON BAR/MANKOWSKI acrescentam que se trata de um sistema estadual: "aquilo que ele não autoriza, não tem – justamente no Estado democrático – qualquer possibilidade de vigência"[91]. As convenções celebradas entre particulares ou entre Estados e particulares que as partes subtraiam à aplicação de qualquer Direito estadual são – para WENGLER[92] – "convenções não-jurídicas".

A este respeito, RIGAUX escreve que segundo "a doutrina tradicional, tal como o rei Midas que transformava em ouro tudo em que

---

MODUGNO [1985 n.ºs 3, 5, 7 e 9]; RHEINSTEIN/BORRIES/NIETHAMMER [1987: 131 e segs.]; ROULAND [1991: 112 e segs., 123 e segs. e 138 e segs.]; SANTI ROMANO [1945: 33-36, 86 e segs. e 115 e segs.]; TEUBNER [1995]; ZIPPELIUS [2003: 219 e segs. e 1991: 42 e seg., 117 e segs. e 184 e segs.] que fala a este respeito de "sistemas parciais" [*Teilsysteme*]. Em sentido diferente, ECKHOFF/SUNDBY [1988: 176 e segs.] negam o carácter de sistemas jurídicos aos sistemas normativos de organizações "não-estaduais" (i.e., organizações privadas anacionais e infraestaduais); em última análise o conceito de ordem jurídica pelos autores adoptado pressupõe uma "referência directa ou indirecta ao Estado" [185]; ver também CARBONNIER [1978: 208 e segs.]; mais moderadamente, FRIEDMAN [1975: 5 e segs. e 167 e segs. e 1977: 1 e segs. e 70 e segs.].

[90] 1968: 354 e 1984: 197.
[91] 2003: 81.
[92] Cf. 1993: 651 e segs. O autor cita aprovadoramente RIGAUX, no sentido de as partes privadas não poderem concluir com um Estado estrangeiro convenções internacionais [1993: 652 e seg. n. 23].

tocava só o Direito do Estado estaria em posição de tornar jurídica, pelo seu simples contacto, uma situação transnacional que não teria podido, por ela mesmo, adquirir esse carácter"[93].

Este modo de ver as coisas pode ter subjacente uma preocupação legítima: a de recusar a juridicidade às regras criadas no seio de organizações criminosas ou de fins ilegítimos[94]. Mas esta preocupação pode ser satisfeita por outra instância de controlo, designadamente a convocação dos princípios gerais de Direito e dos valores fundamentais amplamente reconhecidos na comunidade nacional (no caso das sociedades infraestaduais) e na comunidade internacional (no caso das sociedades paraestaduais). Os complexos normativos das sociedades de fins específicos só terão valor jurídico na medida em que forem conformes aos princípios gerais e aos valores fundamentais das comunidades globais em que estão inseridas.

A juridicidade do ordenamento de uma sociedade paraestadual não pode ser derivada de um particular Direito estadual[95]. A sociedade paraestadual é formada por pessoas ligadas a diferentes Estados e também transcende a esfera social de um Estado pela sua actividade e pelos fins prosseguidos. O juízo que se faça, na óptica de um determinado Direito estadual, sobre a juridicidade ou a validade das normas geradas no seu seio corresponde apenas a uma visão parcial do problema.

---

[93] 1989: 83.

[94] DE LY [2000: 191 e seg.] argumenta que a teoria do pluralismo jurídico, de SANTI ROMANO, segundo a qual qualquer comunidade pode criar regras jurídicas, não contém um "elemento normativo" em relação à *lex mercatoria*. Dela decorreria que todos os grupos sociais, incluindo a Mafia, podem criar regras jurídicas.

[95] Ver, em geral, SANTI ROMANO [1945: 94 e segs., 100 e segs. e 126]; MODUGNO [1985 n.ºs 5 e 7], entendendo por ordenamentos supraestaduais os que se realizam concretamente no âmbito de validade-eficácia de vários ordenamentos estaduais [soberanos] e tenham um complexo normativo vigente por força própria (i.e., não vigore por força de norma de outro ordenamento), e por ordenamentos paraestaduais os que têm relações com vários ordenamentos estaduais, não se tratando de categorias que se excluam mutuamente, pois parte dos ordenamentos supraestaduais também são, neste sentido, paraestaduais. Com referência à *lex mercatoria*, LAGARDE [1982: 139] e RIGAUX [1989: 82 e seg.].

Não se pode pois concordar com VON BAR/MANKOWSKI [2003: 82] quando pretendem que a autonomia da *lex mercatoria* não decorreria da internacionalidade do comércio e da possibilidade de se constituir uma *societas mercatorum* mas, em última análise, de uma pura opção política, embora seja claro que a realização desta possibilidade depende de um espaço transnacional adequado. Cp. ainda MUSTILL [1987: 181] e MARQUES DOS SANTOS [1991: 688 e seg.].

O fundamento da vigência jurídica deste ordenamento há-de antes encontrar-se no próprio processo de institucionalização e estabilização que é constitutivo da sociedade paraestadual, na referência à consciência dos membros da sociedade e na conformidade do ordenamento, considerado no seu conjunto, com os princípios gerais de Direito e os valores fundamentais largamente acolhidos na comunidade internacional.

A referência à consciência dos membros da sociedade deve ser entendida no sentido do consenso relativo sobre os valores a realizar, da aptidão do conteúdo do ordenamento para a sua realização perante essa consciência e da formação das normas do ordenamento segundo procedimentos geralmente reconhecidos como idóneos para o efeito.

Nesta visão das coisas, não é inconcebível que exista uma ordem jurídica autónoma do comércio internacional ou uma pluralidade de ordens jurídicas autónomas.

O que ficou exposto é suficiente para concluir que os postulados em que assenta a crítica da doutrina tradicional à tese da ordem jurídica autónoma do comércio internacional são infundados.

B) Posição adoptada

Da rejeição dos postulados em que assenta a crítica da doutrina tradicional não decorre necessariamente a aceitação das teses favoráveis ao Direito autónomo do comércio internacional.

Que dizer destas teses?

A tese de SCHMITTHOFF ajusta-se relativamente bem à realidade da arbitragem transnacional, uma vez que, o Direito Transnacional da Arbitragem atribui aos usos do comércio um valor interpretativo e integrativo dos contratos do comércio internacional que é autónomo relativamente à *lex contractus*[96].

Já no que toca aos tribunais estaduais, só perante uma determinada ordem jurídica estadual se pode averiguar se, e até que ponto, o Direito Transnacional é chamado a desempenhar uma função de interpretação e integração dos contratos internacionais e, eventualmente, o papel de fonte subsidiária (relativamente à lei).

---

[96] Ver LIMA PINHEIRO [2005b § 41] com mais referências.

Em segundo lugar, esta tese não justifica a autonomia do Direito Transnacional. Por um lado, as Convenções internacionais de Direito material unificado são fontes de Direito Internacional Público e, uma vez recebidas na ordem jurídica interna dos Estados, fontes da sua ordem jurídica. Um Direito Transnacional que inclui Convenções internacionais entre as suas fontes não se caracteriza por processos específicos de criação de regras jurídicas. Por outro lado, como se observou, esta tese admite que o Direito Transnacional se fundamenta, em última análise, nos sistemas jurídicos estaduais.

Por último, a teoria das fontes em que assenta também é deficiente. As leis-modelo, bem como os modelos contratuais, cláusulas gerais, termos normalizados ou as condições gerais não constituem, de per si, fontes do Direito[97].

SCHMITTHOFF e os seus seguidores deram um impulso prático importante para o desenvolvimento do Direito Transnacional, mas o seu contributo para a análise científica e justificação teórica deste fenómeno é, pelas razões apontadas, bastante limitado.

Os autores que defendem a tese da ordem jurídica autónoma do comércio internacional foram mais longe deste ponto de vista.

A apreciação desta tese exige a apreciação doutros aspectos: os pressupostos da formação de uma ordem jurídica autónoma do comércio internacional, e, caso se conclua pela verificação destes pressupostos, os limites e condicionamentos dessa ordem jurídica.

O primeiro *pressuposto da formação de uma ordem jurídica autónoma do comércio internacional* é, em minha opinião, a *existência de um espaço transnacional* adequado para o efeito, i.e., de uma esfera de acção em que os sujeitos das relações comerciais internacionais gozam da necessária autonomia.

Entendo que este pressuposto se verifica plenamente: os principais sistemas jurídicos nacionais e as ordens jurídicas supraestaduais permitem que as relações do comércio internacional sejam, em primeira linha, reguladas pelos respectivos sujeitos (auto-reguladas), por costumes e usos do comércio internacional, pelo costume jurisprudencial arbitral e por regras associativas, só intervindo para suprir

---

[97] Ver também, sobre o valor das "codificações" de usos feitas por associações profissionais, DASSER [1989: 92 e seg.].

as insuficiências da auto-regulação e da hetero-regulação autónoma na realização dos valores da ordem jurídica. Estes ordenamentos permitem também que os litígios emergentes do comércio internacional sejam, em primeira linha, decididos por particulares com base na vontade das partes, limitando-se a formular certas regras e princípios destinados a assegurar o bom funcionamento da arbitragem e o respeito de certas exigências fundamentais de justiça substantiva e processual.

As presentes características do espaço transnacional não são impeditivas da formação de um Direito "privado" dos contratos do comércio internacional, com base em processos específicos de criação normativa que se desenvolvem no seu seio, e autónomo relativamente às ordens estaduais singularmente consideradas [98].

Os factores que condicionam este espaço transnacional também limitam e condicionam o Direito autónomo do comércio internacional que se forme no seu seio.

Assim, a aplicação do Direito Transnacional, independentemente da mediação de uma ordem jurídica estadual, depende geralmente da *celebração de uma convenção de arbitragem*. Por conseguinte, em princípio, o Direito Transnacional só vincula as partes que voluntariamente se colocam na sua esfera normativa. Além disso, as partes podem sempre submeter a sua relação a um Direito estadual. Neste sentido, pode dizer-se que a aplicabilidade da *lex mercatoria* fica dependente da autonomia privada. Isto não significa que todas as suas regras e princípios sejam supletivos [99].

Segundo, os sistemas nacionais, considerados na sua generalidade ou dentro do círculo relevante para a solução do caso (bem como, eventualmente, o Direito Internacional Público), *colocam limites materiais às matérias susceptíveis de serem reguladas pela lex mercatoria* [100]. Estes limites materiais correspondem, em princípio, à delimitação das matérias arbitráveis.

---

[98] BONELL [1993 n.º 4] é da mesma opinião. Cp. LAGARDE [1982: 140 e 145 e segs.].

[99] Conclusão que seria inexacta, não só perante a existência de uma ordem pública transnacional, mas também tendo em conta que a *lex mercatoria* pode conter outras regras imperativas, de origem consuetudinária ou que resultem de uma vontade colectiva no âmbito de associações a que pertençam os sujeitos em causa.

[100] O ponto é igualmente assinalado por DRAETTA/LAKE/NANDA [1992: 28 e seg.].

Dentro do seu domínio possível de regulação, e em terceiro lugar, a *lex mercatoria* não tem uma competência exclusiva de regulação, mas uma *competência concorrente com a dos Estados*, podendo igualmente concorrer com a regulação por normas e princípios de Direito Internacional Público e de Direito Comunitário[101].

O segundo pressuposto da formação de uma ordem jurídica autónoma do comércio internacional é a existência dum *consenso básico sobre um certo núcleo de valores comuns*, duma disposição para prosseguir fins comuns. A questão é geralmente colocada em termos de saber se os operadores do comércio internacional formam um conjunto suficientemente homogéneo e organizado[102]. Esta questão deve, a meu ver, ser respondida negativamente.

Com efeito, tem sido assinalado que o grupo dos comerciantes que actuam internacionalmente não é suficientemente homogéneo e organizado para poder criar Direito de alcance geral[103].

Da constelação de diversos factores, designadamente a heterogeneidade dos sujeitos do comércio internacional, a diferença de condições existentes nos seus diversos sectores e a incipiência dos pólos organizativos centrais resulta que o conjunto dos sujeitos do comércio internacional se não apresenta ainda dotado de um grau de coesão suficiente para a formação da ordem jurídica autónoma e, assim, para a institucionalização da *societas mercatorum*[104].

---

[101] No mesmo sentido, OPPETIT [1982: 51 e segs.] e RIGAUX [1989: 68 e seg.]. GONZÁLEZ CAMPOS [2000: 147] afirma que a *lex mercatoria* é condicionada pelas disposições imperativas das ordens estaduais e, por conseguinte, se encontra numa relação de complementaridade com as ordens estaduais, mantendo os Estados um poder de controlo sempre que estejam em causa interesses estaduais. A ideia de complementaridade, porém, não parece traduzir correctamente esta relação, uma vez que no espaço transnacional a *lex mercatoria* substitui, em vasta medida, as ordens estaduais.

[102] Já BATIFFOL, em 1960, assinalava que para a criação de Direito autónomo é necessário um "'meio internacional` suficientemente definido", e que este pressuposto só se verifica em certos meios de negócios determinados, caracterizados pelo recurso à arbitragem com garantia de que a recusa de execução voluntária da decisão excluiria a parte vencida desse meio [1960: 258]; ver também TRAKMAN [1983: 43].

[103] Cf. DASSER [1989: 390 e segs.] e SCHLOSSER [1989: 149]. Ver também LUZZATTO [1987: 174 e seg.].

[104] Em sentido convergente, PROSPER WEIL [1969: 184]; LAGARDE [1982: 133 e segs.]; KASSIS [1984: 391 e segs.]; VON BAR/MANKOWSKI [2003: 82]; DE LY [1992: 286 e segs.].

Numa época de globalização todo o tipo de agentes económicos pode fazer negócios transfronteiriços. Entre os operadores do comércio internacional tanto encontramos empresas transnacionais, como pequenas e médias empresas, Estados, empresas públicas, empresas internacionais comuns e organizações intergovernamentais. Estes operadores são provenientes de praticamente todos os Estados do mundo, não sendo crível que nos Estados árabes, no subcontinente indiano, na China ou no Extremo Oriente vigorem os mesmos padrões éticos ou usos do comércio que na Europa Ocidental ou na América do Norte [105].

Também foi atrás sublinhado que as condições para o desenvolvimento de Direito autónomo variam muito de um sector económico para outro (II.A). O grau de homogeneidade, "transnacionalização" (i.e., internacionalização das transacções, desenvolvimento de regras e princípios autónomos e recurso normal à arbitragem) e organização é muito variável.

Enfim, e em ligação com o que acabo de referir, a única organização de âmbito geral e mundial de operadores do comércio internacional que ocorre mencionar – a Câmara do Comércio Internacional – embora desempenhe um papel de primeira importância na elaboração de modelos de regulação, na organização de arbitragens transnacionais e na defesa dos interesses dos operadores do comércio internacional (ou, pelo menos, dos operadores "tradicionais"), está longe de representar o grosso destes operadores e tem objectivos limitados, que não incluem a regulação das relações económicas estabelecidas entre os seus membros.

Daí que se possa afirmar que não existe uma sociedade mundial dos operadores do comércio internacional, sem excluir que se tenham institucionalizado sociedades de âmbito sectorial e, porventura, também regional [106].

O presente grau de desenvolvimento do Direito autónomo do comércio internacional está em inteira correspondência com esta visão das coisas.

A afirmação da existência de um conjunto de regras e princípios autónomos apto a desempenhar as funções de uma ordem jurídica

---

[105] O ponto é assinalado por VON BREITENSTEIN [2000: 120].
[106] Ver LAGARDE [1982: 135 e seg. e 138 e seg.].

(subentendendo-se que se têm em vista os modernos sistemas jurídicos) baseia-se numa teoria das fontes deficiente e confunde a possibilidade de encontrar critérios de decisão adequados para os litígios emergentes do comércio internacional fora das ordens jurídicas estaduais com a vigência dessas mesmas soluções como Direito objectivo do comércio internacional (*supra* II.B e C). Neste ponto a crítica movida pela doutrina tradicional é, até certo ponto, procedente.

Segundo o entendimento anteriormente exposto, nem os modelos de regulação (tais como os Princípios do UNIDROIT, os modelos contratuais, os termos normalizados ou as cláusulas-modelo elaborados por organizações não-governamentais ou agências de organizações intergovernamentais), nem as soluções formuladas pelos tribunais arbitrais com base na concretização de princípios gerais de Direito, "princípios" comuns aos sistemas nacionais ou em critérios de equidade constituem, de per si, Direito vigente.

Apenas podem considerar-se fontes do Direito autónomo do comércio internacional em sentido técnico-jurídico o costume comercial internacional, o costume jurisprudencial arbitral e as regras criadas por centros autónomos no âmbito da autonomia associativa[107].

Na medida em que se associe o Direito Transnacional da Arbitragem à *lex mercatoria* também é concebível que os regulamentos dos centros de arbitragem sejam incluídos no elenco das fontes da *lex mercatoria*[108].

Para a formação de uma ordem autónoma do comércio internacional não basta que os tribunais arbitrais possam encontrar critérios de decisão para a generalidade das questões suscitadas pelos contratos do comércio internacional com base na concretização de princípios gerais de Direito, na comparação dos Direitos nacionais ou em modelos de regulação elaborados por organizações não-governamentais ou intergovernamentais. É necessário que a *lex mercatoria* constitua uma ordem objectiva destas relações, que regule os aspectos essenciais da vida social dentro da sua esfera de acção.

No seu actual estádio de desenvolvimento a *lex mercatoria* não dispõe dos elementos necessários à institucionalização de uma *societas mercatorum* de alcance geral e mundial. O seu défice veri-

---

[107] Sobre o valor normativo destas regras, ver LIMA PINHEIRO [2005a § 41].
[108] Ver LIMA PINHEIRO [2005a § 42].

fica-se principalmente ao nível da coesão valorativa e do sistema normativo.

Talvez não existam apenas "ilhéus de *lex mercatoria*", mas trata-se, por certo, de uma regulação fragmentária: as regras objectivas geradas por fontes específicas da *lex mercatoria* ou são sectoriais (e não raramente de âmbito regional) ou se limitam a aspectos parcelares das relações contratuais [109].

Por outro lado, a *lex mercatoria* não dispõe de um sistema normativo que permita o controlo e a integração de princípios gerais e "princípios" comuns aos sistemas nacionais.

A evolução no sentido de uma ordem jurídica autónoma do comércio internacional, além de pressupor a manutenção ou alargamento do espaço transnacional actualmente existente, tem de assentar numa maior coesão dos sujeitos do comércio internacional – designadamente por meio de uma comunicação mais alargada e intensa [110] que potencie uma certa comunhão de cultura e valores básicos na relevante esfera da vida [111] – e no progressivo desenvolvimento de uma estrutura normativa que permita ordenar a interacção social nessa esfera da vida e controlar os elementos que a integram.

Com a negação da existência de uma ordem jurídica autónoma do comércio internacional não se exclui a *possibilidade de vigorarem ordenamentos autónomos em certos sectores do comércio internacional*.

Decorre do anteriormente exposto que certos sectores do comércio internacional apresentam um elevado grau de homogeneidade e coesão e dispõem de organizações sectoriais que se ocupam da com-

---

[109] *Ver supra* II.A e, ainda, LAGARDE [1982: 125]; VON BAR/MANKOWSKI [2003: 80] e ANCEL/LEQUETTE [1987: 166].

[110] Segundo WAHLENDORF [1978: 12 e seg., 13, 27 e 29, 54 e 56], a objectivação do juízo de valor é função de experiências comuns e comummente aceites. Como nem todos os membros de uma sociedade vivem pessoalmente as mesmas experiências, só mediante comunicação intersubjectiva se pode alcançar a objectivação. Quanto mais perfeita e integral for esta comunicação maior é a possibilidade de se alargarem os consensos sobre os fins da sociedade e de se formularem regras adequadas à sua realização.

[111] Para PARSONS [1971: 9], os padrões de valor são "representações colectivas" que definem os tipos desejáveis de sistema social. Em termos culturais, a auto-suficiência da sociedade significa a legitimação das instituições pelos valores que os seus membros reconhecem mediante um consenso relativo e que são legitimados pela sua congruência com outros componentes do sistema cultural, especialmente o seu simbolismo constitutivo.

pilação ou consolidação de usos e costumes do comércio e que realizam uma actividade criativa de modelos de regulação. Por vezes estas organizações dispõem dos seus próprios centros institucionalizados de arbitragem. Para além disso, casos há em que as organizações sectoriais exercem uma função especificamente reguladora das actividades realizadas pelos seus membros. Por exemplo, a IATA no domínio do transporte aéreo.

Não custa pois admitir que existam, em determinados sectores, ordenamentos autónomos [112].

Em todo o caso, importa sublinhar que a formação por via consuetudinária ou no quadro de organizações sectoriais de regimes jurídicos fragmentários do comércio internacional não depende da existência de uma *societas mercatorum* dotada da sua própria ordem jurídica, nem da sua inclusão num ordenamento autónomo sectorial.

Como assinalou ISABEL DE MAGALHÃES COLLAÇO [113], a vigência de regras jurídicas da *lex mercatoria* não supõe necessariamente a sua inserção numa ordem jurídica [114].

---

[112] Segundo RIGAUX [1989: 61 e segs., 82 e seg., 243, 256 e seg. e 274 e segs. e 1993: 1433 e segs.], não há uma ordem jurídica transnacional universal mas uma pluralidade de ordens jurídicas transnacionais particulares, com os seus respectivos sujeitos, instituições, normas e sectores de actividade e, por isso, a expressão *lex mercatoria* deveria ser resolutamente afastada. Esta probabilidade já era admitida, há mais de uma vintena de anos, por BATIFFOL [1973a: 322]: "É pois possível, se não mesmo provável, que se desenvolvam verdadeiros sistemas de Direito material de origem extra-estadual nas relações internacionais. Mas parece que este desenvolvimento deve ser próprio de meios profissionais organizados." Ver também CARBONE/LUZZATTO [1984: 160 e 1994: 78], considerando indubitável que existem complexos sectoriais de regras coerentes e autónomas dotados dos seus próprios sistemas de garantia fundados essencialmente na arbitragem e em sanções de carácter profissional; DASSER [1989: 390 e segs.], para quem a *lex mercatoria* se apresenta na prática como uma "ordem jurídica *ad hoc*", com variações regionais e sectoriais; mas não considera demonstrado que se justifique falar de *leges mercatoriae*; BENEDETTELLI [1997: 911].

[113] 1991: 63.

[114] Ver também CARBONE/LUZZATTO [1994: 79 e seg.]. A vigência de Direito autónomo do comércio internacional, independentemente de integrar uma ordem jurídica, é implicitamente aceite, entre outros, por BÖCKSTIEGEL [1971: 136 e segs. *maxime* 144] e NEUHAUS [1976: 16], que se referem a uma "massa jurídica" [*Rechtsmasse*]; LAGARDE [1982: 135 e segs.]; KROPHOLLER [2004: 98 e seg.]; JUENGER [1995, 1997 e 2000]; FAZZALARI [1997: 4 e seg.], para quem se trata de um Direito difuso que vincula com base na *opinio necessitatis* desta ou daquela categoria de operadores económicos que, por força desta convicção, conformam a sua conduta com os valores do seu "ambiente"; MARRELLA [2003 *passim*, *maxime* 915 e seg.];

Estas regras vigoram autonomamente na medida em que:
- exprimem certos valores partilhados pela grande maioria dos operadores do comércio internacional em geral, ou, como sucede as mais das vezes, num círculo determinado;
- são aptas para a realização desses valores perante a consciência dos referidos operadores [115];
- são formadas por processos autónomos geralmente reconhecidos como idóneos para a criação de regras juridicamente vinculativas pelos mesmos operadores [116];
- são aplicadas na arbitragem transnacional, independentemente da sua recepção por uma ordem jurídica estadual [117];
- são conformes com os princípios gerais de Direito e os valores fundamentais largamente acolhidos no Direito Internacional Público e na vasta maioria das ordens jurídicas nacionais.

GALGANO/MARRELLA [2004: 227 e segs.]. Expressamente no mesmo sentido, entre nós, LIMA PINHEIRO [1998: 947 e 2001: 97 e seg.] e HELENA BRITO [2004: 118]. Também STEIN [1995: 239 e seg.] afirma que a asserção teórica de que a *lex mercatoria* não é uma ordem jurídica é irrelevante para a realidade da sua aplicação. Na linha do anteriormente exposto não se deve, porém, confundir a aplicação de critérios de decisão baseados em "princípios gerais" ou modelos de regulação com a vigência de regras da *lex mercatoria*. Ver ainda MENEZES CORDEIRO [2001: 132 e segs.].

[115] No sentido de o Direito dos sistemas sociais parciais se positivar com base no consenso, LUHMANN [1987: 257]. A ideia de "reconhecimento social" das soluções autónomas está presente na fundamentação de muitas decisões arbitrais que aplicam regras não-estaduais, como assinala STEIN [1995: 147]. Do meu ponto de vista, porém, o fundamento da vigência não se encontra em última análise no consenso mas na aptidão do Direito perante a consciência dos membros da sociedade e na sua formação segundo processos geralmente reconhecidos como idóneos para o efeito.

[116] Ver também FAZZALARI [1997: 4 e seg.].

[117] Já em 1971 BATIFFOL [1971: 214 e segs., 224 e seg. e 1973a: 321 e seg.] assinalava que não basta que as regras transnacionais sejam seguidas, sendo ainda necessária uma "perspectiva séria de ver o uso instaurado aprovado por uma autoridade em posição de fazer respeitar as suas decisões". Mas, ainda segundo o mesmo autor, "esta autoridade poderá ser arbitral contanto que se trate de um meio suficientemente constituído para que o receio de uma desqualificação em caso de inexecução da sentença exerça uma acção suficiente. E teremos assim reencontrado os elementos de um novo sistema jurídico: uma autoridade do tipo corporativo para enunciar as regras e uma autoridade jurisdicional de carácter arbitral para assegurar a sua execução." [1971: 225]. Com a evolução entretanto verificada com respeito ao reconhecimento e execução de decisões arbitrais baseadas na *lex mercatoria* não se vê razão para manter a exigência de sanções "sociais" eficazes no meio em causa.

A esta luz, torna-se claro que nem a formação da regra, nem a sua juridicidade, nem tão-pouco a sua vigência dependem da recepção por uma ordem jurídica estadual ou da pertença a uma ordem jurídica autónoma (entendida na acepção atrás enunciada) [118].

É igualmente de sublinhar que a maior parte das regras e princípios autónomos conhece limites ao seu âmbito de vigência. Uma proposição autónoma só vincula os operadores do comércio internacional que pertencem a um círculo em que se verificam os pressupostos de vigência anteriormente enunciados. Uma parte significativa destas proposições vigora apenas num determinado sector do comércio internacional e/ou numa determinada região.

IV. CONSIDERAÇÕES FINAIS

Numa primeira fase, a *lex mercatoria* constituiu principalmente uma *fonte material de critérios de decisão*, baseados na concretização de "princípios comuns" e princípios gerais de Direito, uma vez que as regras autónomas do comércio internacional eram em número reduzido e só se encontravam em determinados sectores do comércio internacional.

Esta fase foi parcialmente superada no decurso dos anos noventa. Presentemente, o quadro apresentado pelo Direito autónomo do comércio internacional é marcado por um paradoxo: a *lex mercatoria* oferece um vasto conjunto de soluções para os problemas de regulação jurídica dos contratos internacionais (bem, como da arbitragem transnacional) mas apenas uma parte limitada destas soluções foi positivada por via consuetudinária ou pela actividade normativa de centros autónomos.

É legítimo pensar que a situação actual é transitória e que, nada fazendo esperar uma inversão das tendências de desenvolvimento verificadas (designadamente uma contracção do espaço transnacional), iremos assistir a uma positivação de grande parte das soluções autónomas.

---

[118] Cp. STEIN [1995: 240] no sentido de subordinar a pretensão de vigência da *lex mercatoria* ao seu carácter de ordem jurídica.

Podemos dizer que a *lex mercatoria* teve a sua infância, em que surgiu principalmente como *fonte material de critérios de decisão*; assistimos hoje à sua adolescência, com todas as crises, incertezas e potencialidades próprias de uma fase de transição; poderá chegar, dentro de alguns anos, à sua fase adulta, em que se afirmará como um *Direito Transnacional* apto a regular sistematicamente os contratos do comércio internacional.

Resta fazer uma breve apreciação político-jurídica sobre o *valor do Direito autónomo do comércio internacional*.

Não é de estranhar que também a este respeito os "lex mercatoristas" esgrimam argumentos com a doutrina tradicional.

Fazendo eco do sentimento dominante na doutrina tradicional, GOTTWALD afirma que uma *lex mercatoria* anacional significaria que um grupo relativamente pequeno de juristas poderia determinar o Direito Comercial Internacional; atribuir tal liberdade aos árbitros seria ir longe de mais, razão por que deve ser mantida uma conexão primária com um determinado Direito nacional [119].

Em sentido contrário, STEIN defende que a *lex mercatoria* não tem uma pretensão de vigência que conflitue com os interesses das ordens jurídicas nacionais, nem o conteúdo das suas normas é moldado por forma que o seu reconhecimento pelas ordens jurídicas estaduais implique uma renúncia a finalidades centrais de protecção. Pelo contrário, o muito reduzido controlo estadual sobre as decisões arbitrais e a jurisprudência arbitral permitem concluir que existe um controlo de justiça das soluções autónomas mais efectivo por parte dos árbitros do que o possibilitado pelas ordens jurídicas estaduais [120].

Sem negar que qualquer destas visões peca por alguma unilateralidade, creio que os argumentos de GOTTWALD são totalmente improcedentes em relação àquelas regras e princípios autónomos que vigoram com base nos pressupostos atrás enunciados (III.B). Estas regras e princípios não são determinadas por um "grupo relativamente pequeno de juristas" porquanto a sua vigência pressupõe uma referência à consciência jurídica geral. A conformidade com os princípios gerais de Direito e os valores fundamentais da comunidade internacional

---

[119] 1997: 155 e seg.
[120] 1995: 243 e segs.

assegura que essas regras e princípios não lesam interesses colectivos importantes nem impõem um sacrifício excessivo a qualquer das partes.

Por outro lado, deve reconhecer-se que num espaço transnacional nem todas as políticas legislativas de Estados individualizados são respeitadas ou promovidas. Mas a verdade é que esta relativização de particulares políticas estaduais também se verifica fora do espaço transnacional na regulação das relações "privadas" internacionais. A circunstância de ser aplicado um Direito estadual não garante por forma alguma a actuação de particulares políticas estaduais, tanto mais que as partes têm uma liberdade ilimitada na escolha do Direito estadual aplicável às relações do comércio internacional[121].

A necessidade de atender a certas normas imperativas de uma ordem jurídica estadual que não foi escolhida pelas partes nem, na sua omissão, pelo órgão de aplicação, coloca-se tanto no caso de ser primariamente competente um Direito estadual como no da "exclusiva" referência à *lex mercatoria*. Tudo depende, tanto num caso como noutro, dos critérios que se sigam na aplicação ou tomada em consideração de normas imperativas de outras origens[122].

O desenvolvimento do Direito Transnacional deve ser favorecido.

É um Direito especial mais adequado à especificidade das relações do comércio internacional que o Direito comum interno que visa, em primeira linha, as relações internas.

Graças à sua uniformidade internacional dispensa a escolha do Direito estadual aplicável e a averiguação do seu conteúdo, facilitando o conhecimento do regime aplicável pelos interessados, aumentando a previsibilidade jurídica e minorando o acréscimo dos custos de transacção resultantes da transnacionalidade da relação[123]. Isto é especialmente importante na arbitragem transnacional, em que frequentemente as partes, os árbitros e os advogados provêm de vários países[124].

---

[121] Ver LIMA PINHEIRO [1998: 674 e segs. e 998 e seg. e 2002a: 187 e seg.].
[122] Ver LIMA PINHEIRO [2001 §§ 13 B e 15, 2005a § 57].
[123] Ver, quanto a este último aspecto, DE LY [2000: 193 e seg.].
[124] Como assinala LANDO [1997: 579].

BIBLIOGRAFIA

ABREU, Jorge COUTINHO DE
   2003 – *Curso de Direito Comercial*, vol. I, 2.ª ed., Coimbra.
ANCEL, Bertrand e Yves LEQUETTE
   1987 – *Grands arrêts de la jurisprudence française de droit international privé*, Paris.
ASCENSÃO, José de OLIVEIRA
   1998/1999 – *Direito Comercial*, vol. I – *Institutos Gerais*, Lisboa.
   2005 – *O Direito. Introdução e Teoria Geral*, 13.ª ed., Lisboa.
BAR, CHRISTIAN VON e Peter MANKOWSKI
   2003 – *Internationales Privatrecht*, vol. I, 2.ª ed., Munique.
BATIFFOL, Henri e Paul LAGARDE
   1983/1993 – *Droit international privé*, vol. I – 8.ª ed. (1993), vol. II – 7.ª ed. (1983), Paris.
BATIFFOL, Henri
   1960 – "Subjectivisme et objectivisme dans le droit international privé des contrats", *in Choix d'articles* (cit.), 249-263.
   1971 – "La règle de droit en droit international privé", *in La règle de droit*, org. por PERELMAN, 214-225, Bruxelas.
   1973a – "L'avenir du droit international privé", *in Choix d'articles* (cit.), 315-331.
   1973b – "L' état du droit international privé en France et dans l'europe continentale de l'ouest", *in Choix d'articles* (cit.), 11-31.
   1976 – *Choix d'articles rassemblés par ses amis*, Paris.
   1981 – *Les contrats en droit international privé comparé*, McGill University, s.l.
BERGER, Klaus Peter
   1993 – *International Economic Arbitration*, Deventer e Boston.
   1996 – *Formalisierte oder «schleichende» Kodifizierung des transnationalen Wirtschaftsrechts. Zu den methodichen und praktischen Grundlagen der lex mercatoria*, Berlim e Nova Iorque.
   1999 – *The Creeping Codification of the Lex Mercatoria*, A Haia, Londres e Boston.
BERMAN, Harold e Felix DASSER
   1997 – "'New` Law Merchant and the 'Old`: Souces, Content, and Legitimacy", *in Lex Mercatoria and Arbitration: a Discussion of the New Law Merchant* (cit.), 53-69, 2.ª ed.
BETTEMS, Denis
   1989 – *Les contrats entre États et personnes privées étrangères*, Lausana.
BISHOP, R.
   1998 – "International Arbitration of Petroleum Disputes: the Development of a Lex Petrolea", *Yb. Comm. Arb.* 23: 1131-1210.
BOBBIO, Norberto
   1960 – *Teoria dell'ordinamento giuridico*, Turim.
BÖCKSTIEGEL, Karl-Heinz
   1971 – *Der Staat als Vertragspartner ausländischer Privatunternehmen*, Francoforte-sobre-o-Meno.
BOGGIANO, Antonio
   1981 – "International Standard Contracts: A Comparative Study", *RCADI* 170: 9-114.

BONELL, Michael
1976 – *Le regole oggetive del commercio internazionale*, Milão.
1992 – "Unification of Law by Non-Legislative Means: The UNIDROIT Draft Principles for International Commercial Contracts. Introduction", *Am. J. Comp. L.*: 617-674.
1993 – "Lex mercatoria", *in Dig. priv. comm.*, vol. IX.
1997 – *An International Restatement of Contract Law. The UNIDROIT Principles of International Commercial Contracts*, 2.ª ed., Irvington, New York.
2004 – "The New Edition of the Principles of International Commercial Contracts adopted by the International Institute for the Unification of Private Law", *Uniform Law R.* 9: 5-40.

BORTOLOTTI, Fabio
2001 – *Manuale di diritto commerciale internazionale*, vol. I – *Diritto dei contratti internazionali*, 2.ª ed., Milão.

BRITO, Maria HELENA
2004 – *Direito do Comércio Internacional* (Relatório), Coimbra.

CAETANO, MARCELLO
1972 – *Manual de Ciência Política e Direito Constitucional*, 6.ª ed. rev. e ampl. por MIGUEL GALVÃO TELES, Coimbra.

CANARIS, Claus-Wilhelm
2000 – "Stellung der 'UNIDROIT Principles, und der 'Principles of European Contract Law, im System der Rechtsquellen", *in Europäische Vertragsrechtsvereinheitlichung und deutsches Recht*, org. por Jürgen Basedow, 5-31, Tubinga.

CARAVACA, Alfonso-Luis CALVO e Javier CARRASCOSA GONZÁLEZ
2004 – *Derecho Internacional Privado*, vol. I, 5.ª ed., Granada.

CARBONE, Sergio e R. LUZZATTO
1984 – "I contratti del commercio internazionale", in RESCIGNO (org.) – *Trattato di diritto privato*, vol XI, t. III, 111-177, Turim.
1994 – *Il contratto internazionale*, Turim.

CARBONNEAU, Thomas (org.)
1997 – *Lex Mercatoria and Arbitration: A Discussion of the New Law Merchant*, 2.ª ed., Yonkers, N.Y.

CARBONNEAU, Thomas
1997 – "A Definition of and Perspective Upon the Lex Mercatoria Debate", *in Lex Mercatoria and Arbitration: a Discussion of the New Law Merchant* (cit.), 11-21.
2002 – "United States", *in Practitioner's Handbook on International Arbitration*, org. por Frank-Bernd Weigand, 1087-1141, Munique e Copenhaga.

CARBONNIER, Jean
1978 – *Sociologie juridique*, Paris.

CHARNY, David
1990 – "Nonlegal Sanctions in Commercial Relationships", *Harvard L. R.* 104: 373-467.

COING, Helmut
1985 – *Grundzüge der Rechtsphilosophie*, 4.ª ed., Berlim e Nova Iorque.

COLLAÇO, ISABEL DE MAGALHÃES
1991 – "L'arbitrage international dans la récente loi portugaise sur l'arbitrage volontaire", *in Droit international et droit communautaire*, 55-66, Actes du colloque. Paris 5 et 6 avril 1990 (Fundação Calouste Gulbenkian, Centro Cultural Português), Paris.

CORDEIRO, António MENEZES
  2001 – *Manual de Direito Comercial*, vol. I, Coimbra.
CRAIG, Laurence, William PARK e Jan PAULSSON
  2000 – *International Chamber of Commerce Arbitration*, 3.ª ed., Dobbs Ferry, N.Y.
DASSER, Felix
  1989 – *Internationales Schiedsgerichte und Lex mercatoria. Rechtsvergleichender Beitrag zur Diskussion über ein nicht-staatliches Handelsrecht* (Schweizerischen Studien zum Internationales Recht vol. 59.º), Zurique.
  1991 – "Lex mercatoria: Werkzeug der Praktiker oder Spielzeug der Lehre", *SZIER*: 299-322.
DAVID, RENÉ
  1977 – "Le droit du commerce international: une nouvelle tache pour les legislateurs nationaux ou une nouvelle 'lex mercatoria,", *in UNIDROIT – New Directions in International Trade Law*, vol. I, 5-20.
  1987 – *Le droit du commerce international. Réflexions d'un comparatiste sur le droit international privé*, Paris.
DE LY, Filip
  1992 – *International Business Law and Lex Mercatoria*, Amesterdão et al.
  2000 – "Emerging New Perspectives Regarding Lex Mercatoria in an Era of Increasing Globalization", *in FS Otto Sandrock*, 179-203, Heidelberga
DELAUME, Georges
  1989/1990 – *Transnational Contracts, Applicable Law and Settlement of Disputes (A Study in Conflict Avoidance)*, Nova Iorque.
DERAINS, Yves
  1976 – An. decisão arbitral CCI n.º 2375, *Clunet* 103: 975-978.
DRAETTA, Ugo, Ralph LAKE e Ved NANDA
  1992 – *Breach and Adaptation of International Contracts*, Londres.
DROBNIG, Ulrich
  1998 – "The UNIDROIT Principles in the Conflict of Laws", *Uniform Law Rev.* 3 (1998-2/3) 385-395.
ECKHOFF, Torstein e Nils SUNDBY
  1988 – *Rechtssysteme. Eine systemtheoretische Einführung in die Rechtstheorie*, Berlim.
FARNSWORTH, Edward
  1996 – *An Introduction to the Legal System of the United States*, 3.ª ed., New York.
FAZZALARI, Elio
  1997 – *L'arbitrato*, Turim.
FIKENTSCHER, Wolfgang
  1983 – *Wirtschaftsrecht*, 2 vols., Munique.
Fonti e tipi del contratto internazionale
  1991 – org. por Ugo DRAETTA e Cesare VACCÀ, Milão.
FOUCHARD, Philippe
  1965 – *L'arbitrage commercial international*, Paris.
FRANCO, António de SOUSA
  1982/1983 – *Noções de Direito da Economia*, vol. I, Lisboa.

1990 – *Contratos internacionais de Financiamento (sumários)*, prelecção apresentada em 24/1/90 no quadro do curso sobre contratos internacionais organizado pela FDUL (policopiado).
GAILLARD, Emmanuel
1995 – "Trente ans de Lex Mercatoria. Pour une application sélective de la méthode des principes généraux du droit", *Clunet* 122: 5-30.
2001 – "Transnational Law: A Legal System or a Method of Decision Making", *in The Practice of Transnational Law*, org. por Klaus Peter Berger, 53-65.
GALGANO, Francesco
2001 – *Lex mercatoria*, Bolonha.
GALGANO, Francesco e Fabrizio MARRELLA
2004 – *Diritto del commercio internazionale*, Milão.
GALVÃO, SOFIA
ver SOUSA, MARCELO REBELO DE.
GÁNDARA, Luis FERNÁNDEZ DE LA e Alfonso-Luis CALVO CARAVACA
1995 – *Derecho Mercantil Internacional. Estudios sobre Derecho Comunitario y del Comercio Internacional*, 2.ª ed., Madrid.
GIALDINO, A. CURTI
1972 – "La volonté des parties en droit international privé", *RCADI* 137: 743-921.
GIARDINA, Andrea
1991 – "L'autonomia delle parti nel commercio internazionale", *in Fonti e tipi del contratto internazionale* (cit.), 33-45.
GIRSBERGER, Daniel
1999 – "Entstaatlichung der friedlichen Konfliktregelung zwischen nichtstaatlichen Wirkungseinheiten: Umfang und Grenzen. Das Beispiel der internationalen Wirtschftsschiedgerichtsbarkeit", *in Völkerrecht und Internationales Privatrecht in einem sich globalisierenden internationalen System* (Berichte der Deutschen Gesellschaft für Völkerrecht, vol. 39), 231-263.
GOLDMAN, Berthold
1964 – "Frontières du droit et 'lex mercatoria,", *Archives de philosophie du droit* 9: 177-192.
1979 – "La lex mercatoria dans les contrats et l'arbitrage international: realité et perspectives", *Clunet* 106: 475-505.
1987 – "The Applicable Law: General Principles of Law – Lex Mercatoria", *in* Julian LEW (org.), *Contemporary Problems in International Arbitration*, 113-125, Dordrecht.
1993 – "Nouvelles réflexions sur la *Lex Mercatoria*", *in Études Pierre Lalive* (cit.), 241-255.
GOLDSTAJN, Aleksander
1961 – "The New Law Merchant", *J. Bus. L.*: 12-17.
1990 – "Reflections on the Structure of the Modern Law of International Trade", *in International Contracts and Conflict of Laws*, org. por Petar SARCEVIC, 14-35, Londres et. al.
GOTTWALD, Peter (org.)
1997 – *Internationale Schiedsgerichtsbarkeit*, Bielefeld.
GOTTWALD, Peter
1997 – "Internationale Schiedsgerichtsbarkeit", *in Internationale Schiedsgerichtsbarkeit*, org. por Peter GOTTWALD (cit.) 3-160.

GROßMANN-DOERTH, Hans
    1933 – *Selbstgeschaffenes Recht der Wirtschaft und staatliches Recht*, Freiburg im Breisgau.
HAY, Peter
    2002 – *Law of the United States*, Munique et al.
HORN, Norbert
    1982 – "Uniformity and Diversity in the Law of International Commercial Contracts", in *The Transnational Law of International Commercial Transactions*, vol. II, 3-18, Deventer.
HUSSERL, G.
    1925 – *Rechtskraft und Rechtsgeltung. Eine rechtsdogmatische Untersuchung*, Berlim.
ISHIZAKI, Masaichiro
    1928 – *Le droit corporatif international de la vente de soies*, Paris.
JACQUET, Jean-Michel
    1983 – *Principe d'autonomie et contrats internationaux*, Paris.
JALLES, ISABEL
    1975 – *Direito do Comércio Internacional (à procura de uma nova dimensão do Direito Internacional Privado)*, Coimbra.
JHERING, Rudolph von
    1877/1883 – *Der Zweck im Recht*, 2 vols., Leipzig.
JUENGER, Friedrich
    1990 – "Afterword. The Lex Mercatoria and the Conflict Laws", in *Lex Mercatoria and Arbitration: A Discussion of the New Merchant Law* (cit.), 213-224.
    1995 – "American Conflicts Scholarship and the New Law Merchant", *Vand. J. Transnat. L.*: 28: 487-501.
    1997 – "Contract Choice of Law in the Americas", *Am. J. Comp. L.* 45: 195-208.
    2000 – "The lex mercatoria and private international law", *Uniform Law R.* 5: 171-187.
JUNKER, A.
    2000 – "Deutsche Schiedsgerichte und Internationales Privatrecht", in *FS Otto Sandrock*, 443-464, Heildelberga.
KAHN, PHILIPPE
    1961 – *La vente commerciale internationale*, Paris.
    1975 – "'Lex mercatoria, et pratique des contrats internationaux: l'expérience française", in *Le contrat économique international. Stabilité et évolution*, 171-211, Bruxelas e Paris.
    1981 – "L'interprétation des contrats internationaux", *Clunet* 108 : 5-28.
    1983 – "Droit international économique, droit du développement, lex mercatoria: concept unique ou pluralisme des ordres juridiques?", in *Études Berthold Goldman*, 97-107, Paris.
    1989 – "Principes généraux du droit devant les arbitres du commerce international", *Clunet* 116: 305-327.
    1992 – "La lex mercatoria: point de vue français après quarante ans de controverses", *McGill Law J.* 37: 413-427.
    1993 – "Conclusion", in *Transnational Rules in International Commercial Arbitration* (cit.), 235-243.
    1999 – "À propos de l'ordre public transnational: quelques observations", in *Mélanges Fritz Sturm*, 1539-1550, Liège.

KAHN-FREUND, Otto
1976 – *General Problems of Private International Law*, Leiden.
KAPPUS, Andreas
1990 – *'Lex mercatoria, in Europa und Wiener UN-Kaufrechtskonvention 1980*, Francoforte-sobre -o-Meno et al.
KARRER, Pierre
2000 – "Article 187", *in International Arbitration in Switzerland*, org. por Stephen Berti, Heinrich Honsell, Nedim Vogt e Anton Schnyder, Basileia et al.
KASSIS, Antoine
1984 – *Théorie générale des usages du commerce*, Paris.
1987 – *Problèmes de base de l'arbitrage*, tomo I – *Arbitrage juridictionnel et arbitrage contractuel*, Paris..
1993 – *Le nouveau droit européen des contrats internationaux*, Paris.
KAUFMANN, Arthur
1990 – *Das Gewissen und das Problem der Rechtsgeltung*, Heidelberga.
1997 – *Rechtsphilosophie*, 2.ª ed., Munique.
KEGEL, Gerhard e Klaus SCHURIG
2004 – *Internationales Privatrecht – ein Studienbuch*, 9.ª ed., Munique.
KEGEL, Gerhard
1964 – "The Crisis of Conflict of Laws", *RCADI* 112: 91-267.
1985 – Introduction, *in IECL*, vol. III, cap. 1.
ver *Soergel*.
KLECKNER, Mark
1991 – "La ´codificazione`degli usi del commercio internazionale ad opera delle Associazioni di categoria e delle Camere di Commercio", *in Fonti e tipi del contratto internazionale* (cit.), 167-195.
KLEIN, Frédéric-Edouard
1983 – "De l'autorité de la loi dans les rapports commerciaux internationaux", *in Colloque de Bâle sur la loi régissant les obligations*, org. por KLEIN/VISCHER (cit.), 617-638.
KRONSTEIN, Heinrich
1973 – *The Law of International Cartels,* Ithaca e Londres.
KROPHOLLER, Jan
1975 – *Internationales Einheitsrecht. Allgemeine Lehren*, Tubinga.
2004 – *Internationales Privatrecht*, 5.ª ed., Tubinga.
LAGARDE, Paul
1982 – "Approche critique de la lex mercatoria", *in Études Berthold Goldman*, 125-150, Paris.
LALIVE, PIERRE
1967 – "Problèmes relatifs à l'arbitrage international commercial", *RCADI* 120: 569-714.
1994 – "Nouveaux regards sur le droit international privé, aujourd'hui et demain", *in Schw. Z. int. eur. Recht* : 3-29.
LANDO, Ole (org.)
2000 – *Principles of European Contract Law. Parts I & II Combined and Revised*, Dordrecht, Boston e Londres.
LANDO, Ole e Hugh BEALE
1995 – *The Principles of European Contract Law*, Dordrecht, Boston e Londres.

LANDO, Ole
　　1985 – "The Lex Mercatoria in International Commercial Arbitration", *Int. Comp. L. Q.* 34: 747-768.
　　1992 – "Principles of European Contract Law. An Alternative or a Precursor of European Legislation", *RabelsZ.* 56: 261-273.
　　1997 – "Lex mercatoria 1985-1996", *in Festskrift till Stig Strömholm*, vol. II, 567-584, Uppsala.
LARENZ, Karl
　　1991 – *Methodenlehre der Rechtswissenschaft*, 6.ª ed., Berlim et. al.
LARENZ, Karl e Claus-Wilhelm CANARIS
　　1995 – *Methodenlehre der Rechtswissenschaft*, 3.ª ed., Berlim et al.
Lex Mercatoria and Arbitration: A Discussion of the New Law Merchant
　　1997 – org. por Thomas CARBONNEAU, 2.ª ed., Yonkers, N.Y.
LORENZ, WERNER
　　1985 – "Die Lex Mercatoria: eine internationale Rechtsquelle?", *in FS Karl Neumeyer*, 407-429, Baden-Baden.
LOUSSOUARN, Yvon e Jean-Denis BREDIN
　　1969 – *Droit du commerce international*, Paris.
LOWENFELD, Andreas
　　1990 – "Lex Mercatoria: An Arbitrator's View", *Arb. Int.* 133-150.
LUHMANN, Niklas
　　1987 – *Rechtssoziologie*, 3.ª ed., Opladen.
LUZZATTO, Riccardo
　　1987 – "Arbitrato commerciale internazionale", *in Dig. priv. comm.*, vol. I.
MACHADO, João BAPTISTA
　　1970 – *Âmbito de Eficácia e Âmbito de Competência das Leis*, Coimbra.
MANIRUZZAMAN, A. F.
　　1999 – "The Lex Mercatoria and International Contracts: A Challenge for International Commercial Arbitration", *American University International Law Review* 14: 657-734.
MANN, Frederick A.
　　1968 – "Internationale Schiedsgerichte und nationale Rechtsordnung", *ZHR* 130: 97-129.
　　1984 – "England rejects ´delocalised` contracts and arbitration", *Int. Comp. L. Q.* 33: 193-199.
MARRELLA, Fabrizio
　　2003 – *La nuova lex mercatoria, in Trattato di diritto commerciale e di diritto pubblico dell'economia*, org. por Francesco Galgano, vol. XXX, Pádua.
MERTENS, Hans-Joachim
　　1996 – "Das lex mercatoria-Problem", *in FS Walter Odersky*, 857-872, Berlim et al.
MEYER-CORDING, Ulrich
　　1971 – *Die Rechtsnormen*, Tubinga.
MODUGNO, FRANCISCO
　　1985 – "Pluralità degli ordinamenti", *in Enc. dir.*, vol. XXXIV.
MONACO, Riccardo
　　1994 – "Note sulla qualificazione della lex mercatoria", *in Scintillae Iuris. Studi in memoria di Gino Gorla*, 1249-1266.

Münchener Kommentar zum Bürgerlichen Gesetzbuch
1998 – vol. X, redactor Hans SONNENBERGER, 3.ª ed, "*Einleitung*" por Hans SONNENBERGER; "Internationales Vertragsrecht" por Dieter MARTINY, Munique.
MUSTILL, Michael
1987 – "The New *Lex Mercatoria*: The First Twenty-Five Years", in *Liber amicorum for Lord Wilberforce*, 149-185, Oxford.
NAVARRO, AGUILAR
1975/1976 – *Derecho internacional privado*, 4.ª ed., vol. I/t. I (1976), vol. I/t. II (1975), Madrid.
NEUHAUS, Paul H.
1976 – *Die Grundbegriffe des internationalen Privatrechts*, 2.ª ed., Tubinga.
NEVES, A. CASTANHEIRA
1976 – "Fontes do Direito", in *Curso de Introdução ao Estudo do Direito*, 3-141, Coimbra.
1984 – "Fontes do Direito", in *Enc. Polis*, vol. II.
OPPETIT, Bruno
1982 – "La notion de source du droit et le droit du commerce international", *Archives de philosophie du droit* 27: 43-53.
PARSONS, Talcott
1971 – *The Systems of Modern Societies*, Englewood Cliffs, N.J.
PINHEIRO, Luís de LIMA
1991 – *A Venda com Reserva da Propriedade em Direito Internacional Privado*, McGraw-Hill, Lisboa et. al.
1998 – *Contrato de Empreendimento Comum (Joint Venture) em Direito Internacional Privado*, Almedina, Lisboa.
2001/2002 – *Direito Internacional Privado*, vol. I – *Introdução e Direito de Conflitos – Parte Geral* (2001); vol. II – *Direito de Conflitos – Parte Especial*, 2.ª ed. (2002a); vol. III – *Competência Internacional e Reconhecimento de Decisões Estrangeiras* (2002b), Almedina, Coimbra.
2005a – *Arbitragem Transnacional. A Determinação do Estatuto da Arbitragem*, Almedina, Coimbra.
2005b – *Direito Comercial Internacional*, Almedina, Coimbra.
RABEL, Ernst
1936 – *Das Recht des Warenkaufs*, vol. I, Berlim e Leipzig.
RAMOS, Rui MOURA
1980 – *Direito Internacional Privado e Constituição – Introdução a uma análise das sua relações*, Coimbra.
1991 – *Da Lei Aplicável ao Contrato de Trabalho Internacional*, Coimbra.
RECHSTEINER, Beat Walter
2003 – *Direito Internacional Privado. Teoria e Prática*, 6.ª ed., São Paulo.
RHEINSTEIN, Max, Reimer VON BORRIES e Hans-Eckart NIETHAMMER
1987 – *Einführung in die Rechtsvergleichung*, 2.ª ed., Munique.
RIGAUX, François
1989 – "Les situations juridiques individuelles dans un système de relativité générale", *RCADI* 213: 7-407.

RIVKIN, David
1993a – "Enforceability of Arbitral Awards Based on Lex Mercatoria", *Arb. Int.*: 67-84.
1993b – "Lex mercatoria and force majeure", *in Transnational Rules in International Commercial Arbitration*, org. por Emmanuel Gaillard, 161-208, ICC e ILA, Paris.

ROMANO, SANTI
1945 – *L'Ordinamento Giuridico*, 2.ª ed., Florença.

ROOIJ, René van e Maurice POLAK
1987/1995 – *Private International Law in the Netherlands*, Deventer et al.

ROSET, Arthur
1992 – "Unification, Harmonization, Restatement, Codification, and Reform in International Commercial law", *Am. J. Comp. L.* 40: 683-697.

ROTH, Günter
1987 – "Schiedsklauseln in Gesellschaftsverträgen", *in FS Heinrich Nagel* (cit. *Beiträge zum internationalen Verfahrensrecht und zur Schiedsgerichtsbarkeit*), 318-328.

ROULAND, Norbert
1991 – *Aux confins du droit*, Paris.

ROZAS, José FERNANDEZ, e SANCHEZ LORENZO
1996 – *Curso de Derecho Internacional Privado*, 3.ª ed., Madrid.

SALCEDO, J. CARRILLO
1985 – *Derecho Internacional Privado. Introducción a sus problemas fundamentales*, 3.ª ed., Madrid.

SANTOS, António MARQUES DOS
1991 – *As Normas de Aplicação Imediata no Direito Internacional Privado. Esboço de Uma Teoria Geral*, 2 vols., Coimbra.

SCHLOSSER, Peter
1989 – *Das Recht der internationalen privaten Schiedsgerichtsbarkeit*, 2.ª ed., Tubinga.

SCHMITTHOFF, Clive
1964 – "Das neue Recht des Welthandels", *RabelsZ.* 28: 47-77.
1981 – *Commercial Law in a Changing Economic Climate*, 2.ª ed., Londres.
1982 – "Nature and Evolution of the Transnational Law of Commercial Transactions", *in The Transnational Law of International Commercial Transactions*, vol. II, 19-31, Deventer.

SCHÜTZE, Rolf
1994 – "Zur Präzedenzwirkung von Schiedssprüchen", *in FS Ottoarndt Glossner*, 333-340, Heidelberga.

SOUSA, MARCELO REBELO DE
1998 – *Introdução ao Estudo do Direito*, col. de SOFIA GALVÃO, 4.ª ed., Lisboa.

SPICKHOFF, A.
1992 – "Internationales Handelsrecht vor Schiedsgerichten und staatlichen Gerichten", *RabelsZ.* 56: 116-140.

STEIN, Ursula
1995 – *Lex mercatoria, Realität und Theorie*, Francoforte-sobre-o-Meno.

TETLEY, William
1997 – "The Lex Maritima", *in Lex Mercatoria and Arbitration: a Discussion of the New Law Merchant* (cit.), 43-51.

TEUBNER, Gunther
 1995 – "Die zwei Gesichter des Janus: Rechtspluralismus in der Spätermoderne", *in Liber Amicorum Josef Esser*, 191-214.
TIMBERG, Sigmund
 1947 – "International Combines and National Sovereigns: A Study in Conflict of Laws and Mechanisms", *U. Pa. L. Rev.* 95: 545- 620.
TRAKMAN, Leon
 1983 – *The Law Merchant: The Evolution of Commercial Law*, Littleton, Colorado.
VAN HOUTTE, HANS
 1993 – "Changed circumstances and pacta sunt servanda", *in Transnational Rules in International Commercial Arbitration*, org. por Emmanuel GAILLARD, 105-123, Paris.
VAZ, ISABEL
 1990 – *Direito Internacional Público e Lex Mercatoria na disciplina dos contratos internacionais* (dissertação de mestrado policopiada), Lisboa.
VERDROSS, Alfred
 1965 – "Gibt es Verträge die weder dem innerstaatlichen Recht nor dem Völkerrecht unterliegen?", *ZRvgl.* 6: 129-134.
VICENTE, Dário MOURA
 2005 – "Método jurídico e Direito Internacional Privado", *in Direito Internacional Privado. Ensaios*, vol. II, 7-37.
VON BREITENSTEIN, Detlev
 2000 – "Rechtsordnung und 'Lex Mercatoria' – Zur vergeblichen Suche nach einem 'anationalen' Recht für die internationale Arbitrage", *in FS Otto Sandrock*, 111-135, Heidelberga.
VRIES, Henry DE
 1978 – "Le caractère normatif des pratiques commerciales internationales", *in Hommage Frédéric Eisemann*, 115-125, Paris.
WAHLENDORF, H. Schwarz-Liebermann von
 1978 – *Les dimensions du droit – études de philosophie du droit*, Paris.
WEIL, PROSPER
 1969 – "Problèmes relatives aux contrats passés entre un Etat et un particulier", *RCADI* 128: 95-240.
WENGLER, Wilhelm
 1987 – "Jurisdiction to prescribe or prohibitions to resort to specific reactions?", *in Studi Roberto Ago*, vol. IV, 411-432.
 1993 – "Les conventions 'non juridiques' (nichtrechtliche Verträge) comme nouvelle voie à côté des conventions en droit (Rechtsverträge) ", *in Nouveaux itinéraires en droit, Hommage François Rigaux*, 637-656, Bruxelas.
WOLFF, REINHOLD
 1929 – *Die Rechtsgrundlagen der internationalen Kartelle*, Berlin.
ZIPPELIUS, Reinhold
 2003 – *Rechtsphilosophie. Ein Studienbuch*, 4.ª ed., Munique.

ÍNDICE GERAL

A Cláusula de Reserva de Propriedade 9

Venda marítima internacional – alguns aspectos fundamentais da sua regulação jurídica 81

Contributo para a Reforma do Direito Comercial Marítimo 127

Arrendamentos de duração limitada 267

O Direito Comercial Marítimo de Macau Revisitado 283

Breves considerações sobre a responsabilidade dos consorciados perante terceiros 297

Incoterms – introdução e traços fundamentais 315

The Confluence of Transnational Rules and National Directives as the Legal Framework of Transnational Arbitration 335

O Direito autónomo do comércio internacional em transição: a adolescência de uma nova lex mercatoria 391